普通高等教育通识类课程"十三五"规划教材

大学语文

主　编　刘　钊　牛燕云

副主编　田　宁　王悦欢　安　晶

中国水利水电出版社
www.waterpub.com.cn
·北京·

内 容 提 要

本书内容包括口语交际、阅读欣赏、文学实践、写作实训四个模块,其中"阅读欣赏"部分包括诗歌、散文、小说、影视戏剧文学四个单元,重在选取古今中外各种体裁的优秀文学作品供学生学习和欣赏,并兼顾口语训练和写作知识与方法的指导,能够帮助学生拓展知识、开阔视野,特别是理解当地特色文化的意义及价值,更好地培养和提高学生的人文素养。

本书适合作为各类高职高专院校公共基础课的教材,也适合作为专升本考试使用教材,还可供文学爱好者阅读欣赏。

图书在版编目(CIP)数据

大学语文 / 刘钊,牛燕云主编. -- 北京 : 中国水利水电出版社,2017.9(2019.12重印)
普通高等教育通识类课程"十三五"规划教材
ISBN 978-7-5170-5833-5

Ⅰ. ①大… Ⅱ. ①刘… ②牛… Ⅲ. ①大学语文课—高等学校—教材 Ⅳ. ①H193.9

中国版本图书馆CIP数据核字(2017)第220590号

策划编辑:石永峰　责任编辑:封 裕　加工编辑:高双春　赵佳琦　封面设计:李 佳

书　名	普通高等教育通识类课程"十三五"规划教材 **大学语文　DAXUE YUWEN**
作　者	主　编　刘　钊　牛燕云 副主编　田　宁　王悦欢　安　晶
出版发行	中国水利水电出版社 (北京市海淀区玉渊潭南路1号D座　100038) 网址:www.waterpub.com.cn E-mail:mchannel@263.net(万水) 　　　　sales@waterpub.com.cn 电话:(010)68367658(营销中心)、82562819(万水)
经　售	全国各地新华书店和相关出版物销售网点
排　版	北京万水电子信息有限公司
印　刷	三河市鑫金马印装有限公司
规　格	184mm×260mm　16开本　21印张　450千字
版　次	2017年9月第1版　2019年12月第3次印刷
印　数	5001—8000册
定　价	42.00元

凡购买我社图书,如有缺页、倒页、脱页的,本社营销中心负责调换

版权所有·侵权必究

前　　言

本书主要是根据高职高专教育基础课程教学基本要求来确定编写内容和体例的，我们广泛搜集了当前高校大学语文的相关教学改革意见，并且对很多院校的教学改革经验加以借鉴和吸收。

本书总的编写指导思想是：依据中国教育发展纲要，结合当前高校教育发展特点，以高职学生职业生涯中需要的语文能力为依据，以提高学生日常生活中经常要用到的语言文字能力为目的，以古今中外的名篇为范例，以听说读写的训练为主线，旨在培养学生汉语言文学方面的阅读、理解、欣赏、表达技巧和写作能力；同时又充分考虑其应用性和实用性的要求，按照人才培养规律和教学规律，注重学生知识、能力和素质的全面发展。为突出高职学院教育培养目标的职业性、教学内容的实用性、教学方法的启发性、全面实施素质教育和培养高校实用型人才，我们以主题方式命名，按照传统的文学史以及文体的格局排列，分别选取中国古代、中国现当代以及外国文学史上著名的作品。每单元内容既有对本单元题目所示主题的展现，又有文学和文化视角的导读和相关链接。全书以"口语交际""阅读欣赏""文学实践"和"写作实训"四大相互独立成篇的模块构成；"阅读欣赏"模块又以"诗意人生""漫笔随心""世情百态""舞台魅影"四大专题作区分，各有侧重，各具特色，内容丰富，把大学语文所要教授给学生的关键内容作了细致的安排。在选文方面的总体原则是：力求反映中华民族的优良传统和美德，力求体现高尚理想、人格魅力及积极进取的精神内容和时代风貌，力求涵盖古今中外的经典名篇，力求体现各种不同的写作风格，同时着重选取山西作家或表现山西风貌特色的经典篇章。在"文学实践"模块中更是将山西传统文化与地域相结合，使学生切实领会当地的文化特色和文化的巨大影响力。另外"口语交际"和"写作实训"两个模块通过对学生进行系统的说与写的能力训练，充分展现和突出了"教、学、做"一体化的教学改革要求。

本书作为高职院校各专业的通用教材。使用时，考虑教学时数、学生知识基础等方面有所不同，可以在保证必学内容的前提下，根据专业、课时的需要对教材进行必要的组合、删减或取舍，以有利于教与学及能力的培养。另外，在教学中应创造条件，尽量采用现代化教学手段，以保证听、说、读、写的训练效果和作品欣赏的效果。

本书由太原城市职业技术学院刘钊、牛燕云任主编。"口语交际"部分由田宁老师编写，"阅读欣赏"第一单元由王悦欢老师编写，第二单元及"写作实训"由牛燕云老师编写，第三单元由安晶老师编写，第四单元及"文学实践"由刘钊老师编写，由牛燕云老师负责统稿。本书的编写，得到了太原城市职业技术学院有关领导的大力支持，也得到了以上各位老师大力支持和理解，在此一并致谢！在编写过程中，我们参阅、援引、选用了有关专家学者的教材、著作和报刊资料，限于篇幅，难以一一列出，在此谨向各位作者致谢！由于编者水平有限，加之时间仓促，书中错漏和不妥之处在所难免，敬请使用本教材的师生和读者批评指正。如果读者在使用本书的过程中有其他更好的意见或建议，恳请不吝提出您的宝贵意见，以便我们再版时作出修正。谢谢！

编 者

2017 年 7 月

目　录

第一篇　口语交际

第一单元　认识口语交际 ……………………… 2
　第一节　口语交际的特征、原则和要求 ……… 2
　第二节　影响口语交际的因素 ………………… 7
　第三节　口语交际中的态势语 ………………… 9
第二单元　口语交际基本素养——日常 ……… 14
　第一节　介绍与交谈 …………………………… 14
　第二节　拜访与接待 …………………………… 23
　第三节　赞美与批评 …………………………… 29

第三单元　口语交际基本素养——学习 ……… 36
　第一节　提问与答问 …………………………… 36
　第二节　讨论与辩论 …………………………… 40
　第三节　朗诵与演讲 …………………………… 46
第四单元　口语交际基本素养——职场 ……… 55
　第一节　求职与应聘 …………………………… 55
　第二节　解说与推销 …………………………… 58
　第三节　主持与谈判 …………………………… 64

第二篇　阅读欣赏

第一单元　诗意人生 …………………………… 74
　诗歌的特点与欣赏 ……………………………… 74
　采薇 ……………………………………………… 76
　山鬼 ……………………………………………… 80
　春江花月夜 ……………………………………… 83
　长恨歌 …………………………………………… 87
　安定城楼 ………………………………………… 93
　永遇乐 …………………………………………… 95
　摸鱼儿 …………………………………………… 98
　南吕·一枝花 ………………………………… 101
　再别康桥 ……………………………………… 103
　雨巷 …………………………………………… 106
　答友人 ………………………………………… 109
　相信未来 ……………………………………… 112
　致橡树 ………………………………………… 114
第二单元　漫笔随心 ………………………… 117
　散文的特点与欣赏 …………………………… 117
　《论语》五则 ………………………………… 120

　《老子》三章 ………………………………… 127
　秋水（节选） ………………………………… 131
　墨子·兼爱 …………………………………… 136
　介子推不言禄 ………………………………… 140
　垓下之围 ……………………………………… 142
　兰亭集序 ……………………………………… 147
　徐霞客传 ……………………………………… 150
　听听那冷雨 …………………………………… 156
　怀念萧珊 ……………………………………… 161
　中国诗文与中国园林艺术 …………………… 170
　抱愧山西 ……………………………………… 174
　诺贝尔奖获奖感言 …………………………… 189
　中国之美 ……………………………………… 198
　我的世界观 …………………………………… 206
第三单元　世情百态 ………………………… 211
　小说的特点与欣赏 …………………………… 211
　《世说新语》五则 …………………………… 214
　红楼梦（节选） ……………………………… 216

风波 ………………………………… 221
　　金锁记（节选） …………………… 227
　　活着（节选） ……………………… 237
　　挪威的森林（节选） ……………… 242
第四单元　舞台魅影 ………………… 249
　　影视戏剧文学的特点与欣赏 ……… 249
　　赵氏孤儿（节选） ………………… 252
　　牡丹亭（节选） …………………… 256
　　日出（节选） ……………………… 261
　　欢乐颂（节选） …………………… 267
　　哈姆莱特（节选） ………………… 286
　　泰坦尼克号（节选） ……………… 290

第三篇　文学实践

　　任务一　太原碑林公园汉文字文化实践 …… 300
　　任务二　晋祠古诗词及楹联赏析实践 …… 302
　　任务三　傅山纪念馆文学实践 …………… 303
　　任务四　清徐罗贯中纪念馆《三国演义》
　　　　　　文学实践 ………………………… 307
　　任务五　乔家大院晋商文学实践 ………… 313
　　任务六　运城普救寺《西厢记》文学
　　　　　　实践 ……………………………… 316
　　任务七　盂县藏山《赵氏孤儿》文学
　　　　　　实践 ……………………………… 319

第四篇　写作实训

第一单元　记叙散文的写作实训 ……… 325
第二单元　抒情散文的写作实训 ……… 327
第三单元　议论散文的写作实训 ……… 328
参考文献 ……………………………………… 330

第一单元　认识口语交际

第二单元　口语交际基本素养——日常

第三单元　口语交际基本素养——学习

第四单元　口语交际基本素养——职场

第一篇　口语交际

第一单元　认识口语交际

单元说明

语言是人类脱离野蛮与蒙昧、迈进文明王国的标志，是人类赖以传播信息、交流感情的重要工具。本单元从口语交际的特征和原则入手，帮助学生了解影响口语交际的因素以及口语交际中常见的态势语，使大家对口语交际有一个大体了解。在教学时可结合生活实践，创设情境，让同学们在具体情境中体会、领悟，把理论知识感性化，把书本知识内化于心、外化于行。

第一节　口语交际的特征、原则和要求

知识规律

现代社会的政治、经济、文化不断发展，使得人际交往日益成为我们生活学习的重要内容之一。顾名思义，人际交往是人与人相互联系的一种行为，是人们运用一定方式和手段交流思想、传递信息，从而达到某种目的的一种社会活动。语言是人类最重要的交际工具。在人际交往中，口语交际是最重要的方式和手段。当今社会交往之频繁、信息之丰富，使人们对口语交际的质量和要求大大提高。所以了解口语交际特征和原则，掌握口语交际方法，提高口语交际能力是非常必要的。

一、口语交际的特征

口语是最直接、最方便，也是最重要的交际工具。口语交际能力是社交必备能力。在社会生活中人与人的交流沟通都离不开口语表达。

（一）互动性

口语交际是听与说双方面对面的、你来我往的一种信息交流活动。它必须由交际对象构成交际关系，形成双向或多向互动的交际方式才能进行。交际双方要不断地表达信息、理解信息，而且听者和说者地位也随着交际需要不断变化。说者要根据听者情绪反馈，及时调整自己语气语调或语言材料；听者也要根据说者表述及时作出相应对答。在这个复杂过程中，表达和理解是最为基本的环节。参与交际的人既要认真倾听，更要适时发话，畅谈自己的意见和想法，在双向互动中实现信息沟通和交流。

值得注意的是，在交际中除了听者和说者的语言互动之外，还要进行相应动作、神态、表情等方面的互动。例如演讲，就是演讲者与听众的反应、现场的气氛等要素形成互动。

（二）综合性

口语交际的载体主要是语言，但其他诉诸视觉、听觉乃至嗅觉的形式多样的载体也常与语言结合在一起产生其效果，这就是口语的综合性。具体来说，除了语言，口语交际往往还借助表情、手势、体态、图表、实物、音乐、文字等载体，以实现交际的最佳效果；同时口语交际是面对面的接触、交流，不仅需要听说技巧，还需要待人处事、举止谈吐、临场应变、传情达意等方面的能力和素养。而且口语交际能力往往反映出一个人思维敏捷度、思路清晰度，是否具有丰富的想象力、渊博的学识以及良好的心理素质等，所以它也是一个人能力的综合体现。

（三）口语化

口语交际语言的基本风格特征是"口语化"。有人说，不善辞令、笨嘴拙舌的人说出来的不也是口语和口语化吗？其实不然。从嘴里说出来的不一定是口语，更不一定是口语化。比如念古文、读课文就不是口语和口语化。从语言学、口才学角度来说，"口语"的概念一般是指具有中等以上文化程度的人所讲的体现了口头表达共同规律的规范性口头语言；而"口语化"指的则是这种规范性口头语言在口语交际中的恰当和创造性运用。

"口语化"的特征首先表现在用词上，即词汇的通俗化。早在两千多年前，古希腊学者兼演说家亚里士多德曾说过，为了要做到清楚明白，选用词汇的时候，就应该选用那些通行的日常词汇。还要注意通俗绝不是庸俗。通俗是指用朴素明白的词语形式表达充实的思想内容，而庸俗则是指内容空洞、趣味低下、用词粗俗。

二、口语交际的原则

没有规矩，不成方圆。有人曾把写格律诗喻为"戴着脚镣跳舞"，就是说，写这类诗只能在诗歌格律允许的范围内发挥创造。同样，口语交际也必须遵循说话规律的一些基本原则，才能取得理想的效果。

（一）得体原则

人们常说："言为心声。"从某种意义上讲，交际过程就是人们心理活动的过程，因而必须做到说话得体，恰如其分。任何夸大其词，或是不看对象、词不达意，都会影响交际效果，妨碍相互间的交流。交际语言应当注意分寸，该说则说，不该说则一句都不说；说到什么程度也应视对象和目的而定。

（二）合作原则

"合作原则"是美国语言哲学家格莱斯（H.P.Grice）于1967年提出的。他指出，人们的语言交际总是互相合作的，谈话双方都怀着一个共同的愿望：双方话语能够互相理解，共同配合。因此他们都遵守着某些合作的原则，以求实现这个愿望。这也是言语交际的前提。但是，仅有这种愿望只能促进交际双方互相配合，并不能保证交际顺利进行。合作原则的实现，还应有一些必要的条件，即共同的文化背景、共同的民族心理、共同的价值取向等。如果不具备这些条件而又必须交际，就要对话语进行调整，以维护合作原则，保证交际顺利进行。即尽量提供对方所需信息，不发送非需信息；努力使话语真实；努力使话语和正在进行的会话有关系；努力使话语清楚，尽量避免话语含混不清、颠三倒四和产生歧义。

（三）礼貌原则

礼貌是一种普遍现象，是人类社会文明进步的标志，为各社会群体所共有。同时，礼貌又是一种个性化的交际原则，受制于不同语言群体的不同文化背景，是人类社会活动的一条重要准绳。口语交际作为一种社会活动，也同样受到这条准绳的约束。所以，在交际中我们就必须尽量使用恰当的语言，规避不礼貌的话语，以避免在交际中引起不快与误解。具体来说，礼貌指尽量多地表示对他人的尊重与理解，显示出足够的谦恭；尽量少地表示有损他人的意见或态度，尽量多地表示使他人受益的意见或态度；避免贬损他人，多称赞他人；减少与他人的不一致性；减少对他人的厌恶，扩大对他人的认同。

例如，在《红楼梦》中，当北静王水溶与贾政相见时，北静王便对贾政之子贾宝玉大加赞赏："令郎真乃龙驹凤雏！非小王在世翁前唐突，将来'雏凤清于老凤声'，未可量也！"贾政的回答则极为自谦："犬子岂敢谬承金奖。赖藩郡余祯，果如所言，亦萌生辈之幸矣。"在这里，北静王身份地位本大大高于贾政，但他仍用了"令郎""世翁""龙驹雏凤"等礼节性、褒美性词语，对贾政表现出足够的尊重，且用"小王""唐突"等谦词显示了谦恭，这充分体现北静王不以王位自居，礼貌谦和的为人。相应地，贾政也用了"犬子""谬承金奖""赖藩郡余祯"等语，同样以礼相待。

（四）现实原则

现实是指当前存在的客观实际。在人们的语言交际过程中，要注意分场合、看对象。如果不注意场合，随便乱说，那就会影响交际效果；如果不注意交际对象的特点，自顾自地说，也不会达到预期的目的；如果不顾现实情况而随便断章取义，同样的话语在不同的情境下就会有不同的理解。所以要认清现实、分清场合、看清对象，遵守现实原则，以达到理想的交际效果。

三、口语交际的要求

说话都有明确的对象，而这些对象又是千差万别的：年龄有大小、人数有多少，知识水平有高低，生活经历有长短，职业背景有差异等。这些差异决定了他们对话语的不同要求，因此，口语交际要有强烈的对象意识，要根据不同的对象，选择不同的内容和表达方式。下面几种情况是应当考虑的。

（一）根据年龄的差异确定讲话的内容和方式

年龄不同，文化基础和性格特征也不一样，从而形成了对交谈内容和方式要求的差别。小孩单纯幼稚、天真活泼、求知欲强，喜欢听富有故事性、趣味性的交谈，与少年儿童交谈，应当注意多用讲故事、打比方、讲笑话的方式，语言要浅显易懂、生动形象。

青年人往往对前途理想、婚姻恋爱、文艺体育、科学文化、社会经验等感兴趣，与之交谈时应当多运用科学性、哲理性、鼓励性的语言，要以情感人，以理服人。

中年人多热衷于专业学术、社会新闻、家庭伦理、人际关系等话题。他们都有一定的社会经验，对事物都有自己的认识和看法，与之交谈时应当讲究语言平实，风趣幽默，谈出自己的真知灼见。

老年人对退休生活、防病治病、身体保健、颐养天年等话题感兴趣，与之交谈时应当多运用含蓄委婉的语言，音量稍大，语速稍慢，发音清楚准确。

（二）根据文化程度和思想修养的差异确定讲话的内容和方式

文化程度和思想修养往往可以反映一个人的基本素质。而素质的高低，又往往影响着对话语的理解。

与知识水平较高的人交谈，语言应当尽量文雅一点，若是学识渊博的高雅之士，他可能崇尚旁征博引而少繁冗的言辞，不妨从理论问题入手，引经据典，纵横交错，使谈话富有哲理色彩，言辞应当尽量表现出含蓄文雅，显得谦虚而又好学上进。

与专家讨论问题，应当表明自己的观点和态度，甚至是不同的见解，显示出探索和进取精神。但要注意谦逊有礼，以请教的口吻，多听取对方意见，从中增长知识，开拓思维，得到提高。

与文化水平较低的人交谈，应当尽量做到浅显明了，通俗易懂。

（三）根据兴趣爱好和习惯的差异确定讲话的内容和方式

由于文化教育和环境的影响，人们的兴趣爱好存在着很大的差别。谈话是一种双向交流，只有双方都感兴趣的话题才能有话可说，才能你一言我一语畅所欲言。如果对方对你所谈的话题根本不感兴趣，有可能会缄口不言或敷衍应付，很难达到交流的效果。

要找到对方感兴趣的话题，可以把对方擅长的事情作为讲话的内容。日本语言学家多湖辉认为，与人交谈如同打乒乓球一样，而话题的提出，如同乒乓球的发球，可以称之为"谈话的发球"。对方的毛笔字写得好，如果你说："我很想练练字，您能不能在这方面给我一些帮助？"这如同乒乓球赛中你发了一个别人特别容易接的球，他当然乐于还击，一来一往，谈笑风生，双方会自然而迅速融合。

（四）根据性格特征的差异，确定讲话的内容和方式

《论语·先进篇》记载孔子和子路、冉有、公西华的一段对话。子路问："闻斯行诸？"子曰："有父兄在，如之何其闻斯行之？"冉有问："闻斯行诸？"子曰："闻斯行之。"公西华曰："由也问闻斯行诸，子曰'有父兄在'；求也问闻斯行诸，子曰'闻斯行之'。赤也惑，敢问。"子曰："求也退，故进之；由也兼人，故退之。"子路和冉有问的是同一个问题，孔子却针对不同的性格回答：冉有胆小，做事退缩，所以要给他壮胆，鼓励他去做；子路胆量大，敢作敢为，所以要压压他，让他冷静点儿。

每个人都有自己的个性。有的勇敢，有的怯懦；有的性格内向，沉默寡言，有的性格豪爽，热情奔放；有的机智而沉着，有的博学而谦虚等等。了解和注意讲话对象的个性特征，对于交谈得体是十分有益的。

（五）根据场合和时机，确定讲话的内容和方式

据说清朝大臣李鸿章有一次出访美国，在一家餐馆宴请美国官员，按照中国的习惯说了一通客套话作为开场白："承蒙各位光临，不胜荣幸。我们略备粗食，聊表寸心，

没有什么可口的东西，不成敬意，请多多包涵。"餐馆老板一听大为恼火，以有损餐馆声誉为由，要求李鸿章公开赔礼道歉。

李鸿章这番话如果在中国任何一个餐馆说都不会有麻烦。由于他没有注意到说话的场合不同，因而带来了麻烦。

口语表达和书面语不同，它总是在一定的环境中进行的，并受其影响和制约。同样的一句话，在不同的环境说出来有不同的含义。例如："都九点了。"母亲对躺在床上的孩子说这句话的意思是"你怎么还不起床"；一个姑娘在公园门口对走来的小伙子说这句话的意思是"你怎么来晚了"；顾客对商场的保安说这句话的意思是"到开门时间了，该让我们进去了"。可见环境对语义有直接的影响，环境构成了说话的前提。

说话的环境首先是指说话的场合。特定的话题只能在特定的场合说，因为特定的环境构成了一种特定的氛围，说话应当顺从这种氛围，不要说与气氛不协调的话。

环境的另一个因素是时机。无论说话者的态度如何诚恳，内容多么精彩，倘若时机把握不好，也无法达到目的。对此，古圣先贤早有论述，《论语·季氏篇》中"言未及而言，谓之躁；言及之而不言，谓之隐；未见颜色而言，谓之瞽。"意思是说："没有到说话的时候而抢先说，叫做急躁；到了说话的时候而不说，叫做隐瞒；不先观察对方的表情而说话，叫做瞎了眼。孔子认为，说话应当适时，该说的时候说，不该说的时候就不要说，同时在说话前还要观察对方的表情。如果该说的时候不说，就会失去人才，不该说的时候却说，就是浪费言辞。

把握说话的时机是非常重要的，但怎样才能判明并把握最佳的说话时机，并无确定的规律，主要是看具体情况，凭经验和感觉而定。一般来说，在讨论会上发言，先讲可造成先入为主的印象，但因发言过早，气氛比较沉闷，人们尚未适应而不愿意接着发言。后讲可以进行归纳整理，讲的更有条理，同时可以针对疏漏，进行补充，使发言更加完美，但因发言太晚，人们已感到厌倦，想尽快结束，注意力分散。因此，人们普遍认为在二三人发言之后接着发言，效果最佳。这时气氛已经形成，人们的注意力较为集中，发言容易受到关注。

在反映情况、提出要求的时候，最好选择对方心情平和、情绪较好之时。

在劝说时，如果双方感情差距太大，绝不是劝说的时机，应当等到双方距离缩小到对方可能接受你的意见时才开口。

模拟实训

运用口语交际原则分析下面对话。

（1）甲：你看我刚配的眼镜怎么样？乙：很漂亮啊！丙：镜框的颜色不错啊。

（2）甲：王红太烦人了，自己不打水，总是喝我的水，她自己没手啊！乙：她可能太忙了吧。

（3）甲：你儿子才十三岁就长这么高啊！乙：呵呵，你的女儿也已出落得婷婷玉立了啊！

第二节 影响口语交际的因素

知识规律

个人口语交际的能力不仅仅是说话技巧的体现,同时也取决于个人的思维能力、知识水平等因素,是个人整体素质的体现。随着社会的迅速发展和进步,用人单位对人才的要求将会更高,把知识水平相当的两个人放在一起,思维敏捷、能言善辩的当然更受青睐。由此可见,口语交际能力的培养既是社会的需要,也是实现个人价值的需要。要想尽快地提高口语交际的能力,了解影响口语交际的因素是前提条件。

一、性格因素

心理学家认为,尽管人的性格千差万别,但从行为表现来说大体可分为外向型和内向型。尽管性格无好坏之分,但性格内向的学生在语言表达上与性格外向的相比明显存在着差异。性格内向的学生一般都不善言谈,即使心里有话也很少主动沟通和表达;而性格外向的学生多善于交际,自信心强,在公共场合常能坦然自如,对答如流。

二、教育因素

由于接受教育的不均衡性,一些先天口齿伶俐、性格外向、家庭教育良好、成绩优异的学生往往会得到老师青睐,故而得到锻炼的机会就多;相反,那些拙于表达、性格内向、成绩一般的学生机会就较少,结果人为地扩大了二者的差异。

三、环境因素

人都是在一定场合下说话的。不同的场合,人们的心理状态、心理准备通常不一样,人们的思维过程也就不会一样,所以说出的话肯定也不会一样。语言学把人们说话的场合叫做语言环境,简称语境。语言环境有广义和狭义两种,广义的语言环境包括说话时所处的社会环境、自然环境等等,狭义的语言环境主要指言语表达时的具体场合。社会环境有宏观和微观之分。宏观的社会环境主要指整个社会大气候,包括社会的政治环境、民族的文化、民族的风俗、民族的历史、民族的习惯以及道德风尚等等。微观的社会环境仅指说话者所处的场合及气氛等等。社会环境对语言的心理影响是很大的。不同的社会环境,人们的心理状态明显不同。一般地说,良好的社会环境对语言交际有着积极的协调作用,而恶劣的社会环境会加深人们的心理障碍,严重影响人们正常的语言交际。此外,口语交际中的狭义语境指口语的前言后语所形成的语言环境,内含的时间、地点、对象、话题及话语前提等等因素都对口语交际产生巨大的影响。

四、心理因素

在影响人们口语交际的诸多因素中，心理因素对口语交际的影响最大，也最直接。因为口语交际是一种建立在心理接触上的人际交往，所说的话是人们思维活动的直接结果。有些人不会说话，或不敢说话，那只是表面现象。从心理学的角度观察，这是心理活动受到阻碍。例如，人们在进行交往中，受到恶意攻击、讽刺挖苦、造谣中伤时，其情绪往往会产生很大的波动，变得激动起来，话说不出，即使说出来也是词不达意，这就是人们常说"气得说不出话"的情景。从心理学的角度分析，这时人们的心理处于波动时期，原先正常的心理平衡被打破，形成了严重的心理障碍，从而影响到语言表达。所谓心理障碍，是指影响语言交际顺利进行的心理因素。语言交际的心理障碍不是凭空产生的，而是在其主观、客观因素的共同作用下形成的。这种主客观因素主要包括印象、情感及气质等方面。

（一）印象

由于人的生活经历、个人气质、处世态度、文化层次、民族心理及性格的不同，对人对事往往会留下不同的印象。如某人喜欢说话，善于言谈，甲对他的印象可能是健谈善言，从而产生好感；乙对他的印象可能是耍贫嘴，于是心生反感。对某人不善言谈，甲的印象可能是忠厚老实，乙的印象就可能是笨嘴拙舌。

在人际交往中，第一印象对人的影响最大。所谓第一印象，是指在语言交际时给对方留下的最初印象，它包括容貌、服饰、言行、气质等。第一印象往往是以后交际的基础，也可能是不再交际的原因。第一印象好，人们有再见面的愿望，这就给以后的交往打下了良好的基础。"相见恨晚""一见钟情""一见如故"等都是第一印象良好的写照。第一印象不好，彼此双方都不感兴趣，心理上甚至会产生或多或少的厌恶感，这就给今后的交往蒙上了阴影，甚至会中断交往。

（二）情感

情感是人们进行语言交际的心理动力。情感包括两个方面：感情和情绪。感情对言语交际的影响，社会心理学家们曾用定势理论加以说明：在人们的交际过程中，每个人都具有一定的心理定势。所谓心理定势，是指在过去经验的影响下心理处于一种准备状态，从而对解决问题带有一定的倾向性、专注性和趋向性。人们语言交际中的双方处于正的定势时，其语言交际的信息就多，交际频率就高，交流速度就快；当语言交际的双方处于负的定势时，交际的双方感情相悖，互不信任，其交流的信息量就少，交际的频率就低，交流的速度就慢。另外，情绪是指人们受到外界的刺激而产生的临时性心理状态。由于外界的某种刺激，人们正常的心理平衡被打破，出现了高兴、气愤、舒畅、烦躁、激动等现象。情绪激动的心理状态对语言交际的影响是复杂的。有些人情绪激动时，往往由善于说话而变得不会说话，如"气得说不出话""高兴得不知说什么好"等等；还有些人在情绪激动时，则由不善言谈变得口齿伶俐、能说会道。

（三）气质

按照心理学的解释，每个人的神经类型会赋予每个人异于他人的精神面貌，在心理活动与肢体活动的表现上会显示出各种不同的状态。这些不同的状态就表现为人不同的气质。不同的气质对语言交际有着明显的影响。心理学把气质大致分为胆汁质、多血质、粘液质和抑郁质四种。每一种气质类型都有其好的方面，也有消极的方面。例如，胆汁质的人精力旺盛，热情豪爽，但脾气暴躁；多血质的人活泼敏捷，善于交往，但缺乏耐心，难于全神贯注；粘液质的人做事有条不紊，认认真真，但缺乏激情；抑郁质的人非常敏锐，但容易多疑多虑。

在语言交际中，为了减少心理障碍，顺利完成交际，对不同气质的人要采用不同的交际方式。例如，胆汁质的人自尊心较强，与其交际就要温和亲切，不要闪烁其辞。抑郁质的人感情细腻，但疑心较重，与其交际时就要多谈些乐观有趣的事，说话要选择好词语，不要吞吞吐吐。

其实，影响语言交际的因素绝不止这三点。并且在语言交际中，上述因素又往往是共同起作用的。所以我们必须因势利导，把握主要因素，以便顺利完成交际。

1. 影响口语交际的因素有哪些？
2. 分析自己口语交际的能力，并谈谈哪些因素对自己产生了影响。
3. 案例分析：

一天，某人邀请朋友们到家里小聚，可是一位迟迟不来，主人一急，脱口而出："急死人了！该来的怎么还不来！"

已到的客人中有几位不高兴地说："你的意思是我们不该来，那就告辞了！"说完，气冲冲地走了。这时屋里只剩下两位客人。这两位想要劝主人，可是还没开口，主人见大家走了那么多，着急地说："哎呀，这不该走的又走了。"留下两个人中的一位生气地说："你的意思是说该走的是我了！好，我走！"说完，头也不回地走了。

最后留下的这位朋友和主人交情最深，劝主人说："朋友都被你气走了，你说话也该注意一下。"主人无奈地说："其实他们都误会我了，我压根不是在说他们。"仅剩的这位脸色突变："什么？原来你是在说我！哼！有什么了不起！"于是也铁青着脸走了。

试分析上文中主人的话语有哪些不妥的地方。

第三节　口语交际中的态势语

人们在进行口语交际的过程中，不仅需要言语声音，同时还需要辅之以动作表情。

这种通过面部表情、体态与手势等进行思想感情交流和信息传播手段，称之态势语，又称体态语，或无声语言，或非语言信息。正如古人所说："言之不足，不觉手之舞之，足之蹈之"。态势语虽然是有声语言的辅助工具，但它的作用同样是不可低估的。

一、态势语的作用

（1）补充和强化有声语言的信息，并使有声语言的表现力和感染力得到升华。人们在口语交际中，当思想、情感、信息单纯依靠言词声音不能完全或充分地表达出来时，可以借助态势语加以补充或强调。譬如一个人愤怒到了极点，或伤心到了极点，除了大声嚷嚷或哭泣之外，还会拍桌子、捶胸顿足、抓头发等。特别是有些"只可意会不可言传"的信息，往往可通过一个眼神、一个手势，使听者心领神会。

（2）可以更好地沟通说者与听者之间的情感，调控交际。人们在研究人体动作时发现，任何心理特征都很容易转化为体态特征，而任何体态特征也都有一定的心理依据。美国的朱利·法思特在《人体语言》一书中指出："一个懂得人体语言并善于应用人体语言的人，如果能将他所了解的姿势同周围人的感情联系起来，他将永远比对方胜过一筹，处于主动地位。"这里的能"胜过一筹"是因为善于通过体态语言恰当地表现自我，以及准确地理解对方；其所以"主动"，就在于能在表现自我和理解对方的基础上，进行迅速沟通和及时调控。

（3）可产生动态的直观形象。口语交际的过程中，虽然有声音语言也是动态的，但只作用于听觉。若是在此基础上辅之以态势语，就能同时作用于视觉，产生动态的直观形象。有声语言和无声语言的协调统一，所产生的冲击力远远大于单一的有声语言。此外，优美的态势语还能获得自我形象的审美价值。自我形象的审美价值越高，与人合作的机会就越多。

（4）在交际过程中有暗示的作用。虽然通常情况下态势语依赖有声语言或具体的环境而存在，不能喧宾夺主，但有时也可以代替有声语言而直接进入交际。例如，面对课堂上窃窃私语的学生，此时老师一个责备的眼神往往使他们停止说话，把思绪收回到课堂中来。

二、态势语的具体内涵及运用

（一）服饰

在口语交际中，服饰是给人留下视觉印象的一个重要组成部分，具有很高的审美价值。在人际交往中，可以不要求衣饰的华丽，但一定要做到庄重朴素，整洁大方；轻便自如，协调和谐；得体入时，因地制宜。人们把这称为"TPO"衣着原则。"T"（Time）指时间，表明着装要注意季节和时代；"P"（Place）指场所、地点；"O"（Occasion），指场合，即服装要与场合氛围相一致。当我们遵循以上原则，针对交际的时间、地点及交谈对象的具体情况，以得体的服饰打扮出现在交际对象面前，给人以良好的"第一印象"时，就很自然地缩短了交际双方的心理距离，赢得对方的关注和尊重，有助于形成融洽和谐的气氛。相反，若是口语交际者衣着不整，举止粗鲁，以一副不修边幅的形象出现在交际对象面前，那势必使人心生反感，失去继续交谈的兴趣。所以，在口语交际中应该根据自身的具体情况，搭配合适的服饰，给人以美感，使其留下好的印象。

（二）站姿

在大庭广众之中，宜站着说话，这样的道理在于：第一，表示对听众的尊重；第二，可避免长篇大论，或埋头念稿子；第三，显示出说话人的精神风貌；第四，可调节会场气氛。但是站要有站相，这个站相就是指站姿。它是交际活动中一种常见的姿态，是优美举止的基础。站立不仅要挺拔，还要优美、典雅。我国传统的站姿要求是"站如松"，即头部端正，双目平视，下颌微收，面部平和自然；全身笔直，挺胸收腹；两肩平齐，身体有向上的感觉，呼吸自然；腿要绷直，两脚基本平行，或一前一后，自然站定，给人以全身挺拔，精神焕发的印象。当然在社交场合中，如果从头到尾都坚持这样的姿势，容易疲劳，所以，可在基本姿态的基础上稍加变化，既不失礼貌，又不至于疲劳。

站立时切忌东倒西歪，耸肩驼背，左摇右晃，两脚间距过大。站立交谈时，身体不要倚门、靠墙或者靠柱，双手可随说话的内容做一些手势，但不能太多太大，以免显得粗鲁。在正式场合站立时，不要将手插入裤兜或交叉在胸前，更不能下意识地做小动作，如摆弄衣、咬手指甲等，这样做不仅显得拘谨，而且给人一种缺乏自信、缺乏经验的感觉。

（三）坐姿

坐姿是态势语的主要内容之一，我国传统的坐姿要求是"坐如钟"，即坐相要像钟那样端正稳重。端正优美的坐姿，会给人以文雅稳重、自然大方的美感。其基本要领是：入座时走到座位前，转身后把右脚向后撤半步，轻稳坐下，然后把右脚与左脚并存，坐在椅上，上体自然挺直，头正，表情自然亲切，目光柔和平视，嘴微闭，两肩平正放松，两臂自然弯曲放在膝上，也可以放在椅上或沙发扶手上，掌心向上，两脚平落地面，起立时右脚先后收半步然后站起。为使坐姿更加正确优美，应该注意：入座时要轻柔和缓，起立时要端庄稳重，不可弄得座椅乱响，就坐时不可以扭扭歪歪，两腿过于叉开，也不可以高跷起二郎腿。若翘腿，悬空的脚尖应向下，切忌脚尖朝天。坐下后不要随意挪动椅子，也不能不停地抖动腿脚。女士着裙装入座时，应用手将裙装稍稍拢一下，不可坐下后再站起来整理衣服。总之，在交往过程中，坐姿也是进行思想感情交流和信息传播的重要手段。在具体的语言交流情境中，巧妙地运用坐姿，能够起到辅助内容表达的作用。

（四）手势

恰当使用手势是态势语表达中的重要环节。口语表达中的手势不同于艺术表演中的手势。艺术表演中的手势由于舞台表演的需要，动作幅度要比生活中的大很多，具有夸张感。而日常口语表达中，手势是加强说话感染力的一种辅助动作，要求优雅、灵活、适度、自然以及得体。

手势的运用是多种多样的，他主要由手掌、拳头与手指构成。

1. 手掌的运用

（1）手心向上，胳膊微曲，手掌稍向前伸。这种手势主要表示贡献、请求、赞美和欢迎等意思。

(2) 手心向下，胳膊微曲，手掌稍向前伸。这种手势主要表示神秘、抑制、否认、制止或不喜欢等意思。

(3) 两手叠加表示团结一致、联合、一事依赖于另一事或命运攸关，休戚与共。

(4) 两手分开一般表示分离、失望、空虚或消极等意义。

(5) 手心向外的竖式手势表示分隔、对抗与不兼容的矛盾或互不同意的观点。

2. 拳头的运用

(1) 握紧拳头，显示挑战、精诚团结、一致对外或警告等意义。

(2) 举起拳头在空中晃动，有号召人们起来斗争、奋斗的意义。

3. 手指的运用

(1) 表示称赞或轻视。伸出拇指，表示称赞、夸耀；伸出小指，表示轻视、挖苦人。

(2) 表示事物或方向。可用手指指某一事物或方向让听众感知。

(3) 表示数目。可用手指数来表示所讲事物的数目。

（五）表情

面部表情是运用态势语的关键所在，它能迅速、敏捷、准确、真实地反映情感，传递信息。面部表情由眉、眼、嘴等组成。

眉：眉毛的变化能直接反映出复杂的内心世界，眉毛上挑且微微颤抖，表示扬眉吐气、眉飞色舞、喜上眉梢；眉头紧锁则表示忧愁、心事重重；低眉表示顺从、认错、沉思；横眉表示鄙视；竖眉则表示愤怒。

眼："眼睛是心灵的窗户"，是最有效地显露个体内心世界的途径。据现代科学统计，利用目光，人类就可以交换几千种信息，人的各种感觉器官所获得的信息总量中有80%以上的内容来自眼睛。眼睛具有反映深层心理的功能，一个人内心的隐私、冲突会在不知不觉中通过眼神自然地流露出来。

眼神的流露是配合内容表达的。一般来说，上台讲话时，两眼应略向下平视，目光自然、亲切、专注；与人谈话时，视线应接触到对方的脸部，而且接触的时间大概占全部谈话时间的百分之三十至六十。超过这个平均值的，就表明说话者对听话者本人比对谈话内容更感兴趣；低于这个平均值的，则表示对谈话内容和听话者本人都不怎么感兴趣。另外，视线的方向不同，传达的含义也不同：视线向上表示敬畏、尊敬、天真等，视线向下表示爱护、爱恋、容忍等，视线平行表示基于理性的思考和评价的心理状态。两眼向前注视，表示勇气和决心；轻轻上抬表示高兴、希望、兴奋；向下是羞愧、胆怯、悔恨；死死盯着但视而不见是着迷或疯狂；向侧面看是憎恶、讨厌、反感；两眼圆睁、滚动闪烁则表现出恐惧、气愤及勃然大怒；茫然凝视表现绝望；半闭双眼则表现快乐幸福、喜不自胜；斜眼表现出轻蔑、冷落、怀疑、厌倦；眨眨眼睛偏向一边则表示不予考虑。巧妙地运用眼神，是口语交际中的一种艺术，不仅有助于情感的表达，也有利于相互理解与合作。在说话中，有时盯着人看，似乎专门说给他一个人听；有时一会儿冲左边微笑，一会儿冲右边点头，一会儿朝后边示意，一会儿朝前面挥手，目光关照全场所有的听众,其实这时一种实眼与虚眼的交替运用。谈话中,可以看对方,也可以不看对方,看与不看,什么时候该看,看多久,看什么地方,全在于说话人根据说话的内容、说话的场所、听话人的情绪、心理等灵活掌握和运用。运用得好,常常可以获得奇特的效果。

鼻子:鼻子没有明显的动作,主要是配合整个头部的动作。例如:下颚上扬,把鼻子挺出,是傲慢、自大、倔强的表现,伸出下颚,把鼻孔对人,是瞧不起对方的意思,用手指摸鼻梁表示对对方的怀疑。

嘴:嘴在语言表达中所起的作用是靠口型变化来体现的。和谐宁静、端庄自然对嘴唇闭拢;半开表示惊讶、疑问;如果全开就表示惊骇;向上表示喜悦、诙谐、礼貌、殷勤和善意;向下表示痛苦悲伤、无可奈何;不满时撅着嘴;愤怒时紧绷着嘴,有时也表示挑衅、对抗或决心已定。

 **模拟实训**

1. 两人一组进行交谈,并恰当运用态势语。
2. 根据自己的体会说说怎样发挥态势语在口语交际中的作用。

 **单元探究性学习**

交际中的俗语

俗语是汉语语汇里为群众所创造并在群众中口头流传的语言,具有口语性和通俗性的特色。它的产生有其社会生活的根源,并且都打上了时代的烙印;它的内容和含义有对人物思想感情的表达,有对是非功过的评说,有的直抒胸怀,有的托物言志,有的形容比喻,从而给人告诫、劝勉与启迪,使人有所感悟和省察。千百年来,老百姓生活中的诸多经验、教训,以民间喜闻乐见的形式被总结成一句句的俗语,口口相传,流传至今,有不少俗语在今天仍被广泛使用。本单元探究性学习要求同学们研究分析口语交际中的俗语现象,探究思考以下几个问题,完成小组论文。

(1)什么是俗语?
(2)俗语具有哪些特点?
(3)在口语交际中使用俗语有怎样的表达作用?应注意哪些问题?

第二单元　口语交际基本素养——日常

单元说明

口语交际能力发展是一个长期的过程，离不开日常的不断学习与训练。本单元具体介绍生活中常见的几种口语交际形式——介绍与交谈、拜访与接待、赞美与批评，使学生了解日常口语交际的基本要求和原则，掌握基本技巧，提高日常口语交际能力。教师的教学活动要结合自身经验，多加揣摩，学会换位思考，使理论水平得到提高；学生的主动学习要注重灵活性，使"死"的要点、技巧等"活"化为能力。

第一节　介绍与交谈

在社会生活中，我们总要与他人打交道，有不相识的，有熟悉的，这就离不开介绍与交谈。

一、介绍

知识规律

介绍，是社交中人们互相认识、建立联系必不可少的手段。它是一种涉及范围广、实用性很强的口头表达方式。每一个人不可避免地都需要介绍，这就要讲究说话艺术，介绍一般分为人物介绍和事物介绍。

（一）人物介绍

人物介绍是社会交往时人们互相认识，建立联系的手段。一般分为自我介绍、他人介绍、别人为你介绍和名片介绍等四种方式。

1. 自我介绍

在社交场合中，由于人际沟通上的需要，时常要作自我介绍。自我介绍提供人与人之间相互理解的沟通条件，同时也是个人表现的机会，是较为常用的交际方式。

（1）自我介绍的礼仪要求

许多人在陌生环境中和陌生人面前显得非常拘谨，不知如何表达。此时如能按照自我介绍的礼仪要求来行事，就会让自己显得轻松自然。不过要想自我介绍取得成功，给对方留下深刻而良好的印象，首先应该考虑当时的场合是否适宜作自我介绍，若对方正忙于工作或与他人交谈时，就不适合作自我介绍。这时若去打扰别人显得不礼貌。而对方身边没有人或并未专注于某事，且心情愉快时，进行自我介绍就可能会有良好的效果。

自我介绍的时机一般有：社交场合中与不相识的人相见时；不相识的人请求自己作自我介绍时；在公共聚会上与大家相识时；有求于人但对方不了解自己时；到他人住处、单位初次拜访时；求职、求学时；因工作需要在公共场合进行业务推广等等。

自我介绍总的原则是简明扼要，但措辞要适度，实事求是，既不能过分炫耀，也不能自我贬低。时间一般以半分钟为宜，情况特殊或者在求职应聘中，也最好不超过三分钟。介绍时语言要热情友好，流畅自如，不带口头禅；举止庄重大方；表情坦然亲切，面带笑容，热情友好，注视对方，态度镇定而充满信心，表现出渴望认识对方的诚意。如果见到陌生人就慌慌张张，不知所措，语无伦次，或者满不在乎，都会造成难堪的场面。

自我介绍的基本程序是：先向对方点头致意，得到回应后在按照"自我介绍三要素"自报家门：本人姓名、工作单位、职位。一般三者一气呵成，同时可以递上事先准备好的名片。也可根据实际需要决定介绍内容的繁简。开头可以这么说："您好！我叫×××，很高兴认识您！"或者先婉转地询问对方："先生，您好！请问我该怎么称呼您呢？"

自我介绍时应把握好切入的角度，比如从生肖、职业、自己姓名的含义、自己的长相特征等入手。有时还可用颇具幽默感的自嘲的方法，加深别人对自己的印象，同时活跃气氛，给人留下良好而深刻的印象。

（2）自我介绍的技巧

1）说好一个"我"字。

自我介绍少不了说"我"字，如何说好"我"字这个细节却有时往往左右了口语交际的成败。有的人自我介绍时，左一个"我"字，右一个"我"字，导致听者产生厌烦情绪；有的人故意把"我"字说得特别重，或有意拖长，仿佛要通过强调"我"来树立自己的高大形象；还有的人一说"我"，就神态洋洋得意，目光咄咄逼人，大有不可一世之势，这样的自我介绍不过是孤芳自赏，只会给人留下骄傲自大的印象。所以要想留下良好的印象，就应在关键之处以平和的语气说出"我"字，并且要目光亲切，神态自然，这样才能使人从这个"我"字里，感受到一个自信、自立而又自谦的良好形象。

2）独辟蹊径。

在自我介绍时，人们往往是先报姓名，然后说工作单位、职业、文化、特长或兴趣等等，不免千篇一律，也使人觉得印象平平。独辟蹊径的自我介绍，是指从独特的角度，选择使对方既感到意外、又觉得自然的内容，采用活泼的语言把自己"推销"给别人。绝不是指那种借助别人威望给自己贴金的介绍，也不是指那种靠吹捧来取悦对方的介绍。

3）巧报家门。

自我介绍少不了"自报家门"，为了使对方准确听清自己的名字，往往要对"姓"和"名"加以解释。解释得越巧，人们得到的印象就越深刻。对姓名的解释可以反映一个人的文化水平、性格修养等。例如，有一位同学叫吴妍，她这样介绍自己："我叫吴妍，但我的性格正和'无言'相反，特别开朗，喜欢和大家交流……"这样就给人留下深刻印象。又如，一位叫陈逍遥的同学曾这样自报家门："我姓陈，耳东'陈'，逍遥法外的'逍遥'……"这位青年对于自己姓名的解释实在太不高明，只会给人留下不良的第一印象,但如果说成"逍遥自在的"逍遥",那就是另一番感觉了。叫聂品的同学,他介绍自己就很风趣:"我叫聂品,三只耳朵,三张口,就是没有三个头……"如此一来,"聂品"这个名字就深深印在听者的记忆里了。所以巧报家门,往往会收到事半功倍的效果。

2. 他人介绍

他人介绍,又称为第三者介绍或居间介绍,是介绍者以第三者身份引见被介绍的双方,使被介绍双方相互认识并建立关系的一种口头交际活动。

社交场合中并不是人人都相识,而参与社交的人往往希望结识更多的朋友,因此,他人介绍便成了社交中必不可少的方式了。得体的介绍会使社交场合中的人们彼此沟通了解,甚至成为朋友。但如果介绍不妥,也可能会使双方或一方感到尴尬,造成不快。以下简要说明他人介绍应注意的四点。

(1)顺序

一般社交礼仪中,介绍的顺序为:先把男子介绍给女子,先把职位低的人介绍给职位高的人,先把未婚者介绍给已婚者,先把年轻人介绍给年长者,先把宾客介绍给主人。有后来者,可先介绍后来的,然后逐一介绍在场的人,或有选择地介绍;需把某个人介绍给全体时,应先向全体介绍这个人,然后再按坐或站的顺序一一向此人介绍;如果是在座谈会或者是正式宴会上,可按座位顺序介绍。当然,在实际社交场合中,情况千变万化,需要随机应变、灵活掌握。

(2)称谓

恰当地称呼被介绍者,有利于双方彼此了解,会使人获得心理上的满足。一般地说,公务员、企业家重视职务,介绍时可称呼李局长、王经理;学者、艺术家重视职称、头衔,介绍时可称呼张教授、歌唱家周××;老百姓重视辈分,介绍时可称呼为赵大爷、孙阿姨。

(3)姿势

正确的介绍姿势是:身体上部略倾斜向被介绍者,伸出靠近被介绍者一侧的手臂,手掌自然向上,切忌用手指指点,同时略带微笑,两眼平视被介绍者,然后目光转向另一方。

(4)内容

选择双方感兴趣的内容,这样才会引起重视,促使双方相识。还可以介绍特长,这种介绍可促使双方在了解的基础上建立友谊。可做赞美性评价,使双方产生良好的印象,促进合作。

(5)语言

为他人介绍的言语形式应该是直接陈述,三言两语画出一个人的轮廓,不要拐弯抹角,故弄玄虚。也可采用征询意见的口气,如:"王某,我可以介绍李某同你认识吗?"这样既是对他人的尊重,也使自己话亲切感人。

注意:他人介绍,一忌说话含糊其辞,模棱两可;二忌对被介绍者过分颂扬,大肆吹嘘;三忌否定被介绍者的优点。

3. 别人为你介绍

如果有人将你介绍给别人时，你作为被介绍者，应站站在被介绍者的对面。等介绍完后，应握一下对方的手，并说"您好""认识你很高兴""久仰久仰"等。也可递上自己的名片，说声"请多关照""请多指教"。

4. 使用名片

现代社会对名片的使用越来越广泛，以名片代替语言介绍，既显得慎重，又免却对方劳思费神地去记自己的姓名、住址、职业、电话号码等，可谓一举多得。在使用名片时要注意以下几点：

（1）要把自己的名片放在易于拿出的地方，以免在需要取出时手忙脚乱。

（2）出示名片时，目光要正视对方，并用双手递上，口中说"请多关照"一类的寒暄语。

（3）出示名片要适时。通常有两种机会适于出示名片：一是谈话比较融洽，对方愿意与你建立联系时；二是双方握手告别时。

（4）接到对方名片，要认真看一下，再郑重地放进口袋。切不可接过名片看也不看就随意扔在桌上，那会伤害对方的自尊。如果自己没带名片，要向对方说明情况，并主动作自我介绍。

（二）事物介绍

事物介绍的种类较多，从语言特点上看，大体归纳为简约性介绍、形象性介绍、阐明性介绍、纲目性介绍、平实性介绍、谐趣性介绍六种。下面分别说明。

1. 简约性介绍

简约，就是用比较凝练的语言表达语，言简意赅、要言不烦。简约性介绍有助于提高工作效率，也显示一个人的精明和干练。

简约性介绍，可用下定义、抓框架等方法，用几句简明扼要的话把事物的本质属性或陈述要点说得一清二楚。如：大豆的祖籍：原产在中国，已有5000多年的历史，外国栽培它只是近三四百年的事。

2. 形象性介绍

形象性介绍，是运用形象化的描述手段，将介绍对象说得更加生动、具体、感人。形象性介绍，常用比喻、拟人、描摹等修辞手法。有时也采用融情于叙、融情于景、融情于理等表现手法，使介绍更有感染力。如：

人们在戏剧《白蛇传》中听过白蛇，现实生活中的白蛇是很稀罕的，有一年在我国台湾省中央山脉，一位当地的捕蛇者意外地捉到一条真正的白蛇，它全身呈白色，十分漂亮。日本人崇尚白蛇，称之为财神，故对此十分感兴趣，人们纷纷出高价购买，但均被蛇主拒绝。现在此白蛇在高雄市地下街的一家蛇店展出。

3. 阐明性介绍

阐明性介绍是对一个看法作符合逻辑的言之成理的说明。它通过分析、推理、判断和归纳，得出令人信服的结论。阐明性介绍常常运用举例子、作比较、列数字、抓特征、作分析等方法。如：

睡前用热水洗脚好：人们一天工作完毕，特别是长时间的走路或运动后，腿部肌肉不停地作收缩运动，大量的氧气和养料被消耗掉，同时还产生乳酸和一些其他废物，下肢肌肉就会胀疼。用热水洗脚，能使血管扩张，促进血液循环和新陈代谢，改善足部和全身组织营养，降低肌肉张力，从而使脚部的氧气和养料得到充足供应，减少局部乳酸的废物积聚，清除疲劳，人也觉得舒服了。对于失眠的人来说，睡觉前用热水洗脚，可以使皮脂腺的分泌和毛孔的散热机能得到充分利用，从而有助眠的效果。

4. 纲目性介绍

纲目性介绍是提纲挈领地分点说明事物、事理的方法。这种介绍方式语言浓缩，以少胜多，常常给人以深刻印象。纲目性介绍，常用方法有列条款、分类别和按顺序等。如：

我国有四尊特别的卧佛。最大的木胎泥塑卧佛：最大的木胎泥塑卧佛在甘肃省张掖市宏仁寺。这尊释迦牟尼像全长 34.5 米，肩宽 7.5 米，耳长 2 米，金装彩绘，势态自然。它睡眼朦胧，面部表情安详。最大的铜质卧佛：最大的铜质卧佛在北京市寿安山十方普觉寺。它身长 5 米有余，左臂直伸，右手支卧，侧卧在娑罗树下，表现了释迦牟尼向弟子嘱咐后事的情景。这尊卧佛造型浑朴精致。铸此佛据称用精铜 25 万公斤。最大的白玉卧佛：最大的白玉卧佛在福州市西郊西禅寺内。这尊用白玉雕成的卧佛从缅甸迎回，光洁细腻，刀法流畅，长 3.7 米，重达 10 吨。唯一的向左侧卧佛：所有的卧佛无论大小，都向右侧卧，但四川省安岳县八庙场卧佛沟却有一尊背北面南，向左侧卧的释迦牟尼像。它可能是由于地形条件的原因，依崖凿成，风格别致，全长 23 米，曲眉合眼，神态安详，头东脚西，赤足双并，至今已有 1200 多年。

5. 平实性介绍

平实性介绍是朴实、严谨的介绍方式。一般极少有修饰性、描摹性的语言，直截了当地把事物、事理讲清楚。这种介绍朴实无华，会使人觉得可靠和值得信赖，容易赢得对方的认同和好感。如：

握手也有学问。初次相识，或朋友久别重逢，握手，再将身子欠一欠，是有涵养、有礼貌的表示。不管谁向你伸出了手，最好不要拒绝，拒绝握手是很大的失礼。性别相同，通常由年纪轻的人先伸出手；不同性别，要由女方先伸出手来。女方不伸手，可能囿于传统意识不愿握，可以欠欠身表示礼貌。冬天，应摘下右手手套握手，如果来不及摘对方就同你握手，应说一声："请原谅，我没脱手套。"而对女性来说，同男性握手一般不一定非得脱手套。

6. 谐趣性介绍

谐趣性介绍是指用诙谐和幽默的语言来介绍人、事和物，语言俏皮、有趣，从而使表达更有吸引力。如：

毛泽东在井冈山讲战术课："……白军强大，红军弱小，我们以弱斗强，只能采取游击战术。什么叫游击战术？简明扼要地说就是'敌退我进、敌驻我扰、敌疲我打、敌退我追'，十六个大字。"

"从前井冈山有个山大王,叫朱聋子,他和当时的统治者斗了很多年,总结了一条经验:'不要会打仗,只要会打圈。'朱聋子前一句话不对,后一句话是对的,我们改变一下就好了,'既要会打仗,又要会打圈',这样才能歼灭敌人,使根据地不断巩固,不断扩大。"

"打圈是为了避实就虚,迷惑敌人。强敌来了,先领着他兜几个圈子,看出他的弱点,抓准就打。要打得干净利落,要缴到炮,抓到人,打得赢就打,打不赢就跑,赚钱就来,蚀本不干。"

模拟实训

1. 以小组为单位,进行他人介绍练习。注意他人介绍的要求及技巧。
2. 练习作自我介绍。由其他同学给出意见,并作修改。
3. 假如你是迎新接待员,如何介绍我们的学校?

二、交谈

知识规律

交谈是由两个人或两个以上的人,为沟通思想、交流感情、传递信息、讨论学习等目的所进行的口头交流活动,是人们口头交际活动中最常用的一种方式。在现实生活中,善于交谈者常常能促进交谈双方的沟通质量与互相理解,并创设良好的人际关系;反之,则往往事与愿违。因此,为了使交谈获得最佳效果,就应当注意交谈的基本原则及运用相关的技巧。

(一)交谈的基本原则

1. 以诚相待,注意礼节

在谈话的时候要以诚相待,只有这样才能与交谈者达到推心置腹、情感交融的境界。而且要注意礼节,这样可以为谈心创造一个和谐的氛围。即不随意打断、纠正别人的谈话;不以自我为中心,唱独角戏,要让别人也有发言的机会;如有其他急事需要暂时中断交谈,应声明表示歉意,等等。晚辈要让长辈先说,下级要让上级先说,男士要让女士先说。

2. 相互尊重,相互理解

交谈是思想、感情的双向交流与沟通,来自对方的尊重是任何交谈者都希望得到的。要想取得满意的交谈效果,就要把对方作为平等的交流对象,在心理上、用词上、语调上处处体现出对对方的尊重。在交谈过程中,交谈双方由于学识、阅历以及看问题的角度不同,对同一个问题往往会产生异议。在双方发生分歧时,应该相互理解,多从对方的角度去考虑问题,求同存异,不作无谓的争执。

3. 注意倾听,角色定位

首先明确在交谈时不搞一言堂,要注意倾听。倾听是交谈持续的重要环节,是尊重对方的表现，是获得信息的主要渠道，它有助于听者深刻理解讲话内容，领会言外之意，还能激发对方的谈兴。我们可以从下面的一个小故事中得到启示：古希腊时，一位年轻人向大演讲家苏格拉底请教演讲术，他为了表现自己滔滔不绝讲了许多。苏格拉底表示，可以考虑收他为学生，但要他缴纳双倍的学费。那年轻人很惊诧："为什么要加倍呢？"苏格拉底说："因为我除了要教你怎么演讲外，还要给你上一门课，怎么闭嘴。"

其次，一定要注意双方之间的位置，即"角色定位"。它有两个意思：其一，我做什么，像什么。其二，我要因人而异地去选择谈话的内容和形式。

（二）交谈的技巧

1. 寻找话题

多人在一起聊天时，好的话题常常能使谈话融洽自如。那么，什么是好话题呢？好的话题至少是一方熟悉，能谈；大家感兴趣，爱谈；有展开讨论的余地，好谈。我们可以从以下几方面入手寻找交谈话题。

第一，寻找共同点。谈大家都关心、感兴趣的话题，容易拉近彼此的距离，使人产生亲切感。如果初次见面，为使彼此相处融洽，敞开交谈，可以从对方出生地，曾就读的学校，兴趣、爱好等方面入手，同行可以谈业务方面的问题，同事可以聊聊单位的情况等等。

第二，就地取材。与人交谈的开场白可以结合交谈场所的现场环境就地取材，适当过渡，就会免去初不相熟的尴尬，使交谈变得亲切自然。虽然这样的开场白并不是实质性的谈话，但它会使气氛融洽。在使用这样的开场白时要注意控制时间，不能喧宾夺主；还要注意察言观色，考虑对方的感受，尽量与对方保持一致，否则会适得其反。

第三，谈谈对方。关心自己是人们的普遍特点，当与他人交谈时，以对方为话题开始谈话，是增加对方谈话兴趣的有效方式。每个人最熟悉的莫过于自己的事情，以自身为话题，就免去了寻找话题的烦恼，巧妙地引导对方谈论他们自己，这样你就会成为一名很受欢迎的谈话伙伴。交谈时你对谈话是否感兴趣并不重要，重要的是对方对谈话是否感兴趣。

2. 学会倾听

要懂得少说多听，不随意打断对方的讲话，认真地倾听并适当作出一定的肢体语言（如身体稍稍倾向说话人，适时地与对方眼神接触，不时点头表示同意，面带微笑等），表示对对方讲话的关注，听得很有兴致。这不仅是对对方的尊重，更是对对方的鼓励，会让其产生强烈的谈话欲望，促使交谈保持延续。

在谈话时，可适当附和。若能表达与对方相同的意见，会让对方对你产生好感，增强对你了解的兴趣，关心你的讲话，因为任何人都会接纳和亲近与自己观点一致的人。但这并不是说我们只能做"应声虫"，我们在倾听的同时，也要善于表达自己的看法。不过在提出自己的看法时，要找准机会，注意方法，不要因为意见不一致而发生争执，影响交谈的顺利进行。

3. 赞美对方

要想获得良好的交谈效果,就要学会利用心理上的相悦性,对对方在交谈中的独到见解或日常生活中的出色表现不失时机地给以赞美,使对方产生愉快的感受,乐于继续交谈下去。虽然每个人都渴望得到别人的赞美,但这赞美必须是发自内心的,具体化的。

4. 表达感谢

在交谈中,对方任何一个对你有帮助的想法或任何一句对你有启发的话,都要真诚地表示谢意。注意这种感谢一定要用语言表达出来,这样会激发对方更多的热情,使交谈气氛更加愉快。

5. 转换话题

当交谈中出现冷场,或遇到一些不便、不愿谈论的话题时,就要及时转换话题,并且最好是在不知不觉中巧妙地把话题岔开,这样既不会伤害到对方,又能把自己从困窘中解脱出来。

例如:三国的时候,有一次,曹操与刘备一起煮酒论英雄,以试探刘备的心事。席间曹操突然用手指着刘备和自己,说:"如今天下的英雄,只有我们两个罢了。"刘备闻言吃了一惊,手中所拿的筷子不觉掉落到了地上。恰巧这时天要下雨,突然响了一声炸雷。刘备从容地弯下腰拣起筷子说:"这声雷震得我筷子都掉地上了。"曹操笑着说:"男子汉大丈夫也怕打雷吗?"刘备说:"这声雷突如其来,震耳欲聋,怎能不让人害怕?"这样就将心事被窥破的恐慌,轻轻地掩饰过去了。曹操于是不再怀疑刘备。

上述故事中,刘备在筷子落地后,机敏地用天气变化把谁是英雄的话题岔开,转移了曹操的注意力,化险为夷。所以当交谈中出现尴尬状况时,最好立即转换话题。可根据当时的情景或身边之物,或利用一词多义、相近的概念、谐音字、好奇心等岔开话题,但一定要转得巧。

(三)怎样提高自己的谈话水平

谈话,是人与人之间传达心声的重要方式。也就是说,人与人之间良好关系的建立在很大程度上取决于谈话时传达是否妥当。在日常生活中,我们可以从以下几个方面提高自己的交谈水平。

1. 丰富知识

语言是内心世界的表白。如果胸无点墨,说话时就会缺乏话题,而且讲起话来,不是吞吞吐吐,就是词不达意,或者不知所云。相反,一个知识丰富、学识渊博的人,讲起话来往往生动有趣,话题多,富于联想,能够取得举一反三、左右逢源的效果。

例如:古代一位诗人过着隐居生活,一日身染小病,便到一家药店买药。他看到卖药的是一位端庄秀丽的少女,便想试试她的才气。诗人开口说:"我买宴罢客何为?"姑娘微笑一下,答道:"宴罢酒酣客'当归',请问'当归'要几钱?""且慢,我再买黑夜不迷途。""'熟地'不怕天黑夜,此药本店有的是。"诗人又说:"三买艳蔓牡丹妹。""牡丹妹'芍药'红,芍药今天方到。""四买出征在万里。""万里戎疆是'远志'。""五买百年美貂裘。""百年貂裘是'陈皮'。""六买八月花吐蕊。""秋花朵朵点'桂枝'。""七买蝴蝶穿花飞。"" '香附'蝴蝶双双飞""妙！答得妙！"诗人连连喝彩。他为了试一下卖药姑娘的才学，连出七句诗谜来考她，可她都能不慌不忙地对答如流，这不但见出她的才思敏捷，也与她平时知识的积累有关。锻炼口才，功夫主要在平时，因为语言是建立在生活基础上的，有了丰富的生活体验、实践经验，谈话的内容自然也就比较丰富了。

2. 敏捷思维

语言表达，是由大脑支配的。因此，讲话时思路是否清晰，反应是否灵活，能反映出一个人思维的敏捷度。美国作家马克·吐温有一次戴着顶帽子走在大街上，一位从对面走来的年轻人嘲笑他说："瞧瞧，你头上的那个东西是什么玩意儿？能算是帽子吗？"马克·吐温当即回道："是啊，你帽子底下的那个东西也不知是个什么玩意儿，能算是头吗？"一句话让挑衅者哑口无言。如果头脑反应慢，只能张口结舌地生气了。

3. 考虑对象场合

人与人存在着年龄、身份、地位、性格、职业和爱好等等的差异，因此在与他人交谈时，就要充分地考虑这些因素，选择适当的内容、方法、角度以及语气等等。例如：你对一个姑娘说，"你现在比以前好看多了。"这虽是赞扬的话，但对于比较自卑和敏感的姑娘来说，这样说很可能令她生气。因为"现在比以前好多了"包含着过去不好看的意思。

4. 注意细节

人们常说细节决定成败，所以在交谈时，神态、声调、语速等都是需要注意的细节。要神情自若，从容安详。要注意声调、语速的高低快慢应当适中，不能用话剧表演或演讲、朗诵时的方法来交谈。要让人听得懂，尽量不用过于专业化的词语，以免造成双方沟通障碍和产生不必要的误会。要自觉地使用文明用语，不说粗鲁低俗的话。

（四）与人交谈的禁忌

一忌居高临下，任意打断对方的话。不管身居何职，资历多深，都应放下架子，平等地与人交谈，切不可给人以"高高在上"之感，更不可随心所欲地让自己的插话中止对方的表述，让对方把话说完是对人最基本的尊重。

二忌自我炫耀，口若悬河。交谈中不要刻意展示自己的长处、成绩，更不要或明或暗地自我吹嘘，使人反感。如果对方对你所谈的内容不懂或不感兴趣，应顾及对方的情绪，不可自顾自地滔滔不绝。

三忌补充对方，纠正对方。只要不涉及原则问题，就不要补充对方。人们地位不同，知识构成不同，兴趣爱好不同，所以看问题的角度也就不一样。我们尊重对方，就是要尊重对方的选择。同时也不要随便对对方话语的是非进行判断。在原则问题上要是非分明，但是在一般问题上大可不必锱铢必较。当然也不可质疑对方，即不对对方的话表示怀疑。

四忌心不在焉，节外生枝。当你听别人讲话时，思想要集中，不要左顾右盼，或面带倦容，连打呵欠，或神情木然，毫无表情，这些都让人觉得扫兴。同时要注意扣紧话题，不节外生枝。如当大家正在兴致勃勃地谈论音乐，你却突然把话题转向足球赛，这显然不合适宜。

五忌搔首弄姿，故弄玄虚。与人交谈时，姿态要自然得体，手势要恰如其分。切不可指指点点，挤眉弄眼，更不要挖鼻掏耳，给人以轻浮或缺乏教养的印象。对本来习以为常的事，切莫有意"加工"得神乎其神，语调一惊一乍、时断时续，或"卖关子"玩深沉，让人捉摸不透。如此故弄玄虚，让人反感。

六忌挖苦嘲讽，言不由衷。当别人在谈话中出现错误或纰漏时，不应嘲笑，特别是在人多的场合尤其不可如此，否则会伤害对方的自尊心。也不要随便贬损不在场的人，这不仅伤害别人，也会伤害自己，因为参加谈话的人会担心你在背后也说他的坏话，从此对你不再信任。更不能把别人的生理缺陷当作笑料，无视他人的人格。对不同看法，要在不伤害对方感情的前提下，坦诚地说出来，不必一味附和；也不要胡乱赞美、恭维别人，否则会让人觉得你不真诚。

七忌厚此薄彼，讲话啰嗦。当几个人一起交谈时，切莫按自己的喜好或按对方的身份区别对待，热衷于与某些人交谈而冷落另一些人。切忌讲话啰嗦，短话长说，独占话语权，或说"车轱辘"话，翻来覆去，令人生厌。要适可而止，提高谈话的效率。

1. 分析下面的交谈

甲：我最近看了郭沫若的《虎符》，如姬真是了不起的一位女子！

乙：她很重情义，冒死报答信陵君的恩德。

甲：不，不，不，这与信陵君没关系。信陵君与养些鸡鸣狗盗之徒的孟尝君并没有本质上的区别，没什么了不起。

乙：不对，信陵君是很重情义的，不然，怎么那么多人为他人效力呢？

甲：如姬的品行是很值得赞许的。信陵君嘛，不值得一提。

乙：……（抽身走了）

2. 清代著名学者纪昀机敏过人。有一次，乾隆帝想开个玩笑为难纪昀，便问他"忠孝"二字怎么解释。纪昀随口答道："君要臣死臣不得不死，为忠。"乾隆帝立即说："好，我以君的身份要你现在去死。""这……臣领旨。""你打算怎样死？""跳河。""好，去吧！"纪昀走了不一会儿，又跑了回来。乾隆帝问："纪爱卿，你怎么没有死？"纪昀答道："＿＿＿＿＿＿"乾隆帝闻言大笑，收回圣旨。

纪昀该怎么回答，才能使皇上收回圣旨？请将纪昀的话补充完整。

第二节　拜访与接待

拜访与接待，是两种常见的重要社交活动。日常生活中，访亲探友离不开拜访与接待；工作中与其他单位的人打交道，与客户打交道，也离不开拜访与接待。借助这两种社交活动，人们可以相互了解，加深感情，沟通信息，增进友谊。

一、拜访

知识规律

拜访是人际交往中的最基本、最常见的形式。拜访会缩短彼此之间的距离，增加双方的共同语言，增进彼此之间的情感等。

（一）拜访的原则

1. 时机适当

一般来说，拜访他人应事先约定时间，不宜作不速之客。因为对于被拜访者来说，客人不请自到可能会打乱其原定日程安排。一般情况下，工作性拜访应避开节假日和休息日，也不宜选择对方较忙的时间或三餐时间。若约定拜访时间为晚上，也不宜太晚，以免影响对方休息。去单位拜访，应当选择在上班时间，不要在中午休息时去，也不要在快下班时再去。

2. 礼貌守时

如果双方有约，应准时赴约。不要迟到，也不要过早到。一般可提前五分钟到达。万一因故不得不迟到或取消访问，应及时通知对方。如果是到私宅拜访，按门铃时间不要太长，敲门要有节奏感，不可太重太急，最多只敲两三下，让主人知道自己到了即可。主人开门后，如未邀客入室，不要贸然进入。如果迟到，应向主人道歉并解释原因。如迟到的时间较长，最好先征询一下主人的意见，看看是否需要另约其他时间。进门后应将帽子、墨镜、外衣、手套脱掉。但如果主人没有请客人就座，也即不打算留下客人，就不一定要脱衣帽，应简短交谈后离去。如果与拜访对象是第一次见面，应主动递上名片，或作自我介绍。

3. 安静等候

如果拜访对象因故不能马上接待自己，应安静地等候。不要因等待时间过久，而显出耐烦的神情。实在无法再等候，可委婉地向有关人员说明，并另约时间。

4. 适时告辞

礼节性拜访，可按原来约定好的时间，按时到按时走；如因故没有约定时间，一般拜访时间不超过三十分钟；如主人临时有急事或又来客人，则应立刻告辞。如果主人留客就餐，则宜饭后停留半小时后再起身告辞。切记在告辞时要向在场的所有人道别。

（二）拜访的要求

1. 言谈

拜访时的谈话最好只谈约定的主题。适当的寒暄必不可少，可以融洽气氛，创造好的交谈氛围。交谈时如与接待者的意见相左，也不要争论不休。

登私宅拜访，其用语一般包括进门语、寒暄语、晤谈语和辞别语四部分。

（1）进门语。到门口，要先轻轻地敲门，很有礼貌地问一句："请问××在（家）吗？"或者问一句"屋里有人吗？"切不可贸然闯入。同主人见面后，应立即打招呼。至于怎样打招呼应根据拜访的对象、形式、内容而定。初访往往比较慎重，可以这样打招呼："初次登门，让您久等，真不好意思！""真对不起，给您添麻烦来了！"重访是关系趋向密切的表现，一般只需要简单地说："好久没有来看您了！"或者说："真高兴，我们又见面了！"若是关系密切的朋友还可以用开玩笑等更活泼的话语来营造轻松的氛围。礼仪性拜访大多与祝贺、慰问、吊唁、酬谢等有关，进门语就要与有关内容联系起来。例如："听说您生病了，今天特地来看望你！""听说您的儿子已被××大学录取，特地赶来祝贺！"

（2）寒暄语：寒暄。就是见面时问候起居等。好的寒暄可以营造一个良好的交谈氛围，为正式交谈的顺利进行做感情的铺垫。但是寒暄的内容要视具体情况而定。首先要切合当时的情境，例如有小孩和老人在场时，可以从询问孩子的学习情况或老人的健康状况谈起；其次要尽量寻找双方的共同点，即双方都感兴趣的话题，尤其是对方感兴趣的话题，这样就能拉近双方的心理距离，使双方在感情上靠拢。

（3）晤谈语。在寒暄之后，客人要尽快进入正题，而且话题要集中，以免耽误主人过多的时间。另外可通过幽默的话语来活跃气氛，使拜访轻松愉快。

（4）辞别语。辞别时可表示感谢，请主人留步。如："十分感谢您的盛情款待，不劳相送了，请回吧！""这件事就拜托您了，再见！"也可顺便邀请对方来自己家做客等。

2．体态语

拜访交谈时，体态语不可过多，不要摇头晃脑、抓耳挠腮、瞪眼吐舌、捶胸顿足、指手划脚。有这么一个故事：有一个人进餐馆吃饭，吃完了才发现忘了带钱，便对老板说："老板，今天我忘了带钱，明天一定送来。"老板连声说："行！行！"并恭敬地送他出门。这件事被餐桌旁一个无赖看在眼里，他也想趁机捞点便宜。点酒菜吃完后，假装摸摸口袋，然后仿照前面那位顾客说了一通。谁知老板听后脸一沉，揪住无赖，非要他马上付钱不可。无赖不服气地说："人家赊账可以，老子为什么不行？"老板说："人家吃相斯斯文文，说话谦恭有礼，是个讲文明的人，欠了钱一定会来还的。你呢？双脚蹬在凳子上狼吞虎咽，端起酒壶往嘴里灌，吃完用袖子一抹嘴，一副不讲文明的样子。你不当场付钱，我能不担心你耍赖吗？"一席话说得无赖哑口无言，只好乖乖地付了钱。在此店老板凭顾客的举止来确定其人的可信度，因为举止能反映一个人的素养。这个故事虽然说的不是拜访的事，但确实说明了正确的体态语是多么重要。

在拜访的过程中，主人对客人的印象主要来自听觉和视觉感受两方面。举止不文明必然会引起主人不悦，成为实现拜访目的的障碍。因而在拜访时要注意体态语要得体，不可过多。

模拟实训

1．我们在拜访他人时应注意什么？

2．你去拜访一位老师，进屋后看见一个五岁左右的男孩，请以此为话题，设计大约三分钟的谈话。

二、接待

知识规律

孔子说:"有朋自远方来,不亦乐乎?"(《论语·学而》)中华民族是一个热情好客的民族,客人拜访要讲礼数,接待客人也要讲礼数。

(一)接待的原则

(1)要有周全准备。对于预约的来客,应该在确定的时间之前做好准备。会客的地方应适当收拾,不要等客人来了之后才忙着张罗,显得毫无准备。

(2)主人要注意仪表。不能因为自己在家里服饰就随随便便。穿着内衣或睡衣会见客人是十分不礼貌的,也是自己缺乏教养的表现。

(3)要热情迎客。对上级、长者、客户来访,必须上前迎接。对不速之客,也应尽可能地热情接待。千万不可待人冷漠,表现出不欢迎的态度。如果客人来得确实不是时候,也应该诚恳相待,委婉地说明原由。

(4)如果客人到达的时候,主人还有其他客人,主人有责任介绍客人们相互认识,让他们融洽地交谈。对先后来到的客人不可厚此薄彼。客人在座时,若真有急事要离开,不应流露出让客人感觉到你是在催他辞别的神态和举止,可直接向客人恳切说明原因并致歉。

(5)保持友好的交谈氛围,注意双方的距离。在客人到来时,应停止与家人嬉笑聊天、读报看书等。如果正在接电话,应赶快结束通话。主人要注意与客人的身体之间保持适当的距离,不要长时间打量对方。一般来说,熟人间的距离要比陌生人近些,同性之间的距离要比异性之间近些。在与客人交谈时,应根据客人与自己的熟悉程度,把握好距离。

(6)如遇到工作性拜访的来客要找的人不在时,应告知对方所找的人到哪里去了,什么时候回来,如需等待,要向客人说明原因与等待时间,并热情倒茶。

(7)客人告辞时,主人应当礼貌地表示挽留。在客人再次表示辞别之意时,主人应该等客人站起来后才起身相送。送客时,应该说几句热情的告别语。客人出门时,要注意不能急着关门,应微笑着目送客人走出视线之外。此外,如果是远道而来的客人或者是老年客人,则应该送到楼下或者庭院外,或是送至上公交车、出租车。如主人确实有急事要办,希望客人马上离去,可以婉言说明,或找一个合情合理、易于为人接受的借口,或用体态语作某种暗示,使客人主动告辞。

(二)接待的语言要求

接待是常见的交际活动,包括家庭待客、工作待客和商务待客等情境。与拜访相同,这种活动的交谈需遵守相应的语言规范,通过合理的交谈内容、投契的交谈方式等使客人有"宾至如归"的亲切感。

1. 交谈内容

众所周知，一个人谈话的具体内容可以反映出其教养、情趣、阅历和见识，因此，接待人员在与对方进行较为正式的交谈时，一定要对谈话的具体内容再三斟酌，多加考虑，确定交谈时可以涉及哪些内容，不应涉及哪些内容，以维持自身的良好形象。

首先，应有意识地主动回避不宜涉及的内容，主要包括：

不应对接待对象的个人私生活妄加评论。在接待活动中，我们要坚持相互尊重原则，不能随心所欲地对对方说三道四，指手画脚。

接待初次见面之人，谈话不宜涉及令人不适的话题，诸如苦难、疾病、灾祸、死亡、犯罪、失业、离婚等等。主动涉及此类话题者，往往被视为缺乏教养。所以在交谈中，接待人员不仅要自己主动对这些话题加以回避，而且也绝对不在他人涉及这些话题时随声附和。

不宜指摘接待对象本人的弱点、短处。在接待活动中，避免议论对方的弱点、短处，是对对方的一种特殊形式的尊重。若是对揭人之短表现出一定程度的偏好，甚至肆无忌惮，必然会破坏正常的接待活动，产生恶劣的影响。

不随便对接待对象感兴趣的问题作出全面的否定。因为人际交往以互相尊重为原则，尊重对方就要尊重对方的选择，对对方喜欢的、感兴趣的事任意否定，只会令对方觉得受辱而心生反感，这就与交谈的目的背道而驰。

其次，应认真对待可主动涉及的交谈内容，主要包括：

交谈双方共同感兴趣的话题。在日常接待中，往往都是以双方共同感兴趣的话题作为切入点展开话题，并利用双方均能接受的方式进行。尤其在与初次见面客人的交谈中，若发现话不投机，应及时调整话题，切莫机械地只围绕一个话题我行我素。

接待对象本人确有所长的知识。"闻道有先后，术业有专攻"，每个人都有自己的一技之长。在接待活动中，直接向对方讨教其所擅长的知识，不仅可以找到与其交谈的兴奋点，而且还可以促进双方的进一步沟通。

人人欢迎的轻松愉快的内容。在交谈中，尤其是在非正式交谈中，接待人员应力戒深奥枯燥、胡弄玄虚的话题。尽量不谈悲哀事、伤心事。万一客人谈到那些令人尴尬困窘的问题，接待者就要适时地转换话题，使双方会谈在愉快的氛围中进行下去。其实很多时候，主动谈论一些令人感到轻松愉快的事，诸如音乐舞蹈、体育竞技、电影电视、娱乐时尚、旅游休闲等等，不仅可以活跃现场的气氛，而且往往还可以增进彼此的感情，达到接待活动的预期目的。

2. 交谈方式

接待人员在与他人交谈时，不仅谈话的具体内容要恰当，而且表达方式也要得体。主要在态度、语气、语速语音等方面加以注意。

（1）态度

说的人切忌指手画脚，咄咄逼人。最佳的态度应当是平等待人，亲切和善，热情友好，谦恭有礼，自然而然。听的人切忌心不在焉，时时走神。最佳的态度应当是积极合作，专心致志，认真倾听，努力呼应。要善于与交谈对象进行交流，学会在交谈时以恰当的体态语配合对方。

（2）语气

由于前来拜访的客人往往带着各自不同的目的，所以接待者要善于采用不同的语气与他们交谈。如对于前来求助的客人，接待者应体谅对方的心情，站在客人立场说话，语气要平和，给对方一种亲切感、信任感。即使认为自己多半无能为力，也要给客人留有一线希望，可以对他（她）说："这个问题我去了解一下，只要有可能，我会尽力帮忙。"或："你先别着急，一有消息我就打电话告诉你。"对于前来提供某种信息的客人，接待者应采用感叹语气表达自己的感激之情，如："非常感谢！你提供的信息太有价值了！""你可真帮了大忙了！""真辛苦你了！"与前来研究问题、商量工作的客人交谈，则宜采用征询、商量的语气，如："你看这样行不行？""是不是还有什么不妥之处？""对这个问题你有什么看法？"

（3）语速、音量

首先，接待人员应使自己的语速保持适中，不快不慢。这样，有利于接待对象听清自己所说之事，使对方真正了解自己的意图，并且还可以借此向对方展示自己平和的心态。如果语速过快，会令人反应不过来；语速过慢，又令人提不起精神；语速忽快忽慢，则令人难以适应。但是，保持正常的适中语速并不是要求语速永远四平八稳、毫无变化，而是在一定情况下有所起伏，有所变化。其次，接待人员应使自己说话的音量保持适中。一般认为，在谈话时轻声细语，娓娓道来，是现代人文明程度的一种体现。在公共场合尤须如此。但是语速和音量也要根据来访者的年龄和个人表情达意的需要而定。如对老年人说话语速要慢一些、音量要大一些，这样能使对方产生被人尊敬的喜悦感；如与同龄人交谈，则讲究语速快慢适中。

1. 有一个多年未见的同学要到你这来看望你，你打算怎样接待他？
2. 以小组为单位（每组三至五人），轮流扮演客人和主人，练习拜访和接待的礼节。
3. 分析下面的接待是否得体：

接待人员："早上好！北京前进电子有限公司。我是韩放。"

来电："你好，韩小姐，我是麦克斯顿贸易公司的休斯理查德先生。"

接待人员："噢，是您啊，理查德先生，需要我帮忙吗？"

来电："我想见刘巍先生，同他谈谈你们的新产品。他明天有空吗？"

接待人员："对不起，请稍等。我查一下他的日程表……让您久等了。对不起，张主人明天的日程都排满了。这样吧，后天，也就是星期三上午怎么样？"

来电："等一下……后天上午吗？行。"

接待人员："好的，我帮您约好十点见面，您看行不行？"

来电:"好的,谢谢!"

接待人员:"不客气,那么星期三上午见。理查德先生,再见!"

第三节　赞美与批评

在人的一生中,我们每个人既需要真诚的赞美,也需要善意的批评。赞美是鼓励,批评是督促,他们是形式上对立、目的上统一的交际和工作方法,二者缺一不可。

一、赞美

赞美如阳光,人人都需要。因为每个人都有被尊重、被欣赏、被鼓励、被肯定的心理需求。这不是虚荣心表现,而是渴求上进,寻求理解、支持的表现。而善于赞美他人,更是一种重要的美德。真诚的赞美既体现了对人的尊重、肯定与信任,又有助于增进彼此间的了解和友谊,有助于协调人际关系。所以,适当的赞美是鼓舞人的最巧妙的方法,是人际交往中最美妙的东西。赞美他人,世界会更有光彩;得到赞美,生活会充满温馨。

（一）赞美的原则

赞美是一门艺术,就像画画,胡乱涂鸦人人都会几笔,但要完成一幅完美的作品,就没有那么容易了。那么怎样才能贴切地、得体地赞美别人呢?

首先要真诚。卡耐基说:"赞美和恭维有什么区别呢?很简单,一个是真诚的,一个是不真诚的;一个出自内心,另一个人出自牙缝;一个为天下人所欣赏,另一个为天下人所不齿。"真诚的赞美,于人于己都有重要意义。它不但会使被赞美者产生心理上的愉悦,还可以使你经常发现他人的优点,从而使自己对人生持有乐观、欣赏的态度。赞美切忌陈词滥调、虚情假意、漫不经心。缺少真诚、缺乏热情的泛泛赞美并不能使对方喜悦,有时甚至会被认为是敷衍而引起对方的反感和不满。比如要称赞对方歌唱得好,与其夸张地虚伪说"您的歌唱得比专业歌手还棒",不如诚恳地说"您的歌唱得真好"。

其次要客观、实事求是。也就是说赞扬要建立在客观事实的基础之上,既不要肉麻的恭维、空洞的奉承,也不应太频繁,否则都有可能令人蔑视,或被认为别有用心。例如对一个相貌并不出众的女士,你却说:"你真漂亮,有沉鱼落雁之容、闭月羞花之貌。"相信她听了之后并不会高兴,必定以为是在讽刺自己呢。这就涉及到一个度的问题,即基于客观事实的、适度的赞美才会令对方感到高兴。

第三是雪中送炭。雪中送炭式的赞美是最具有功德性的赞美,在人们最需要他人鼓励的时候能够听到一声真诚的赞美,会有十分明显的激励作用。尤其是对于那些自卑感很强的人，一句真诚的赞美甚至可能会改变他的一生。

第四是切境得体。所谓切境得体，就是要求表达赞美之意时的语境要适合，并且能够选择最佳的表达手段或方式，以取得最佳的赞美效果。赞美并不是随便说一句好话而已，而是要考虑被赞美对象的各种因素，包括职业身份、文化程度、性格爱好、处境心情以及与赞美者的特定关系等等，这些因素直接影响着赞美的效果。所以，必须因人而异地给以恰当的赞美，否则就会产生不良的后果。例如：一位姑娘身材比较高大，你赞美道："小姐，你的身体真健壮！"这位小姐听后一定会很不高兴。因为"健壮"一词的适用对象一般为男性。

（二）赞美的技巧

赞美是一件好事，但绝不是一件容易的事。赞美别人时如不审时度势，掌握一定的赞美技巧，即使你是真诚的，也可能弄巧成拙。

（1）赞美具体化。当赞美的对象是针对某一件事时，赞美会更有力量。赞美得越广泛越庞杂，它的力量就越弱。因此，当你赞美你的同事、朋友、家人时，一定要指出具体的值得你赞美的地方，或针对具体的某一件事情。例如："小王，你今天的穿戴非常得体，你的领带跟你的黑色西服很相配"，要比"小王，你今天穿得很好看"更能说到小王的心里去。又如：风靡全球达半个世纪的喜剧泰斗卓别林在1975年3月4日以八十五岁高龄在英国白金汉宫被伊丽莎白女王封为爵士。在封爵仪式上，女王对卓别林说："我观赏过许多你的电影，你是一位难得的好演员。"事后，有人问卓别林受封的感想，他有点遗憾地说："女王陛下虽然说她看过我演的许多电影，并称赞我演得好，可是她没说出哪部电影的哪个地方演得好。"由此可知，赞美必须说出具体事实，尽量针对某人做出的某件事，这样才会取得最好的效果。

（2）赞美对方引以为豪之处，可使对方敞开心扉。要恰如其分地赞美别人，让对方说出心里话，就必须尽早发现对方引以为豪、喜欢别人称赞的地方，然后对此加以赞美。但如尚未确定对方最引以为豪之处，最好不要胡乱称赞，以免自讨没趣。试想，一位原本已经为自己身材太消瘦而苦恼的女性，听到别人"赞美"她苗条，又怎么会感到由衷的高兴呢？

（3）同自己作比较，以别人的强项比自己的弱项。但是对与你有竞争性工作关系的同事，就不可以拿工作业绩来作比较，可以拿他工作之外的优点和特长作比较。

（4）给对方没有期待过的评价。人们对于发现自己独特优点的人，总是会产生感激之情。有一个女孩确实很漂亮，如果你只是说她漂亮，她不会有什么特别的反应。但是你突然发现她的某一句话说得好，试着赞美她："以前只是觉得你长得漂亮，今天才发现你也很有思想。"这样想必她会非常开心。

（5）重复赞美，提高可信度。当对方对你的赞美有良好的反应时，再次赞美就颇有必要。如果只是蜻蜓点水式稍加赞美，对方可能以为是恭维或是客套话，而对一件事重复赞美则能提高它的可信度，让对方觉得你的赞美是真心实意的。

（6）称赞他过去的成就及所属物。例如：约瑟夫和不少朋友的全家都相处得很好，其中与一家夫人的友谊甚至比和她丈夫的友谊更为深厚,当然他们之间的关系绝不会使人产生误会。本来他只认识她的丈夫,但他怎么成了她全家的朋友呢?当初,他被介绍给这位朋友的夫人时,由于没有合适的话题,就顺便说了一句"你佩戴的这个坠子很少见,非常特别",企图以此掩饰当时的尴尬。他说这句话完全是无意的,因为他对女子的装饰品一窍不通。出人意料的是,这个坠子果然很特别,只有在巴黎圣母院才能买到,这是她的心爱之物。随便说出的这句话,使那位夫人联想起有关坠子的种种往事,一下子拉近了他们之间的距离,从此他们便成了好朋友。由此可见,运用这一技巧可使双方的交际趋于亲密。

(7)赞美事实而不是人。如果把赞美的焦点放在别人所做的事情上,而不是他们本身,他们就会更容易接受你的称赞,而不会引起尴尬。例如:"玛丽,你的书写得真好"要比"玛丽,你真棒"让人更容易接受;而"杰克,你昨天在大礼堂的演讲非常精彩"比"我实在找不出一位比你更好的演说家了"要更让杰克觉得自豪。

(8)间接赞美。间接赞美是指从侧面赞美,赞美的对象不一定是对方本身,也可以是对方的家庭、工作等方面。人们往往在日常生活的交往中不便直接赞美对方,这时可以赞美其妻子(或丈夫)和孩子,这远比赞美其本人还要令他(她)高兴。对于初次见面的人,最好避免赞美对方的人品、个性,而以称赞他的一些人所共知的成就、言行为宜。如果赞美对方"真是个好人",即使是由衷之言,对方也容易产生"才第一次见面,你怎么就知道我是个好人"的疑团与戒心。但如果赞美已知的成就或言行,情况就不同了;赞美这种既成的事实与友情的深浅无关,对方也比较容易接受。也就是说,不是直接称赞对方,而是称赞与对方有关的事情,这种"间接赞美"的效果更佳。有了这种准备,或许仅仅一句话就能使对方产生找到知己的感觉,很快向你敞开心扉。

另外,由第三者转述而来的赞美,最令人赞赏。转述的赞美虽是间接的,却是双倍的赞美,比当面直接的赞美效果更大。因为当面的赞美可能是客套话,而背后的赞美通常是真心话。恰如其分的间接赞美,其意义与效果并不亚于直接赞美。如由自己说出:"你看起来很年轻"这类的话,不免有点恭维、奉承之嫌。如果换个方法来说:"你真是漂亮,难怪某某一直说你看上去总是那么年轻!"可想而知,对方必然会很高兴,而且没有阿谀之嫌。

模拟实训

1. 赞美他人需注意什么?做场景练习,赞美某位同学或老师。

2. 试做自我赞美。

3. 某将军屡战屡胜,有人称赞他:"你真是个了不起的军事家,"他无动于衷。当那人指着他的胡须说:"将军,你的长须真可与美髯公关云长相媲美。"这次,将军高兴地笑了。

试分析"将军高兴地笑了"的原因。

二、批评

知识规律

"金无足赤,人无完人",人生在世,孰能无过?如有过错,即使自知自省,也总不如众多的旁观者清。所以我们在生活、学习、工作中既离不开赞美,也离不开批评。批评让人看到自己的不足,可以成为催人进步的动力。

(一)批评的原则

批评不是讥讽、攻击,也不是不负责任的议论。而是为了帮助人、警醒人而指出别人的缺点和错误。它可以使人认识到自己的不足,从而不断完善自我;它可以促人反省,不再犯同样的错误;它还可以调整人际关系。人们常用"良药苦口""忠言逆耳"来告诫人们应当虚心接受批评,不应计较批评的方式方法。但似乎作为批评者,就要注意使"良药不苦口""忠言不逆耳"。

1. 以诚相待,言之有情

批评人时要做到诚恳、冷静、认真、耐心,要心平气和,切不可羞辱、讽刺、嘲弄、挖苦被批评者,不揭老底、算总账,不搞人身攻击。因为那只会促成或加剧对立情绪,使对方怒视以对,坚持错误。只有在批评时让被批评者感受到你的诚意,才能促使对方尽快认识错误、改正错误。批评不仅要以诚相待,还要言之有情。批评的效果在一定程度上受人的感情制约,只有情深才能意切,才能让人心服口服。有时我们需要先同情,然后才能达理。

2. 选择恰当的时机和场合,不居高临下

批评要选择恰当的时机和场合,可以在双方交谈比较融洽时,或者等对方冷静下来后再批评,并且尽量做到当众赞美,私下批评。每个人都喜欢听赞美的话,而且如果这种话是当众听到的,就会更加觉得光荣。反之,批评的话要私下说,这样除了能照顾到对方的情绪外,对自身的形象也会产生好的影响。

另外,在批评时也不可居高临下,把别人看得一文不值,以长官、上级、长辈、智者的口气指责别人。如:"我早就告诉过你不要这样,你就是不听""我的话你总当耳旁风,就爱自作聪明"等等。这样会让被批评者内心产生抵触情绪,大大削减批评的效果。

例如:有名刚入伍的战士,写得一手好字,但就是不拘小节。每天早晨起床后,不肯认真整理床铺,检查评比时,经常拖班里的后腿。为此,班长屡次批评他,可他左耳进右耳出,满不在乎。一天指导员见这个新战士在练字,特意凑过去说:"你的字写得不错嘛!"新战士扭头一看是指导员,十分得意地一咧嘴,意思是:"你也懂?"指导员看透了他的心思,便不露声色地对他说:"书法一道,可是大有学问呢!"接着,指导员从古代书法家王羲之、颜真卿、柳公权,说到当代的郭沫若、沙孟海、舒同。新战士没想到指导员懂得这么多,不由得暗暗佩服。指导员发现时机已到,突然话锋一转说:"常言道,字如其人,但遗憾的是,你的字却与你本人不大一样。"指导员笑了笑,指着他的床铺说:

"看看你的床铺再看看你的字,你的字方方正正,干净利落,可你的床铺却乱七八糟,样子难看。"指导员接着说道:"一个字中,只要有一笔没写好,就会影响到整个字的结构,结构散了架还谈什么书法。同样,一个人也会影响整个集体呀!"新战士听完,脸顿时红了。他不好意思地说:"对不起,指导员,我错了,保证今后不再拖连队的后腿。"

这位指导员在批评人时,就找准了批评的时机,注意了批评的火候,产生了最好的批评效果,使被批评者认真接受,坚决改正。

3. 批评方式要因人而异,不能一以概之

批评的对象不同,批评的方式也应不同。例如,年轻人涉世未深,思想上不够成熟,难免经常出现这样那样的错误、过失,对他们最好是语重心长地指出,不宜拐弯抹角、含糊其辞,使其误解批评的意图。批评一些个性倔强的人,宜以退为进,先肯定其某些优点,再指出他的缺点,只要从表情、动作观察到对方有内疚感,就没有必要迫其当众认错。对于自觉性较高、自尊心较强的人,旁敲侧击、点到为止即可。

4. 要客观公正,对事不对人,不以偏概全

批评要出于善意,要尊重、理解、信任被批评者,对事不对人。既要以理服人,也要得理让人。对事,也仅仅是对其缺点、错误,而不能抓住一点大做文章,以至否定一个人的全部工作。"你总是……""你从来……""你根本……"之类的话都有以偏概全的毛病,不能使人信服。

5. 多体谅,少批评

人们通常比较容易看到别人的缺点,而比较难发现自己的错处。发展到一定程度,就会互相埋怨、互相攻击。因此,在批评他人之前,先要从对方的角度想想,为什么他要那样做,是不是有难言的苦衷。若真是如此,对无伤大雅的事,就应该以关心代替批评,这样可以促使对方冷静地找出自己存在的问题。

(二)批评的技巧

批评能使人更加真实地认识自己。真正聪明的人经常自我批评,以扬长避短,不断取得进步。但人非圣贤,从人的本性来说,都渴望得到尊重,这就必然潜藏着对批评的抵触,因此在批评时必须讲究技巧。

1. 欲抑先扬,用赞扬、鼓励替代批评

即从称赞入手的批评。美国著名学者戴尔卡耐基说过:人们在动手术前,医生一般都要给病人上麻醉,然后再动手术。因为这样可以减少病人的痛苦。同样道理,批评也是一件让人痛苦的事,而赞美就是麻醉药,有助于将谈话建立在友好的气氛中,使对方心情放松,坦然认识到自己的错误。美国著名评论家约瑟亚迪森曾说:"真正懂得批评的人看重的是'正',而不是'误'。"所谓"正"实际上是一种含蓄的批评,是从正面加以鼓励,使批评对象下意识地改正自己的错误和缺点。

例如:美国第三十届总统柯勒律治的女秘书处理公文常常出错。一天早晨,很少称赞别人的柯勒律治走进办公室,见女秘书穿了一件新衣服,便走过去对女秘书说:"你今天穿的这身衣服真漂亮,正适合你这样年轻漂亮的小姐!"女秘书听到总统的夸奖非

常高兴。柯勒律治接着又说："但也不要骄傲,我相信你处理的公文也能和你的打扮一样漂亮。"从此女秘书的公文处理工作有了很大的改进。

2. 暗示批评

暗示,是指不作直截了当的批评,而是借用其他委婉的语言形式巧妙地表达批评之意。暗示的方式有很多,如用故事暗示。人们都喜欢听故事,用故事寄寓道理,既生动形象,又有感染力,能较好地得到批评教育的目的。也可用笑话暗示,因为笑话诙谐幽默,在谈笑中交流,能使对方在笑后悟出自己的不当之处,也容易被人接受。同时,要多用"建议"少用"命令"。此外,还要讲究批评的语调。人们常说:"一样话,两样说。"相同的一句话,用不同的语调说出,听起来感觉常常会大不一样。

3. 幽默式批评

一般说来,被批评者的心理常处于紧张、压抑的状态,特别是在上级批评下级、长辈批评晚辈时更突出。被批评或表现为焦虑、恐惧,或表现为对立、抗拒,或表现为沮丧、泄气。这些不正常的心态都会成为双方交流思想的心理障碍,大大降低了批评的实际效果。幽默式的批评能缓解批评的紧张、压抑情绪,以不太刺激的方式点到被批评者的要害之处,启发被批评者的思考,增进相互间的感情交流,不但可以达到教育对方的目的,同时也创造了一种轻松愉快的气氛。

传说汉武帝晚年时,很希望自己长生不老,一天,他对侍臣说:"相书上说,一个人鼻子下面的'人中'越长,命越长。'人中'长一寸就能活百岁,不知是真是假?"

东方朔听了这话,知道皇上又在做长生不老之梦了。皇上见东方朔似有讥讽之意,面有不悦之色,喝道:"你怎么敢笑话我?"

东方朔脱下帽子,恭恭敬敬地说:"我怎么敢笑话皇上呢?我是笑彭祖的脸太难看了。"

汉武帝问:"为什么笑彭祖呢?"

东方朔说:"据说彭祖活了八百岁,如果真像皇上刚才说的,'人中'就有八寸长,那么他的脸不是有丈八长吗?"

汉武帝听了也大笑起来。

东方朔批判汉武帝的愚昧,讽刺汉武帝的荒唐,是通过嘲笑彭祖完成的,可以说是指桑骂槐,汉武帝在谈笑中接受了东方朔的批判。

幽默式批判含而不露,但是不能牵强附会、生拉硬拽,否则,将适得其反,给人一种画蛇添足之感。

4. 自责式批评

在批评时,指出自己对批评对象的错误也负有责任,而不是把责任全都推到批评对象身上。比如说:"这件事也怪我,我没有及时提醒。"这样既显示了自己的诚意,又消除了抵触情绪。《后汉书》中记载:乐羊子外出求学,七年未归,家里日子很艰难,已经很久未尝过荤腥。乐羊子的母亲犯了馋,见别人家的鸡进到自己家院子里,就偷偷宰了吃。乐羊子的妻子知道此事后十分难过,她不但不动筷子同婆婆一起吃这偷来的鸡,而且直掉眼泪。婆婆问她为什么。她说:"怪我自己家穷,没有能力把婆婆侍奉好,因而使饭桌上有了别人家的肉。"婆婆听了之后，无地自容，端着煮好的鸡到失主家认错赔礼。在这里，乐羊子的妻子用委婉的自责诱发婆婆的廉耻心，既使婆婆认识到了错误，同时有顾全了她的颜面。

5. 现身说法的批评

批评之前先说一些诸如"我以前也曾如此""我那时也犯过类似的错误"之类的话，有助于消解被批评者的抵触情绪，使被批评者认识到人人都免不了犯错误，关键是能知错就改。

6. 借别人之口批评

转达别人对批评对象的意见（最好不要说具体是谁），并表明自己的看法，这种方法可以让对方感到舆论的压力，促使他认真地认识自己的错误、反省自己的问题。

7. 模糊批评

即用带有一定模糊性的语言，不指名道姓地表示批评之意，而被批评的人一听就能听出来。这样既不使被批评者难堪，又警示了其他人。

1. 讲讲自己印象深刻的受表扬和被批评的实例各一，并进行分析。
2. 试做自我批评。
3. 分析下面这则批评是否妥当。

周五下午，某班进行大扫除。有两位同学扫地，把地上的灰尘都扬了起来，搞得教室里乌烟瘴气。正在擦桌子的杨辉被呛得直咳嗽，于是他大声斥责说："你们是怎么扫的？把人呛死了，简直是制造土炸弹！还想不想扫，不想扫就一边呆着去！"那两位同学一听就不高兴了，也大声说："扫地能没灰尘吗？嫌呛，你可以出去啊！"于是双方就唇枪舌剑地斗上了。

生活中的批评

在生活中，有时我们是因为没有弄清情况而冒冒失失地批评他人，有时我们是为达到某种目的而虚情假意地赞美他人。但如果想要真正缩短人与人之间的距离，我们就应真诚地作出恰如其分的赞美与批评。因为赞美是生命的阳光，批评是人生雨露，二者犹如助人前行的两轮，催人奋飞的双翼。它们异曲同工，殊途同归，共同促进了人的进步和发展。

但是通常人们都喜欢别人的赞美，而厌恶别人的批评。尤其近些年以赞美式的方法处理人际关系被广泛宣传，受到很多人的推崇，运用在多个领域，并且有了一定成效。于是，有些人认为批评不利于搞好人际关系，容易得罪人，因此把批评拒之门外。请以小组为单位，调查了解人们对批评的承受度，探究思考生活中是否需要批评，需要什么样的批评，怎样进行合情合理的批评，并完成一份调研报告。

第三单元　口语交际基本素养——学习

今天的社会提倡终身学习，所以我们除了在日常生活中锻炼、提高口语交际的能力外，还要在平时的学习中加强口语训练的意识。例如怎样提问、怎样回答、怎样进行讨论和辩论、怎样进行朗诵与演讲、怎样才能取得口语交际的良好效果等。本单元就以上问题帮助同学们分析总结，希望大家在提高生活口语交际能力的基础上，加强学习口语交际能力。在教学时，要加强实训，进行多角度的模拟实践，并仔细揣摩、体味效果。

第一节　提问与答问

提问和答问是日常交际的基本形式之一。在日常的交往中，对话双方通过问答，阐明各自的观点、意见，同时交流讯息和思想感情。

一、提问

提问是交际的起点，在交际活动中居主导地位。它可以开启心灵之门，启发思维，控制和把握交谈的方向；机智而又巧妙的提问，还可以打破交谈僵局，使交谈得以顺利进行。

（一）提问的原则

在交际活动中，提问者除了应有谦虚礼貌的态度外，还应遵循以下原则：

1. 看对象

提问应因人而异，即要从对方的年龄、身份、职业、性格以及不同的文化背景出发，选择不同的提问方式。例如问一位年长者多大年纪，就不宜问："你几岁了？"而应问："您高寿？"又如，有时我们遇见熟人问："上哪儿去？"未必就是想确切了解对方的去向，也许只是礼节性的问候，对方听了会感到亲切友好。但如果这样去问英、美等外国人，他们会认为这是干预他的私事，会感到心里不快。这就是文化背景不同的缘故。

2. 要具体

提问时如果问题过于宽泛，就会使对方无从回答。所以在提问时要善于从大处着眼，小处设问，变宽为窄，化抽象为具体。如向一位久违的朋友问："这些年怎么样？"对方往往不知从何说起，就只能简单回答"还好"或"不怎么样"。但如果从身体、工作、学习、家庭等方面具体发问，他就会向你一一作答。

3. 感兴趣

在与他人打交道时，要使对方乐于答话，就要从对方感兴趣的话题入手提问，激发对方回答的欲望。例如对方是中年妇女，就可从孩子、服饰等方面入手；对方是老人，可从子女、健康等方面入手。提问时，还要细心体察谈话对象的心理状态、文化素养、爱好特长，找到提问的有效突破口，从而建立有效沟通。

（二）提问的技巧

提问的时候，问什么，怎么问，其中大有学问。为了取得良好的提问效果，需要掌握以下提问的技巧。

1. 应景型提问

即在特定的环境、场合，基于被提问人的职业身份特点，进行的针对性或连带性的提问。

2. 交谈型提问

就是将提问融入到交谈之中，可以在提问前先将问题写在本子上，然后向对方一一提问。这样做的好处是准备充分，能对提问的结构作充分的考虑，但也容易弄成"一问一答"，使人觉得有点像是在审讯犯人。所以，在提问时，提问者要站在关心对象、理解对象的角度上，以真诚、恳切、平等的态度提问、交谈，这样才会收到满意的效果。

3. 暗示型提问

暗示，即用含蓄、间接的方式对别人的心理和行为产生影响。日常交际中，如果不顾及场合与交际对象的年龄、身份、情面等因素，唐突、贸然地发问，会令对方感到尴尬和不快，甚至引发矛盾和冲突，这时就可用婉转的手法，进行暗示性的提问。它的特点在于婉转含蓄，不使对方感到难堪，可以避免产生误解和矛盾，有时还会使对方觉得你很有礼貌、很有教养，进而对你产生好感。

4. 限制性提问

在提问中限制对方可能作出的回答，并且有意识、有目的地引导对方的思路，使其说出提问者希望的答案。这种提问就是给所提问题限定一个范围，目的性很强，由于有了限制，就减少了被提问者拒绝回答的可能。比如，汽车销售员向客户提问时，问："你想要双门还是四门轿车？"而不是问："你想买双门轿车吗？"这种方法也叫"二选一"问话法，该方法的妙处在于先假设对方已同意做某事，然后让对方在你设定的两个预选范围内作出选择，这样能以最短最有效的方式直达主题。

例如，经营早点的店主经常遇到这样一种情况，有的顾客要求在拉面里加一个鸡蛋，有的顾客则无此要求。这样服务员在客人点面时必须问一句："要不要加鸡蛋？"有的客人回答说不要，这样也就少了一个鸡蛋的收入。店主碰到这种情形，就要求服务员改换一种问法："加一个鸡蛋还是两个？"这样客人一般必须作出选择，店主的营业额也就增加了。

 **模拟实训**

1. 分析下列各组提问，判断哪一种表述较好，并说明理由。
   （1）A．你昨天为什么不来上课？
         B．昨天没有见到你，身体不舒服吗？还是家里有什么事？需要帮忙吗？
   （2）A．你什么时候得的这种病啊？
         B．你在医院里住了一段时间了吧？住院前觉得哪儿不舒服？

2. 你的同学借了你的钱忘了还，你该怎样提问既不影响同学间的和气，又能让钱很自然地还到你的手上？

二、答问

 **知识规律**

答问是指在特定的交际场合回答别人所提的问题，如回答咨询、接受采访、陈述情况、汇报工作等。答问有时不可能作充分的准备，应答者若思维敏捷，反应迅速，就能产生令人满意的效果。因此需具备随机应变的能力。

（一）答问的原则

1．听清问题，了解意图

在未完全了解问题之前，不要急于作答，给自己一些思考的时间。只有听清问题，且清楚地了解对方的意图之后作答，才不至于答非所问。

古希腊哲学家亚里士多德曾教导他的学生说："如果你不了解对方所提出的问题，你并不须答应'是'或'不是'，只需说'我不明白'，因为问题的意义模糊，你随便答复，就会带来困难。你真正了解了所提出的问题，而问题所指的意思不只一种，那就应该按其不同的意思作答。"另外，应提防提问者有意无意的"复杂问语"。例如，有人问："你戒烟了吗？"这里面隐含着"你抽过烟"的假设，事实上，你可能从来就没有抽过烟。对于这一类复杂问句，就不能简单地作出肯定或否定的回答。

2．抓住核心，明确要点

在听清问题之后，就应该抓住问题的核心，明确回答要点，有的放矢。有读者问厦门大学教授易中天："读大学有必要吗？"易中天回答："大学不是读出来的，是熏出来的。我的学校有文脉、文化传统。我上次去南京大学，看到那个青砖的建筑上面爬满青藤，我就是不在那里读书，光是站一会儿都能熏到书香味。"这个回答实在精辟，一句话道出了上大学实质。上大学不单是学知识，更是接受熏陶，感受文化的浸染。但对于意料之外一时没有把握回答的问题，可以先让对方谈谈他（她）的看法，然后经过一番斟酌之后再说出自己的看法。

3．随机应变，灵活巧妙

在某些场合，要视具体情况，采取灵活的态度，巧妙应答。例如，清代乾隆皇帝有一次与臣子刘墉在避暑山庄看到了一尊弥勒佛像,乾隆指着佛像问道:"他为什么对朕笑?"刘墉答道:"皇上是文殊菩萨转世,是当今活佛,佛见佛故笑。"不料乾隆忽然又问:"那他为什么也对你笑?"刘墉又答道:"佛笑臣成不了佛。"

4. 有所思考,有所升华

在回答某些问题时,可以在就事论事式的答问基础上对所答的问题作一定的思考,让自己的回答在思想性、艺术性上有所升华。

(二)答问的技巧

口语交际中,明智的人不应该问什么就答什么,怎么问就怎么答,被别人牵着鼻子走。而是要力图运用答问技巧,既答得好又答得妙,改被动为主动,通过机智巧妙的问答,展现自己的智慧。

1. 注重积累

有些问题,虽有正确的答案,但不一定有标准答案。因为一个问题的内容有时涉及政治、经济、历史、地理、文学、艺术、风土人情等多方面,从不同的角度回答,就会有不同的效果。而要答好这些问题,就要加强平时的积累,厚积而薄发,使回答不仅对而且妙。

2. 转意闪避

转意闪避是一种故意歪曲对方提问的原意,然后进行回答,借以达到回避对方问话目的的答问方法。法国的小仲马是一位极富幽默感的作家,有一次,一个无聊的人想知道小仲马在做什么,小仲马就回答说:"难道你没有看见?我在蓄络腮胡子!"借此巧转话题,摆脱了对方的无聊纠缠。

3. 变换语序

语序是语言单位特别是汉语语言单位的重要组合手段。语序不同,表达的意义往往就大相径庭。有人问古希腊哲学家亚里士多德:"你和平庸的人有什么区别?"亚里士多德回答说:"他们活着是为了吃饭,而我吃饭是为了活着。"在这里他巧妙地变换语序,指出了庸人和哲人两种不同的生活目的。

4. 顺势牵连

答问者依谈话的情势,把对话情境中与当事者相关的人或事牵连起来,从而巧妙回答对方提问。

例如,山东蓬莱一位导游员为八位日本客人导游,当他讲完"八仙过海"的故事后,一位日本客人问:"八仙过海漂到哪里去了?"这是一个难题,作为一个传说故事,没有人考证过。导游一见眼前的八位客人,灵机一动,顺势答道:"我想,为发展中日两国人民的友谊,八仙过海东渡到日本去了吧!"日本客人一听,高兴地笑了起来。导游的回答把眼前的情景、巧合的数字和中日两国人民的友谊,巧妙而又自然地连在了一起。在当时的情势下,这种牵连,"牵"得自然,"连"得巧妙。

5. 怪问怪答

面对一些荒诞无稽的问题,不好也不可能直接回答,就"怪问怪答""歪问歪答",

这也不失为一种机智的应答技巧。

1935 年，我国学者陆侃如在巴黎大学参加的博士论文答辩会上，因其论文《中国乐府诗论》中涉及那首著名的乐府诗《孔雀东南飞》，法国主考人向年轻的陆侃如提出一个奇怪的问题："《孔雀东南飞》这首诗里，为什么不说'孔雀西北飞'？"陆侃如应声而答："西北有高楼。"《古诗十九首》里有"西北有高楼，上与浮云齐"的句子。既然西北有耸入云天的高楼，孔雀飞不过，只好往东南飞了。他的这种对答，歪打正着，饶有情趣，堪称妙答之典范。

6. 借用歧义

有时语言具有歧义，同样一句话，既可以表达这样一种含义，又可以表达另外一种含义。语言的这种歧义现象也可以成为我们应对难堪提问的有效武器。例如：一个星期天，小吴和他的女朋友小丽及小丽的母亲一起泛舟黔灵湖。突然，小丽的母亲问小吴："如果此刻风起船翻，我们母女俩同时落水，你先救谁？"聪明的小吴稍一思索，顺口答道："先救未来的妈妈！"小吴使用的是一个歧义句，小丽和她的母亲怎样理解都有道理。她们两人听了，都满意地点了点头，会心地笑了。

1．根据应答思路，以应答者的身份，回答如下提问：

（1）有人问一位老师："你是喜欢内向的学生还是喜欢外向的学生？"

老师回答：

（2）一名妇女匆匆走进一家商店，怒气冲冲地责问售货员："五分钟前，我让儿子买一罐果酱，回去一称，分量不够，这该怎么解释？"

售货员彬彬有礼地说：

2．问答训练

（1）两人为一组，每人至少三个问题，相互回答。

（2）围绕一个中心，每位同学设计一至三个问题，请其他同学作答。

第二节　讨论与辩论

"谈论"和"辩论"都是以双方或多方存在不同的观点为前提，以相互陈述自己的立场为主要内容的。不过"讨论"有着相对和缓的气氛，而"辩论"则要激烈些。

一、讨论

讨论是就一个或几个问题让参与者充分发表意见，通过探讨、研究，沟通信息，交

流思想，从而达到解决问题，获得新的认识的一种语言交流形式。英国剧作家萧伯纳曾说："倘若你有一个苹果，我也有一个苹果，那么，交换后你和我仍然是各有一个苹果。但是，倘若你有一种思想，我也有一种思想，而我们彼此交流这些思想，那么，我们每个人将各有两种思想。"如果许多人在一起讨论，就不仅仅是两种思想的交流，而是很多思想的相互碰撞、补充、吸收、修正。因此，讨论对拓展思维、增长见识、提高认识事物的能力，有着极其重要的作用。

（一）讨论的要求

谈论是在平等、友好、融洽的气氛下发表意见、交流思想。讨论不是辩论，既要有自己的见解，又要注意吸纳他人的意见，这样才能使我们的认识容易趋于一致，达成共识。

1. 态度积极，热情参与

讨论是一种交流思想、提高认识、锻炼口头表达能力的极好形式。我们在工作、学习、生活中，需要交流的事情很多，但讨论的机会却不多，因为讨论需要专门的组织者、专门的议题和专门的讨论时间。所以对待讨论的正确态度是积极参与，踊跃发言。那种视讨论为畏途，敬而远之，或守口如瓶、一言不发的消极态度是不可取的。

2. 直言不讳，开宗明义

参与讨论时，要直截了当地提出自己的看法和想法，这样大家才能更好地交流。发言要开宗明义，言简意赅，不可闪烁其词，故弄玄虚。

3. 勤思细辨，思想互补

讨论以切磋为手段，意在提高认识或制定良策，既离不开"说"，也离不开"思"，因此常会出现"百家争鸣"的局面。这就要求每一位参与者都要善于思考、辨别。在听取别人发言时要注意找出其中的精到之处和闪光点，以人之长，补己之短，使讨论的过程成为一个思想互补的过程。

4. 互相尊重，讲究礼仪

讨论是一种"和平共处"式的人际交流活动，必须讲究文明礼仪。要尊重别人，耐心地听取别人发表意见，不随便打断别人的发言。讨论中有不同的意见是正常的，要欢迎他人提出不同观点，尤其要以谦虚、理智的态度对待反对自己意见的人。绝对不能用激烈的言辞，甚至讽刺、挖苦、谩骂来代替讨论，也不要把持不同意见的一方当成对手，而使讨论变成无谓的辩论和争论。

（二）讨论的语言特点

1. 坦诚

讨论既然是为了交流看法，达成共识，就应该观点鲜明、开诚布公，即使是修正自己的观点，也要态度诚恳，不能含糊其辞。如：

"你这个意见提醒了我，我的看法的确有点儿片面。"

"前面讲的意见，我坚持第一点，但对第二点，可以修正一下……"

"这种说法很有见地，我赞同。"

2. 谦虚

讨论中，大家对问题的看法往往不尽一致，在此情势下，态度谦虚显得尤为重要。态度谦虚，既容易让人接受，又能体现出自己的修养，赢得他人的尊重。还可营造一种民主、和谐、优雅的氛围，使参与者畅所欲言。在表达自己的看法时，可以这样说：

"在座的各位一定有很多高见，请允许我抛砖引玉先说几句。"

"我谈点自己的看法，不一定成熟，请大家批评、指正。"

"我觉得这个问题是不是可以这样理解……"

3. 委婉

讨论，就难免有不同的意见，就会有思想交锋。但思想交锋是为了弄清问题、解决问题，所以要注意用语必须委婉一些。如：

"这个问题是不是可以这样看……"

"这个意见很好，不过……"

"您的意见好像忽略了……，您看是不是……"

 模拟实训

1. 就讨论题"怎样提高口语交际能力"拟一份发言提纲。
2. 以"怎样处理好与同学的关系"为题，写一篇发言稿，并就此问题展开讨论。
3. 就目前社会热点问题或同学普遍关心的问题展开讨论。

二、辩论

 知识规律

辩论又称论辩，是参与对话的双方就同一问题站在各自对立的立场上阐述自己的正确观点，说服或战胜对方而进行的面对面的语言交锋。春秋时期的墨子就曾指出，辩论的作用在于"明是非之分，审治乱之纪，明同异之处，察名实之理，处利害，决嫌疑"（《墨子·小取》）。我们现在进行辩论，是为了探求真理、明辨是非、修正错误。通过辩论还可以开发智力，增长知识，树立竞争意识，提高应变能力，培养良好口才。

（一）辩论的特点

1. 观点的对立性

辩论双方的观点一般都是截然对立的，至少是有明显分歧的。辩论者既要千方百计证明自己观点的正确并说服对方接受，又要针锋相对批驳对方放弃。这就决定了双方之间的攻守对立。没有对立，就没有辩论。

2. 论证的严密性

辩论是观点对立双方唇枪舌剑的交锋，无论哪一方，在阐述自己的观点时，都必须做到论据充分有力，论证合乎逻辑；在批驳对方观点时，也必须抓住对方的破绽和漏洞，

切中要害。如果说理不严密，就会使自己陷入被动尴尬的窘境，导致辩论失败。

3. 表达的临场性

辩论是面对面的交锋，双方同处于一个环境、一个场合。辩场风云变幻莫测，尽管事前你可能已经有充分的准备，但真正展开辩论时，你就会发现自己的准备远远不够，这样就必须根据对方的言辞灵活把握、随机应变。临场发挥水平如何，是辩论成功与否的关键所在，也是衡量辩论是否具有魅力的重要一环。

4. 思维的机敏性

辩论的临场性要求辩论双方的思维必须机敏，既能随时敏锐地洞察对方话语中的纰漏、圈套，又能灵活机智地调整自己的战略战术。思维灵活机敏，才能攻守自如。如果连自己的阵脚都守不住，就谈不上"攻城掠寨"了。

（二）辩论的要求

1. 观点要明确

辩论切忌观点不明，模棱两可。辩论的过程就是通过摆事实、讲道理，表明自己的立场和观点的过程。持不同见解的双方都要鲜明地表述自己的观点，也只有这样，才能进行交锋，展开唇枪舌剑的激烈辩论。

2. 逻辑要严密

观点鲜明、论据充分、论证严密，都体现出逻辑的力量。从某种意义上说，辩论就是一种"逻辑征服"。所以，辩论者在辩论过程中，要善于利用逻辑武器，或攻其命题，或驳其论据，或揭穿其论证的荒谬。要以无可辩驳的事实和无懈可击的论证，引出必然的合乎逻辑的结论，从而取得辩论的胜利。

3. 分寸要把握

一般情况下，辩论的目的是为了探求真理、明辨是非，而不是刻意羞辱对方，使之无地自容。我们在辩论中，要尊重对方，保持真诚、谦和的态度，把握说话的分寸和尺度，讲究礼节和礼貌，以理服人，以情动人，而不以势压人。

（三）辩论的技巧

辩论是口才艺术的精华，是磨练思想的砥石。辩论的形式和过程千变万化，辩论的技巧也多种多样。下面列举几种辩论的技巧和方法。

1. 巧妙发问

在辩论中，我们如果能对论敌的观点认真分析，抓住论敌的矛盾，针对论敌的致命点发问，就可置论敌于窘境。比如提问时，可把一件包含逻辑悖论的事情说出来，要求对方做出肯定或否定的回答。例如：欧洲中世纪的神学家们宣言说：上帝是全能的，我们这个世界就是由上帝创造出来的。对这种观点，高尼罗问："上帝能造出一块他自己举不起来的石头吗？"

如果回答说上帝能造出一块他自己举不起来的石头，那么就有一块石头是上帝举不起来的，这样上帝就不是全能的；如果回答说上帝不能造出一块他自己举不起来的石头，那么就有一块石头上帝造不出来，上帝也不是全能的。这个问题摆在神学家们面前，他们只能目瞪口呆。

2. 变换角度

人们认识问题和处理问题往往持有一种常规的、习惯性的思维，对于同一事物，不同的人站在不同的角度，就可得出不同的结论。

例如，小王开的大客车的牌照号是"16444"，有人看了以后，劝他说："你的车牌号16444，听起来是'一路死死死'，太不吉利了，应该设法换个牌照号。"可是小王却有自己的看法，反驳道："车的牌号与人的凶吉祸福哪里有什么关系？你硬要认为有关系，那也可以说这个号码非常吉利。读起来是'多拉发发发'，这不是很吉利吗？"如果从自然数的角度去看，它的谐音是"一路死死死"，而从音乐简谱的角度去看，就是"多拉发发发"。可见，看问题的角度不同，可以有截然相反的结论。

3. 因果引申

因果联系在现实中的表现是复杂多样的：有时一种原因可引起多种结果，有时一种结果是由多种原因引起的。因果引申就是根据事物之间的因果联系，引申出结论相互对立的论辩方法。

例如，首届国际华语大专辩论会决赛的辩题是"人性本善"，反方的立场是"人性本恶"。正方一辩在论证自己的立场时，说道："正因为人性本善，所以人随时随地都可以放下屠刀，立地成佛。"反方三辩在论证自己"人性本恶"的立场时，针锋相对地反驳道："对方一辩说，有的人是'放下屠刀，立地成佛'的，这不错。但我请问，如果人都是性本善的话，谁会拿起屠刀呢？"正方由"人性本善"的原因得出有的人可以"放下屠刀，立地成佛"的结果；反方则以有的人"放下屠刀，立地成佛"为原因针锋相对地得出人的本性不是善而是恶的结果。这一精彩的辩论，博得了观众阵阵掌声。

4. 以谬制谬

辩论中如果对方的言论是荒谬的，有时也可以用与对方同样荒谬的言论进行反击，以谬制谬，从而达到驳倒论敌的目的。例如：

战国时，少年甘罗的爷爷是秦国的丞相。有一天，甘罗看见爷爷在后花园走来走去，不停地唉声叹气。

"爷爷，您碰到什么难事了？"甘罗问。

"唉，孩子呀，大王不知听了谁的挑唆，硬要吃公鸡下的蛋，命令满朝文武想法去找，要是三天内找不到，都得受罚。"

"大王太不讲理了。"甘罗气呼呼地说。他眼睛一眨，想了个主意，说："爷爷您别急，我有办法，明天我替您上朝好了。"

第二天，甘罗真的替爷爷上朝。他不慌不忙地走进宫殿，向秦王施礼。

秦王很不高兴，说："小娃娃到这里捣什么乱，你爷爷呢？"

"我爷爷在家生孩子呢。"甘罗答道。

秦王生气的说："一派胡言，男人怎么会生孩子？"

甘罗说："既然大王知道男人不能生孩子，那公鸡怎么能下蛋呢？"

由以上例子可知，使用以谬制谬的诀窍在于，对方的话是荒谬的，正因为其荒谬性，对于他人同样荒谬的话也就失去了指责的力量。

5. 釜底抽薪

驳倒对方论点的对策之一是揭穿其论据的虚假。论据站不住脚，论点也就不攻自破了。

《三国演义》中，"诸葛亮舌战群儒"一段，诸葛亮的机智巧辩被传为千古美谈。诸葛亮赴东吴，欲联合孙权共同抗曹。以张昭为代表的主降派与诸葛亮展开了一场激烈的论战。张昭攻击诸葛亮身为军师，比不上管仲、乐毅，其主要论据是诸葛亮面对曹操的进攻"弃甲抛戈，望风而窜；上不能报刘表以安庶民，下不能辅孤子而据疆土；弃新野，走樊城，败当阳，奔夏口，无容身之地"。诸葛亮反驳说："鹏飞万里，其志岂群鸟能识哉？譬如人染沉疴，当先用糜粥以饮之，和药以服之；待其腑脏调和，形体渐安，然后用肉食以补之，猛药以治之，则病根尽去，人得全生也。若不待气脉缓和，便投以猛药厚味，欲求安保，诚为难矣。吾主刘豫州，向日军败于汝南，寄迹刘表，兵不满千，将止关、张、赵云而已，此正如病势尪羸已极之时也。新野山僻小县，人民稀少，粮食鲜薄，豫州不过暂借以容身，岂真将坐守于此耶？夫以兵甲不完，城郭不固，军不经练，粮不继日，然而博望烧屯，白河用水，使夏侯惇、曹仁辈心惊胆裂，窃谓管仲、乐毅之用兵，未必过此。至于刘琮降操，豫州实出不知，且又不忍乘乱夺同宗之基业，此真大仁大义也。当阳之败，豫州见有数十万赴义之民，扶老携幼相随，不忍弃之，日行十里，不思进取江陵，甘与同败，此亦大仁大义也。寡不敌众，胜负乃其常事。昔高皇数败于项羽，而垓下一战成功，此非韩信之良谋乎？夫信久事高皇，未尝累胜。盖国家大计，社稷安危，是有主谋。非比夸辩之徒，虚誉欺人：坐议立谈，无人可及；临机应变，百无一能。诚为天下笑耳！"诸葛亮以事实批驳了张昭论据的虚假，援引刘邦、韩信的先例，说明胜败乃兵家常事，求决胜不求累胜乃刘备的战略方针。诸葛亮的一番话，掷地有声，张昭等无言以对，只好败下阵来。

6. 仿接反问

论辩中，有时可以巧妙地仿照对方的言语结构，建立一个形式相近的句式，产生伪同构的反讽效果，以置对方于窘境。如下例：

甲："你读的是中文专业，为什么不能写小说？"

乙："你读的是政治学，为什么做不了市长？"

模拟实训

1. 假如你去商场买衣服，试了两件都不满意，当你要求售货员再拿一件试试时，售货员不耐烦了，并对你出言不逊："不怪自己长的不周正，还嫌衣服不合适。"你该怎样反驳她？

2. 就以下辩论题展开思考，然后写一篇辩论稿（赞成正方的，找正方论据；赞成反方的，找反方论据）。

(1) 正方：逆境更有利于人成长

反方：顺境更有利于人成长

(2) 正方：对高职学生来说，打工对学业有利

反方：对高职学生来说，打工对学业不利

(3) 正方：诚信主要靠自律

反方：诚信主要靠他律

(4) 正方：现代社会中，情商比智商更重要

反方：现代社会中，智商比情商更重要

第三节　朗诵与演讲

朗诵不仅给人以美的享受，而且还能提高人的阅读能力及欣赏水平。演讲是现代社会中一项经常性的活动，演讲能力也已经成为现代人才必须具备的能力之一。

一、朗诵

知识规律

朗，即声音的清晰、响亮；诵，既诵读。朗诵，就是用清晰、响亮、有表现力的语音，来诵读语言作品，将作品蕴含的思想感情传达出来的一种语言艺术。朗诵不仅可以提高阅读水平和鉴赏能力，更为重要的是，通过朗诵，大，可以陶冶性情，开阔胸怀，文明言行，增强理解；小，可以有效地培养对语言词汇细致入微的体味能力，以及确立口语表述最佳形式的自我鉴别能力。因此，要想成为口语表述与交际的高手，就不能漠视朗诵。

（一）朗诵的要求

朗诵，是把文字作品转化为有声语言的活动，是朗诵者在深刻理解作家作品的基础上用自己的语音塑造形象、反映生活，再现作者思想感情的再创造过程。

1. 用普通话语音，清晰流利地朗诵

朗诵是一门学问，它除了要求朗诵者忠于作品原貌，不添字、漏字改字外，还要求朗诵时在声母、韵母、声调、轻声、儿化音、音变以及语句的表达方式等方面都符合普通话语音的规范。朗诵一篇作品，如果连普通话字音都读不准确，甚至读错了，那就会影响听众对原文的理解，甚至会闹笑话。

2. 把握作品的基调，准确生动地朗诵

作品的基调是指作品的总体风格特征、基本感情倾向和主要语言色彩。不同的作品有着不同的基调，或庄重或诙谐，或欢快或悲哀，或沉郁或从容……但任何一篇作品，都有一个统一的基调。因此朗诵者必须深入理解作品的思想内容，从作品的主题、风格、技法等方面入手，进行认真细致的分析、研读。这样，作品的思想感情才能通过朗诵者

显现出来，作品的语言才能成为朗诵者的语言。

但把握作品的基调并不意味着全篇作品都用一成不变的腔调来诵读，不同的人物、不同的景象、不同的感受，都应用不同的语气来处理和表达。但无论怎样变化，主题风格是贯穿全篇的，自始自终要和谐统一。

3. 体会作品的感情、起伏跌宕地朗诵

朗诵时语调的起伏也叫"语势"，它是朗诵中出现的高低抑扬的变化。朗诵中语势的变化使感情表达得准确、鲜明、生动。常见的几种语势有上行语势、下行语势、平行语势和曲行语势（分别用"↑、↓、→、～"表示）。

（1）上行语势：指句子中由低到高，逐渐上扬的一种语势。

例如：朋友！你到过黄河吗？↑你渡过黄河吗？↑你还记得河上的船夫，拼着性命和惊涛骇浪搏战的情景吗？↑如果你已经忘记的话，那么你听吧！↑

——光未然《黄河大合唱》

（2）下行语势：指句子中由高到低，逐渐下抑的一种语势。

例如：我敢大胆地说：他可能有过许多敌人，但未必有一个私敌。↓

——恩格斯《在马克思墓前的讲话》

（3）平行语势：指句子中抑扬变化不显著，比较平直的一种语势。

例如：三月十四日下午两点三刻，→这位伟大的思想家停止了思想。→

——恩格斯《在马克思墓前的讲话》

（4）曲行语势：指句子中抑扬变化较多，较为曲折的语势。

例如：他说话时喜欢切切私语，～仿佛句句是军国机密。～

——钱钟书《围城》

此外，还要注意语速和节奏。语速是指朗诵语流的速度，是单位时间内发出词语音节的数量。语速受作品内容和形式的双重影响。比如，表现热烈、兴奋、愉快、愤慨、激动、紧张等情绪的句子语速要快一些；表现从容、安宁、忧郁、苦闷、失落、感伤等情绪的句子语速要慢一些；表现沉思、悲哀、压抑内容的语句，则要读得更慢。节奏是在一定的思想感情起伏的支配下，表现出抑扬顿挫、轻重缓急的语音形式的循环往复。其中，语速的疾徐、语势的强弱是最显著的外部标志。节奏有以下几种形式：

（1）轻快型。语调表现为轻松、明快，如朱自清的《春》、孙犁的《荷花淀》。

（2）凝重型。语调表现为平稳凝重、节奏强而有力，鲁迅的多数小说即属此种类型。

（3）低沉型。强调压抑，节拍较长，语流沉缓，如安徒生的《卖火柴的小女孩》、都德的《最后一课》。

（4）高亢型。语流畅达，语调高昂，语速较快，节奏较紧，如茅盾的《白杨礼赞》。

（5）舒缓型。声音清亮，语气舒展开阔，如戴望舒的《雨巷》、毛泽东的《沁园春·雪》。

（二）朗诵的技巧

朗诵是一种有声的语言艺术。朗诵时，一方面要深刻透彻地把握作品的内容；另一方面，要合理地运用各种表现手段，准确地传达作品的意蕴。

1. 停顿

人们在朗诵时需要换气，这就形成了语句的自然间隙，这样的停顿是自然的生理停顿。停顿又是表情达意方面的需要，朗诵中的停顿可以更清晰、更有效地表达内容，可以显示语言的节奏，增强表达的感染力，更鲜明强烈地体现情感。停顿一般分为语言停顿、逻辑停顿和感情停顿三种类型。

（1）语言停顿

语言停顿一般是指由语法关系确定的停顿，如句中的主谓之间、动宾之间，修饰、限制词与中心词之间的停顿，还有分句之间，段落层次之间的停顿等。

例如：冬天/已经来了，春天/还会远吗？（主谓之间的停顿）

古老而美丽的/祖国啊！（限制语与中心词之间的停顿）

标点符号是语法停顿的主要表征，语法停顿应与标点、层次、段落相一致。语法停顿的间歇时长如下：顿号＜逗号＜分号＜冒号＜句号＜问号＜省略号。感叹号是用来表达某种强烈感情的，停顿可长可短，随感情需要而定。

（2）逻辑停顿

逻辑停顿也被称为无形的"标点符号"，是指为反映语言内在联系而形成的语流中声音的间歇，如：日出江花/红胜火，春来江水/绿如蓝。逻辑停顿往往根据表达的内容与语境来决定停顿的地方和时间。如果不按语感规律而随意停顿，不仅会造成句子的支离破碎，而且还会增加听者的负担，甚至会造成逻辑上的错误，闹出笑话。比如某人在会上照本宣科地念别人给他写好的稿子，把"不要求全责备"读成了"不要求/全责备"。再如语句"已经取得大专学历的和尚未取得大专学历的干部"，作如下两种不同的停顿，意思就完全不同：

已经取得大专以上学历的/和尚未取得大专学历的干部。

已经取得大专学历的和尚/未取得大专学历的干部。

从中我们可以看到，逻辑停顿的位置必须找得恰当，不然就会破坏句子的完整性，读成"破句"，使语意含混不清，造成歧义。要克服"读破句"，就要正确理解语意，培养良好的语感。

（3）感情停顿

就是为了突出某种感情而作出的停顿，这种停顿通常出现在感情强烈的地方，如兴奋异常、恼怒至极、悲痛欲绝等。在感情停顿处，往往配合感情重音、猛烈吐气或强自屏气等方法以表现强烈的感情色彩。

如：从不记得/妈妈有过惊慌，也不记得/妈妈有过疲倦。今天沐浴在金色的霞光里，注视着苍翠的群山；湘江北去，不舍昼夜，就像我们/心底里的/怀念。

——毛岸青、韶华《我们爱韶山的红杜鹃》

前两处停顿，通过深沉的回忆，抒发了对"妈妈"无限的敬爱和赞美之情：后两处停顿，把不灭的感情、不尽的思念传达得格外深沉感人。

2. 重读

所谓重读，就是把语句中的某几个音节读得重些、强些。重读的音称为重音，重音读是表达思想、抒发情感的重要手段。语句中最集中、最强烈地体现表达目的、情感色彩的地方，就是朗诵者应当重读的地方。重读的重音一般分为语法重音、逻辑重音、感情重音和修辞重音四种。

（1）语法重音

语法重音是根据语法结构的特点表现出来的重音，一般位置是固定的。

①短剧中的谓语动词一般重读。如：雨停了，他走了。

②修饰成分与限制成分一般重读。如：这时一座圣洁的殿堂。

③补语成分一般重读。如：月亮升起来了。

④疑问代词、指示代词一般重读。如：什么是理想？

⑤数量结构一般重读。如：院里有两棵枣树。

⑥复句中的关键句一般重读。如：桂林的山真奇呀，桂林的山真秀呀，桂林的山真险呀。

（2）逻辑重音

根据语句上下文语境确定的，或由其他语言逻辑关系决定的重音，叫做逻辑重音，也叫强调重音。

逻辑重音反映了语句的表达意图和具体语境。以"我不会写诗"为例，这句话的五个字可以有五个重音，能表达出五种潜在的意思。

①我不会写诗（他会）

②我不会写诗（谁说我会写诗？）

③我不会写诗（我不是不肯，而是我不会）

④我不会写诗（我只会读诗）

⑤我不会写诗（我会写散文）

（3）感情重音

为了表达强烈的感情而着重强调的重音叫感情重音。感情重音出现在语句中情绪强烈激切的地方，显示出欣喜、悲痛、愤怒等情感。感情重音的作用为丰富语言的感情色彩。如：他们是世界上第一流的战士，第一流的人！（重音处表示歌颂、赞扬之情）

感情重音位置不像语法重音和逻辑重音那么稳定，有时感情重音与语法或逻辑重音相重合，这种情况下朗诵时就要特别加强。如：你在地球的衣襟上织出一片醉人的锦绣。

（4）修辞重音

朗诵者对作品中运用修辞格的词语给予强调，便形成了修辞重音。一般来说，作者煞费苦心用来表现思想感情的修辞，往往是得意之笔，因此，文章中用到修辞格的地方多要用重音加以强调。如：

会须一饮三百杯。（夸张修辞）

风！你咆哮吧！咆哮吧！尽力地咆哮吧！（反复修辞）

3. 情感

朗诵是表达情感的语言艺术。为了使情感到位，朗诵前可巧妙地运用以下方法进行酝酿。

（1）形象展示法

文学作品具有形象性，所以我们从一开始接触作品到正式朗诵都不能脱离作品所描绘的形象。首先，朗诵者要使一系列生动的形象在自己头脑中活跃起来，可以对一些与朗诵主题相关或相似的情境或场景、画面展开想象和联想，使自己的情感过渡到主题上来。如朗诵苏轼《念奴娇·赤壁怀古》时，想象长江波涛滚滚，周瑜羽扇纶巾，镇定从容，谈笑之间大破强敌的情景；朗诵戴望舒的《雨巷》，则想象春雨潇潇的江南，一条幽深的小巷中，一个满怀愁怨的姑娘，打着雨伞缓缓地走来……

（2）音乐调动法

不同的音乐会带给人不同的感受，让人产生不同的遐想，恰当的背景音乐与同类的内容相结合，可以促使读者更容易、更深入地理解内容。朗诵前可以放一些与主题有关的音乐，为朗诵定下一个良好的感情基调。配乐朗诵有诸多好处，但是如果配乐不当反而会画蛇添足，起到反效果，所以一定要选择最恰当的背景音乐加以配合。

（三）朗诵与普通诵读、喜剧表演的区别

朗诵不同于普通的诵读。朗诵是用清晰、响亮的声音把文章读出来，以传达文章的思想内容。可见，朗诵的要求比普通的诵读要高。朗诵可以是一种表演活动，这时要求朗诵者不看作品，面对听众，除运用声音外，还要借助眼神、手势等势态语表达作品感情，引起听众共鸣。但朗诵时的势态语不能过多、过火。所以，朗诵也不同于戏剧表演。演戏时，演员不直接和观众交流，他（她）扮演剧中人物，以剧中人物的语言、动作，和同台的演员进行交流。而朗诵者直接交流的对象是听众，主要是通过声音把感情传达给听众，引起听众共鸣，手势、眼神等态势语只不过是帮助表达感情的辅助性工具。

模拟实训

1. 就下列篇目练习朗诵

（1）《蜀道难》

（2）《风流歌》

（3）《西去列车的窗口》

（4）《念奴娇·赤壁怀古》

（5）《再别康桥》

（6）《雨巷》

2. 选择古今中外的名篇名段，有感情地进行朗诵

二、演讲

知识规律

演讲就是在公开场合，面对听众，借助有声语言和态势语言，就某个问题或围绕一个中心发表意见，阐明道理，抒发感情，从而影响和感召听众的独白体的语言表达形式。

从词的构成上看，作为语言艺术的"演讲"具有演示性和可讲性。所谓"演示性"，是指演讲者在演讲活动中，运用面部表情、身体姿势以及其他一切有助于传达思想感情的体态语，使讲话得以艺术化。所谓"可讲性"，是指演讲者在演讲活动中，用语言和声音承载思想和情感，调动所有语言表达手段，增强语言的表达力和声音的感染力。从而影响和感染他人。二者之中，以"可讲性"为主，"演示性"为辅。在这里，"讲"起主导作用，是决定因素；而"演"必须建立在"讲"的基础上，否则就失去了存在的意义。

（一）演讲的特点

1. 现实性

演讲，是演讲者向广大听众直接陈述自己的主张和看法的现实活动。它以思想、感情、事例和理论来晓示听众、打动听众、赢得听众，因而具有现实性。表现为内容的现实性和演讲者演讲时所表露的情感和态度的现实性。

2. 艺术性

演讲是"演"和"讲"的结合，两者互相渗透，和谐统一。不仅如此，演讲还具备戏剧、曲艺、舞蹈等艺术的某些特性，是一门综合性很强的艺术。

3. 鼓动性

演讲是一种宣传，演讲者所讲内容多为社会普遍关注的热点问题，切合了观众的需求。演讲者在演讲时用自己丰富的情感、深刻的思想、独到的见解、非凡的胆识，去感染听众、打动听众，从而激发听众对现实的关注和思考。没有鼓动性，就不能称之为真正的演讲。

（二）演讲的要求

1. 时代性

即演讲的内容和确定的主题要有时代性，演讲者提出的问题应是听众普遍关注和关心的问题。这就是"讲什么"。

2. 针对性

要根据不同的场合和不同的对象，设计不同的演讲内容。演讲前要了解听众，有的放矢：了解他们的思想状况、文化程度、职业状况如何，了解他们所关心和迫切需要解决的问题是什么等等。否则，脱离对象，演讲稿写得再花功夫，说得再天花乱坠，听众也会感到索然无味，无动于衷，也就达不到演讲的目的。这就是"对谁讲"。

(三)演讲的技巧

为取得良好的演说效果,除了要精心准备演讲稿内容外,还要考虑演讲时运用什么样的技巧和方法。这就是"怎样讲"。

首先,态度要自信而从容。演讲的内容再精彩,如果缺乏自信,甚至畏畏缩缩,演讲起来还是会欠缺说服力。要显得自信,一个方法是控制面部表情。不可低头,以免给人"垂头丧气"之感。视线应当与听众接触,否则难以吸引听众的注意。另一个方法是适当放慢语速。说话速度一旦缓下来,情绪即可稳定,脸部表情也得以放松,整个人也能够随之显得泰然自若。

其次,发音要准确、清晰、连贯、优美。这是吸引听众的最有力的法宝。

再次,语调要抑扬顿挫。演讲时语调的起伏不仅能使演讲更生动,而且还能传达演讲者丰富的情感信息。

第四,恰当运用态势语。态势语要自然、活泼、适度,并且符合审美原则,运用态势语要从演讲内容出发,做到无声与有声的和谐统一。

第五,在演讲稿中设置兴奋点。所谓兴奋点,是指散落在演讲稿中哪些富有激情,容易对听众产生较强刺激或引起其高度重视、能产生强烈共鸣的词。这些兴奋点不但能有效地引发演讲者的深入联想,有利于增强演讲者的自信心,使演讲更加生动感人,而且也能抓住听众的心,让听众时刻紧跟演讲者的思维。

第六,注意开头结尾。元代散曲家乔吉说:"作乐府亦有法,曰凤头、猪肚、豹尾三宝是也。大概起要美丽,中要浩荡,结要响亮。尤贵在首尾贯穿,意思清新。"演讲也可借鉴这种"乐府作法"。

1. 开头

开头也叫开场白,在演讲的结构中处于重要的地位。任何形式的演讲,开头都是比较关键的。俄罗斯文学家高尔基曾说:"最难的是开始,就是第一句话,如同音乐上一样,全曲的音调都是它给予的。"那么怎样定调才合适呢?这要视演讲的内容、环境和听众的情况而定。常见的开头方法有以下三种:

(1)提问激发式

一般说来,演讲在开始后,台下是很吵的,开头提出问题,然后加以解答,不仅使听众产生兴趣,还可激发听众同演讲者一起动脑筋思考问题,把注意力都集中到演讲上来。

(2)楔子导入式

就是在演讲本题之前用一段与演讲正题看似无关实则有关的话来调动听众的感情和思想,引起听众的兴趣。导入的楔子可以是一个故事、一则笑话、一个比喻、一段名言等。

(3)就地取材式

演讲开头视当时的情形,或讲讲天气,或谈谈自己对某件事的感受,或接上一位说话人的话茬等等。特点是:就地取材,临场发挥。例如:建国初期陈毅任上海市长时,有次对工商界人士演讲,讲台上放着名贵的花瓶和精美的茶具。陈市长讲话说:"我这个人讲话容易激动,激动起来容易手舞足蹈,讲桌上的这些东西,要是被我碰坏,我这个供给制的市长,实在赔偿不起,所以我请求会议主持人,还是先把这些东西精兵简政撤下去吧。"台下的听众随即发出愉快的笑声。

开头的方法还有很多,无论采取什么形式的开头,都要做到先声夺人,让人耳目一新。

2. 结尾

结尾是演讲内容的自然收束。成功的结尾或揭示主题,或启示未来,鼓舞斗志,使听众精神振奋,并促使听众不断思考和回味,给听众留下深刻的印象。怎样做到这一点呢?美国作家约翰·沃尔夫说:"演讲最好在听众兴趣达到高潮时果断收束,未尽时戛然而止。"如同中国的相声艺术在表演结尾时采用"抖包袱"的手法一样,当演讲处于高潮,听众的注意力和情绪都达到最佳状态时,突然收束演讲,能给听众留下非常深刻的印象。常见的结尾方法有以下两种方式。

(1) 总结式

例如:某大学的毕业生茶话会上,首先是系党委书记讲话,主要向毕业生表示祝贺。接着是李教授讲话,主题是希望同学们能继续努力学习,还引用了哲学家的名言。第三个讲话的是罗教授,他朗诵了高尔基的散文诗《海燕》片段,以此鼓励毕业生们学习海燕的奋斗精神。第四个讲话的是系副主任,他希望同学们永远记住母校和老师们相处的几个难忘片段,最后一字一顿地说:"前面几位给大家提出了殷切的希望,可我喜欢说他们说过的话。第一,我要祝同学们'学习、学习、再学习'。(笑声)第二,我希望同学们像海燕一样勇敢地搏击生活的风浪。(笑声、掌声)第三,我希望同学们不要忘记母校,不要忘记辛勤培育你们的老师。"

(2) 激情式

如郭沫若在1978年全国科学大会上所作的《科学的春天》的发言结尾:"春分刚刚过去,清明即将到来。'日出江花红胜火,春来江水绿如蓝。'……这是人民的春天,这是科学的春天!让我们展开双臂,热烈地拥抱这个春天吧!"

这个结尾热情洋溢,令人振奋,令人激动,具有很大的鼓舞力量。演讲结束了,这声音、这话语还久久地回响在人们的耳边,产生了言有尽而意无穷的效果。

模拟实训

1. 就人生、信念、励志、个性、困惑、责任、和谐的其中之一为话题,写一篇演讲稿。

2. 以路、桥、网、风之一为题,写一篇演讲稿。

单元探究性学习

演讲与历史转折

有人站在台上,听惯了掌声;有人站在台下,习惯了鼓掌。前者是演讲者,后者是聆听者。历史上显世扬名、彪炳千秋的英雄豪杰、仁人志士，许多是善"言"的演说家。他们用敏捷的才思，精妙的言辞，传送着思想的精华，影响着历史的进程。值得重视的是，人类历史上的多次重大转折，都与一些历史人物的著名演讲相关联。这也许就是演讲的魅力！请搜集有关材料，就这一历史文化现象进行分析、探讨，写一篇探究性论文。

第四单元　口语交际基本素养——职场

单元说明

当学生们走出校门，走向社会时，首先面临着求职与应聘的考验。踏上工作岗位后，一些人还要用到解说、推销、主持与汇报等口语交际能力。怎样让自己在面对职场的激烈竞争时，能够从容地、完美地展现自己呢？其中很重要的一点是要在学习和掌握生活口语交际和学习口语交际的基础上，学习职业口语交际，了解职业口语交际的特点，掌握一些职业口语交际的方法，使自己的职场生涯多一些顺利，少一些曲折。教学时要注意能力的培养，多进行些模拟场景训练，以提高学生的自身素质以及应变能力等。

第一节　求职与应聘

每个学生都希望自己在社会上能有一个合适的位置，为社会做贡献，实现自身价值。作为即将踏上社会谋求职业的毕业生，求职应聘是要面临的第一关。

知识规律

求职是高校毕业生和待业人员面临的很重要的现实问题。在目前竞争激烈的社会环境下，求职是一件不容易的事情。如果掌握求职的语言艺术，就能够事半功倍了。求职的过程尽管不长，但对求职者语言表达的要求还是不容低估。如果掌握了一定的求职语言技巧，就会在求职过程中把握主动，赢得先机。

一、求职的语言要求

语言是求职者在求职面试中与招聘人员沟通情况、交流思想的工具，更是求职者展示自己的知识、智慧、能力的重要手段。求职面试不能口无遮拦，信口应答。要根据自我介绍的情况和交谈的内容控制音量、语速、语调，在抑扬顿挫之中表现出你的坚定和自信。主要应掌握以下几个要点：

（1）要口齿清楚、发音正确。应使用普通话，如果自己的普通话还不太熟练，语音不够标准，必须强化训练，及早过关。切忌将变味的普通话和方言混用。

（2）讲话要言简意赅，平实易解。不要为了表现自己而堆砌辞藻，滥用成语典故，这样很难顾及到语言的逻辑和通顺，容易使人感到你用词不当，思维混乱。此外，急于显示自己的妙语惊人，往往会有失谦恭，予人锋芒毕露、张狂无礼之感。

（3）交谈过程中要注意掌握和控制语速。讲话速度太快显得紧张和急躁，讲话速度太慢又会让人感到吞吞吐吐和思维反应迟钝，一般情况下，语速以每分钟 120 个字左右为宜。要注意语句间的停顿，不要滔滔不绝而让人应接不暇。

（4）交谈过程中要注意语调。从说话的语调中可看出人的真实情感，人的喜怒哀乐，压抑或放松，犹豫或坚定，自卑或自信都反映在语调中，因此求职谈话中必须控制自己的语调，让对方觉得你是一个感情成熟的人。

（5）交谈过程中注意谈话礼貌，不要随意打断对方的讲话。

（6）要认真倾听对方讲话，听清楚和正确理解对方的一字一句，不能走神。不但要明白字面意义，而且要听出弦外之音，这样才能作出准确而恰当的反应。

二、求职的应对策略

（一）自信谦逊

自信谦逊，能表现出良好的精神面貌和修养，给人留下深刻印象。但也不可唯唯诺诺，缺乏主见。部分求职者，面对正襟危坐的招聘考官，不能从容自如地谈想法、说主张，不敢直陈自己的见解，展示自己的口才，而是过于谦抑，导致自己处于一种"被动受审"的境地。如此表现，非但不能给考官留下"服从领导""尊重上司"的印象，反而让人觉得缺乏主见，难以担当重任。

（二）坦诚实在

孔子说："知之为知之，不知为不知，是知也。"（《论语·为政》）坦诚实在是一个人最基本的美德。例如：

某家外企在珠海招聘人才，广告登出来后，不少人前往应聘。阿明这一天也去了，当他走进老板办公室时，老板突然惊喜地站起来，径直向阿明走过来，握住他的手，兴奋地说："想不到在这里遇见你。那一次，我陪女儿在白藤湖划船，她不小心掉进水里，你奋不顾身跳下水，把她救了起来。当时忙着救女儿，也忘了问你的名字。世界真小，想不到在这里见到了你！"阿明被他这一段表示感谢的话弄糊涂了，心想准是这位洋老板认错人了！于是坚定地说："先生，我没有救过您的女儿，您认错人了吧！"但老板一口咬定是阿明，而阿明依然坚决否认，口气十分坦诚。这时洋老板才大笑起来，拍了一下阿明的肩膀，说："好样的！你是诚实的，面试通过了。"原来是老板在演心理剧，他根本就没有女儿。为人坦诚最终为阿明赢得了满分。

（三）弃小言大

世界上不存在完人，每个人不可避免地都有弱点，但在求职过程中当招聘方指出自己的弱点时，就可以采用弃小言大的方法，即从大处着眼，使自己的弱点相比之下显得不值一提。

在一次公务员面试中，考官对一位年轻的女生之前的回答非常满意。当面试进行到最后，其中一位考官对他说："你是一位很漂亮的女性，但是我们发现你脸上有不少雀斑，你觉得这会对你的面试有影响吗？"面对这种故意设置的压力问题，她这样回答：

"我是来报考公务员的,今天主要考察的应该是能力,我想各位老师坐在这里也肯定是为国家选材而不是选美,如果各位是来选美的,我想我不一定合适,但如果是选材,我相信自己是栋梁之材。""选材不是选美",女孩避开容貌上的弱点从选用人才的角度合乎情理地回应考官的提问,自信而又巧妙地回答了对方的问题,获得了考官的首肯,最终被录用。

(四)留有余地

求职时,要视实际情况,灵活变通,不能铁板钉钉,一成不变。招聘方经常对求职者施展攻心术:薪酬不高,待遇偏差,以求才美价廉。求职者此时既不要一口回绝,也不要满口答应,可以留有回旋的余地,同时又可以稳住对方,向对方亮出你不同于他人的优势底牌,让对方觉得你是此次招聘的合适人选。

三、面试的语言掌握

在面试中个人自我介绍是非常关键的一步,因为第一印象常常具有非常重要的影响,这几分钟的自我介绍将在很大程度上决定你此次应聘的成败。这份介绍将是你的学识、素养、个性、能力、思想、成绩处世的总结,也是你接下来面试的基础,考官也将根据你的自我介绍进行提问。那么面试时该怎样做自我介绍呢?

个人面试基本上都是从开场白问候开始。开场问候是给面试官的第一印象,从言谈举止到穿着打扮都将直接影响被录取的机会,故而显得尤为重要。要注意进门应该面带微笑,但不能有谄媚之色;话不需多,称呼一声"老师好"就足够;声音要洪亮,底气要足;语速要自然,切勿矫揉造作。总之彬彬有礼而大方得体,既不过分殷勤,也不过分谦卑拘谨。

接下来就是自我介绍,时间一般为两到三分钟。这是很好的表现机会,应把握以下几个要点:第一,要突出个人的优点和特长,并要有相当的可信度。若是具备实际经验,要特别突出自己这方面的优势,但切记提及的工作经验与面试及应考职位有关。如想一矢中的,还必须强调个人能为求职单位作出什么贡献。不能空口讲白话,必须有事实证明。总之,应尽力展现过去的成绩,但这些例子都必须与求职单位的工作性质有关。另外要注意在谈到自己的优点时,应保持语气平静。只谈事实,不能带有鲜明的主观色彩。还应注意适可而止,选择介绍重要的、关键的优点,与面试无关的特长避免提及。同时,在讲到自己缺点的时候,一定要强调自己克服这些缺点的愿望和努力。第二,要展示个性,使个人形象鲜明。可以适当引用别人的言论,如老师、朋友等的评论来支持自己的表述。在自我介绍中,切忌以背诵的口吻介绍自己。事前应自行模拟练习,尽量令声线听起来流畅自然,充满自信。眼神应与对方自然接触,这不但可使对方专心听自己陈述,也可表现自信。第三,介绍的内容和层次应合理、有序地展开,并且重点突出,使自己的优势很自然地逐步显露,不可一开始就急于罗列自己的优点。排在头位的,理应是你最想让面试官记得的事情。而这些事情,一般都是你自己最满意的。与此同时,可呈上一些有关的文字资料,令对方加深印象。第四,坚持以事实说话,少用感叹词之类,一般也不宜用"很""最"等表示极端的词语。最后，注意态势语等。坐姿应端正，手势大方，防止身子摇晃、舔咬嘴唇、跷二郎腿等习惯动作；学会用目光表达友善，眼光不能长时间偏离考官，不要仰视天花板，也不要长时间盯住一个地方；表情放松，略带微笑（可以面对镜子练习，找出自己最具"亲和力"的笑容）；衣着、发型等要大方得体；手机等通讯工具一定要关闭或调至振动。

1. 分小组作角色扮演，模拟招聘者和应聘者进行问答。
2. 按下列程序进行模拟招聘训练。
（1）假定一批用人单位，提前若干天将单位基本情况、招聘岗位、聘用条件、岗位待遇等予以公布。招聘岗位最好能与上本课的同学将来的专业就业方向一致。
（2）每位同学选三个应聘岗位，然后根据其选择分成若干个小组，每个小组对应一个应聘岗位，每人参加一或两个小组。
（3）提前两三天公布分组情况，以小组为单位研究和拟定应聘策略，每人针对自己的应聘岗位准备应聘的文字材料。
（4）按办公室的设置（桌椅、电话、电脑、饮水机、茶具等）布置模拟招聘场所。
（5）根据招聘岗位的素质、能力需要来设计考题。
（6）考察重点：
1）自信心、耐心
2）主动性、活力
3）灵活性
4）素质、能力

第二节　解说与推销

现代社会充满了竞争，如在公司任职，要想在激烈的竞争环境中站稳脚跟，就不可避免地要进行解说与推销。

一、解说

解说就是口头上的解释说明。解说是通过对事物的准确描述，加上适度的渲染，来感染听众或观众，使其了解事物的来龙去脉、特征和意义等，以取得宣传效果的一种口头语言表达形式。社会生活中，解说的范围非常广，产品展销、文物陈列、书画展览、标本说明、园林景观介绍、影视场面解说、体育比赛现场评论等等都是。

（一）解说的特点

1. 知识性

解说是将具体事物的形象（如展览会上的陈列物品、风景区的自然景物）或抽象事物如一些规则或原理向受众介绍说明。前一类解说，主要是向受众介绍某种事物的具体情况；后一类解说，则是向受众讲解、阐述某种事理。无论哪一种解说，其目的和任务都是向受众传播知识，使其"有所知"。

2. 示现性

被解说的对象，或一件物品、或一个形象、或一种情景、或一种声音，都是直接显现在观众面前，或出现在听众耳边。解说总是紧紧依附于示现的图景，依随被解说的物象而进行。解说是在示现的基础上进行的，它能够补充、提高、深化一般示现所展示的内容，帮助受众更深入地认识和了解示现的事物。

3. 跳跃性

所谓跳跃性，是指随着解说图景的变化，根据解说人对受众不同理解程度的判断，解说会时断时续、时有时无，而不是像写文章似的讲究起传承转合、连贯紧密。解说总是在示现图景的前后上下存在明显的停顿和间隙。很多时候解说只出现在受众对示现对象看不明白听不懂的时候，它是启发性的提示、提点，而不是从前到后，面面俱到。

（二）解说的方法和技巧

1. 要说出特点

世界上没有完全相同的两片树叶，要说出"这片"与"那片"的区别，唯有分析、研究它们各自的特点。例如：闻名天下的安徽黄山有"四绝"，即奇松、怪石、云海、温泉。下面是"四绝"之一的"奇松"的解说词：

黄山"四绝"之一：奇松

说起黄山"四绝"，排在第一的当是奇松。黄山奇松奇在什么地方呢？首先，奇在它无比顽强的生命力，你见了不能不称奇。一般说，凡有土的地方才能长出草木和庄稼，而黄山松则是从坚硬的花岗岩石缝长出来的。黄山到处都生长着松树，它们长在峰顶，长在悬崖峭壁，长在深壑幽谷，郁郁葱葱，生机勃勃。千百年来，它们就是这样从岩石中直穿出来，根儿深深扎进岩石缝里，不怕贫瘠干旱，不怕风雷雨雪，潇潇洒洒，铁骨铮铮。你能说不奇吗？其次，奇在它那特有的天然造型。从总体来说，黄山松的针叶短粗稠密，叶色浓绿，枝干曲生，树冠扁平，显出一种朴实、稳健、雄浑的气势，而每一处松树，每一株松树，在长相、姿容、气韵上，又各个不同，都有一种奇特的美。人们根据它们不同的形态和神韵，分别给它们起了贴切、自然而又典雅有趣的名字，如迎客松、黑虎松、卧龙松、龙爪松、探海松、团结松等等。它们是黄山奇松的代表。

这段解说词，道出了黄山松的一个非常突出的特点：奇。

要准确地解说事物的特点，就要在解说之前对所要介绍的事物进行深入细致的分析、研究，了解有关知识。只有了然于心，才能了然于口。说出特点，包含了两方面意思：一是客观，二是科学。客观，就是围绕解说对象的实际情况展开，不掺杂解说者的好恶趣味；科学，就是揭示解说对象的性质，指出与其他事物不同之处。

2. 要说得明晰

要使解说明晰，就要把握事物的性质，理清顺序、层次，分清先后、主次、轻重、大小、显隐等，采用恰当的解说方法进行解说。一般说来以说明、叙述、描写等方法为主，有时兼用抒情和议论。

此外，由于解说具有"一过性"的特征，所以解说语言要做到通俗、平易、口语化，这样才能使受众容易接受，印象深刻。

3. 可适当诗化

"感人心者，莫先乎情。"解说是向受众传播知识，除了使受众听了、看了以后有所知之处，还可以调动受众的感情，以形象生动的诗化语言引发他们的联想，使之产生共鸣，在获得知识的同时，也得到美的享受。

记者张之曾在足球比赛实况转播中用"一夫当关，万夫莫开"形容守门员防守的严密，用唐代李贺的诗"黑云压城城欲摧"形容一方压迫在半场进行强攻的情景，用宋代陆游的诗"山重水复疑无路，柳暗花明又一村"形容场上局势的变化，诗意盎然，充满情趣。

模拟实训

1. 就某一个景点或展览向参观者作讲解。
2. 就某一场球赛或一项活动作解说。

二、推销

知识规律

推销是销售人员通过面向消费者的直接的（不是通过大众媒体等间接形式的）促销活动，意在使对方接受并购买己方商品或服务。推销是买方角度进行的商业活动，是在市场经济条件下非常重要的商业活动。

（一）推销的特征

1. 弱势性

商品生产的目的是实现消费，因此，所有的商品只有卖出去后才能赢利。推销作为买方市场条件下以一般商品求取等价物——货币的活动，总是处于求人的地位，即弱者的地位。

2. "征服"性

只要愿意，货币持有者可以在任何地方买到所需要的商品，该商品即使一时短缺也能找到它的替代品。而一般情况下，只有当商品和商品推销工作"征服"了货币持有者时，该商品同货币的交换才能实现，商品的价值才能实现。

3. 困难性

推销作为弱者"征服"强者的活动，必然是困难的。往往好不容易物色到一个潜在顾客，又经过千辛万苦得工作即将成交，却由于某个不起眼的问题而功亏一篑。"顾客就是上帝"这句话，表明的不仅是商品生产者对货币持有者的尊敬，还是买方经济条件下商品生产者在困难之中求利时的万般无奈。因此推销就成了最需要心力和智慧的对话。

（二）推销的语言要求

在现代社会的市场经济中，推销是企业走向市场的重要途径，是沟通生产与消费、买方与卖方经济联系的重要环节。推销的过程，实际上是推销人员运用各种推销技术和手段，说服顾客买其商品或服务的过程，是企业的代表（推销员）与产品的使用者（顾客）之间的对话过程，必须重视对语言的要求。以下从基本原则和禁忌两方面，来具体说明推销的语言要求。

1. 推销用语的基本原则

（1）以诚信为本的原则

诚实守信是做人的原则，也是现代企业应当遵循的基本守则。推销人员在进门推销的开始阶段，顾客一般都持提防态度，顾客的心理总是与推销人员保持一定的距离，在这种情况下，就要求推销人员表现出真诚和善意，以诚恳的态度、有亲和力的语言，消除顾客的疑虑，赢得顾客的信任。

例如：松下电器公司最初只是日本乡下的一家小工厂，为了打开市场，作为公司的领导，松下幸之助总是亲自出马推销产品。在碰到客户大幅压价时，他就坦诚地说："我的工厂是家小厂，炎炎夏日，工人在炽热的铁板上加工产品，大家汗流浃背，却努力工作，好不容易出了产品，依照正常利润的计算方法，应当是每件 XX 元承购。"客商听他这么一说，便笑道："卖方在议价的时候，总会想方设法把自家的产品高价卖出去，但是你说的很不一样，句句都在情理之中。好吧，我就照你说的买下来好了。"

松下幸之助的成功，在于他说话态度的真诚。他的语言朴素，充满情感，他讲述了工人劳作的艰辛、自己创业的艰难，这样就赢得了对方的理解和同情。对方称他的话"句句都在情理之中"，最终接受他提出的推销价格也就果然在"情理之中"了。

又如：日本有个推销员叫斋藤竹之助，据说，他每次登门推销时总是随身携带一个闹钟，到了客户家里后，他便说："我打扰您十分钟。"然后就将闹钟调好。时间一到，闹钟一响，他便起身说："那好，我再打扰您十分钟。"再将闹钟定时十分钟，与客户继续商谈。

守时就是守信，不管推销的结果怎样，斋藤的做法，给人的感觉是这个人说话算数，是个讲信用的人。渐渐地，客户对他产生了强烈的信任感，斋藤也靠自己的守时赢得了客户。

（2）以顾客为中心的原则

人们的普遍心理是讨厌或不太情愿别人向自己推销商品，而喜欢自己购买。因为前者是被动接受，而后者是主动需求。当顾客觉得你是在向他（她）推销时，会怀疑你的真实意图，产生不愿任你支配的反应，只有当顾客清楚地看到推销人员所做的推销与他的愿望相符，是完全站在他的立场上帮他出主意时，才会接受推销人员的推销。所以，在推销中满足客户的需求，是推销人员在整个推销中过程都要考虑和研究的中心课题。

（3）"说三听七"的原则

"说三听七"是指在推销过程中，要少说多听。多听，就是尽量让顾客讲话，说出他（她）的需求，自己认真倾听，为其选择所需商品，这样会使顾客觉得自己不是在被动地接受推销，而是主动地选择购买。

2．推销语言的禁忌

如前所说，推销是在买方市场条件下向客户所做的促销工作，是弱者"征服"强者的活动，需要一定的智慧和谋略。推销的过程就是推销者与客户商洽的过程，是说服和拒绝较量的过程，要想取得推销的成功，推销者的语言运用和分寸把握就显得非常重要。推销时的语言有如下的禁忌：

（1）以自我为中心

我们总是会遇到这样的现象：推销员从开始到结束总是在那里滔滔不绝、喋喋不休地进行推销解说，其熟练程度着实令人惊讶，但站在一旁的顾客却连插嘴的机会都没有，这种"自娱自乐"的独角戏，热闹了自己，却冷落了顾客。

（2）与顾客争辩

当与顾客意见不一致时，不是耐心、细致地与顾客沟通，而是对顾客说的话——反驳，这样做的结果，只会破坏顾客的兴致，伤害顾客的感情，导致推销失败。

（3）伤害顾客自尊心

推销不是打仗，要多一些阳春的温暖，少一点严冬的冷酷。"买卖不成仁义在"，推销时如果说话过了头，伤了顾客的自尊，就违背了推销宗旨，动摇了推销的根基。所以在推销中一定要注意让客户不伤颜面。

（三）推销的主要方式及表达技巧

语言是推销人员在与客户交流过程中的重要工具，既要讲究用语规范要求，也要讲究一定的技巧。以下简要介绍几种推销技巧。

1．紧紧围绕顾客的利益

顾客所关心的是他（她）在购物后能得到什么样的好处，只有对他（她）有利益，他（她）才会对你所做的推销产生兴趣，才会有购买的欲望。因此，推销人员在推销过程中，要紧紧围绕顾客而不是商品来做文章。

例如：有位推销空调器的推销员对客户说："我的这款产品压缩机制冷能力强。如果在夏天，十六平方米的房间冷却到二十五摄氏度的时间是二十分钟左右。"另一位推销员则这样对客户说："这款空调非常适合您。一般人体感觉舒适的温度是二十五摄氏度左右，您如果使用我们的这款空调器，一间大约十四平方米的客厅，达到这个温度的时间不会超过二十分钟。"

后者对产品的介绍切合了客户关心舒适度的心理，显然这样的介绍更能使顾客印象深刻，更易打动顾客的心。

2. 循序渐进

有时候顾客要想购买一件大型商品而一时拿不定主意，推销人员可以采取将大问题分解或转换成易于解决的小问题的方法来巧妙推销。例如：

一对夫妻到一家电器商场参观电冰箱，售货员和蔼可亲地做了说明后，发现这对夫妻有购买意向，于是抓紧时间进行促销。她问丈夫："先生府上有几个人？"丈夫回答说有五个人。售货员又问妻子："太太是隔日买菜呢？还是每天上市场买菜？"妻子笑而不答。售货员再问："我听说有人每星期买一次，有人三天买一次，太太您一般是喜欢几天买一次？"妻子答："我们一般三天买一次。"售货员又问："府上常来客人吗？"妻子答道："有时候。"这时丈夫一面蹲下来察看着冰箱门下放啤酒的地方，好像在估算大致可放多少啤酒。见此情景，售货员马上对丈夫说："先生，听说爱喝啤酒的人一次买上一捆，早上摆进一两瓶，晚上下班回来就可享用。"丈夫点头称是。三个人谈得很融洽。售货员又问妻子："太太，您看这个255升的冰箱可以容纳三天的蔬菜吗？""可以，刚好。"售货员又指着一个小型冰箱问妻子："您看这个够不够？""看上去有点儿小。"售货员又问："太太，您打算把冰箱放在什么地方？客厅还是厨房？"妻子答："厨房太小，还是放客厅合适。"售货员接着又问："那么今天送到府上呢？还是明天送？"妻子说："我看还是明天吧，我们得先去腾出一个地方。""那好，我们明天一早送去。"

售货员在作出一番引导，帮助客户解决一系列小问题之后，最终促使夫妻俩作出了购买这款冰箱的决定。

3. 重点突出

有时顾客购买商品，常常被琳琅满目的各种物品弄得眼花缭乱，举棋不定，难以抉择。推销人员这时就要揣摩顾客心理，根据顾客的特点和喜好，突出重点，推销适合他（她）的商品。可以帮顾客挑选出三两个有特色的品种供其选择，指出其质量、价格、款式等与众不同之处。这样有重点的推销是主题鲜明的说服，是避免客户陷入选择困境的明智之举。

4. 随机应变

在推销时，会出现很多难以预测的情况，这就要求推销人员能够随机应变地作出应对，急中生智，化被动为主动。例如：有一位推销员向顾客推销不易破碎的碗。他先向顾客作了产品介绍，接着进行示范，把一只碗扔在地上。本来碗是不易碎的，可是他碰巧拿了一只质量不合格的碗，猛一摔，碗碎了一地。他完全没有料到会出现这种情况，顾客也看得目瞪口呆。这时候，那位推销员眉头一皱，计上心来，笑着用诙谐的语气说："你们看，像这样的碗我们是不会出售给消费者的。"大家一听都笑了。推销员随即扔了几个碗，都没碎。他的举动赢得了顾客的信任，不一会儿几箱碗就销售一空。对于那个失误，顾客则以为是事先设计好的。

1. 两人为一组，一对一进行模拟推销。
2. 向全班同学推销一本书或一种其他产品。

第三节　主持与谈判

当今社会活动丰富多彩，各式各样的主持应运而生。而谈判在我们生活中也无处不在，有矛盾的地方就有谈判。

一、主持

主持是对社会生活中人们举办的各种活动所做的程式化的组织和处理。根据主持的内容划分，有主要社会活动主持和文艺活动主持。社会活动主持，如主持会议、座谈、演讲、辩论、竞赛、评比、典礼等；文艺活动主持，如主持文艺演出、舞会、联欢会、婚宴等。

（一）主持人语言的特点和要求

在社会生活中，要展开各项活动就必须有人负责组织安排，充当主导人物，把这项活动有条理地进行下去，这样的过程是由主持人组织完成的。主持人是负责节目的编排、组织、解说以及对节目实施过程加以有效推进的人。活动的对象不同、内容不同、要求不同，相应地便需要不同的主持。按主持者在活动中所担负的职责分，有报幕式主持和角色式主持；按主持者人数的多少分，有一人主持、双人主持和多人主持等。一般说来，主持人的语言要求如下：

1. 口语化、生活化

主持人主持节目，无论如何组织材料，最终都需把主持的内容转化为容易理解、接受的语言，传达给观众或听众。应当像拉家常一样亲切、像讲故事一样生动、像做游戏一样活泼。即使有稿子，也不宜念稿，要用口语化、生活化的语言说出来。这里的"说"，不同于生活中不加选择的大白话，而是比日常生活中的语言更有条理、更打动人、更符合逻辑，更精炼、更贴切、更流畅、更形象。

2. 不拘俗套

有些活动，如举行典礼、召开会议等，都有一定的程序，主持也随之具有相应的程式。但主持又不应拘泥于一种刻板不变的程式。在主持活动之前，要注意研究和了解此活动参加者的情况、熟悉活动的内容，根据具体情况组织语言，灵活变通。比如，主持青年人的活动，用语要活泼明快、充满朝气；主持老年人的活动，用语就要稳重、谦和。

3. 少而精

一般而言，主持常见的社会活动和文艺活动，都要求主持人的语言表达少而精。话说得过多，造成主次颠倒，喧宾夺主，会使听众感到厌烦。成功的主持开腔即破题，一矢中的；中间交流感情，承上启下；结尾则干净利落，戛然而止。

例如：有一位主持人主持庆功表彰会，最后这样结束："听完发言，我想到一件事：有人问巴西球王贝利哪个球踢得最好？回答是：下一个！有人问我国谢晋导演哪部戏拍的最好？回答是：下一部！有人问一位演员哪个角色演得最好？回答是：下一个！看来我们在庆功、表彰中也应牢记：下一个！下一次！散会。"

（二）主持人展示口才的技巧

如果把一场主持比赛比作一场戏，那么戏的开头、过场和结尾都需要一定的技巧。

1. 开好头

开场白是一台晚会的"脸面"。好的开场白可起到奠定基调、营造氛围、表明主旨、沟通感情的作用。它往往先声夺人，使观众耳目一新，心情为之一振，观赏情趣徒增，从而收到未曾开戏先有情的艺术效果。

例如：在一次解放军某驻地三军官兵联欢会上，主持人有这样一段开场白："带着南国海疆官兵真诚的愿望，带着黄河两岸官兵殷切的期盼，带着塞外大漠官兵深沉的呼唤；为了一个共同的目标，为了一个伟大的理想，从大地，从天空，从海洋，从将军的摇篮里，我们走到了一起。今天我们要用自己的歌，来歌唱这一难忘的时刻……"寥寥数语，高度凝练，抒发了来自不同战斗岗位的三军指战员的真情实感，内涵十分丰富。

2. 连接巧妙

在举办活动时，主持人一般都要居间牵线搭桥，将活动的各个环节连接为一个整体。连接的语言就是串联词。串联词是主持内容的有机组成部分，起到了承上启下、过渡照应的作用。如果把节目比作一颗颗珍珠，那主持人的串联词便是穿起珍珠的一根红线。

最常见的是文艺晚会中节目转换的串联词。例如：喧闹的锣鼓敲出佳节的喜庆，曼妙的舞蹈送来春日的欢欣，你我相聚在这里，共同唱出今天的好心情。下面有请 XXX 为我们带来歌曲《好日子》，请欣赏！

又如：笛子是中国最具特色的吹奏乐器之一，它时而悠扬轻柔，时而激越高亢的曲调，使人们在它的乐曲声中感受到牧民在草原上策马奔驰的景象和牧民对新生活的热爱。下面有请 XXX 为大家表演笛子独奏《牧民新歌》。

3. 收束完美

成功的结束语，或是以煽情的言辞将整个活动推入高潮；或是营造出一种余音绕梁的氛围，予人回味无穷的心理感受。

例如：某次晚会上，主持人是以这样深情赞美的句子致结束语的："有位著名的作家这样说过：在所有的称呼中，有两个最闪光、最动听的称呼——一个是母亲，一个是教师。我们的老师就是这样以敬业奉献为荣，以教书育人为本，笑迎冬寒夏暑，喜育春华秋实。它们培养的学生有的当上了工程师，有的成为了科学家，有的走上了各级领导岗位，而他们自己仍然是一名默默无闻的普通教师。他们一根教鞭，两袖清风，三尺讲台，四季耕耘，执着从教几十年痴情不改，忠诚于教育这一神圣事业，无愧于这一闪光而动听的美名……"这段结束语从人们最为尊重的教师职业的特点讲起，字里行间，充满着由衷的赞美，每每听到这样的语句，一种对人民教师的敬仰之情会油然而生。

又如：某个仪式上，主持人是以这样满怀憧憬的方式致结束语的："催征的战鼓已经响起，眼前是一片崭新的天地；时代在召唤，未来在昭示；面对挑战，跨越世纪；时不我待，只争朝夕；让我们投身建功立业的大舞台，让壮丽的凯歌奏响在齐鲁大地！"这样的结尾，似催征，如号角，很能鼓舞士气，激发力量，使每一位出征者如鼓满风的帆等待起航，从而使晚会在高潮中落下帷幕。

就某个节日（如元旦、春节、五四、中秋、国庆）的联欢会，拟写一份主持人用的开幕词、节目串联词和结束语。

二、谈判

有关各方为调整原有关系或建立新的关系，并进而使各方达到某种利益目标所采取的话语协调行为的过程，称为谈判。谈判有两种基本类型，即合作性谈判和竞争性谈判。通常谈判是在两方之间进行的，某些情况下也会有单方谈判。此处讲到的谈判，一般指的是两方的谈判。

谈判是日常通用的口才形态之一。生活中，我们买一件物品时，与商家讨价还价的过程实际上就是谈判。当今世界就如一张硕大的谈判桌，人人都身不由己地成了谈判者。不管个人与个人之间、组织与组织之间、国家与国家之间建立什么样的联系，或发生什么性质的矛盾，都要通过谈判方式来解决问题。总之，谈判就是为达到某一目的而跟另一方进行协商的一个过程。

（一）谈判口才的特征

谈判是"谈"出来的，谈判与口才不可分割，一切谈判都要经过参加者的口才运用方能达成协议。所以说，谈判的过程就是口才的发挥和运用的过程。谈判口才有以下几个特征：

1. 目的的功利性

引起谈判的动力是需要，谈判各方都是为满足自己的需要而走到谈判桌前的。无论是个人间的还是组织间的或国家间的任何层次的谈判，世界上每时每刻都有成千上万的谈判者为着不同的利益需要在进行着话语交锋。

2. 话语的随机性

战场风云、瞬息万变,谈判有如作战,情势也是风云变幻,这就要求谈判者必须根据不同的谈判对象、不同的谈判内容、不同的谈判阶段和不同的谈判时机,随时调整自己话语的表达方式,随机应变,机智灵活地运用自己的口才。

3. 策略的智巧性

谈判与辩论一样,既是口才的角逐,也是智力的较量,或旁敲侧击,或单刀直入,或软磨硬缠,或欲擒故纵……出色的谈判者总是善于鼓动如簧巧舌,调动手中筹码,取得理想的成果。

4. 战术的时效性

谈判注重效率,在战术上具有时效性的特征。谈判之初,参谈双方都有自己预定的方案,其中包括各谈判阶段所安排的内容、进度、目标,以及谈判的截止日期等。这种时效性的特征也可作为迫使对方让步的重要武器。

（二）谈判的一般过程

谈判过程包括以下三个环节:

1. 开局

即从各方谈判代表见面,到正式磋商谈判条件之前的过程。主要有三项任务:一是营造气氛,通过互相介绍、致意、寒暄等,营造和谐、融洽、合作的谈判气氛,为谈判创造良好的开端;二是协商通则,根据谈判议题对谈判标的、计划、进度等内容进行协商,在这些问题上达成共识;三是开场陈述,扼要表达各自对谈判议题的原则态度、意愿,分析各方的共同利益,为正式磋商打开大门。

2. 磋商

即按照已达成一致的谈判通则,开始就实现谈判目标的各项条件进行具体协商。包括三个阶段:一是明示,即谈判各方明确地表示己方的立场,提出己方的要求,暴露出分歧点,以便逐项磋商解决;二是交锋,即谈判各方为了实现自己的谈判目标而进行说服和拒绝。这是谈判的主要环节;三是妥协,即为了打破僵局,从各方共同利益的大局着眼,遵照有所失、有所得的原则,求同存异,互谅互让。

3. 成交

即整理双方已达成一致的协议,形成文件并签字生效。

（三）谈判的原则

谈判原则是谈判中需要遵循的指导思想和基本准则,是谈判内在的、必然的行为规范,也是谈判的制胜规律。认识和把握谈判的原则,有助于正确运用谈判策略、维护谈判各方的权益和提高谈判的成功率。

1. 合法原则

谈判要遵守各方所在国的法律、法规和政策,国际间的谈判还应当遵守有关国际法。从内容上看,合法原则包括:①主体合法,即谈判当事人是合法的民事主体,其代表有合法的授权;②标的合法,不允许从事损害社会和他人利益且被法律和政策禁止的交易,如买卖毒品、走私货物等；③谈判手段合法，谈判要遵循平等互利、协商一致的原则，而不能采用欺诈、胁迫等违法手段；④协议形式合法，除即时清结的交易外，应当采用书面形式。

2. 合作原则

很多情况下，谈判是一种合作，尤其是在合作性谈判中。首要明确的是各方不应是对手、敌人，而应是合作的对象。只有在这一指导思想下，谈判双方才能本着合作的态度，消除达成协议的各种障碍，并能认真履约。人们谈判是为了满足需要，建立和改善关系，是一个协调行为的过程，这就要求参与谈判的各方进行合作和配合。如果没有各方的建议、谅解与让步，就不会达成最终的协议，各方的需要都不能得到满足，合作关系也无法建立。

3. 互惠互利原则

现代谈判学认为，谈判是双方为了最终取得互惠协议而作的努力。谈判的目的是求利，谈判各方的利益也存在冲突，但谈判中任何一方利益的承诺都以他方必要利益的确认为前提。因此，互惠互利实质上是各方实现自己利益的必要条件。

4. 适当让步原则

任何一次谈判都没有绝对的胜利者和绝对的失败者。在谈判中为了达成协议，让步是必要的。成功的让步策略可以起到以牺牲局部利益来换取整体利益的作用。

5. 坚持使用客观标准规则

所谓客观标准是指独立于各方意志之外的合乎情理和切实可行的标准。它既可能是一些惯例通则，也可能是职业标准、道德标准、科学标准等。

在谈判中坚持使用客观标准有助于双方和睦相处，冷静而又客观地分析问题，有助于双方达成一个明智而又公正的协议。如果协议的达成是依据了客观标准，各方都会感到自己的利益没有受到损害，因而会积极有效地地履行合同。

（四）谈判的策略

在有关谈判的论著中，"策略"一词有两种含义：一是指谈判的原则性的、整体性的、方针性的方法和措施；二是指针对具体时机、场合和状况所采用的手段和对策。前者可称为谈判战略，后者则可成为谈判战术和技巧。实际上，战略是谈判中采用的各种战术的组合，而战术是为了实施战略使用的各种方法。以下介绍一些谈判的技巧和方法。

（1）投石问路。从某个较有把握的问题开始商谈，并在商谈的过程中进行试探，来了解对方的虚实。

（2）旁敲侧击。向对方提出某些疑问，或抓住对方某个明显的漏洞，观看对方的反应，以了解隐藏的问题，为下一步的行动作准备。此法也叫"打草惊蛇"。

（3）转移场地。谈判的主场有地主之利（如便于搜集情报、分析信息，利于向谈判中注入有利于己方的因素等），客场有较大回旋余地（如便于使用缓兵之计）。

（4）远交近攻。在谈判桌外为对手制造竞争环境，或提醒（暗示）对方有强劲的竞争者，以造成对己方有利的谈判形势。

（5）制造僵局。坚守阵地，决不退让，形成僵局，迫使对方让步。

（6）先发制人。抢先采取行动，占据主动地位，来影响和引导对方。

（7）软硬兼施。碰上强硬的对手，也用强硬的态度来迫使对方让步，同时用退让来表明诚意；或己方有人唱黑脸，有人唱红脸，让对方虚实难分。因为人们通常无法对帮自己的"好人"产生反感，容易撤掉心理上的警戒线，所以这是一种很奏效的策略。

（8）吹毛求疵。千方百计地挑对方的毛病，动摇对方的信心，迫使对方让步。

（9）避重就轻。谈判的目的是要使各方都得到利益上的满足，当谈判出现僵局时，在重大利益上坚持立场，而在次要利益上作出适当让步，是明智的举措。这也叫"丢卒保车"。

（10）最后通牒。用威胁的口气，只给对方留下唯一的出路和选择，不给对方回旋的余地，迫使对方就范。

谈判的技巧和方法还有很多，需要根据谈判的情势巧妙运用，灵活掌握。应当说明的是，上述技巧和方法有些是在迫不得已的情况下，作为出奇制胜的手段才使用的，并非适合任何谈判活动。

（五）谈判的语言技巧

谈判的过程是谈判者的语言交流过程。语言在谈判中有如桥梁，会将你带到成功的彼岸。因而在谈判中如何恰如其分地运用语言技巧，以谋求谈判的成功，是谈判必须考虑的主要问题。

1. 和"言"悦色

谈判的目的是使各方都达到其期望目标，各方的需要和对需要的满足是谈判的共同基础，对于共同利益的追求是取得一致的内在动力。因此，一场成功的谈判，每一方都是胜者，即如我们所说的双赢。一般来说，谈判可分为合作性谈判和竞争性谈判两个类型，不管是哪种类型的谈判，双方都需要真诚友善，和"言"悦色，创造融洽和谐的气氛，建立相互信任的人际关系，从而取得谈判的成功。常用的方法有：

（1）尊重对方，以"和"为贵

某人去异地出差，想在报摊上买份报纸，但发现未带零钱，只好拿出一张十元整钞对报贩说："找钱吧！"谁知报贩很不高兴地回答道："先生，我可不是在上下班时来替人找零钱的。"这时，站在马路对面的那人的朋友想换种说话方式去碰碰运气于是走过去对报贩说："先生，对不起，不知你是否愿帮助我解决这个困难？我是外地来的，想买份这儿的报纸，但只有一张十元的钞票，该怎么办？"结果，报贩毫不犹豫地把一份报纸递给了他，并友好地说："拿去吧，等有了零钱再给我。"同样是买报，后者的成功在于运用礼貌用语体现了尊重对方的态度。这个故事虽然与我们在这里所讨论的谈判无关，但却仍能给我们很大的启示。

在谈判中，即使对方用了过激和无力的言词，我方也应保持头脑冷静，尽量以温和语气来表达自己的意见，避免使用一些极端用语，诸如："行不行？不行就算了！""就这样定了，否则拉倒！"这些话态度强硬，不给对方留有余地，很容易激怒对方，最终会把谈判引向破裂。

（2）设身处地，勿妄评判

在谈判过程中，即使你的意见是正确的，也不要轻易对对方的行为和动机妄加评判，因为这样容易造成对立而难以合作。比如发现对方某项统计数据的计算方式不合理时，就贸然评论说："你对增长率的统计全都错了。"对方听了，显然会心有不快。若作设身处地的考虑，将这句话改变人称并换一种表达方式，变为："我的统计结果和你的有所不同，我是这样计算的……"其效果与前者相比，一定截然相反。这里的诀窍是将"你"换成"我"，将评判的口吻改成自我感受的口吻。

另一方面，在一些场合也存在尽量避免使用以"我"为中心的提示语的情况，如"我认为""依我看""我的看法是"等等。处理的技巧是将上述每一句开头的"我"改为礼貌用语"您"。因为按照日常交际的原则，"谈话以对方为中心"可以满足人们希望被重视的心理需要。

（3）多用肯定，婉言否决

谈判中，当你不同意对方观点时，也应尽量以和颜悦色的态度用肯定的句式来表达否定的意思。比如当对方情绪激动、措词无礼时，就不要指责："你这样发火是没有道理的！"而应该换成肯定的句式："我完全理解你的感受。"这同时也是向对方婉转地暗示："但我不赞成你这么做。"

当谈判陷入僵局时，也不要随便使用否定对方的字眼，而应不失风度地说："在目前情况下，我们也只能做到这一步了。"以此暗示我方不能再做让步。有时为了不冒犯对方，可适当运用"转折"技巧，即先予以肯定和宽慰，再用转折句委婉地表示否定，阐明自己的难处。如："我理解你的处境，但是……""我完全懂得你的意思，也完全赞同你的看法，不过……"这种貌似肯定对方、实则并不接受对方观点，既体现了"恕"这一古训，表示了对对方的理解和同情，也为己方留下了回旋的余地，为此后的"破冰"晤谈打下了基础。

2. 智语巧言

出色的谈判者总是工于心计，巧于言辞，运用自己的口才和智慧与谈判对手展开智慧谋略的较量。

（1）虚拟假设

所谓虚拟假设，首先是分析利害，迫使对方选择让步。例如：1977年8月几个克罗地亚恐怖分子劫持了美国环球公司从纽约飞至芝加哥的一架班机，在与组织人员僵持不下之时，飞机兜了一个大圈，最后迫降于法国戴高乐机场。在这里，法国警察打爆了飞机的轮胎。飞机停了三天，法国警方与劫机者进行了三天的谈判。双方陷入僵局后，警方向劫持者发出了最后通牒："你们能够做你们想做的事情，但很不幸，美国警察已到了，如果你们现在放下武器跟美国警察回去，你们将判处最多二到四年监禁；但是，如果我们不得不逮捕你们，按照法国的法律，你们将被判处死刑。你们愿走哪条路呢？"恐怖分子权衡利弊，最后选择了投降。

虚拟假设的另一作用是诱使对方进入圈套。美国谈判大师赫伯特科恩某次飞往墨西哥城主持一次谈判研讨会。抵达目的地时，旅馆告之已客满。此时科恩找到旅馆经理问："如果墨西哥总统来了，怎么办？你们是否给他一个房间？"经理回答说："是的，先生。"科恩于是说："好吧，他没有来，我可以住他那间。"结果，他如愿以偿地住进总统套房。

（2）转换话题

即所谓"顾左右而言他"。一般说来，遇到下述情况就需要转换话题：一是想避开对己方不利的话题，二是想避开争论的焦点，三是想拖延对某个问题作出决定，四是想转换阐述问题的角度以说服对方。

3. 缄默不言

谈判中，恰当使用沉默法，可使对方不知我方的底细，诱使对方作出有利我方的选择。

例如：美国科学家爱迪生发明了发报机之后，因为不熟悉行情，不知道能卖多少钱，便与妻子商量，他妻子说："卖两万。""两万？太多了吧？""我看肯定值两万，要不，你卖时先探探口气，让他先说。"在与一位美国经纪商进行关于发报机技术买卖的谈判中，这位商人问道货价，爱迪生总认为两万太高，不好意思说出口，于是沉默不言。商人耐不住了，说："那我说个价格吧，十万元，怎么样？"这真是出乎意料之外，于是他当场拍板成交。

这是爱迪生不自觉地应用沉默法所取得的奇妙谈判效果。再试看下面一例是怎样把沉默法运用到淋漓尽致的。

一位印刷商得知一家公司要购买他的一台旧印刷机，他感到非常高兴。经过仔细核算，他决定以 250 万元出售，并想好了理由。印刷商坐下来与对方谈判，内心一再叮嘱自己要保持冷静。果然，对方沉不住气，开始滔滔不绝地对这台机器吹毛求疵。然而对这种拙劣的压价术，印刷商仅报以淡淡一笑，仍然一言不发。这时对方终于按捺不住，从心理上败下阵来，说："这样吧，我付 350 万。但一个子也不能多给了。"

这个报价比原来想的要高得多，印刷商欣喜万分，立刻拍板成交。

当然，沉默法的使用应当恰当，在谈判中，如果不分场合故作高深滥用沉默法，只能给人以矫揉造作或不可捉摸的感觉，让人不敢相信。况且，本该畅所欲言却缄默不言，也是不可取的。

模拟实训

1. 美国甲公司的商务代表迈克到法国乙公司去进行一场贸易谈判，受到对方的热烈欢迎。法国乙公司开车到机场迎接，然后又安排他入住在一家豪华宾馆。迈克于是有一种宾至如归的感受，觉得法国人的服务态度和服务水平都无可挑剔。等一切安顿好之后，法国人似乎无意间地问："您是不是要准时乘飞机回国啊？到时候我们仍然安排这辆车来送您去飞机场。"迈克点了点头，并告诉对方自己回程的日期，以便对方尽早安排。就这样，乙公司掌握了迈克谈判的最后期限——只有十天时间。

接下来，乙方安排迈克游览法国的风景区，丝毫不提谈判的事。直到第七天，才安排谈判，但也只是泛泛地谈了些无关紧要的问题。到了第六、第九天，也只是草草收场。第十天，双方正谈到关键问题上，来接迈克的车来了，乙公司主管建议剩下的问题长谈。迈克进退两难，如果不尽快作出决定，那就要白跑一趟；如果不讨价还价，似乎又不甘心。权衡利弊，为了不至一无所获，只好答应法方一切条件。

问题：

（1）法国乙公司获悉迈克的回程日期时，运用了什么谈判技巧？

（2）法国乙公司是如何迫使迈克接受一切条件的？

（3）迈克之所以处于尴尬的境地，是因为他没有把握好什么原则？如果你是迈克，遇到这种情况，你会怎么办？

2．2009年上海甲公司引进外墙防水涂料生产技术，日本乙公司与我国香港丙公司报价分别为22万美元和18万美元。经调查了解，两家公司技术与服务条件大致相当，甲公司有意与丙公司成交。在最终谈判中，甲公司安排总经理、总工程师与乙公司谈判，安排技术科长与丙公司谈判。丙公司得知此消息后，主动大幅度降价至10万美元与甲公司签约。

问题：

（1）如何评论甲公司安排谈判人员的做法？

（2）如何评论丙公司大幅度降价的做法？

 单元探究性学习

招聘者心理

面试是招聘工作最重要的环节，会话则是面试的主要形式。求职面试会话是应聘者应当认真研究的会话，考官是面试会话最主要的交际对象。在求职应聘中，我们不但要研究面试会话的常见问题，还要分析考官的心理，做到"知己知彼"，才能"百战不殆"。把握考官的一般心理特征，能使应聘者变被动为主动，从根本上提高对面试会话的把握能力，最终使自己找到称心的职业和满意的工作。请你以应聘者身份，深入实际，调查研究，分析探究面试过程中考官的心理倾向，写一篇探究分析报告。

第一单元　诗意人生

第二单元　漫笔随心

第三单元　世情百态

第四单元　舞台魅影

第二篇　阅读欣赏

第一单元　诗意人生

诗歌的特点与欣赏

　　诗歌是一种以精练、形象、具有节奏韵律的语言，饱含着诗人强烈的感情和丰富的想象，高度集中地反映生活、抒发诗人思想感情的文学样式。它具有高度的概括性、强烈的抒情性、突出的形象性、鲜明的音乐性等特性。

　　诗歌的形式多样，按照诗歌的表现内容，可分成抒情诗和叙事诗两大类。抒情诗就是狭义的诗。叙事诗是具有一定故事情节和人物形象的诗体，广义上应包括史诗、诗剧等，狭义上是指用诗所吟诵的故事。按照诗歌的格式，可分格律诗和自由诗两大类。格律诗也即近体诗，包括绝句与律诗，根据诗句长短可分为五、七言的绝句和律诗。绝句，亦称"截句"，截律诗一半，共四句。律诗，分首、颔、颈、尾四联，共八句，也有超过八句的排律（亦称长律）。近体诗有严格的格律要求，主要是讲求语音的平仄、诗句的对仗和韵脚的安排等。自由诗语言不讲究格律、音韵，但注意节奏，诗的段数、分行数、字数也无固定限制，我国"五四"以来流行这种诗体。

　　与其他文学样式相比，诗歌有着非常突出的特点：

　　第一，高度集中地反映社会生活。集中概括地反映社会生活，是各种体裁文学作品的共同特点，但诗歌的概括性更为突出，因此被认为是一种最凝练的文学形式。古往今来，许多优秀的诗歌总是"以片言明百义"。格律诗中的绝句，五绝四句才20个字，七绝四句才28个字，却"句绝而意不绝"。例如毛泽东写的《七律·长征》，八句，一共才56字，就概括出长征途中红军战士的英雄气概，反映出万里长征具有代表性的典型画面。除诗以外，任何艺术形式都较难如此精练地把伟大的长征表现出来。

　　第二，感情强烈，想象丰富，具有意境美。诗歌主要是通过作者感情的抒发来反映生活、表达思想、感染读者的。这种情感在诗中，比别的文学体裁表现得更为强烈、更为鲜明、更为直接。作者还常常以最直接的抒情或歌咏事物的方式，描述自己在各种情景中的思想感情。诗歌的激情总是和丰富的想象联系在一起，有强烈的感情，就具有特别丰富的想象，而丰富的想象力，又可以推动感情的飞驰。如白居易在《长恨歌》中驰骋其想象，形象地描绘出贵妃在天上仙境思念玄宗的感人情景，"玉容寂寞泪阑干，梨花一枝春带雨""临别殷勤重寄词，词中有誓两心知"，因思念而以泪洗面，因情深而写下誓言，一个对爱情忠贞不渝的女子形象如在眼前，栩栩如生、意境美妙，充满浪漫神奇的色彩。

　　第三，具有高度凝练、含蓄而有音乐美的语言，富于韵律美。诗的语言的凝练，体现在作者对生活的高度概括和深邃的思想上，作者往往选择那些最富有概括力而又形象的语言,来表达广阔的内容和深刻的诗意。言简意深、耐人寻味是诗歌追求的一种艺术境界,正因为如此,诗人们都十分讲究用字,以求"着一字而境界全出"的效果。为了达到这个目的,杜甫"新诗改罢自长吟",皮日休"百炼成字,千炼成句",苏联诗人马雅可夫斯基为了一个诗句的安排,甚至打了60次草稿。在所有文学体裁中,诗歌的语言最为耐人寻味。好的诗歌往往讲究含而不露,用凝练性、形象性极强的语言抒发复杂情感,描绘生活画图,阐述人生哲理。

诗歌的语言还富于音乐美,因为诗歌用的是有韵律、有节奏的语言。正如郭沫若所说:"节奏之于诗,是她的外形,也是她的生命。我们可以说没有诗是没有节奏的,没有节奏的便不是诗。"诗的节奏是随感情起伏而变化的。一般地说,当感情紧张亢奋时,节奏趋向急促;感情松弛平静时,节奏趋向于平缓。韵律是语言声调、音色等各种变化、停顿和配合的有规律的体现,也显示感情的层次变化。它由平仄、双声、叠韵、连绵、象声、韵脚和句式等方面配合构成,形成诗歌语言的音乐美。韵律的构成因素之一是押韵。押韵是隔句押以韵母相同或相近的词类作为煞尾。所谓"无韵不是诗",系指押韵必须与诗歌其他特点相结合,不然就不能称其为诗。例如《百家姓》虽然押韵,却不是诗。

为了帮助初学者能够更好地欣赏诗歌作品,我们在说明诗歌特点的基础上,再来具体介绍一些欣赏诗歌的基本要领:

1. 了解诗歌的写作背景

诗歌是抒情言志的艺术。诗中所抒发的情感并非凭空想象,而都是诗人在现实生活中有感而发的。引发感情的因素多样而复杂,加上诗歌的语言讲究凝练含蓄,因此,如果不熟悉诗歌创作的相关背景,就会给欣赏带来很大困难。例如辛弃疾的《水龙吟·登建康赏心亭》一词,只有了解了词人当时力主抗金却不被南宋朝廷重用而遭闲置的处境,才能够更好地理解词人借登临抒写的悲愤之情。因此,我们在欣赏诗歌时,要养成查看注释、说明的良好习惯,对于自己喜爱的诗人,最好要查看一些有关该诗人的介绍资料,作更多的了解。古诗相对现代诗歌来说,因为文字上的障碍,欣赏时往往困难会更多。还以辛弃疾的《水龙吟·登建康赏心亭》为例,该词一连用了"鲈鱼堪脍""求田问舍""树犹如此"三个典故,如果对其不了解的话,也就难以理解词人所要表达的丰富的思想感情。这些问题都是需要在欣赏诗歌时通过查看注释或辞书等加以解决的。

2. 进入诗歌的意境,领会作者的感情

诗歌的意境是诗歌创作所达到的情景交融的思想和艺术境界,是对富于特征的事物的描绘与诗人内在的情意有机地结合而创造出来的情景交融、含义深远的生活画面。"意"就是蕴蓄在这些景物和画面中的诗人强烈的思想感情,"境"就是诗中描绘的具体景物和生活画面。意境的构成是多样的,可以是借古咏怀,如杜甫的《咏怀古迹》;可以是托物言志,如郭沫若的《炉中煤》;也可以是直抒胸臆,如汉乐府民歌《上邪》;还可以是触景生情,如李清照的《永遇乐》。体会诗歌的意境时,要联系诗人诗作的历史背景,同时加入自己的情感体验。诗歌的深远意境是主客观高度统一,感情与景物密切融合的结晶。这种融于深远意境当中的感情,是诗歌能够使人品味无穷、获得有益启示和艺术享受的一个重要因素。

3. 品味诗歌语言，感受音韵美，领略节奏感

诗歌语言精练含蓄，富有节奏感、音韵美。诗歌高度集中、概括的内容，决定了它的语言必须精练。用精练的语言，表现鲜明的形象和深远的意境，又使诗歌的语言具有跳跃的特点。诗句之间这种跳跃式的看似并无直接联系的语言，恰恰适合表现诗人放纵奔腾的炽热感情和驰骋无羁的大胆想象。诗歌一般分行排列，具有一定规律的停顿和间歇，不仅供人阅读，而且可供人朗诵和歌唱，这就使诗歌的语言富有节奏感和音乐美。同时，节奏感和音乐美也使诗歌语言更具有感情色彩。

采 薇

《诗经》

《诗经》是我国最早的一部诗歌总集，收集了西周初年至春秋中叶（前11世纪至前6世纪）约500年间的诗歌305首，最初称为《诗》或《诗三百》，至西汉初被尊为经典，于是有了《诗经》这一名称。《诗经》分为"风""雅""颂"三部分。"风"，也叫"国风"，是周南、召南、邶、鄘、卫、王、郑、齐、魏、唐、秦、陈、桧、曹、豳15个地区的乐歌，共160首，其中多数是民歌；"雅"，分大雅、小雅，多数是贵族创作，共105首；"颂"，分周颂、鲁颂、商颂，是贵族宗庙祭祀的乐歌，共40首。

《诗经》是我国现实主义诗歌的光辉起点，具有重要的里程碑意义。它全面反映了周代的社会风貌，从田野、战场到宫廷，从奴隶到贵族，既有欢歌，也有悲吟；尤其是对奴隶社会生活和男女爱情的描写，具有很高的历史和审美价值。在表现形式上，《诗经》以四言诗为主，多用重章叠字和赋、比、兴的表现手法，讲求节奏和声韵，具有很强的时代特色和艺术感染力。

采薇采薇，薇亦作止[1]。曰归曰归，岁亦莫止[2]。
靡室靡家，猃狁之故[3]。不遑启居，猃狁之故[4]。
采薇采薇，薇亦柔止[5]。曰归曰归，心亦忧止。
忧心烈烈，载饥载渴[6]。我戍未定，靡使归聘[7]。
采薇采薇，薇亦刚止[8]。曰归曰归，岁亦阳止[9]。
王事靡盬，不遑启处[10]。忧心孔疚，我行不来[11]。

彼尔维何？维常之华[12]。彼路斯何？君子之车[13]。
戎车既驾，四牡业业[14]。岂敢定居？一月三捷[15]。

驾彼四牡，四牡骙骙[16]。君子所依，小人所腓[17]。
四牡翼翼，象弭鱼服[18]。岂不日戒，猃狁孔棘[19]。

昔我往矣，杨柳依依[20]。今我来思，雨雪霏霏[21]。
行道迟迟，载渴载饥[22]。我心伤悲，莫知我哀[23]。

注释

[1] "采薇"二句：采薇啊，采薇啊，那薇刚刚长出嫩芽来。薇：野生豌豆，嫩苗可食。亦、止：均为语助词，无实义。作：生长。

[2] "曰归"二句：说回家呀说回家，一年又过去了（却还是不能回家）。曰：说。莫：同"暮"。岁亦莫止：即岁暮、年终。

[3] "靡室"二句：出征在外，没有家没有房，都是因为猃狁入侵的缘故。靡：无，没有。猃狁（xiǎn yǔn）：我国北方部族名，商时称鬼方，西周称猃狁，春秋时称北狄，战国以后称胡或匈奴。一作"猃允"。

[4] 不遑：没有闲暇。遑：闲暇。启居：安居休息。启：跪坐。居：安居。

[5] 柔：嫩，指薇苗长得正嫩。

[6] 烈烈：火势猛烈的样子，这里比喻忧闷的心情像火烧一样。载饥载渴：又饥又渴。

[7] 戍：防守，这里指驻防的地方。归聘：带回问候家人的音信。聘：访，探问、问候。

[8] 刚：坚硬，这里指薇的茎叶长大变老、变粗变硬了。

[9] 岁亦阳止：岁月到了十月了。阳：指夏历十月。

[10] 王事：官府派遣的事，这里指当兵打仗。盬（gǔ）：停止。启处：与"启居"同义。

[11] "忧心"二句：我的心里多么痛苦啊，长期在外征战，恐怕永远回不去了。孔：很，非常。疚：痛苦。来：归来，返回。

[12] "彼尔"二句：那盛开的花是什么花啊？那是棠棣之花。尔：同："薾"（ěr），花盛开的样子。维何：是什么。常：常棣，即棠棣，一种木本植物，花开时向下垂。华：同"花"。

[13] "彼路"二句：什么车子那么高大？那是将军的战车。路：同"辂"（lù），一种高大的车子。斯何：与"维何"同义。君子：这里指将帅。

[14] 戎车：兵车，战车。既：已经。驾：把车套在马身上。牡：雄马。业业：高大健壮的样子。

[15] "岂敢"二句：哪里敢安心驻扎？一个月里不知要和敌人打多少次仗。捷：同"接"，指与敌人接战。三捷：泛指次数多，并不是确指。

[16] 骙骙（kuí）：马匹强壮的样子。

[17] 依：依靠，这里是乘坐的意思。小人：这里指士兵。腓（féi）：隐蔽，掩护。

[18] 翼翼：行列整齐的样子。象弭（mǐ）：用象牙装饰两端的弓。弭：弓两端系弓弦的地方。鱼服（fú）：鱼皮做成的箭袋。服：同"箙"，箭袋。

[19] 日戒：天天警惕戒备。孔棘：很紧急。棘，通"急"。

[20] 昔：过去，指离家远征的时候。依依：杨柳随风摇曳的样子。

[21] "今我"二句：如今我返回家乡，大雪下得纷纷扬扬。思：语助词，无实义。雨（yù）雪：下雪，雨是动词。霏霏：大雪纷飞的样子。

[22] 行道：行路。迟迟：行动迟缓。载：又。

[23] "我心"二句：我心里好难过啊，没有人理解我的悲伤！

导读

本诗选自《诗经·小雅》，是一首表现服役士兵生活情感的诗。全诗通过一个士兵在归途中的回顾和自述，描述了军队生活的艰难困苦，反映了战士保家卫国与思亲想家的矛盾心理。

全诗共六节：首节叙述士兵远离家乡戍边的原因；二、三节写士兵长期奔波征战，思念亲人却无法联系，因而忧心如焚的痛苦情怀；四、五节写士兵追随将帅长期作战的艰苦紧张生活；末节对照出征描写了归途中的情景，抒发了那个年代归乡士兵无人关心的巨大悲哀。

诗歌以"采薇"托物起兴，以"薇"的发芽到变老过程暗示季节的变化推移，将战士因戍期漫长而久戍不归的思乡情感含蓄地表现出来。诗中大量运用重章叠字手法，反复渲染主人公情绪，增强了诗的节奏和韵律美。末节"昔我往矣，杨柳依依。今我来思，雨雪霏霏"四句情景交融，恰到好处地把士兵久戍将归时悲喜交加的"今""昔"感受和盘托出，婉转生动，从而成为千古传诵的佳句。

《诗经》的来历

《诗经》共三百零五篇，简称"三百篇"，是我国第一部诗集，周代前段五百多年间的诗歌选录。它的来历据西汉人说，是古代帝王为了考察风俗的好坏，政治的得失，设有采诗的官，把采来的诗篇献给乐官大师，大师再献给天子。这种说法显然是有意为封建统治者吹嘘，因为先秦古书并没有记载过采诗的官和采诗的事，所以周代是否有这种制度，还不能论定。但汉人所说那时的诗篇最初都集中在乐官手里，却是事实，有两个证据可以说明这一点：第一，诗三百篇都是乐歌，所以墨子说"诵诗三百，弦诗三百，歌诗三百，舞诗三百"（《孟子·公孟篇》）。乐歌原来是供统治阶级娱乐的东西，乐官正是掌管诗歌、音乐、舞蹈，给统治者们服务的人。那么乐歌和乐官在当时是分不开的，编辑乐歌的人就应该是乐官了（乐官编辑之后，才转为统治阶级的教育课本）。第二，据《左传·襄公二十九年》记载：吴公子札来聘，请观于周乐，使工为之歌《周南》《召南》《邶》《鄘》《卫》《王》《郑》《齐》《豳》《秦》《魏》《唐》《陈》《郐》《小雅》《大雅》《颂》。所谓周乐，差不多包括了今本《诗经》全部（只有《鲁颂》《商颂》不在内），这些诗是鲁国乐工所歌，而称作"周乐"，那么编辑者应该是周王朝的乐官了。

周王朝的乐官之所以能够得到这些诗歌，大约有三个来源：第一，王朝的贵族为了充实音乐，为了祭祀鬼神，为了夸耀功业或别种目的，作成诗歌，交给乐官。《周颂》里应该有些诗篇是出于这个来源。第二，王朝乐官为了给贵族服务，尽到他的责任，留心搜集流传在民间的或出于士大夫之手的诗歌（并不是专职的采访）。《小雅》《大雅》及《王风》里应该有些诗篇是出于这个来源。第三，诸侯各有乐官，掌管本国的乐歌。诸侯为了尊重王朝，交换音乐，派人把乐歌献给王朝。《王风》外的十四国风及《鲁颂》《商颂》里应该有些诗篇出于这个来源。《国语·鲁语》说："昔正考父校（校当读为效，献上之意）商之名颂十二篇于周太师……"便是例证。

通过上述的三个来源，周王朝乐官掌握了不少诗歌，并随时增加，随时编选，经过五百多年，乐官们才完成了这部书的编辑工作。所以我们说《诗经》是周王朝各个时期的乐官所编辑。

到了春秋末期，孔子把《诗经》加以修订，作为他教育学生的课本。他说："吾自卫反鲁，然后乐正，雅颂各得其所。"（《论语·子罕篇》）可见《诗经》是经过孔子重订的。

《诗经》这部书，原来当有三百二十篇左右，不幸遭到秦始皇的焚烧，被禁止学习，到西汉初年，还剩下了三百零五篇。

西汉时期传《诗经》的有四家：鲁人申培所传的通称"鲁诗"，齐人辕固所传的通称"齐诗"，燕人韩婴所传的通称"韩诗"，鲁人毛亨所传的通称"毛诗"。鲁、齐、韩合成一个宗派，他们的传本经文都用汉代通行的隶书写成，所以叫做"今文诗"。毛自成一个宗派，据说他的传本经文是用先秦古文写成的，所以叫做"古文诗"。四家经文小有不同，解说多有歧异，今文家和古文家歧异更甚。齐诗亡于曹魏，鲁诗亡于晋朝的东渡，韩诗亡于宋朝的南渡（只有《韩诗外传》尚存），现在《诗经》只有毛亨所传的一种本子了。（选自高亨《〈诗经〉今注》）

思考练习题

1. 诗的前三节主要表现了什么情感？它是通过什么方式表现出来的？这样表现有什么好处？

2. 当兵服役、保家卫国是一个人对国家义不容辞的责任和义务，它既让人感到神圣和自豪，同时又让人承受巨大的痛苦折磨，甚至要付出高昂的生命代价。试结合《采薇》这首诗，谈谈你对这一问题的认识和看法。

3. "昔我往矣，杨柳依依。今我来思，雨雪霏霏。"这四句为什么会成为千古名句？分析这四句诗的抒情特点。

4. 解释下列各句中加点的字，注意这些字的用法：
（1）曰归曰归，岁亦莫止。
（2）我心伤悲，莫知我哀。
（3）今我来思，雨雪霏霏。

（4）行道迟迟，载饥载渴。
（5）忧心孔疚，我行不来。
（6）我戍未定，靡使归聘。

山　鬼

屈原

> 屈原（约前340—前277），战国时期的政治家、诗人。名平，字原，战国后期楚国人。年轻时"为楚怀王左徒，博闻强志，明于治乱，娴于辞令。入则与王图议国事，以出号令；出则接遇宾客，应对诸侯"。但当时楚国政治已十分腐败，屈原的政治主张遭到各种势力的阻挠。他先是被贬为三闾大夫，不久又被流放汉北。顷襄王继位后，又被流放江南。与此同时，楚国在奸臣小人的操纵下形势越来越危急，先是错误地与齐国断交，被秦国打败，被迫割地求和；后楚怀王不听劝告到秦国会谈，被秦扣留并死在秦国。顷襄王二十一年（前278），秦大将白起攻破楚国郢都，次年又攻陷巫郡、黔中等地。流放在外的屈原一直心系祖国，看到国都沦陷，国家不可收拾，自己的理想也随之破灭。悲愤绝望之下，他于五月初五日这天投汨罗江而死。
>
> 屈原是中国文学史上的第一个伟大诗人，开创了我国文学由集体创作向个人创作过渡的新时代。他吸取楚地民歌营养，创造了"楚辞"（后世称为骚体诗）这一诗歌形式，并把它发展到了空前绝后的高度。楚辞的出现是继《诗经》300年之后我国诗歌史上一次伟大的革命，是《诗经》之后的又一诗歌发展丰碑。屈原也是我国历史上最早、最伟大的爱国作家，他所创作的《离骚》《九歌》《九章》《天问》等一系列诗歌作品，都表现出强烈的爱国情感和宁死不屈的斗争精神。他的诗大量运用神话传说，构思奇特，想象丰富，文采富丽，是我国浪漫主义文学创作的光辉起点。1953年，屈原被列为世界四大文化名人之一，受到全世界人们的推崇和纪念。

若有人兮山之阿，被薜荔兮带女萝[1]。
既含睇兮又宜笑，子慕予兮善窈窕[2]。
乘赤豹兮从文狸，辛夷车兮结桂旗[3]。
被石兰兮带杜衡，折芳馨兮遗所思[4]。

余处幽篁兮终不见天，路险难兮独后来[5]。
表独立兮山之上，云容容兮而在下[6]。
杳冥冥兮羌昼晦，东风飘兮神灵雨[7]。
留灵修兮憺忘归，岁既晏兮孰华予[8]？

采三秀兮於山间，石磊磊兮葛蔓蔓[9]。

怨公子兮怅忘归，君思我兮不得闲[10]？
山中人兮芳杜若，饮石泉兮荫松柏[11]。

君思我兮然疑作[12]。
雷填填兮雨冥冥，猿啾啾兮狖夜鸣[13]。
风飒飒兮木萧萧，思公子兮徒离忧[14]。

注释

[1] "若有"二句：好像有个人在山角落，身上披戴着薜荔和女萝。若：好像。阿（ē）：山的转弯处。被：同"披"。薜荔、女萝：都是蔓生植物。屈原诗中多以香花香草等植物象征美好的东西。

[2] "既含"二句：眼睛脉脉面带笑，小伙子都爱慕我长得好。含睇（dì）：脉脉含情地看。宜笑：口齿好，笑起来好看。子：与后面的灵修、公子、君等，皆指山鬼等待的人。予：山鬼自指。窈窕：美好的样子。

[3] "乘赤豹"二句：驾着赤豹带着花猫，辛夷车上插满了桂枝旗。赤豹：有黑纹的赤色豹。

[4] "被石兰"二句：把石兰和杜衡戴在身上，摘下鲜花送给思念的人。石兰、杜衡：都是香花香草。遗（wèi）：赠。

[5] "余处"二句：我住在深山竹林里终日不见天日，山路崎岖难行你大概会晚些到。余：山鬼自称。幽篁：茂密的竹林。后来：迟到，来晚。

[6] "表独立"二句：我突出地站在高山上，朵朵云彩在我脚下飘。表：标志。独立：独自站立。容容：溶溶，这里指云彩飘浮的样子。

[7] "杳冥冥"二句：深沉的天空突然阴暗，大风刮起，雨神哗哗地降下雨来。杳：深远。冥冥：昏暗。羌：发语词。昼晦：白天黑暗下来。神灵：这里指雨神。雨：动词，下雨。

[8] "留灵修"二句：要是他待在我身边该多好啊，我让他安心逍遥，让他再也不愿离开我。岁月不饶人啊，谁能让我永葆青春？灵修：屈原在诗中多指国君，这里指山鬼等待的人。憺（dàn）：安。晏：晚。华：这里有"使……年轻"的意思。

[9] "采三秀"二句：山里到处是乱石和葛草，我一年到头就在这里采灵芝。三秀：灵芝草。一年三次开花，故称。於：即"于"。一说"於山"连读，於山即巫山。磊磊：乱石堆积的样子。蔓蔓：蔓延的样子。

[10] "怨公子"二句：我心里怨恨你啊一点儿也不想回去，你是不是还想着我却不能前来。

[11] "山中人"二句：我在这山中饮泉水、傍松柏，像杜若般纯正芬芳。山中人：山鬼自指。荫松柏：以松柏为荫，即靠近松柏。

[12] "君思我"句：你是否还想我？我对此将信将疑。然：认为是对的，与"疑"相对。

[13] "雷填填"二句：电闪雷鸣，大雨倾盆，猿声响彻夜空。填填：雷声。冥冥：濛濛。

[14]"风飒飒"二句：大风呼呼地吹，树叶刷刷地落，我思念你啊，白白地忍受着忧愁的折磨。徒：白白地。离：同"罹"，遭受。

本文选自《楚辞·九歌》。《九歌》是屈原根据楚国南方民间流行的祭祀乐歌加工润色而成的一组抒情民歌。《山鬼》是《九歌》中祭祀山神的歌曲。山鬼，即山中女神。屈原以楚国民间传说为题材，创造了美丽痴情的山鬼形象，生动细腻地刻画了山鬼赴约、在风雨中等待情人到来的复杂心态，表现了人类对爱情的忠贞追求。从屈原的遭遇和一贯创作风格来看，诗里的山鬼在凄风苦雨中痴情等待的形象，显然寄寓着诗人在流放中忠君忧国的个人身影。

诗的第一部分先写山鬼以欢快喜悦的心情穿着打扮，准备与爱人约会，表现了山鬼对纯真爱情的痴心与渴求。后面三部分写山鬼等待及失恋时的痛苦心态，寄寓了诗人思君忧国的悱恻情感。全诗将幻想与现实交织在一起，具有浓郁的浪漫主义色彩。此外，该诗抒情和叙事结合、句式以六言为主（不算语气词"兮"字）、语言华美等特点，也都体现了屈原诗歌的一贯风格。

屈原诗歌与浪漫主义艺术

后世文学为什么有许多浪漫主义的色彩？这大体是得之于屈原作品的，是屈原作品的发展。今天只举两个要点。一点就是所有汉代的楚辞，从贾谊的《惜誓》《鹏赋》开始，以后整个汉人的楚辞文章都是根据屈原的思想及其作品来作的，甚至有的人就是把屈原一生的事迹来重复一遍。如东方朔《七谏》，第一是屈原初放，第二是沉江，完全是把屈原的事迹串起来。一个是刘向的《九叹》，这两篇文章是重复屈子一生的事迹最详细的。类似的作品历代都有，有许多往往是借屈子的话来抒发自己胸中的块垒。这类作品我们给它另订个名称叫"绍骚"。体式、思想都承继《离骚》，甚至内容也用屈原的事迹。这算是屈原文学的直接发展。另外，各个朝代都有渔父辞，多得不得了，这就是屈原《渔父》这篇文章的影响。"沧浪之水清兮，可以濯我缨；沧浪之水浊兮，可以濯我足。"后人发挥借用这几句话的简直多得不得了。七弦琴歌也有一组词，音乐也配进去了。元曲里《屈原问渡》是很有名的，词曲里也有，一直到清代人还有作的，这算是"绍骚"的旁支了。此外，有艺术家替《诗经》作画的很少，顶多是替《诗经》作个地图，除此而外，有人替《豳风·七月》画过两张图，别的没有了。日本人根据《毛诗品物图考》，每件东西一样样画了出来，是最了不起的了。可是那是科学研究，而没有一点艺术味道，也没有想象或加上作者自己的主观愿望。如《关关雎鸠》，画个雎鸠鸟，画得非常像，但并没有把自己脑子中的雎鸠加进去，只求其像个雎鸠鸟就算了。这不是艺术，而是科学。这个情况楚辞也有，吴仁杰的《离骚草木疏》，草什么样？鸟什么样？

兽什么样？都有图说，但不能算艺术。古往今来画《九歌》图的却很多。据我所知有十三四种，都是大名人画的。最早画《九歌》的是李龙眠。李龙眠的《九歌图》至今还在（大概在故宫博物院）。还有个张渥的《九歌图》，存吉林博物院。大概单画《九歌》的画就有八九个或更多。还有《天问》，连《四库全书》中的《天问图》都是每句话都有个图。这些图都是想象。湘夫人的穿戴像唐代宫女的样子。徐悲鸿的《山鬼图》画个女人，身上披着树叶子，骑个豹子；别人画的山鬼却是画个男像。你脑子里的山鬼和我脑子里的山鬼不同，你创作的是一个样子，我创作的又是一个样子，有很多艺术成分，有作者自己个人的主观愿望在里面。古往今来，尤其是先秦典籍里，像屈原赋这样惊动绘画的艺术大家来画这样多的图，是没有第二个的，找遍中国没有第二个。现在屈原的戏剧出来了，电影也有了，可见影响之大。

还有，我们历史著名人物表现的民族气节与屈原的作品有很大关系。文天祥并不是抱着宋儒的话来讲，倒是抱了屈子的东西，他的《正气歌》几乎是屈原的正义这两个字的发挥。还有陆秀夫、史可法，哪一个不是忠君爱国、以死报国、以死报君、以死来保卫民族？在我们整个国家民族里的所谓民族气节，恐怕受屈子的影响比受儒家的影响大得多，只要稍举一两个例子就可以看出。（选自姜亮夫《楚辞作品的艺术特色》）

思考练习题

1．屈原为什么会受到全世界人民的尊敬？谈谈你对屈原的了解和认识。

2．山鬼是一个怎样的形象？分析诗中山鬼感情变化的轨迹。

3．将这首诗与《采薇》对照，结合过去学过的其他作品，说说屈原的诗歌和《诗经》有什么不同。

4．解释下面句子中加点字的意思，注意其用法：

（1）若有人兮山之阿，被薜荔兮带女萝。

（2）被石兰兮带杜衡，折芳馨兮遗所思。

（3）留灵修兮憺忘归，岁既晏兮孰华予？

（4）风飒飒兮木萧萧，思公子兮徒离忧。

春江花月夜

张若虚

张若虚（约660—约720），扬州人，唐代诗人。曾任兖州兵曹。唐中宗神龙年间，以"文辞俊秀"而"名扬于上京"，与贺知章、张旭、包融并称"吴中四士"。他的诗作《全唐诗》仅存《代答闺梦还》《春江花月夜》两首。这首《春江花月夜》被后世誉为"孤篇横绝"，是历代传诵的名篇。

春江潮水连海平，海上明月共潮生[1]。
滟滟随波千万里，何处春江无月明[2]。
江流宛转绕芳甸，月照花林皆似霰[3]。
空里流霜不觉飞，汀上白沙看不见[4]。
江天一色无纤尘，皎皎空中孤月轮[5]。
江畔何人初见月，江月何年初照人[6]。
人生代代无穷已，江月年年只相似[7]。
不知江月待何人，但见长江送流水。
白云一片去悠悠，青枫浦上不胜愁[8]。
谁家今夜扁舟子，何处相思明月楼[9]。
可怜楼上月徘徊，应照离人妆镜台[10]。
玉户帘中卷不去，捣衣砧上拂还来[11]。
此时相望不相闻，愿逐月华流照君[12]。
鸿雁长飞光不度，鱼龙潜跃水成文[13]。
昨夜闲潭梦落花，可怜春半不还家[14]。
江水流春去欲尽，江潭落月复西斜[15]。
斜月沉沉藏海雾，碣石潇湘无限路[16]。
不知乘月几人归，落月摇情满江树[17]。

注释

[1] "春江"二句：江潮跟海水连成一片，一轮明月随着潮水的上涨也同时升起。海：指长江下游宽阔的江面。连海平：江潮与大海连成一片。共潮生：随着潮水上涨同时升起。全诗以潮水上涨和月亮冉冉升起开篇，引出后文，兴起感情的涌动。

[2] "滟滟"二句：月光洒在波光闪烁的千里江面上，哪里的江面上没有月光照耀？滟滟：(yàn yàn)：水波闪光的样子。

[3] "江流"二句：曲折（闪亮）的江流在花草遍布、芳香轻飘的郊野上流过，月光照耀下的花草犹如小雪珠粒。宛转：曲折。芳甸：长有花草的郊野。霰（xiàn）：雪珠，多在下雪前降落。

[4] 空里流霜：像霜一样的月光从空中流泻下来。古人以为霜与雪一样是从空中飘落的，故有此喻。"汀上"句：月光太亮，江岸一片白色，连江边沙滩上的白沙都看不见了。汀（tīng）：水边平地，这里指江边沙滩。

[5] "江天"二句：江天一色，天空连一丝尘埃也没有，只有那一轮明月高悬在夜空。纤尘：细小的尘埃。皎皎（jiǎo jiǎo）：明亮的样子。孤月轮：在广袤的夜空，月亮显得很孤独。这里是为后面人的孤独和思念创造意境。

[6] "江畔"二句：不知何人最先见到月亮，不知月光何年开始照耀人间。探讨人与月的初始因缘。

[7] 穷已：穷尽。已：尽。只：一作"望"。

[8] "白云"二句：一片白云在夜空中渐渐飘远了，（望着它）思妇在离别的地方忧愁痛苦得不得了。去：离开。青枫浦：一名双枫浦，故址在今湖南浏阳境内。此处指离别之所。浦：水边：小江小河流入大江大海之交汇处。不胜（shēng）：不尽。

[9] "谁家"二句：在此月夜，是谁家的游子舟行江中，漂泊在外；是谁家的思妇伫立楼头，思念丈夫。"谁家""何处"互文见义，表示人间处处有游子、思妇之间的相思。扁（piān）舟子：飘荡江湖的游子。扁舟：小船。明月楼：月光照耀下的闺楼。

[10] 月徘徊：月影移动的样子。曹植《七哀》诗："明月照高楼，流光正徘徊。上有愁思妇，悲叹有余哀。"

[11] "玉户"二句：月光似乎与思妇为难，帘卷不去，手拂还来。玉户：指思妇的居室。捣衣砧（zhēn）：捣衣时用的垫石。捣衣是为了寄给游子征夫，故历来诗人以此喻写相思之情。

[12] "愿逐"句：希望随着明月的光华流动照到郎君身上。月华：月光。君：指游子。

[13] "鸿雁"二句：远飞的鸿雁也不能把这儿的月光带到远方游子那里，鱼龙在深处水里跃动，也只能激起阵阵波纹。表达了游子思妇无法传送相思之情。长飞：远飞。光不度：即光不动，未见月光随鸿雁而飞去。这是对上句"愿逐月华流照君"的否定，说明想随月光而去是不可能的。潜跃：潜游跃动。文：波纹，在这个意义上后来写作"纹"。

[14] "昨夜"二句：昨夜梦见花落闲潭，可惜春天过半了，游子还不回家。闲潭：幽静的潭水。梦落花：意即梦见春已逝去。

[15] 江水流春：指春光随江水流逝。复西斜：指夜将尽。

[16] 碣石：山名，在今河北省昌黎县。一说已沉入乐亭县海中。潇湘：水名，在今湖南省。碣石潇湘：泛指游子思妇一北一南，相距遥远。无限路：极言离人相距之远。

[17] 乘月：乘着月色。"落月"句：即将西沉的残月的余晖，带着游子思妇的离情，散落在整个春江之上和花林之间。

 导读

《春江花月夜》堪称世界上最美的诗，当年闻一多先生誉其为"诗中之诗"。作品细致生动地描绘了江南春江花月之夜的优美迷人景色，抒发了游子思妇缠绵悱恻的离情别绪，表现出诗人对宇宙永恒美好而人生短暂、人情难圆的深沉思索。全诗融诗情画意为一体，诗中有画，画中有诗，诗中有景、有情、有理，美景、深情、哲理融为一体，读来如临其境，韵味无穷。

《春江花月夜》是乐府旧题，属"清商曲·吴声歌"，要求在诗中写到春、江、花、月、夜几个方面的题材。这首诗沿用古制而将旧题发挥到了极致。

全诗共36句。前16句描写了春夜月下的江上优美如画的景色，以及由此引发的对宇宙和人生的感慨。"春江潮水连海平，海上明月共潮生。滟滟随波千万里，何处春江无月明。"这动人的美景让人激情涌动，从而使情景无限。"江畔何人初见月，江月何年初照人。人生代代无穷已，江月年年只相似。不知江月待何人，但见长江送流水。"通俗流畅的诗句，一下将人们带进朦胧深邃的意境。后20句在前面感叹人生短暂的基础上，具体描写春江花月夜下游子思妇天各一方的缠绵情思。"白云一片去悠悠，青枫浦上不胜愁。谁家今夜扁舟子，何处相思明月楼。"无处不在的思念让这个夜晚充满惆怅，更因"此时相望不相闻，愿逐月华流照君。"的悲情祝愿，"江水流春去欲尽，江潭落月复西斜。"的长期整夜的等待，以及"不知乘月几人归，落月摇情满江树。"的无望和感伤而变得格外动人。全诗把春、江、花、月、夜的景色渲染得空灵、朦胧而美好，将游子思妇的情感抒写得缠绵、深挚而纯洁，对人生和宇宙的思考则朴素深邃，如梦如幻，如怨如诉，美好感人。

艺术上采用多视角写景、多层次抒情，从而使情景描绘得淋漓尽致。如写景时从远与近、俯与仰、动与静、明与暗、月生与月落等不同角度写，让人感觉整个夜景和宇宙就在眼前浮现，生动深远。全诗借景抒情，因情及人，景生情理，情理下引出男女主人公的爱情思念。在表现爱情思念时，诗人又从男女双方不同角度加以描写："谁家今夜扁舟子，何处相思明月楼。"让身处异地的男女双方同在今夜月下相望、相思，既写女子对远在外地的丈夫的思念，又表现远方丈夫对家中女子的关心。这些思念和关心就像月光一样，"照离人""流照君""卷不去""拂还来"，久久弥漫在空中。

诗中的心理刻画含蓄细腻，大大加强了诗的抒情色彩。比如诗中写"春江潮水连海平，海上明月共潮生"，其实暗写人的感情如潮水般涌动。"鸿雁长飞光不度，鱼龙潜跃水成文"，通过写大雁长飞却无法带走月光，表现主人公爱情的深远；通过写鱼儿潜跃水中留下波纹，表现主人公内心激动的情怀，描写十分细腻含蓄。再比如诗中开始写月亮升起，最后写"落月摇情满江树"，其实暗示主人公的思念随月生起，伴月波动，月落时情最激动，主人公就这样整夜整夜被思念折磨得不能入眠。

另外，这首诗句式整齐、章法自然、对仗工整，音韵顿挫悠扬、朗朗上口，声情和谐，不愧为"孤篇盖全唐"之作。

《春江花月夜》赏析

《春江花月夜》是乐府清商曲吴声歌旧题，据说是陈后主创制的。隋炀帝也曾写过这个题目，那都是浮华艳丽的宫体诗。张若虚这首诗虽然用的是《春江花月夜》的旧题，题材又是汉末以来屡见不鲜的游子思妇的离愁，但张若虚还是以不同凡响的艺术构思，开拓出新的意境，表现新的情趣，使这首诗成为千古绝唱。而张若虚也就是以这一首诗确立了文学史上永不磨灭的地位。

诗人把游子思妇的离愁别绪放到春江花月夜的背景上，良辰美景更衬出离愁之苦；又以江月与人生对比，显示人生的短暂，而在短暂的人生里那离愁就越发显得浓郁。这首诗虽然带着些许伤感和凄凉，但总的看来并不颓废。它展示了大自然的美，表现了对青春年华的珍惜以及对美好生活的向往。那种对于宇宙和人生的真挚的探索，也有着深长的意味。

《春江花月夜》，题目共五个字，代表五种事物。全诗便扣紧这五个字来写，但又有重点，这就是"月"。春、江、花、夜，都围绕着月作陪衬。诗从月生开始，继而写月下的江流，月下的芳甸，月下的花林，月下的沙汀，然后就月下的思妇反复抒写，最后以月落收结。有主有次，主次巧妙地配合着，构成完整的诗歌形象，形成美妙的艺术境界。(选自袁行霈《如梦似幻的夜曲——张若虚〈春江花月夜〉赏析》)

思考练习题

1. 如何看待这首诗的思想价值？
2. 分析这首诗的烘托与铺垫手法。
3. 找出诗中有暗示意义的写景句，并说明其暗示意义。
4. 朗诵并背诵这首诗。

长恨歌

白居易

> 白居易（772—846），字乐天，晚年自号香山居士，下邽（今陕西渭南）人。唐德宗贞元十六年进士，授秘书省校书郎。元和年间升翰林学士、左拾遗等，其间关心朝政，指摘弊端，直言敢谏，并创作了大量讽喻诗。后因宰相武元衡被刺一案，上书言事，触怒权贵，被贬为江州司马，感情受到巨大打击。此后，他大部分时间远离朝廷，避祸保身，历任忠州、杭州、苏州刺史，终刑部尚书。
>
> 白居易是唐代存诗最多的诗人，是中唐新乐府运动的组织者和代表作家，主张"文章合为时而著，歌诗合为事而作"。他的诗大都通俗易懂，明白晓畅，在当时就引起了广泛的社会反响。后人辑有《白氏长庆集》。

汉皇重色思倾国，御宇多年求不得[1]。
杨家有女初长成，养在深闺人未识。
天生丽质难自弃，一朝选在君王侧[2]。
回眸一笑百媚生，六宫粉黛无颜色[3]。
春寒赐浴华清池，温泉水滑洗凝脂[4]。
侍儿扶起娇无力，始是新承恩泽时[5]。

云鬓花颜金步摇，芙蓉帐暖度春宵[6]。
春宵苦短日高起，从此君王不早朝。
承欢侍宴无闲暇，春从春游夜专夜。
后宫佳丽三千人，三千宠爱在一身。
金屋妆成娇侍夜，玉楼宴罢醉和春[7]。
姊妹弟兄皆列土，可怜光彩生门户[8]。
遂令天下父母心，不重生男重生女。
骊宫高处入青云，仙乐风飘处处闻[9]。
缓歌慢舞凝丝竹，尽日君王看不足。

渔阳鼙鼓动地来，惊破霓裳羽衣曲[10]。
九重城阙烟尘生，千乘万骑西南行[11]。
翠华摇摇行复止，西出都门百余里[12]。
六军不发无奈何，宛转蛾眉马前死[13]。
花钿委地无人收，翠翘金雀玉搔头[14]。
君王掩面救不得，回看血泪相和流。
黄埃散漫风萧索，云栈萦纡登剑阁[15]。
峨嵋山下少人行，旌旗无光日色薄[16]。
蜀江水碧蜀山青，圣主朝朝暮暮情。
行宫见月伤心色，夜雨闻铃肠断声[17]。
天旋日转回龙驭，到此踌躇不能去[18]。
马嵬坡下泥土中，不见玉颜空死处[19]。

君臣相顾尽沾衣，东望都门信马归[20]。
归来池苑皆依旧，太液芙蓉未央柳[21]。
芙蓉如面柳如眉，对此如何不泪垂！
春风桃李花开日，秋雨梧桐叶落时。
西宫南内多秋草，落叶满阶红不扫[22]。
梨园弟子白发新，椒房阿监青娥老[23]。
夕殿萤飞思悄然，孤灯挑尽未成眠[24]。
迟迟钟鼓初长夜，耿耿星河欲曙天[25]。
鸳鸯瓦冷霜华重，翡翠衾寒谁与共[26]。
悠悠生死别经年，魂魄不曾来入梦。

临邛道士鸿都客，能以精诚致魂魄[27]。
为感君王辗转思，遂教方士殷勤觅[28]。

排空驭气奔如电,升天入地求之遍。
上穷碧落下黄泉,两处茫茫皆不见[29]。
忽闻海上有仙山,山在虚无缥缈间。
楼阁玲珑五云起,其中绰约多仙子[30]。
中有一人字太真,雪肤花貌参差是。
金阙西厢叩玉扃,转教小玉报双成[31]。
闻道汉家天子使,九华帐里梦魂惊[32]。
揽衣推枕起徘徊,珠箔银屏迤逦开[33]。
云鬓半偏新睡觉,花冠不整下堂来。
风吹仙袂飘飘举,犹似霓裳羽衣舞。
玉容寂寞泪阑干,梨花一枝春带雨[34]。
含情凝睇谢君王,一别音容两渺茫。
昭阳殿里恩爱绝,蓬莱宫中日月长[35]。
回头下望人寰处,不见长安见尘雾。
唯将旧物表深情,钿合金钗寄将去。
钗留一股合一扇,钗擘黄金合分钿[36]。
但教心似金钿坚,天上人间会相见。
临别殷勤重寄词,词中有誓两心知。
七月七日长生殿,夜半无人私语时[37]。
在天愿作比翼鸟,在地愿为连理枝[38]。
天长地久有时尽,此恨绵绵无绝期!

注释

[1] "汉皇"二句:唐玄宗好色爱美人,好多年不理朝政了。汉皇:汉武帝。汉武帝宠幸李夫人,此前,李夫人兄李延年在武帝面前唱"北方有佳人,一顾倾人城,再顾倾人国。宁不知倾城与倾国,佳人难再得。"引起武帝的注意,倾国倾城一词从此成为美女的代名词。白居易在这里用汉武帝宠李夫人事代指唐玄宗宠杨玉环,是出于政治避讳。御宇:驾御宇内,即统治天下。

[2] "杨家"四句:杨贵妃本是蜀州司户杨玄琰的女儿,小名玉环,自幼由叔叔养大。开元二十三年,被封为唐玄宗之子李瑁的妃子,被唐玄宗看上后,先出家为道,号太真,至天宝四年纳宫中,册封为贵妃,受到玄宗的极度宠爱。作者所写与史实不符,实为有所避讳。

[3] "回眸"二句:杨玉环对你笑一笑,天下所有美女都会相形见绌、黯然失色。眸:眼珠,瞳仁。六宫粉黛:皇宫内所有妃嫔。

[4] "春寒"二句:写杨玉环得宠。华清池:陕西临潼骊山上的温泉。开元年间在此

建温泉宫，天宝时改称华清宫，唐玄宗经常去避寒。凝脂：形容杨玉环的皮肤白嫩细腻。

[5] 侍儿：服侍妃嫔的宫女。恩泽：皇帝的宠爱。

[6] 金步摇：妇女首饰名，也叫步摇钗，"上有垂珠，步则摇也"。芙蓉帐：色泽艳丽的床帐。

[7] "金屋"二句：写玄宗不惜为杨玉环修建了华贵舒适的宫殿，常常和她酒后带醉就寝。金屋：《汉武故事》里说，汉武帝年幼时，其姑母指着自己的女儿阿娇问他是否喜欢，结果武帝说："若得阿娇作妇，当作金屋贮之。"于是有"金屋藏娇"之说。

[8] "姊妹"二句：杨玉环兄弟姊妹全都因她得以分封，家庭显赫，让人羡慕。杨玉环册封为贵妃后，玄宗又追封其父为太尉、齐国公，其叔为光禄卿，堂兄弟杨铦为鸿胪卿，杨锜为侍御史，杨钊赐名国忠，封魏国公，丞相；大姐封韩国夫人，三姐封虢国夫人，八姐封秦国夫人。列土：天子封给爵位和领地。

[9] 骊宫：即骊山上的华清宫。

[10] "渔阳"二句：震惊大唐帝国的安禄山反叛的消息传来，唐玄宗看杨贵妃随《霓裳羽衣曲》跳舞醉生梦死的生活也过不成了。渔阳：郡名，在河北蓟县一带。鼙鼓：古代军鼓的一种。天宝十四年，身为平卢、范阳、河东三镇节度使的安禄山在渔阳起兵反唐（渔阳是其所统辖的八郡之一），叛军迅速攻下洛阳，直逼京都长安。《霓裳羽衣曲》：舞曲。本名《婆罗门》，是印度舞曲，开元时经中亚传入。据说是当时的西凉节度使杨敬述所献，玄宗亲自修改，更名《霓裳羽衣曲》。传说杨贵妃善跳此舞，并深得玄宗喜爱。

[11] "九重"二句：京城长安为安禄山叛军的战火所笼罩，玄宗不得不率领手下一班人逃往西南的蜀地。九重城阙：指京城。古代皇宫门有九重，故名。西南行：天宝十五年六月，安禄山的军队攻破潼关，玄宗带着身边的人逃往四川。

[12] "翠华"二句：玄宗一行走走停停，从长安西行百余里，来到马嵬。翠华：用翠羽装饰的旗子。这是指皇帝的仪仗队。西出都门百余里：暗指马嵬，此地距长安百余里。

[13] "六军"二句：玄宗一行逃到马嵬坡时，陈玄礼代表将士请诛杨贵妃，玄宗无法，只好赐杨贵妃死，这就是历史上的"马嵬兵变"。六军：古代天子有六军，这里指玄宗身边的羽林军。宛转：缠绵悱恻的样子。蛾眉：原指美女眉毛，后来指美女。这里指杨玉环。

[14] 花钿、翠翘、金雀、玉搔头：都是首饰名。

[15] 黄埃散漫：尘土飞扬弥漫。云栈：高入云霄的栈道。萦纡：曲折盘绕的样子。

[16] 日色薄：日光惨淡。

[17] "行宫"二句：写玉环死后玄宗在行军路上的痛苦心情。据《明皇杂录》：玄宗入蜀经斜谷时正遇连日阴雨，栈道上闻雨中铃声隔山相应，十分凄凉，越加思念玉环，就令张野狐谱《雨霖铃》曲以寄恨。行宫：皇帝出行时住的地方。

- [18] "天旋"二句：肃宗至德二年十月，郭子仪率军收复长安，十二月，玄宗回到长安。天旋日转：谓结局转变。龙驭：皇帝车驾。此：指马嵬玉环被勒死的地方。
- [19] 不见玉颜空死处：不见玉环空见死处。
- [20] 东望都门信马归：向着长安任马自行，不加鞭策。
- [21] 太液：汉代池名，在建章宫北。未央：汉宫名。这里都用以指唐代宫殿池苑。
- [22] 西宫南内：西宫即西内，也就是太极宫；南内指兴庆宫。玄宗回京后先住南内，后迁西内，被变相软禁。
- [23] 梨园子弟：指玄宗当年训练的一批艺人。椒房：后妃住处，用椒和泥涂壁，取其香暖，兼有多子之意。阿监：宫中女监。青娥：美丽的容颜。
- [24] "夕殿"二句：写玄宗晚年生活的凄凉。天黑了，宫殿里寂寥无人，玄宗思念玉环，一个人整夜整夜地面对灯烛不能入睡。
- [25] "迟迟"二句：好不容易熬过白天，迟迟的钟鼓又敲开了漫漫长夜，玄宗思念玉环，直到天亮。耿耿：微明的样子。
- [26] "鸳鸯"二句：极写夜晚玄宗的孤独凄凉。鸳鸯瓦：正反相对、两两相嵌的瓦。翡翠衾：印有翡翠鸟的被子。
- [27] "临邛"二句：临邛的道士来鸿都作客，他能和鬼魂相约见面。临邛（qióng）：今四川邛城，鸿都：东汉洛阳宫门名。这里指长安。
- [28] 方士：好神仙方术的人。这里指前面的临邛道士。
- [29] 穷：尽。碧落：道家称天界。黄泉：地下。
- [30] 五云：五色祥云。绰约：美好轻盈的样子。
- [31] 金阙：金碧辉煌的宫殿。玉扃（jiōng）：玉做的门户。小玉：传说是吴王夫差的小女，殉情而死。双成：董双成，传说中的西王母的侍女。这里都用来指杨贵妃在仙界的侍女，方士请她们辗转通报。
- [32] 九华帐：修饰繁华的床帐。晋代张华《博物志》："汉武帝好仙道，祭祀名山大泽，以求神仙之道。时西王母遣使乘白鹿告帝当来，乃供帐九华殿以待之。"
- [33] 珠箔：用珍珠串成的帘箔。银屏：镶嵌银丝花纹的屏风。迤逦开：接连不断地打开。
- [34] 阑干：纵横的样子。梨花一枝春带雨：形容玉环挂满泪花的脸就像春天的梨花挂着雨珠那样洁白娇嫩，让人喜爱。
- [35] 昭阳殿：汉代赵飞燕姊妹所住的宫殿。这里指杨贵妃生前与玄宗的寝宫。蓬莱宫：泛指仙境。
- [36] 钗擘黄金合分钿：把金钗和钿盒分别一分为二，两人各一份。擘（bò）：分开。合：盒。
- [37] 长生殿：在华清宫，天宝元年十月建，名为集灵殿，用以祀神。这里应指华清宫内杨贵妃的寝宫，不一定是祀神的集灵殿。
- [38] 比翼鸟：传说中一种雌雄齐飞的鸟。《尔雅·释地》："南方有比翼鸟焉，不比不飞，其名谓之鹣鹣。"连理枝：异本草木，枝或干连在一起。

导读

唐玄宗和杨贵妃的爱情既腐败荒唐又真挚感人，是中国文学史上颇具影响的爱情经典，历来受到文人墨客的重视，而最早将其写入诗中并产生广泛影响的，恐怕就是白居易这首《长恨歌》了。

唐宪宗元和元年（806），白居易任周至县尉，与朋友陈鸿等游览仙游寺，谈到当年唐玄宗和杨贵妃的事，深有感慨，于是创作了这首长诗。全诗以李、杨爱情悲剧为题材，批判唐明皇荒淫误国和杨贵妃的恃宠致乱，但对二人的真挚爱情也寄予了深切同情，从而形成了批判与同情并存、讽刺与惋惜兼容的复杂主题。作品问世之后，迅速成为脍炙人口、家喻户晓的名作，熟诵于"王公、妾妇、牛童、马走之口"。白居易自己也很重视这首诗，认为"一首长恨有风情"，并将其视为个人的压轴杰作。

这是一首极富传奇色彩的叙事长诗，故事曲折，情节生动。作品前半部分实写二人的曲折相识、疯狂相爱，以及玄宗被迫处死杨贵妃后的无限思念；后半部分则幻写杨贵妃在蓬莱仙境中对玄宗的寂寞思念和深沉期待。李、杨二人天上人间彼此牵挂，思念绵绵，从而形成相爱之人不能厮守的"长恨"。《长恨歌》虽以帝王的腐败爱情为题材，但是表现了人类对爱的真诚追求。在作者饱蘸感情的笔下，杨贵妃姿容绝世、楚楚可怜，无论生前死后，都对玄宗一往情深，足以唤起人们对她的同情和惋惜。而唐玄宗作为大唐帝国的皇帝，"后宫佳丽三千人"的主人，居然能有"三千宠爱在一身"的可爱和深情一面，使人们情不自禁地与诗人一起，由对李、杨荒淫误国的憎恨，逐渐转为对他们爱情悲剧表示同情、发出叹息。伴随着玄宗悔恨和杨贵妃憾恨的不断加深，人们的同情和叹息也与日俱增、绵绵不绝。这种感伤的风格是《长恨歌》传诵不衰的主要原因。

全诗浓厚的抒情色彩进一步加剧了作品的感染力。诗人创作这首诗的时候，正当个人爱情最热烈的季节，内心感情十分丰富。我们看到，作品中凡是便于抒情的人物心理描写和环境气氛渲染，诗人都对其泼墨如雨，务求尽情。"芙蓉如面柳如眉，对此如何不泪垂！春风桃李花开日，秋雨梧桐叶落时。"诗人触景生情，借景抒情，将杨贵妃死后玄宗对她随时随地的思念表现的生动感人。"玉容寂寞泪阑干，梨花一枝春带雨。含情凝睇谢君王，一别音容两渺茫。"这里写出贵妃的美丽动人，更写出两人的深情，人随景现，情随景生，使诗中人物鲜明生动，极富诗情画意，有很强的感染力量。

《长恨歌》的语言艺术生动传神，达到了出神入化的境界。"回眸一笑百媚生，六宫粉黛无颜色"，把杨贵妃倾国倾城的美貌一展而出；"春宵苦短日高起"，一个"苦"字，入木三分地刻画出了李、杨寻欢作乐、相见恨晚的心理；马嵬坡前六军请诛杨玉环，"君王掩面救不得"，"掩面"这一细节成功地展示了玄宗对玉环不忍见其死而又不敢不让其死的复杂心理。正是这些细致入微的刻画，使诗中的人物形象更加含蓄丰满、栩栩如生，别有一种动人的魅力。"在天愿作比翼鸟，在地愿为连理枝。天长地久有时尽，此恨绵绵无绝期！"李、杨的爱情因真挚而感人，因悲苦而成为绝唱，这真挚和绝唱因白居易这几句一字千金、无可取代的诗句变得比天高、比地久，如泣如诉，缠绵悱恻，成为永恒的感动。

《长恨歌》的语言优美和谐、婉转流畅，充分发挥了歌行体诗歌的特点，读来缠绵悱恻、回肠荡气，让人不能不佩服诗人出色的语言驾驭能力。

 相关链接

《长恨歌》写作缘由

关于这首诗的写作缘起，据白居易的朋友陈鸿说，他与白居易、王质夫三人于元和元年十月到仙游寺游玩。偶然间谈到了唐明皇与杨贵妃的这段悲剧故事，大家都很感叹。于是王质夫就请白居易写一首长诗，请陈鸿写一篇传记，二者相辅相成，以传后世。因为长诗的最后两句是"天长地久有时尽，此恨绵绵无绝期"，所以他们就称这首诗叫《长恨歌》，称那篇传记叫《长恨歌传》。与《长恨歌》相比，《长恨歌传》侧重描写唐玄宗的荒淫生活导致国家衰败，对李、杨爱情则较少渲染，因而比《长恨歌》更具历史批判性。

 思考练习题

1．仔细吟诵全诗，谈谈你对这首诗歌主题的认识。

2．诗的最后四句为："在天愿作比翼鸟，在地愿为连理枝。天长地久有时尽，此恨绵绵无绝期！"结合全诗说说"此恨"的含义。

3．唐玄宗与杨贵妃的爱情被人看作荒淫误国的典型，理应受到大家的谴责，可为什么这首《长恨歌》中的李、杨爱情还能得到许多人的同情？

安定城楼

李商隐

> 李商隐（812—858），字义山，号玉溪生，怀州（今河南沁阳）人。9岁丧父，刻苦学习。19岁受知于太平节度使、牛党令狐楚，中进士，授秘书省校书郎，补弘农尉。后到泾原节度使、李党王茂元幕府任书记，并与王茂元女儿成婚，由此开罪于牛党，陷入牛李党争漩涡中，不断受排挤，一生漂泊，抑郁而终。
>
> 李商隐是晚唐诗坛最重要的诗人之一，与杜牧齐名，二人并称为"小李杜"。又因感情遭受挫折颇多，诗风绮丽感伤，与温庭筠并称"温李"。他的诗内容以写失意伤感为主，也有抨击时政、借古讽今之作，情致绵邈，首开中国"无题"诗之先河；形式上以格律为主，尤工七律；善于用象征、暗示、比喻及衬托等手法，形成一种深情绵邈、绮丽精工的艺术风格，但有时也流于晦涩难解。作有《李义山诗集》。

迢递高城百尺楼，绿杨枝外尽汀洲[1]。
贾生年少虚垂涕，王粲春来更远游[2]。
永忆江湖归白发，欲回天地入扁舟[3]。
不知腐鼠成滋味，猜意鹓雏竟未休[4]。

注释

[1] 迢递：高耸的样子。汀洲：指泾水岸边的沙地和水中洲渚。汀：水边平地。

[2] "贾生"二句：大意为贾谊年少有为却郁郁不得志，白白地悲伤流泪；王粲怀才不遇，春天到来时还要继续漂泊，寻找明主。贾生：即汉初贾谊，年轻有为，汉文帝想重用他，但他遭人诽谤，出为长沙王太傅，郁郁不得志。虚垂涕：白白流泪。贾谊忧时念国，而又无可奈何，故云"虚垂涕"。王粲：文学家，建安七子之一。汉末大乱，他避居荆州，依附刘表，不得重用，登上当阳城楼，作《登楼赋》，抒发怀念家乡和抱负不得施展的情怀。这里作者以贾谊和王粲自比。

[3] "永忆"二句：自己一直向往着干一番扭转乾坤的事业，老来功成身退，乘一叶扁舟归隐江湖。永忆：一直向往。江湖归白发：即白发归江湖，老了归隐江湖。回天地：做扭转乾坤的事业。入扁舟：暗用春秋越国范蠡功成身退、泛舟五湖事。

[4] "不知"二句：作者以鹓（yuān）雏自比，谓自己志趣高远，并不在意区区科第，而鸱鸟们却猜疑不休，排挤自己。《庄子·秋水篇》："惠子相梁，庄子往见之。或谓惠子曰：'庄子来，欲代子相。'于是惠子恐，搜于国中，三日三夜。庄子往见之，曰：'南方有鸟，其名为鹓雏，子知之乎？夫鹓雏发于南海，而飞于北海，非梧桐不止，非练实不食，非醴泉不饮。于是鸱得腐鼠，鹓雏过之，仰而视之曰：吓！今子欲以子之梁国而吓我邪？'"腐鼠：腐烂的老鼠。猜意：猜疑。鹓雏：凤凰一类的鸟。

导读

李商隐是一个感伤难解的大诗人。其感伤来源于他一生漂泊、寄人篱下，受尽折磨、忧患、中伤、指摘、污蔑而终生不得志。其难解是因为他落笔万端，又常借古讽今、咏史寓慨，将讽喻、典故等综合运用，旁敲侧击，从而形成一种朦胧绵邈的风格。一个人会遇到各种挫折，重要的是不能丧失斗志。《安定城楼》展示的是面对挫折时诗人的情怀。

安定城楼，即泾州城楼。唐代泾州又称安定郡，是泾原节度使的幕府所在。公元837年，李商隐因牛党令狐楚之子、宰相令狐绹的延誉而中进士。之后他入泾原节度使、李党王茂元幕，娶王茂元女，由此被视为投靠李党，于是在赴京应博学宏词科试时遭牛党人士作梗而落选。他回到泾原，登上城楼，感慨万千，创作了这首登临抒怀的七律。

首联扣题写登楼所见：城楼高峻，城下绿树成荫，河流绵延远方，景色极为开阔。颔联承接首联抒怀；上句借年少有才的贾谊被迫离开京城远赴长沙，抒发自己落第后壮志难酬的愤慨，下句用王粲屈依刘表抒写自己寄人篱下的悲哀。颈联言志：用范蠡功成身退泛舟五湖为榜样，表明自己一直以来的理想。尾联愤怒反击：用庄子嘲笑惠子的典故，对猜忌不休、极力排挤自己的小人加以辛辣讽刺，同时也进一步表明了自己高尚的胸襟。全诗借登楼抒写自己怀才不遇、壮志难酬的愤慨，既表明了个人远大的理想，也抨击了无耻小人的猜忌，忧伤而不绝望，愤慨而不失斗志。气象开阔，感情激愤，笔锋含蓄而不失锐利。其中后三联用了四个典故，分析下来都比较得体，是这首诗最主要、也最难把握的地方，需结合作者登楼时的心情仔细揣摩。

 **相关链接**

李商隐诗歌的特色

政治上的失意潦倒，生活经历中爱而不得和得而复失的悲哀，使李商隐常被一种感伤抑郁的情绪纠结包裹，这种感情基调影响了他的审美情趣。从文学渊源来说，在最能代表李商隐风格的那些诗中，不难看出他吸收了六朝骈文用典精巧、秾丽绵密的特点，杜甫近体诗音律严整的成就，韩愈、李贺等人炼字着色瑰奇新颖的长处；但由于自身情感基调与审美情趣的原因，也出于大诗人对艺术独创性的追求，他把前人的这些特点融会再造为自己独特的风格。他擅长用精美华丽的语言，含蓄曲折的表现方式，回环往复的结构，构成朦胧幽深的意境，来表现心灵深处的情绪与感受。在他的无题诗（包括以篇首数字为题而实际仍为无题的诗）中，这种特点尤其显著。

在李商隐的诗中，意象、结构、意境都是非常独特的。（选自章培恒、骆玉明主编《中国文学史》）

 **思考练习题**

1．李商隐的诗刻意求深，用典过多，造成诗的意思比较晦涩。反复吟诵全诗，说说这首诗表达了作者怎样的情感。

2．谈谈这首诗的结构特点。

3．结合以往诗歌学习经验，指出并分析这首诗最大的艺术特点。

4．这首诗的尾联历来受到好评，清代查慎行《查初白十二种诗评》说："王半山（安石）最赏此联，细味之，大有杜意。"试作分析。

永遇乐

李清照

李清照（1084—1151），号易安居士，济南人，出身于文化氛围浓厚的官宦家庭。父亲李格非受知于苏轼，官至礼部员外郎，博古通今，能诗善文，母亲亦善文章。李清照自小聪慧，识音律、有诗名。18岁与太学生赵明诚结婚，夫妻诗词唱和，一起校勘金石、欣赏书画，生活美满。"靖康之变"发生后，二人随朝廷南渡，赵明诚起知江宁府并很快病逝，李清照只身漂泊于杭州、越州、金华一带，家产荡尽，在风雨飘摇的凄凉孤苦中死去。

李清照是中国古代屈指可数的著名女作家代表，工诗能文，其"生当作人杰，死亦为鬼雄。至今思项羽，不肯过江东。"的诗句广为传播，而成就最高的还是她的词。其词以南渡为界，前期多写贵族少女、少妇悠闲风雅的生活，词风清丽婉转；后期则多写对国事的忧思和生活流落的痛苦，表现出一种凄凉孤寂的心境，词风沉哀凄苦。李清照是婉约派的代表性词人，《漱玉集》收其词作70余首，几乎篇篇精佳。

　　落日熔金，暮云合璧，人在何处[1]？染柳烟浓，吹梅笛怨，春意知几许[2]？元宵佳节，融和天气，次第岂无风雨[3]？来相召、香车宝马，谢他酒朋诗侣[4]。

　　中州盛日，闺门多暇，记得偏重三五[5]。铺翠冠儿，撚金雪柳，簇带争济楚[6]。如今憔悴，风鬟霜鬓，怕见夜间出去[7]。不如向、帘儿底下，听人笑语。

注释

[1] "落日"三句：落日像熔化的黄金般灿烂，晚霞如片片相合的璧玉般可爱，可是人在哪里啊？人：指作者，意谓我这是在哪里啊？一指逝世的丈夫。这几句表现了词人感到物是人非的痛苦惆怅心情。

[2] "染柳"三句：柳树被浓浓的雾霭笼罩着，笛子里吹出幽怨的《梅花落》曲子，让人感受不到多少春天的温暖。染柳烟浓：浓烟染柳。几许：多少。

[3] 融合：暖和。次第：转眼间。

[4] "来相召"三句：一起喝酒吟诗的朋友坐着车来邀请我，被我一一谢绝了。香车宝马：装饰华美的车马。谢：辞谢。

[5] 中州：今河南地区。古代处在九州中间，故称中州，这里指北宋都城汴京（今开封）。盛日：这里指汴京沦陷前的繁荣昌盛时期。三五：阴历的十五。这里指正月十五元宵节。

[6] 铺翠冠儿：镶嵌着翡翠珍珠的帽子。撚金雪柳：用金线搓成的雪柳。撚金：一作"捻金"。雪柳：当时妇女在元宵节插戴在头上的饰物。簇带争济楚：插戴满头看谁打扮得漂亮。簇带：插戴，插满头的意思。济楚：整齐，漂亮。

[7] 风鬟霜鬓：头发蓬松散乱的样子。怕见：懒得。

导读

靖康元年（1126），金兵攻占宋都汴京，次年掳走徽、钦二帝，北宋宣告灭亡，这就是历史上的靖康之变。事变发生后，李清照也随宋室南渡，踏上逃亡的道路。建炎三年（1129），丈夫赵明诚在建康患急病身亡，从此她便一直过着孤苦伶仃的生活，辗转于浙东各地。她与丈夫费尽心血搜集的书画金石作品在流离中丧失殆尽。在这种情况下，生活能给予才女李清照的似乎只有愁苦了。良辰美景，勾起她对往事的美好回忆，反而让她更加感觉到生活的无奈和绝望。这是一个饱经沧桑、身心疲惫不堪的女人。此时的她最需要温暖，最需要有人用真情关心呵护她，可惜她没有得到。她的内心充满无尽的哀愁。

这首词是词人晚年流落临安时的作品，主要内容是抒写她饱经忧患后的寂寞失落心情。词的上片描写当前元宵节的生活情景，表现了主人公"物是人非事事休"的悲悯；下片回忆中州元宵节的欢乐盛况，然后写自己时下的憔悴和落魄，今昔对比后倾诉了自己的万般无奈和痛苦失落。词中的哀痛和感慨很深，几乎字字血泪。比李清照稍晚的刘辰翁曾指出这首词对他的影响，说他每次读之则"为之泣下"，但作为少经沧桑的现代年轻人可能很难体会其中的滋味，需结合作品创作背景和表现手法用心揣摩。

这首词在艺术上的最大特色是运用对比反衬手法，如：用"落日熔金，暮云合璧"的美景反衬"人在何处"的哀戚；以"元宵佳节，融和天气"反衬"次第岂无风雨"的忧虑；以"中州盛日"反衬"如今憔悴"等等，作者的情感就是通过这些对比反衬显示出来的，欣赏时应细心体会。另外，语言既无典丽，也不粗俗，像"不如向、帘儿底下，听人笑语"，朴素中见清新，平淡中有雅致，这正是易安体的一贯风格。

李清照词的风格特色

李清照的词以婉约著称。昔人论词有婉约、豪放二派，王士祯认为："婉约以易安为宗，豪放唯幼安称首。"以"婉约"一词来评李清照的词，主要指她那些细致婉转的作品。这是李清照独特的艺术风格，也是她的艺术风格中的主要方面。但是，艺术风格的独特性并不意味着艺术风格的单一性。任何一个有创造性的作家、诗人，除了有自己独特的风格之外，他的风格又总是呈现着多样化的特色。李清照是一个颇有艺术创造才能的词人，她不仅是婉约词派之宗，而且还具有其他词派的某些特色。比如她的《渔家傲》（天接云涛连晓雾）就是一首豪放的词，在风格上与苏轼、辛弃疾的某些词近似。像这样充溢着浪漫主义气质的作品，与她的其他词在风格上是多么迥然不同。类似这种奔放驰骤、生气蓬勃的作品，我们可以很容易地在辛弃疾、苏轼的词里，在屈原、李白的诗里找到，但它出自一个封建社会多愁善感的女子的手笔，却是难能可贵的。所以黄了翁说它"无一毫钗粉气，自是北宋风格"。这话确道出了这首词的豪放特色。此外，像那首人人称道的"最为婉妙"的《声声慢》，吴灏还认为"玩其笔力，本自矫拔，词家少有，庶几苏辛之亚"呢！因此，李清照除了得到婉约派之宗的赞誉之外，又博得了后人这样的评价：

"易安跌宕昭影……篇章惜少，不过窥豹一斑，闺房之秀，固文士之豪也。"

高尔基在和青年作家谈话的时候曾经指出："语言是文学的第一要素，是文学的主要工具。"因此,当我们总结《漱玉词》的艺术经验时,就不能不涉及作者运用文学语言和创造文学语言的成就。李清照词的语言很有锤炼功夫。在精练、准确和富有表现力方面,特色是突出的。她往往只用寥寥几个字就能既概括、又准确贴切地把所要表现的生活内容表现出来。比如:"绿肥红瘦"(《如梦令》)仅仅四个字就描绘出了一幅经过一夜风雨的吹打之后,叶茂花稀的景物画。又比如:"宠柳娇花寒食近"(《念奴娇》)仅仅七个字又写出了在寒食将近时,鲜花盛开,杨柳多姿,它们好像格外受到人们宠爱的情景。这里既描绘出一幅春意盎然的动人画面,又烘托出人物的幽怨情怀。

李清照语言艺术的成就不仅仅表现在精练、准确和富有表现力方面,更突出的却是表现在:她的语言经过锤炼却不见锤炼的痕迹,具有清新自然的特色。比如:"唯有楼前流水,应念我,终日凝眸。凝眸处,从今更添,一段新愁。"(《凤凰台上忆吹箫》)"花自飘零水自流,一种相思,两处闲愁。"(《一剪梅》)都非常生动、优美、清新、自然。(选自王延梯注《漱玉集注》)

思考练习题

1. 李清照是中国历史上最有代表性的女词人。国破、家亡、夫死等一系列致命打击,让这个从小锦衣玉食的贵族女子饱受折磨,也使她的创作达到了前所未有的高度。反复吟诵课文,说说这首词表达了词人怎样的情怀。
2. 试结合课文描述词中的主人公是怎样的一个形象。
3. 分析掌握这首词的主要艺术特色。

摸鱼儿

元好问

> 元好问(1190—1257),字裕之,号遗山,太原秀容(今山西忻州)人。他生活在金、元之际,金宣宗五年进士,做过几任县令,官至尚书省左司员外郎。蒙古兵攻陷汴京,金亡,元好问被俘,羁管聊城,后回到故乡,发愤著书。
>
> 元好问是一位才华横溢、多才多艺的文学家,他对当时所有的文学形式均运用自如,是金代唯一的杰出诗人。其词则以"苏辛"为典范,博采众长,兼有婉约、豪放等诸种风格,被誉为金朝一代之冠。后人评赞其词"乐章雅丽,情致幽婉","深于用事,精于炼句",其中又尤以两首《摸鱼儿》最富有艺术魅力。著有《元遗山集》。

乙丑岁赴试并州,道逢捕雁者,云:"今旦获一雁,杀之矣。其脱网者悲鸣不能去,竟自投于地而死。"予因买得之,葬之汾水之上,累石为识,是曰雁丘,时同行多为赋诗,予亦有《雁丘辞》。旧所作无宫商,今改定之。

问世间,情为何物?直教生死相许[1]!天南地北双飞客,老翅几回寒暑[2]。欢乐趣,离别苦，就中更有痴儿女[3]。君应有语，渺万里层云，千山暮雪，只影向谁去[4]。

横汾路，寂寞当年箫鼓[5]，荒烟依旧平楚[6]。招魂楚些何嗟及，山鬼暗啼风雨[7]。天也妒，未信与，莺儿燕子俱黄土[8]。千秋万古，为留待骚人，狂歌痛饮，来访雁丘处[9]。

注释

[1] 直教生死相许：竟然让人用生命来报答。直：竟。许：报答。

[2] "天南"二句：相伴多年的大雁，多少年寒去暑来，双飞双栖。大雁每年春天飞到北方，天凉后飞回南方。

[3] "欢乐趣"三句：意思是大雁就像人间的痴情男女一样，留恋在一起时的欢乐，不能承受离别的痛苦。就中：于此，在这里面。痴儿女：元好问另有《迈陂塘》（即摸鱼儿）词，其叙曰："泰和中，大名民家小儿女，有以私情不如意赴水者。""痴儿女"似指此。

[4] "君应"四句：是词人猜测大雁的想法。君：指殉情的大雁。

[5] 横汾路，寂寞当年箫鼓：当年汉武帝横渡汾水的壮观热闹场面如今却是一片寂寞。横汾：横渡汾水。公元前 113 年，汉武帝刘彻率领群臣到河东郡汾阳县祭祀后土，途中传来南征将士的捷报，武帝便将当地改名为闻喜。时值秋风萧飒，鸿雁南归，汉武帝乘坐楼船泛舟汾河，饮宴中流，触景生情，感慨万千，写下了千古绝调《秋风辞》，其中有"泛楼船兮济汾河，横中流兮扬素波。箫鼓鸣兮发棹歌，欢乐极兮哀情多"句。

[6] 平楚：平林，远树。矮小丛生的木本植物称为楚。

[7] "招魂"二句：雁死不能复生，无论如何招魂也没用，山鬼只能枉自哀啼。"招魂楚些"意为用"楚些"招魂。《楚辞·招魂》的句尾多用"些"字，故言"楚些"，亦有作楚辞的代称。"何嗟及"即"嗟何及"，语出《诗经·王风》。"山鬼暗啼风雨"出自《楚辞·九歌·山鬼》。作者在此把写景同抒情融为一体，用凄凉的景物衬托大雁死后的悲凉。

[8] "天也妒"三句：这几句是说雁的殉情将使它不像莺、燕那样死葬黄土、不为人知，它的声名会惹起上天的忌妒。

[9] "千秋"四句：这几句意为大雁对爱情坚贞的精魂可以永留世间，千百万年任由骚人墨客凭吊。

这是一首讴歌爱情的咏物词，也是元好问最有代表性的词章之一。"问世间，情为何物？直教生死相许！"曾让无数人为之感动不已。

词前小序说明，词人是为大雁殉情的事感动才写下了这首词，以寄托自己对殉情者的哀思。雁丘在今山西阳曲县，乙丑指金宗泰和五年（1205）。

词的上片开门见山抒怀:"问世间,情为何物?直教生死相许!"一个"问"字破空而来,替殉情者发问,也饱含着对殉情者的赞美;"直教生死相许"则是对"情是何物"震撼人心的回答,是对至情至爱的盛赞,"直教"二字声如巨雷,惊天地、泣鬼神。接下来,"天南地北"二句写雁的平常生活:"双飞客"即大雁,大雁秋天南下而春天北归,双飞双宿,形影不离,经寒冬、历酷暑,无论欢乐的团聚还是痛苦的离别,就像人间的痴男怨女,爱得刻骨铭心。"君应"四句是揣想孤雁的心情:"君"指殉情的雁,它侥幸脱网后,想想未来的路万水千山,层云暮雪,形孤影单,再无爱侣同甘共苦,生有何义?还不如共赴黄泉!诗人对殉情大雁的心理世界做了形象的描写,使读者不由得热血沸腾。

下片借助对自然景物的描绘,衬托大雁殉情后的凄苦:在孤雁长眠之处,当年汉武帝渡汾河祀汾阴,箫鼓喧闹,棹歌四起;而今平林漠漠,荒烟如织,箫鼓声绝,一派萧索。古与今,人与雁,让人更加感到鸿雁殉情的凄烈。然而,死者不能复生,招魂无济于事,山鬼也枉自悲鸣。这里,作者把写景与抒情融为一体,大大增加了悲剧气氛。

词的最后是作者对殉情鸿雁的礼赞:鸿雁之死,其境界之高,上天也会嫉妒,虽不能说重于泰山,也不能跟莺儿燕子死了一样同归黄土了事;它的美名将"千秋万古",永远被后世的文人骚客歌咏传颂。

全词围绕"情"字,以雁拟人,谱写了一曲凄恻动人的爱情悲歌,表达了词人对殉情者的哀思和对至情至爱的真情讴歌。

 **相关链接**

下面是《雁丘辞》的姊妹篇,也是广为传诵的佳作。

摸鱼儿

元好问

泰和中,大名民家小儿女,有以私情不如意赴水者,官为踪迹之,无见也。其后踏藕者得二尸水中,衣服仍可验,其事乃白。是岁,此陂荷花开,无不并蒂者。沁水梁国用,时为录事判官,为李用章内翰言如此。此曲以乐府《双蕖怨》命篇,"咀五色之灵芝,香生九窍;咽三清之瑞露,春动七情",韩偓《香奁集》中自序语。

问莲根,有丝多少?莲心知为谁苦。双花脉脉娇相向,只是旧家儿女。天已许,甚不教、白头生死鸳鸯浦。夕阳无语,算谢客烟中,湘妃江上,未是断肠处。

香奁梦,好在灵芝瑞露,人间俯仰今古。海枯石烂情缘在,幽恨不埋黄土。相思树,流年度,无端又被西风误。兰舟少住,怕载酒重来,红衣半落,狼藉卧风雨。

 **思考练习题**

1. 反复吟咏这首词,概括它的主题。

2. 作者为什么要讴歌大雁？

3. 讴歌爱情是人类亘古不变的文学主题，忠贞不渝的爱情让每一个人为之心动。试结合个人所知所闻谈谈你对爱情的追求或看法。

南吕·一枝花

杭州景

关汉卿

> 关汉卿，号已斋叟，生卒年不详，大约生于金末，卒于元成宗大德初年（约公元1300年前后），大都（今北京市）人，是我国最早最伟大的戏剧家，位居"元曲四大家"之首。他生活在社会极度黑暗的元代，多才多艺、能写会演、风流倜傥、豪爽侠义，是当时杂剧界的领袖人物。在其〔南吕·一枝花〕《不伏老》中，自称"通五音六律滑熟"，"我也会围棋、会蹴鞠、会打围、会插种、会歌舞、会吹弹、会咽作、会吟诗、会双陆"，"是个蒸不烂、煮不熟、捶不扁、炒不爆、响当当一粒铜碗豆"。
>
> 关汉卿著有杂剧60部，现仅存18部，其中曲白俱全者15部。他所作套曲10余套，小令50余首，数量超过了英国的戏剧家、"戏剧之父"莎士比亚，被称为中国的莎士比亚，其中《窦娥冤》被称为世界十大悲剧之一。1958年，世界和平理事会把关汉卿与达·芬奇等同列为世界文化名人，他的剧作被译为英文、法文、德文、日文等，在世界各地广泛传播。

〔一枝花〕普天下锦绣乡，环海内风流地。大元朝新附国，亡宋家旧华夷[1]。水秀山奇，一到处堪游戏。这答儿忒富贵[2]，满城中绣幕风帘，一哄地人烟凑集[3]。

〔梁州第七〕百十里街衢整齐，万余家楼阁参差，并无半答儿闲田地[4]。松轩竹径，药圃花蹊，茶园稻陌，竹坞梅溪。一陀儿一句诗题，一步儿一扇屏帏[5]。西盐场便似一带琼瑶，吴山色千叠翡翠。兀良[6]，望钱塘江万顷玻璃。更有清溪绿水，画船儿来往闲游戏。浙江亭紧相对[7]，相对着险岭高峰长怪石，堪羡堪题。

〔尾〕家家掩映渠流水，楼阁峥嵘出翠微，遥望西湖暮山势。看了这壁，觑了那壁，纵有丹青下不得笔[8]。

注释

[1] 亡宋家旧华夷：已经亡国的宋朝的繁华疆域。华夷：宋元时称国家的疆域为华夷，它包括了少数民族地区。

[2] 一到处：所到之处。这答儿：这地方。忒：很，太。

[3] 一哄地：形容热闹的样子。

[4] 半答儿：半片，半块。

[5] "一陀儿"二句：到处都有题诗，随处都可入画。
[6] 兀良：也作兀剌，表示指点或惊叹的语气词。
[7] 浙江亭：《乾道临安志》中说"浙江亭在钱塘旧治南，到县一十五里"。南宋时，每年八月，这里是观潮的胜地。
[8] "纵有"句：杭州山水之美非画笔所能描绘。丹青：绘画的颜料。

 导读

上有天堂，下有苏杭，杭州被人们视为人间天堂。在唐诗、宋词、元曲、明清小说中，大家把戏曲看作元代文学的骄傲。元曲中最伟大的作家用元代的北京话为我们歌唱风景如画的人间天堂，这就是关汉卿的散曲〔南吕·一枝花〕《杭州景》。散曲是金、元时期北方新兴的一种诗，由词发展而来，繁荣于元朝，而后贯穿明清两代。和词一样，散曲是合乐的长短句，每一首的句数、字数及每字的平仄都受格律限制。不同的是，散曲的句式比词更自由，音韵格律也较灵活，语言风格更自然、朴实、清新明快，特别是大量吸收民间方言俗语和口语，使它既保持了民歌的风格又定于诗词的韵味，雅俗共赏，深为广大民众所喜爱。散曲有小令和套数两种形式，小令是独立的只曲，套数则由几支或更多的宫调相同的只曲连缀而成。这支〔南吕·一枝花〕《杭州景》是一首三支曲的套数，其中"南吕"是宫调名，"一枝花"是首曲曲牌名，"杭州景"是这套曲的名字。

这套〔南吕·一枝花〕《杭州景》生动描绘了杭州城市山川的繁华富足和美不胜收，表达了作者对人间天堂的无比喜爱和赞叹，其间还隐隐流露出对江山更替、朝代兴亡的一丝感慨。

曲中写杭州的秀美风光与市井繁华，既概括又具体，有分有合。其中〔一枝花〕〔尾〕是总写，中间的〔梁州第七〕则分别写了杭州的市井、松轩、药圃、茶园、竹坞、钱塘潮等，全景与点景接替展现，层次分明。语言朴素自然，格调清新轻快，比喻精切生动，特别是口语的大量运用，更使本曲彰显出关汉卿的散曲质朴自然、通俗生动的特点，给人留下了很深的印象。

 相关链接

望海潮

柳永

东南形胜，三吴都会，钱塘自古繁华。烟柳画桥，风帘翠幕，参差十万人家。云树绕堤沙，怒涛卷霜雪，天堑无涯。市列珠玑，户盈罗绮，竞豪奢。

重湖叠巘清嘉，有三秋桂子，十里荷花。羌管弄晴，菱歌泛夜，嬉嬉钓叟莲娃。千骑拥高牙，乘醉听箫鼓，吟赏烟霞。异日图将好景，归去凤池夸。

思考练习题

1. 杭州是中国著名的旅游胜地,素有"人间天堂"的美誉。试分析这支套曲写出了杭州的哪些特点,表现了作者怎样的感情。
2. 这是一支套曲,是一种特殊的诗歌。谈谈你对这种诗歌的感受。
3. 熟读这支套曲,将其改写成现代散文。

再别康桥

徐志摩

> 徐志摩(1896—1931),1915年中学毕业,后学于沪江大学、北洋大学、北京大学。1918年赴美留学,就读于克拉克大学社会学系,次年入哥伦比亚大学研究院学习政治。1920入英国剑桥大学研究政治经济。旅英期间,开始写作新诗。1922年回国,任北京大学教授。1923年参加文学研究会,同时又与胡适等人成立新月社。1924年与胡适、陈源等创办《现代评论》周刊。1925年任北京《晨报》副刊主编。1928年与胡适、梁实秋等人创办《新月》月刊。1931年初创办《诗刊》,任主编。同年11月19日,因飞机失事遇难。

轻轻的我走了,
正如我轻轻的来;
我轻轻的招手,
作别西天的云彩。

那河畔的金柳,
是夕阳中的新娘;
波光里的艳影,
在我的心头荡漾。

软泥上的青荇,
油油的在水底招摇;
在康河的柔波里,
我甘心做一条水草!

那榆荫下的一潭,
不是清泉,是天上虹;
揉碎在浮藻间,

沉淀着彩虹似的梦。

寻梦？撑一支长篙，
向青草更青处漫溯，
满载一船星辉，
在星辉斑满里放歌。

但我不能放歌，
悄悄是别离的笙箫；
夏虫也为我沉默，
沉默是今晚的康桥！

悄悄的我走了，
正如我悄悄的来；
我挥一挥衣袖，
不带走一片云彩。

导读

  这首诗选自徐志摩的诗集《猛虎集》。《再别康桥》体现了诗人对剑桥大学非同一般的深厚感情，承载着诗人对知识城堡的俯首皈依、至诚歌咏之情。它是徐志摩诗作中最具传世价值的一首，也是中国新诗的经典之作。

  《再别康桥》显示了诗人对常规语言逻辑秩序的破坏与再创造能力。诗作中至少糅合了四种语言特点，有通俗晓畅的白话口语——"在康河的柔波里，我甘心做一条水草"；有飞扬的想象、诗化的语句——"揉碎在浮藻间，沉淀着彩虹似的梦"；有英文倒装句法的巧妙借用——"轻轻的我走了"，"沉默是今晚的康桥"；有古典诗词意象的挪用——"满载一船星辉，在星辉斑斓里放歌"，似从宋代词人张孝祥的一首《西江月》中"满载一船明月，平铺千里秋江"一句衍化而来，又透露出张若虚《春江花月夜》的些许气息，但徐的诗句更为明快、昂扬，浸润着理想的光辉。

  《再别康桥》的美还在于它本身所呈现出的诗行的整齐、节奏的优美、音节的和谐。首尾两段的句式、韵味基本一致，形成反复、回环之美；每节之间分别押 ang 韵、ao 韵等，读来极富乐感；辞藻的选用，多具亮丽的色泽。所有的技巧都使离情别绪控制在一个恰当的度内。可以说，徐志摩的诗从创作实践中体现了新月派另一中坚人物——闻一多后来所提出的理论主张，即著名的"三美"说："诗的实力不独包括音乐的美（音节）、绘画的美（辞藻），并且还有建筑的美（节的匀称和句的均齐）。"（闻一多《诗的格律》）

  徐志摩是中国诗坛的杰出代表，剑桥生活造就了这位浪漫的诗人，《再别康桥》则是诗人的真情回赠。

相关链接

徐志摩的人格魅力

诗人的志摩用不着我来多说,他那许多诗文便是估价他的天平。我们新诗的历史才是这样的短,恐怕他的判断人尚在我们儿孙辈的中间。我要谈的是诗人之外的志摩。人家说志摩的为人只是不经意的浪漫,志摩的诗全是抒情诗,这断语从不认识他的人听来可以说很公平,从他朋友们看来实在是对不起他。志摩是个很古怪的人,浪漫固然,但他人格里最精华的却是他对人的同情,和蔼,和优容;没有一个人,他对他不和蔼,没有一种人,他不能优容,没有一种的情感,他绝对地不能表同情。我不说了解,因为不是许多人爱说志摩最不解人情么?我说他的特点也就在这上头。

我们寻常人就爱说了解;能了解的我们便同情,不了解的我们便很落寞乃至于酷刻。表同情于我们能了解的,我们以为很适当;不表同情于我们不能了解的,我们也认为很公平。志摩则不然,了解与不了解,他并没有过分地夸张,他只知道温存、和平、体贴,只要他知道有感情的存在,无论出自何人,在何等情况下,他理智上认为适当与否,他全能表几分同情,他真能体会原谅他人与他自己不相同处。从不会刻薄地单支出严格的迫仄的道德的天平指摘凡是与他不同的人。他这样的温和,这样的优容,真能使许多人惭愧,我可以忠实地说,至少他要比我们多数的人伟大许多;他觉得人类各种的情感动作全有它不同的、价值放大了的人类的眼光,同情是不该只限于我们划定的范围内。他是对的,朋友们,归根说,我们能够懂得几个人?了解几桩事、几种情感?哪一桩事,哪一个人没有多面的看法!为此说来志摩的朋友之多,不是个可怪的事;凡是认得他的人,不论深浅对他全有特殊的感情,也是极为自然的结果。而反过来看他自己在他一生的过程中却是很少得着同情的。不止如是,他还曾为他的一点理想的愚诚几次几乎不见容于社会。但他却未曾为这个鄙吝他给他人的同情心,他的性情,不曾为受了刺激而转变刻薄暴戾过,谁能不承认他具有超人的宽量。

志摩的最动人的特点,是他那不可信的纯净的天真,对他的理想的愚诚,对艺术欣赏的认真,体会情感的切实,全是难能可贵到极点。他站在雨中等虹,他甘冒社会之大不韪争他的恋爱自由;他坐曲折的车到乡间去拜哈岱,他抛弃博士一类的引诱卷了书包到英国,只为要拜罗素做老师,他为了一种特异的境遇,一时特异的感动,从此在生命途中冒险,从此抛弃所有的旧业,只是尝试写几行新诗——这几年新诗尝试的运命并不太令人踊跃,冷嘲热骂只是家常便饭——他常走到几里路去采几茎花,费许多周折去看一个朋友说两句话;这些,还有许多,都不是我们寻常能够轻易了解的神秘。我说神秘,其实竟许是傻,是痴!事实上他只是比我们认真,虔诚到傻气,到痴!他愉快起来,他的快乐的翅膀可以碰得到天,他忧伤起来,他的悲戚是深得没有底。寻常评价的衡量在他手里失了效用,利害轻重他自有他的看法,纯是艺术的情感的脱离寻常的原则,所以往常人常听到朋友们说到他总爱带着嗟叹的口吻说:"那是志摩,你又有什么法子!"他真的是个怪人么？朋友们，不，一点都不是，他只是比我们近情，比我们热诚，比我们天真，比我们对万物都更有信仰，对神，对人，对灵，对自然，对艺术！

朋友们，我们失掉的不止是一个朋友，一个诗人，我们丢掉的是个急难得可爱的人格。（选自林徽因《悼志摩》）

思考练习题

1. 本诗表达了作者怎样的思想感情？
2. 试分析这首诗的主要抒情特点。
3. 本诗的艺术特色主要体现在哪些方面？

雨　巷

戴望舒

> 戴望舒（1905—1950），现代诗人和翻译家。1926年开始在《璎珞》旬刊发表诗歌。1930年参加"左联"。1932年《现代》月刊创刊，参与编辑工作，同时发表了许多作品，成为中国20世纪30年代"现代派"诗歌的重要代表。抗战爆发后，在香港主编《大公报》文艺副刊等，积极宣传抗日。1941年香港沦陷，曾因抗日罪名被捕入狱。新中国成立后，在国家新闻总署从事编译工作。其诗歌明显受到中国古典诗词和法国象征派诗歌的影响，追求朦胧的意象，强调情感表达的含蓄和语言形式上的韵律美感。早期诗歌主要有《我的记忆》《望舒草》《望舒诗稿》等诗集，大都局限于表露个人的感伤情绪；抗战开始特别是被捕后，其诗风发生很大的变化，《狱中题壁》《我用残损的手掌》《心愿》等诗篇表现出强烈的爱国主义激情。

撑着油纸伞，独自
彷徨在悠长，悠长
又寂寥的雨巷，
我希望逢着
一个丁香一样的
结着愁怨的姑娘。

她是有
丁香一样的颜色，
丁香一样的芬芳，
丁香一样的忧愁，
在雨中哀怨，

哀怨又彷徨;

她彷徨在这寂寥的雨巷,
撑着油纸伞
像我一样,
像我一样地
默默彳亍着[1],
冷漠,凄清,又惆怅。

她静默地走近
走近,又投出
太息一般的眼光[2],
她飘过
像梦一般的,
像梦一般的凄婉迷茫。

像梦中飘过
一枝丁香的,
我身旁飘过这女郎;
她静静地远了,远了,
到了颓圮的篱墙[3],
走尽这雨巷。

在雨的哀曲里,
消了她的颜色,
散了她的芬芳
消散了,甚至她的
太息般的眼光,
丁香般的惆怅。

撑着油纸伞,独自
彷徨在悠长,悠长
又寂寥的雨巷,
我希望飘过
一个丁香一样的
结着愁怨的姑娘。

[1] 彳亍（chì chù）：慢慢地走，走走停停。
[2] 太息：叹息。
[3] 坍圮（pǐ）：毁坏，倒塌。

这首诗选自《现代派诗选》。写于1928年，当时作者因宣传进步思想而受到通缉，被迫离开上海躲在乡下，在革命形势低潮时期，其个人情绪也正处于郁闷惆怅之中。本诗通过描绘"我"在"寂寥的雨巷"中独自彷徨和与丁香姑娘从期盼、相遇，到远去后思念的整个过程，委婉地抒发了作者因美好的理想匆匆闪现难再寻求而产生的哀怨、彷徨、惆怅、迷茫等复杂感受，反映出当时大革命失败后一部分青年知识分子真实的心理状态。

本诗在写作上具有突出的特色。一是朦胧含蓄的意象美。诗中最突出的意象是那个"丁愁一样的/结着愁怨的姑娘"，丁香姑娘正是诗人心目中那美好而又难以追求到的理想的象征。"悠长，悠长/又寂寥的雨巷"，正是当时黑暗阴沉、令人压抑、看不到出路的社会现实的写照。这些意象有着浓厚的象征色彩，又可作为生活中实指的人与场景来理解，因而使诗的内容朦胧含蓄，耐人寻味。二是格调清新的古典美。诗人以"丁香"喻愁，明显可以看出其受到中国古典诗词的影响。李商隐有"芭蕉不展丁香结，同向春风各自愁"的诗句，南唐李璟也有"丁香空结雨中愁"的诗句。除了"丁香"，还有"油纸伞""雨巷""篱墙"等均构成典型的诗意化的江南雨中景致，烘托出含蓄、深沉的情感氛围，使诗歌无论从形式还是内容上都体现出一种古典美的魅力。三是韵律和谐的音乐美。全诗采用自由体形式，押韵灵活，有的行行押韵，有的隔行押韵，有的押韵在句末的韵脚上，有的则又在句中隐含用韵。这种和古典诗歌不同的用韵方式在很大程度上是受法国象征派诗人魏尔伦的影响。加之诗中重叠、反复手法的大量运用，在结构上造成一种回环往复的艺术效果，产生出和谐的节奏和优美的韵律。

正是由于该诗独特的艺术魅力，作者因《雨巷》而一举成名，并由此获得了"雨巷诗人"的称号。

戴望舒的诗风

戴望舒的诗风大体上可以说是象征主义的，但它没有象征主义的神秘与晦涩，更非只是官能的游戏。戴望舒的诗是感情的，但不是感伤的。感伤是感情的矫饰虚伪，是感情的泛滥，戴诗里没有这样的东西。所以，在《望舒草》出版的那个时候，曾经有朋友说他的诗是象征派的形式，古典派的内容。杜衡也说戴诗很少架空的感情，铺张而不虚伪，华美而有法度，的确走的是诗歌的正路。

戴望舒是一个理想主义者，他对政治和爱情作理想主义的苦苦追求，但其结果，却又是双重的失望。在他的诗中，姑娘的形象往往寄寓着他的理想，而孤独的游子形象则往往是诗人自己。他的诗常常表现出游子追求理想的命定的徒劳，而这里的特点恰好又是对没有希望的理想付出全部的希望与真情。……他的成名作《雨巷》里的那位丁香一样的姑娘，显然受到命运的打击，但她没有乞求或颓唐，她是冷漠和高傲的，她仍然是那样的妩媚动人……诗人在这里坚持了人的尊严和顽强生命力的思想。人和理想，惶惶不安的人和无法实现的理想，这就是戴望舒诗的悲剧主题。（选自蓝棣之《现代诗的情感与形式》）

 **思考练习题**

1. 如何看待这首诗所表现的思想感情？
2. 诗中的"姑娘"是一个什么样的形象？
3. 试分析这首诗朦胧含蓄的抒情特点。
4. 试分析这首诗在音乐美方面的特点。

答友人

毛泽东

> 毛泽东（1893—1976），字润之，湖南湘潭人。伟大的马克思主义者、无产阶级革命家、中国共产党的领袖、中华人民共和国的缔造者。青年时代开始接受并传播马克思主义进步思想，1918年与蔡和森组织新民学会，创办《湘江评论》等革命刊物。1921年，出席中国共产党第一次全国代表大会。1927年发动秋收起义，在井冈山创立了第一个农村革命根据地。1935年遵义会议上，确立了其在党内的领导地位。1949年10月1日，主持开国大典，宣告中华人民共和国成立。1976年9月9日病逝。著有《毛泽东选集》《毛泽东文集》《毛泽东诗词》等。毛泽东不仅是中国人民的伟大领袖，也是一位杰出的诗人。他的诗词充满革命豪情，同时具有很强的艺术性，被广泛传颂，誉满海内外，影响深远。

九嶷山上白云飞[1]，帝子乘风下翠微[2]。
斑竹一枝千滴泪，红霞万朵百重衣。
洞庭波涌连天雪，长岛人歌动地诗[3]。
我欲因之梦寥廓[4]，芙蓉国里尽朝晖[5]。

注释

[1] 九嶷山：又名苍梧山，在湖南省南部宁远县城南60里。《史记·五帝本纪》载："舜践帝位三十九年，南巡狩，崩于苍梧之野，葬于江南九疑（即九嶷山）。"古代传说中，尧帝有二女，名娥皇、女英，同嫁舜帝。舜南游死于苍梧，即葬其地。二妃寻舜至湘江，悼念不已，泪滴竹上而成斑点，成为湘妃竹。所以下文有"斑竹一枝千滴泪"之句。

[2] 帝子：指娥皇与女英。传说中，她们是尧的女儿，舜的妻子。舜南巡死于九嶷山，她们俩追到湘江畔，"以涕撒竹，竹尽斑"，自沉湘江，死而为神。楚辞《九歌·湘夫人》首句为"帝子降兮北渚"。翠微：指青山。传说中九嶷山有娥皇峰与女英峰。

[3] 长岛：长沙橘子洲，代指长沙。

[4] 我欲因之梦寥廓：化用李白《梦游天姥吟留别》中"我欲因之梦吴越，一夜飞度镜湖月"句。

[5] 芙蓉国：五代谭用之《秋宿湘江遇雨》："秋风万里芙蓉国，暮雨千家薜荔村。"芙蓉国是芙蓉花到处盛开的地方。这里指湖南省。

导读

《答友人》这首诗是毛泽东写给青年时代办新民学会时的老友周世钊的，写出了作者对湘南的怀念和祝愿。友人即周世钊。本诗作者手迹原题为"答周世钊同学"，后改为"答友人"。周世钊（1897—1976），湖南宁乡人，是作者在湖南省立第一师范学校的同学，曾加入新民学会。新中国成立后与作者信件来往颇多，并有诗词唱和，时任湖南省副省长。在1961年12月26日作者给周的信中，在引用"秋风万里芙蓉国，暮雨千家薜荔村"（见本诗注[5]），"西南云气开衡岳，日夜江声下洞庭"（岳麓山联语）两联以后说："同志，你处在这样的环境中，岂不妙哉？"与本诗相呼应。

这首诗篇巧妙地将神话与现实紧密结合，用湖南省特有的古老而美丽的神话来衬托湖南的现实，使现实得到更加突出的表现。词语的色彩鲜明亮丽，使诗作更增添了审美效应。一方面，该诗古为今用，改变了两位女神愁苦的形象，使之与湖南大好形势相协调。这两位女神因思念死去的丈夫而以愁苦的形象进入到神话里。而毛泽东让"斑竹一枝千滴泪"成为她们对过去的回忆，使她们走出仙境，来到人间，开始了"红霞万朵百重衣"的生活，脸上浮现出舒展的笑容。另一方面，诗作改变了两位女神下凡的原因。之前仙女下凡多是寻找如意郎君，因为天上没有婚姻自由。而此诗中两位女神下凡却另有原因：湖南省掀起了祖国建设新高潮，民众掀起了诗歌写作的热潮，在党的阳光照耀下，湖南到处都盛开着芙蓉花。这样的生活环境，自然要比九嶷山的娥皇峰、女英峰要

"妙哉"得多了。把神话和现实有机地结合在一起，就更增加了这首诗的感人力量。

毛泽东诗词大气磅礴，具有雄浑豪放的突出风格。同时，由于有"白云""红霞""波涌""天雪""芙蓉""朝晖"等描写，借助大自然的丰富景致，巧妙地抒发了诗人的思想情怀，使得这首诗境界壮阔而又描写细腻，风格豪放而又抒情优美，独具特色。此外，点化艺术在诗中也时有所见，或化用诗句短语，或活用成语典故，古为今用，推陈出新，从而创造出新的艺术境界，产生了十分巧妙的艺术效果。

 **相关链接**

《答友人》写作背景

《答友人》，作于 1961 年，具体日期待考。当时，国内形势是严峻的，但毛泽东对前途充满信心。他用轻松、浪漫的笔调，将思乡之情同湘文化中的美丽传说，巧妙地融为一体。

1961 年，中国农村度过了关键的一年。1 月间，毛泽东在中共八届九中全会上，号召全党重视调查研究。不久，他认真听取浙江、湖南、广东三个调查组的汇报，并在广州主持制订了《人民公社工作条例（草案）》。3 月 22 日，中共中央工作会议通过了这个条例草案。同年 5、6 月间，中共中央在北京举行会议，取消了原草案对食堂和供给制的规定，形成条例的"修正草案"。毛泽东在会上对错误承担了主要责任。他说："违反客观事物的规律，要受惩罚，需要检讨。"《人民公社工作条例（修正草案）》的贯彻，在农村引起强烈的反响，农业开始复苏。

全国形势复苏，更引起诗人对故乡的向往和怀念。1961 年的某一天，乐天宇、李达、周世钊在一起闲谈。他们是毛泽东多年的好友。客人给乐天宇捎来九嶷山的斑竹。三人商定，送一支给毛泽东。另外，李达送一根斑竹毛笔，又写了一首咏九嶷山的诗词。周世钊送一幅内有东汉文学家蔡邕的文章的墨刻。乐天宇送一条幅，上有蔡邕《九嶷山铭》的复制品，还有乐天宇写的一首七律《九嶷山颂》。据有人考证，这就是毛泽东写作《答友人》的缘起。它以浓郁的浪漫色彩，寄托了诗人对故乡湖南的怀念、神往与祝愿。

同年 12 月 26 日，毛泽东在 68 岁生日给周世钊的信中说："'秋风万里芙蓉国，暮雨千家薜荔村。'同志，你处在这样的环境中，岂不妙哉？"这同样表达了作者的思乡之情。（选自李捷、闻郁《毛泽东诗词 50 首写作背景介绍》）

 **思考练习题**

1. 毛泽东诗词在抒情方面的特点。
2. "斑竹一枝千滴泪，红霞万朵百重衣。"运用了哪些修辞手法？有何表达效果？
3. 这些典故产生了怎样的作用？

相信未来

食指

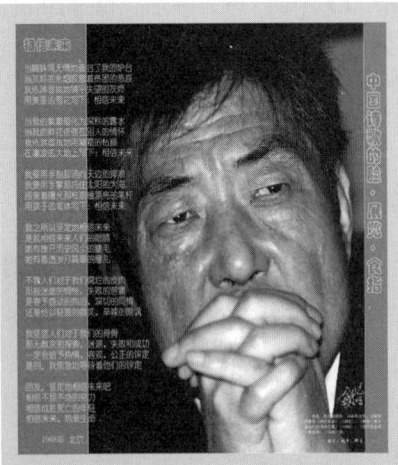

食指（1948—），原名郭路生，出生于河北，山东鱼台人。之所以取名为"食指"一是因为"食指"——时维元（母亲）"时之子"。二是因为"在中国，作为诗人，无论是写作还是生活都存在无形的压力。"但别人在背后的指指点点绝损伤不了一个人格健全的诗人。

他自幼爱好文学，深受马雅可夫斯基、普希金、莱蒙托夫等人诗歌的影响。长诗《海洋三部曲》第一节写于1964年，那一年，食指16岁。1967年，在一代人的迷惘与失望中，诗人以深情的歌唱写下了《再也掀不起波浪的海》和《给朋友》这首诗的后两节，那是一组催人泪下之作。1971年应征入伍，历任舟山警备区战士，北京光电研究所研究人员。职业作家。1982年开始发表作品。1997年加入中国作家协会。著有诗集《相信未来》(1988)、《食指·黑大春现代抒情诗合集》(1993)、《诗探索金库·食指卷》(1998)，诗歌《鱼儿三部曲》(1967)、《海洋三部曲》(1964)、《这是四点零八分的北京》(1968)、《人生舞台》(1989)、《疯狗》(1978)、《热爱生命》(1979)、《我的心》(1982)、《落叶与大地的对话》(1985—1986)等。

可以说食指的创作为一代诗人的崛起奠定了定向的基石。他被人们称为"新诗第一人"。无疑食指是一位填补了历史空白的优秀诗人。

当蜘蛛网无情地查封了我的炉台，
当灰烬的余烟叹息着贫困的悲哀，
我依然固执地铺平失望的灰烬，
用美丽的雪花写下：相信未来。

当我的紫葡萄化为深秋的露水，
当我的鲜花依偎在别人的情怀，
我依然固执地用凝霜的枯藤，
在凄凉的大地上写下：相信未来。

我要用手指那涌向天边的排浪，
我要用手撑那托起太阳的大海，

摇曳着曙光那枝温暖漂亮的笔杆,
用孩子的笔体写下:相信未来。

我之所以坚定地相信未来,
是我相信未来人们的眼睛——
她有拨开历史风尘的睫毛,
她有看透岁月篇章的瞳孔。

不管人们对于我们腐烂的皮肉,
那些迷途的惆怅、失败的苦痛,
是寄予感动的热泪、深切的同情,
还是给以轻蔑的微笑、辛辣的嘲讽。

我坚信人们对于我们的脊骨,
那无数次的探索、迷途、失败和成功,
一定会给予热情、客观、公正的评定,
是的,我焦急地等待着他们的评定。

朋友,坚定地相信未来吧,
相信不屈不挠的努力,
相信战胜死亡的年轻,
相信未来,热爱生命。

导读

  此诗写于1968年,1979年,作者又写了诗歌《热爱生命》,此诗堪称是《相信未来》的姊妹篇。它们影响了整个一代人,当年的许多知青,在生活极其艰难和理想接近破灭时,正是《相信未来》和《热爱生命》鼓励他们顽强地活下去。诗人以异乎寻常的坚毅、刚强、执著和热烈,以一种近于悲壮的口吻告诉我们,不管人生多么艰辛,不论命运多么坎坷,都必须越挫越奋,坚忍不拔,百折不回,忍辱负重,向命运挑战,实现生命的价值。这一切都昭示了诗人那崇高而严正的命题:"相信未来,热爱生命!"

  这首诗在意象的撷取上,有一个非常显著的特点,就是多选取那些带有丰富情感色彩的客观物象,如"蜘蛛网""灰烬的余烟""凝霜的枯藤""美丽的雪花""凄凉的大地""涌向天边的排浪"等。这些意象,看似信手拈来,实际上是诗人的真情弥漫,万象归怀;这些意象,借物载情,寓理于形,极具内质和张力,充分构筑了全诗的沉郁悲慨、深沉丰沛的思想和感情的内涵及独特的诗美空间。本诗体现了食指诗的一贯艺术风格:悲壮而不悲戚,凝重而不沉重,感慨而不感伤,迷惘而不迷惑,是痛苦中的呐喊,是滴血的呼唤,是含泪的微笑,是一曲顽强奋进的生命之歌!

 思考练习题

1. 大声朗读《相信未来》。
2. 读后请说说自己的看法。朗诵此诗，谈谈这首诗的精神内涵。
3. 食指的《相信未来》曾感动和温暖了一代人，你相信未来吗？
4. 模仿食指的《相信未来》的格式，写一首关于人生或未来的诗。

致橡树

舒婷

> 舒婷，原名龚佩瑜，当代女诗人，祖籍福建泉州，1952年生于福建石码镇，生长在厦门。1969年初中未毕业即"插队落户"，同年开始写作。1972年返城当年开始发表诗歌作品。回城后当过多种临时工：水泥工、挡车工、浆纱工、焊锡工。1979年在民间刊物《今天》发表诗作，同年在《诗刊》正式发表作品。1980年《福建文艺》编辑部对她的作品展开近一年的讨论，讨论涉及新诗的一系列根本性问题。1981年进入福建省文联进行专业创作，现为中国作协理事、作协福建分会副主席，两次获全国性诗歌奖。1982年出版诗集《双桅工船》和《舒婷、顾城抒情诗选》。1986年出版《会唱歌的鸢尾花》《始祖鸟》，散文集《心烟》等。

我如果爱你——
绝不像攀援的凌霄花，
借你的高枝炫耀自己；
我如果爱你——
绝不学痴情的鸟儿，
为绿荫重复单调的歌曲；
也不止像泉源，
长年送来清凉的慰藉；
也不止像险峰，
增加你的高度，衬托你的威仪。
甚至日光。
甚至春雨。

不，这些都还不够！
我必须是你近旁的一株木棉，
作为树的形象和你站在一起。

根,紧握在地下;
叶,相触在云里。
每一阵风过,
我们都互相致意,
但没有人,
听懂我们的言语。
你有你的铜枝铁干,
像刀、像剑,也像戟;
我有我红硕的花朵,
像沉重的叹息,
又像英勇的火炬。

我们分担寒潮、风雷、霹雳;
我们共享雾霭、流岚、虹霓。
仿佛永远分离,
却又终身相依。
这才是伟大的爱情,
坚贞就在这里:
爱——
不仅爱你伟岸的身躯,
也爱你坚持的位置,
足下的土地。

 **导读**

  舒婷的诗蕴含了一种崭新的思考方式和情感特征而受到评论界的肯定。她用诗歌唤起人们对独立价值的肯定和对个体生命的珍爱。

  《致橡树》是舒婷的代表作,诗歌以爱情的表现形式,呼唤着自我的独立人格——"我必须是你近旁的一株木棉,/作为树的形象和你站在一起。"诗人通过一系列意象表达了新时代的爱情观,即男女平等,互帮互助。两人既终身相依,又有各自独立的人格。

  《致橡树》是一首优美、深沉的抒情诗。它所表达的爱,不仅是纯真的、炙热的,而且是高尚的、伟大的。它像一支古老而又清新的歌曲,拨动着人们的心弦。诗人假托木棉,通过木棉对橡树的独白,表达了现代女性全新的爱情理念。比肩而立、各自以独立的姿态深情相对的橡树和木棉,可以说是我国爱情诗中一组崭新的象征形象。这组形象的树立,不仅否定了老旧的"青藤缠树""夫贵妻荣"式的以人身依附为根基的两性关系,同时,也超越了牺牲自我、只注重相互给予的互爱原则,它完美地体现了富于人文精神的现代爱情品格：真诚、高尚的互爱应以不舍弃各自独立的位置与人格为前提。这是新时代的人格在爱情观念上对前辈的大跨度的超越。

在艺术表现上，诗歌采用了内心独白的抒情方式，便于坦诚、开朗地直抒诗人的心灵世界；同时，以整体象征的手法构造意象（全诗以橡树、木棉的整体形象对应地象征爱情双方的独立人格和真挚爱情），使得哲理性很强的思想、意念在亲切可感的形象中生发、诗化，因而这首富于理性气质的诗使人觉不到任何说教意味，而只是被其中丰美动人的形象所征服。

舒婷与朦胧诗

比较而言，舒婷的诗在整个"朦胧诗"中最富于浪漫气息，这可能也是她的作品在在青年读者中影响最大的原因。同时她也在抒情方式中自觉地融入了一些现代主义的技巧，比如她经常运用象征主义手法，以个性化的感觉来凝聚意象，以隐喻的言辞来营造诗的精神境界。《致橡树》里以"树"的意象，《双桅船》里以"船"和"岸"的意象，都在表达中留下阐释的空间，贴近于一种主观的个体生存经验。在另外一些短诗中，她在诗艺上的探索更为明显，如《路遇》："凤凰树突然倾斜/自行车的铃声悬浮在空间/地球正飞速地倒转/回到十年前的那一夜。"由感觉上的联想创造独特的时空体验。又如《四月的黄昏》里则有"通感"的转化，能听到"旋律"的色彩，看到旋律的游移、低回，在灵魂里听到回响。对"通感"的运用使诗更加富有了多层次的含义，也更富有个性的生动气韵。总之，在舒婷的诗中，各种主观性的象征俯拾皆是，意象之间的组合由主体感觉的变化而任意多样，这其实都不仅仅是使诗的语言空间得到了拓展，而且也是凸显出了诗人心灵中强烈的自我色彩。（选自陈思和《中国当代文学史教程》）

1．全诗采用了整体象征的手法构造意象，以橡树、木棉的整体形象对应地象征爱情双方的独立人格和真挚爱情。结合诗作，分析这种手法的表达效果。

2．体会诗中"铜枝铁干""红硕的花朵""凌霄花""险峰""木棉"的象征寓意及表情达意的艺术效果。

3．赏析下面诗句的抒情色彩：
我们分担寒潮、风雷、霹雳；
我们共享雾霭、流岚、虹霓。
仿佛永远分离，
却又终身相依。

第二单元　漫笔随心

散文的特点与欣赏

散文是一种最为自由、与人们的现实生活联系最为密切的文学样式。作为文体，古代的散文概念与韵文相对，泛指不需要押韵、不讲对仗的各类散体文章，涵盖范围极广。而现代意义上的散文，则是与诗歌、小说、戏剧并列的一种文体，即以生动自然的语言、灵活自由的形式叙写作者的真实见闻、经历与思想感受的文学性较强的文章形式。

现代意义上的散文概念经严格的界定，其范围不再像古代那样宽泛，但散文内部仍可划分出多种类型。通常，散文按表达方式的不同可分为三种：一是记叙性散文，这类散文以记人、叙事、写景、状物为主要内容，通过对人物的描写和事件的叙述来表现作者的思想感情，如《郑伯克段于鄢》《垓下之围》《苏武传》等；二是抒情性散文，这类散文以抒写作者的主观感受和情怀为主要内容，如《听听那冷雨》《怀念萧珊》等；三是议论性散文，这类散文以阐发议论、说明事理为主要内容，通过形象生动的语言来表达作者的真知灼见，往往给人思想的启示，如《我的世界观》《海殇后的沉思》《读书与书籍》等。

散文是一种最为常见的文学样式，之所以深受许多人喜爱，其原因就在于它有着其他文学体裁所不具备的突出特点。

第一，内容的真实性和广泛性。文学是想象的艺术，文学作品缩写的内容并不完全等同于现实生活，但散文与其他文学样式有很大区别。作为文学作品，散文虽然也要借助于作家的想象，运用形象化的表现技巧与手法，融入作家个性化的体验与创造，但是，在表现内容上，散文不像诗歌那样可极度夸张地抒发感情，也不像小说、戏剧那样虚构离奇的故事情节，而是更多地强调真实性。正如作家吴伯箫所说："说真话，叙事实，写实物、实情，这仿佛是散文的传统，古代散文是这样，现代散文也是这样。"我们读《苏武传》会为苏武的人格和精神所感染，读《怀念萧珊》会禁不住对萧珊的善良和不幸产生同情，很大程度上就是因其内容的真实。真实是散文的生命，能够使散文产生其他文体所不具有的独特魅力。除了真实性之外，散文在表现内容上也较少受到限制。一般来说，诗歌注重抒情，小说侧重叙事，戏剧擅长角色的塑造，而散文既可以着重抒情也可以侧重议论，既可以着重记人也可以侧重叙事，古往今来、人间世事、社会风情、自然万象、宇宙变化等无不可以用散文来表现。多读一些各种类型的散文就如同读百科全书一般，可以使我们从中获得关于自然、社会、人生的丰富的知识和经验。

第二，形式的灵活性和自由性。散文是各种文学形式中最为灵活、最为自由的一种文体。作家梁秋实就曾说过:"散文是没有一定的格式的,是最自由的。"散文的自由性特点突出体现在它的"散"。一篇散文看上去往往文字散漫,信笔写来,随即成章,没有成法。当然,散文不是越散越好、随便乱写,也要讲究立意构思、章法布局等,但它不像诗歌那样要讲究对仗押韵,不像小说那样要考虑情节吸引人,也不像戏剧那样要强调人物语言的动作性,它在形式上的严格要求较少。或描写、或叙述、或抒情、或议论、或说明,其手法之灵活,形式之多样,是任何文体都不能与之相比的。散文的结构也无固定模式,篇幅字数没有多与少的限制,句子可长可短,行文散放随意、不拘一格。正因为其灵活自由的特点,散文的形式是最为多样化的:既有《论语》《孟子》这样的先秦诸子散文,也有《郑伯克段于鄢》《冯谖客孟尝君》这样的先秦历史散文;既有《老子》《至乐》这样的哲理散文,也有《人间词话》《精进的程序》这样的文论散文;既有《苏武传》这样的长篇传文,也有《豁然堂记》《弈喻》这样的明清小品;既有《谏逐客书》这样的上书,也有《赠与今年的大学毕业生》这样的演讲;既有《听听那冷雨》这样文采与抒情兼善的美文,也有《海殇后的沉思》《读书与书籍》这样的长于理性思辨之作。它们虽然形式各样,但都具有很高的文学欣赏价值,不愧为散文中的名篇佳作。

第三,语言的生动性和丰富性。散文语言本色自然,贴近现实生活,与生活中日常语言非常接近,读来给人以亲切之感。但散文语言又不完全等同于生活语言,更加突出文学性,讲究文字的凝练蕴藉,注重语言的表现力和感染力,写景要形象,叙事应生动,抒情须感人,议论则更富有哲理或充满理趣。一片优美的散文甚至在音韵节奏、声调变化方面都极为讲究。有了生动形象的语言,表现内容即使是抽象的哲理,往往也可以成为妙趣横生的美文。例如《庄子》既是哲学著作又是散文经典之作,极有代表性。散文语言具有其他文体所难以具备的优势,同时它又可以借鉴其他文体的语言特长,引诗入文,学习戏剧语言的个性化技巧等来为其所用,使语言及语言表现手段更加丰富。因此,欣赏优秀的散文作品也是我们学习语言、增加语言修养、提高语言表达能力和写作水平的一个重要途径。

高尔基在《谈谈我怎样学习写作》中曾说过:"在我看来写散文要比写诗还难,它需要特别敏锐的眼力,需要有洞察力,要能看到和发现别人所没有看到的东西,还需要有某种文字上的异常严密而有力的词句。"好的散文的确不是轻易就可以写出的,而作为读者要想真正理解一篇优秀作品的内涵,成为作家的知音,同样不是一件轻而易举的事情,需要掌握一些欣赏散文的具体方法。

1. 理清线索,领会作者的巧妙构思

表面来看,散文是零散、琐碎、杂乱无章的,但看似随意的材料实际都围绕着一定的线索展开,散乱随意的表面现象之下往往潜藏着作者巧妙构思、精心布局的苦心。因此,欣赏散文首要先找出文章的线索,这样才能理清文章思路,领会具体内容和作者构思的特点。如《听听那冷雨》一文是围绕"冷雨"这一线索展开,写了作者独自在春寒料峭的冷雨中"听雨""观雨""嗅雨"的感受。在一般作家或诗人笔下"润物细无声""润如酥"、暖色调的春雨,在余光中的感觉中却是料料峭峭、凄凄切切、完全冷的色调，文章正是通过对春雨"冷"的感受的细致描绘，抒发了作者因久别故土多年却不能回归而产生的孤寂凄凉的伤感之情。抓住了线索，这篇文章立意新颖、构思巧妙之处也就不难领会。文章的线索有多种，有的以感情变化为线索，有的以事件发展为线索，有的以人物为线索，有的以客观事物为线索，还有的是以认识过程或逻辑层次为线索，欣赏散文时应根据情况来做具体分析。

2. 把握主题，理解作品的思想内涵

任何散文，不论是记人、叙事，还是写景、抒情等，最终都是为了表达作者的思想和感受。我们常说散文"形散而神聚"，形式上显得散乱的文字实际上都围绕着一个中心，这里的"聚"指的就是文章的中心内容，或者说文章主题。它是蕴含于作品中的作者的思想，或是通过描写、记叙所揭示出的深刻哲理。把握了主题就等于抓住了散文的灵魂和精髓，它是欣赏散文的关键。由于散文的写法灵活、形式多样，欣赏者对作品主题的把握也要视具体情况而采用不同的方法。有的可从文题上得到提示，如《弈喻》通过文题中的"喻"字透露出文章棋喻人生哲理的主题；有的可从文中线索上得到暗示，如苏轼的《前赤壁赋》由乐而悲、由悲复喜的感情发展线索正显示出作者当时矛盾复杂的内心世界；有的可从文中所写人物的主要性格特征方面进行认识，如由《苏武传》文中所刻画的苏武的突出个性可以看出作者对"富贵不能淫，威武不能屈"、坚守节操、忠心报国的英雄主义和爱国主义精神的歌颂；有的可从揭示作品思想内涵的文眼上得以确认，如《豁然堂记》中"其豁与不豁，一间耳，而私一己、公万物之几系焉"一句正是理解该文主题的关键。

3. 区分体裁，感受散文的不同特色

散文的体裁类型不同，欣赏的方法也有所区别。抒情性散文较多采用借景抒情、咏物抒怀等手法来表现作者的思想感情。如《听听那冷雨》开头便向读者描绘出一个游子在迷宫式的凄冷雨巷中踽踽独行的意境，以此表现作者思念祖国大陆却欲归不能的感伤情怀。欣赏这类散文，读者要善于发挥想象和联想，透过语言文字表面去领略其中的意境美。记叙性散文多是通过对人物与事件的描绘表现作者对社会得认识和对人生的态度、看法，如《郑伯克段于鄢》《苏武传》等。欣赏这类散文，读者应注意作品的叙事特点、人物个性以及人物刻画的技巧等。如《郑伯克段于鄢》详写兄弟二人的暗中争斗而略写战争场面，人物刻画善用细节描写和对比映衬手法使其个性鲜明，表现得非常突出。议论性散文主要是论事说理，通过有条有理的分析论述来说明事物的特点和规律，揭示社会现象的本质，表现作者独到的思想和见解。如《海殇后的沉思》就是通过对印度洋海啸事件进行科学分析和理性反思，深入探讨海啸灾难产生的原因，表现了作者对人类生存环境日益失衡的关切，体现出强烈的忧患意识和使命感。欣赏这类散文，应着重体会作品的思辨力和启示性，以及作者提出问题的独到眼光、论述问题的思路和方式等。读者可以打开思维的翅膀，随作者一起积极思考，让观点与观点交锋，思想与思想交流，碰撞出灵感与智慧的火花。经过这样一番沙里淘金般的甄别筛选之后，读者不仅会欣赏到作品中真正有价值的精华，而且可使自己的思考能力和思想水平得到提高。

4. 品味语言，欣赏不同作者的不同风格

　　散文写法上的自由灵活，使它充分显示出不同作家的艺术特色，因而有许多优秀的散文作品因作家的不同而呈现出各自独特的语言风格。我国古代散文欣赏中，常说秦文雄奇、汉文醇厚、韩（愈）如海、柳（宗元）如泉、苏（轼）如潮、欧（阳修）如澜，这些都是对古代散文家的艺术风格所作的概括。现代散文作家也都各有其突出的个性，如胡适的浅近生动，巴金的朴实自然，老舍的活泼风趣，朱光潜的准确严谨，余光中的清新优美等。欣赏散文，应重视从品味语言入手来体会不同作家的艺术风格。对其艺术风格的准确把握，有助于我们对作品的思想内容、艺术特色进行更深入更全面的理解，从而更好地获得美的享受，同时准确把握艺术风格也标志着散文欣赏能力和欣赏水平的提高。

《论语》五则

孔子

　　孔子（公元前551年—公元前479年）名丘，字仲尼，在家族中年龄排行第二，故也有人称其为孔老二，春秋时鲁国陬邑人，汉族，享年73岁，葬于曲阜城北泗水南岸即今日孔林所在地，是我国历史上伟大的思想家、教育家。

　　《论语》首创语录体。汉语文章的典范性也发源于此。儒家（在春秋战国时期与墨家对立）创始人孔子的政治思想核心是"仁""礼"和"中庸"。《论语》主要是记录春秋时期孔子及其弟子言行的一部书。《论语》的语言简洁精炼，含义深刻，其中有许多言论至今仍被世人视为至理。《论语》以记言为主，"论"是论纂的意思，"语"是话语。《论语》成书于众手，记述者有孔子的弟子，有孔子的再传弟子，也有孔门以外的人，但以孔门弟子为主，《论语》是记录孔子和他的弟子言行的书。作为一部优秀的语录体散文集，它以言简意赅、含蓄隽永的语言，记述了孔子的言论。《论语》中所记孔子循循善诱的教诲之言，或简单应答、点到即止，或启发论辩、侃侃而谈，富于变化，娓娓动人。

一

　　子曰："吾十有[1]五而志于学，三十而立[2]，四十而不惑[3]，五十而知天命[4]，六十而耳顺[5]，七十而从心所欲，不逾矩[6]。"

[1]　有：同"又"。

[2]　立：站得住的意思。

[3] 不惑：掌握了知识，不被外界事物迷惑。
[4] 天命：指不能为人力所支配的事情。
[5] 耳顺：对此有多种解释。一般而言，指对那些于己不利的意见也能正确对待。
[6] 从心所欲，不逾矩：从，遵从的意思；逾，越过；矩，规矩。

二

子曰："富与贵，是人之所欲也，不以其道得之，不处也；贫与贱，是人之所恶也，不以其道得之，不去也。君子去仁，恶乎成名？君子无终食之间违仁，造次必于是，颠沛必于是。"

三

樊迟问知[1]，子曰："务[2]民之义[3]，敬鬼神而远之，可谓知矣。"问仁，曰："仁者先难而后获，可谓仁矣。"

注释

[1] 知：音 zhì，同"智"。
[2] 务：从事、致力于。
[3] 义：专用力于人道之所宜。

四

或曰："以德报怨，何如？"子曰："何以报德？以直报怨，以德报德。"

五

子曰："小子何莫学夫诗。诗，可以兴[1]，可以观[2]，可以群[3]，可以怨[4]。迩[5]之事父，远之事君；多识于鸟兽草木之名。"

注释

[1] 兴：激发感情的意思。一说是诗的比兴。
[2] 观：观察了解天地万物与人间万象。
[3] 群：合群。
[4] 怨：讽谏上级，怨而不怒。
[5] 迩：音 ěr，近。

导读

　　关于如何做人。《论语》作为一部涉及人类生活诸多方面的儒家经典著作，许多篇章谈到做人的问题，这对当代人具有借鉴意义。

　　其一，做人要正直磊落。孔子认为："人之生也直，罔之生也幸而免。"（《雍也》）在孔子看来，一个人要正直，只有正直才能光明磊落。然而我们的生活中不正直的人也能生存，但那只是靠侥幸而避免了灾祸。按事物发展的逻辑推理，这种靠侥幸避免灾祸的人迟早要跌跟斗。

　　其二，做人要重视"仁德"。这是孔子在做人问题上强调最多的问题之一。在孔子看来，仁德是做人的根本，是处于第一位的。孔子说："弟子，入则孝，出则悌，谨而信，泛爱众，而亲仁。行有余力，则以学文。"（《学而》）又曰："人而不仁，如礼何？人而不仁，如乐何？"（《八佾》）这说明只有在仁德的基础上做学问、学礼乐才有意义。孔子还认为，只有仁德的人才能无私地对待别人，才能得到人们的称颂。子曰："唯仁者能好人，能恶人。"（《里仁》）"齐景公有马千驷，死之日，民无德而称焉。伯夷、叔齐饿于首阳之下，民到于今称之。"（《季氏》）这都充分说明了仁德的价值和力量。

　　那么怎样才能算仁呢？颜渊问仁，子曰："克己复礼为仁。一日克己复礼，天下归仁焉。"（《颜渊》）也就是说，只有克制自己，让言行符合礼就是仁德了。一旦做到言行符合礼，天下的人就会赞许你为仁人了。可见"仁"不是先天就有的，而是后天"修身""克己"的结果。当然孔子还提出仁德的外在标准，这就是"刚、毅、木、讷近仁"（《子路》），即刚强、果断、质朴、语言谦虚的人接近于仁德。同时他还提出实践仁德的五项标准："恭、宽、信、敏、惠"（《阳货》），即恭谨、宽厚、信实、勤敏、慈惠。他说，对人恭谨就不会招致侮辱，待人宽厚就会得到大家拥护，交往信实别人就会信任，做事勤敏就会取得成功，给人慈惠就能够很好地使唤民众。孔子说能实行这五种美德者，就可算是仁了。当然，在孔子看来要想完全达到仁是极不容易的，所以他教人追求仁德的方法，那就是"博学于文，约之以礼，亦可以弗畔矣夫"（《颜渊》）。即广泛地学习文化典籍，用礼约束自己的行为，这样就可以不背离正道了。同时也要重视向仁德的人学习，用仁德的人来帮助培养仁德，而仁德的人应该是自己站得住，也使别人站得住，自己希望达到也帮助别人达到，凡事能推己及人的人，即"己欲立而立人，己欲达而达人。能近取譬，可谓仁之方也已"（《雍也》）。

　　其三，做人要重视修养的全面发展。曾子曰："吾日三省吾身，为人谋而不忠乎？与朋友交而不信乎？传不习乎？"（《学而》）即"我每天都要再三反省自己，帮助别人办事是否尽心竭力了呢？与朋友交往是否讲信用了？老师传授的学业是否温习了呢？"这强调了从自身出发修养品德的重要性。在此基础上，孔子强调做人还要重视全面发展。子曰："志于道，据于德，依于仁，游于艺。"（《述而》）即志向在于道，根据在于德，凭借在于仁，活动在于六艺（礼、乐、射、御、书、数），只有这样才能真正地做人。

那么孔子为什么强调做人要全面发展呢？这里体现了孔子对人的社会性的认识，以及个人修养的相互制约作用，他说："举于诗，立于礼，成于乐。"（《泰伯》）即诗歌可以振奋人的精神，礼节可以坚定人的情操，音乐可以促进人们事业的成功。所以，对于个人修养来说，全面发展显得极为重要。

关于君子人格的塑造。《论语》许多篇幅谈及君子，但这里的君子是一个广义概念，重在强调一种人格的追求，教人做一个不同于平凡的人。为实现这一目的，《论语》提出了君子的言行标准及道德修养要求。

其一，"君子不器"。孔子认为作为君子必须具备多种才能，不能只像器具一样，而应"义以为质，礼以行之，孙以出之，信以成之"（《卫灵公》）。也就是说，君子应以道义作为做人的根本，按礼仪来实行，用谦逊来表达它，用忠诚来完成它，否则就谈不上君子。

其二，君子要重视自我修养。子曰："富与贵，是人之所欲也，不以其道得之，不处也。贫与贱，是人之所恶也，不以其道得之，不去也。君子去仁，恶乎成名？君子无终食之间违仁，造次必于是，颠沛必于是。"（《里仁》）在孔子看来，作为君子就必须重视仁德修养，不论在任何条件下，都不能离开仁德。同时曾子认为，君子重视仁德修养还必须注意三个方面的规范：一是"动容貌，斯远暴慢矣"；二是"正颜色，斯近信矣"；三是，"出辞气，斯远鄙倍矣"（《泰伯》）。也就是说，君子要严肃自己的容貌，端正自己的脸色，注意自己的言辞。只有这样才能使人对你尊敬、信任、温和。同时，孔子还认为"君子泰而不骄"（《子路》），"君子矜而不争，群而不党"（《卫灵公》），"君子病无能焉，不病人之不己知也"（《卫灵公》），"君子疾得世而名不称焉"（《卫灵公》），"君子求诸己，小人求诸人"（《卫灵公》），即作为君子应心境安宁而不傲慢，态度庄重而不与人争吵，能合群而不结党营私，君子要重视提高自己，在有生之年对社会多做贡献。只有这样才能称得上君子的修养。

其三，君子要处处严格要求自己。孔子认为，君子除了自我修养外，还要重视用"戒、畏、思"几项标准严格要求自己。子曰："君子有三戒：少之时，血气未定，戒之在色；及其壮也，血气方刚，戒之在斗；及其老也，血气既衰，戒之在得。""君子有三畏：畏天命，畏大人，畏圣人之言。""君子有九思：视思明，听思聪，色思温，貌思恭，言思忠，事思敬，疑思问，忿思难，见得思义。"（《季氏》）这些思想从不同角度提出了对君子的要求，概括起来有三点：一是要随时注意戒除个人的欲念；二是处事中要有敬畏之心，防止肆无忌惮；三是认真处理，随时严格要求自己。

其四，君子要重义避利，追求道义。孔子认为，君子和小人之间的差别还在于具有不同的生活态度和不同的人生追求。他认为："君子喻于义，小人喻于利。"（《里仁》）"君子谋道不谋食。""君子忧道不忧贫。"（《卫灵公》）"君子怀德，小人怀土；君子怀刑，小人怀惠。"（《里仁》）也就是说，作为君子只有重视道义，追求道义，才能与小人区别，才能真正体现君子的精神。同时，孔子还认为，君子必须言行一致，表里如一，即"君子欲讷于言，而敏于行"（《里仁》），"先行其言而后从之"（《为政》）。

其五，君子不党。孔子认为，君子之间的交往应该做到"周而不比"，"君子周而不比，小人比而不周"（《论语·子路》），同时还要"和而不同"，"君子和而不同，小人同而不和"（《论语·子路》）。不是简单地相加，而是一种和谐的共生关系，"君子矜而不争，群而不党"。

关于学习。《论语》中关于学习的思想在古今中外的教育史上具有重要的地位，值得今人借鉴。这些思想概括起来主要有以下几点：

（1）关于学习的态度。孔子认为，追求学问首先在于爱学、乐学，这是关键。子曰："知之者不如好之者，好之者不如乐之者。"（《雍也》）即真正爱好它的人，为它而快乐的人才能真正学好它。孔子赞扬的颜渊就有这种发愤好学的乐观精神，"一箪食，一瓢饮，在陋巷，人不堪其忧，回也不改其乐"（《雍也》）。其次，要"默而识之，学而不厌"（《述而》），即学习要有踏踏实实的精神，默默地记住学到的知识，努力学习而不满足。再者，专心致志，知难而进。子曰："士志于道，而耻恶衣恶食者，未足与议也。"（《里仁》）读书的人要立志于追求道义、真理，要专心致志，不要为世俗所累。同时，他还认为追求学问是一个艰难的过程，要敢于知难而进，"力不足者，中道而废，今女画"（《雍也》）。针对冉求在学习问题上认为自己能力不够的思想，孔子认为所谓能力不够的人，是走在中途就停止下来，现在以能力不够画地自限，实际上是没有坚持到底的缘故。在这里孔子勉励冉求要知难而进，只有这样才能得道。事实上孔子自己就是"发愤忘食，乐以忘忧，不知老之将至"（《述而》）的人。最后，要虚心求教，不耻下问。子曰："三人行，必有我师焉。择其善者而从之，其不善者而改之。"（《述而》）这说明学无常师，作为人应随时随地注意向他人学习，取人之长，补己之短。同时，孔子提倡和赞扬"敏而好学，不耻下问"的学习精神，"见贤思齐焉，见不贤而内自省也"（《里仁》）体现了孔子严谨的治学态度。

（2）关于学习的方法。孔子在和弟子的交谈中多处提及学习方法问题，最著名的莫过于"学而时习之，不亦说乎"（《学而》），"温故而知新，可以为师矣"（《为政》）。与此同时，孔子还特别强调学思结合，勇于实践。他说："学而不思则罔，思而不学则殆。"（《为政》）只读书而不思考就会感到迷惑，只是空想而不读书就会精神疲殆。要求人们把学习积累和钻研思考相结合，不能偏废。另外，孔子还非常重视精益求精，"如切如磋，如琢如磨"，反对一知半解，浅尝辄止。

（3）关于学习的内容。孔子主张学习要博，要广，不能偏颇、单一。他提出要用四种东西作为自己的学习纲要，这就是"文，行，忠，信"（《述而》），即文化知识、品德修养、忠诚笃厚、坚守信约。这四项内容对于自己和别人都具有重要意义。孔子在重视博学的同时，也强调学习要抓根本的东西，子曰："赐也，女以予为多学而识之者与？"对曰："然，非与？"曰："非也，予一以贯之。"这里孔子在回答子贡的问题时，说明自己的"多学"是相对的，在多学的基础上，他是用一个道理来贯穿自己的学说的，这个道理就是学习的根本，学习重在抓住根本。这里孔子间接地说明了博与精的关系，值得借鉴。

（4）关于学习的目的。孔子认为，学习必须有明确的目的，但重点在于"学以致用"。子曰："诵《诗》三百，授之以政，不达；使于四方，不能专对；虽多，亦奚以为？"（《子路》）意为：熟读《诗经》三百篇，交给他政治任务，却办不成；派他出使到外国，又不能独立作出应对；这样，虽然书读得很多，又有什么用处呢？又说："德之不修，学之不讲，闻义不能徙，不善不能改，是吾忧也。"（《述而》）也就是说，品德不去修养，学问不去讲习，听到正义的事不能去做，有错误不能改正，也就是理论和实际不能结合，这才是我们忧虑的。由此可见，读书的目的，不在于死记书本，而在于应用，在于实践，在于"举一反三"地灵活运用知识。关于这一思想，在孔子的学生子夏的思想中也表现出来了。子夏曰："仕而优则学，学而优则仕。"（《子张》）也就是说当官时有余力就应该学习，学习后有余力就可以做官。这一思想实质上也体现了学与用的关系，要想当好官必须学习，学习的目的应是更好地当官，这体现了学习与应用的关系，也体现了孔子办私学的目的，即通过教育培养德才兼备的人才，让他们直接登上政治舞台或作教师培养政治人才。当然在孔子看来，学习的目的也在于对道义、真理的追求，"士志于道"，"朝闻道，夕死可矣"（《里仁》）。

 **相关链接**

许多民族都有独特的智慧，许多民族都有曾经的辉煌，他们也都会有自己引以为荣的黄金时代。因此，当他们打开国门，放眼天下，自立于世界民族之林时，不会因精彩纷呈而眼花缭乱，不会因变化万千而张皇失措，也不会因日新月异而妄自菲薄。因为他们有自己的根，有自己源远流长和不可替代的文化，有自己的精神支柱。

我们民族也不例外。春秋战国，就是我们辉煌的时代；诸子百家，就是我们智慧的结晶；而先秦诸子的百家争鸣，则是我们民族历史上的华彩乐章。

因此我们在这里节选了一部分诸子的作品，这是一些脍炙人口的故事，这是一些仍在闪光的思想，这是一些难以忘却的情怀，这也是一场历时五百多年之久的跨世纪大辩论，儒墨争雄，儒道争锋，儒法争用，可谓纵横捭阖，机锋迭起，智慧纷呈，展现出了无穷的魅力，留下了宝贵的思想文化遗产，留下了建设家园的美好理想、应对变革的思想资源、凝聚民心的价值体系、指导人生的智慧结晶，让我们受益至今。

孔子是诸子百家第一人，也是影响最大的人。百家争鸣因他而起，由他而终。他，承前启后，继往开来，是风气之先。儒道之争，也可以说是儒、墨、道三家之争。因为儒墨两家的分歧，主要在仁爱与兼爱，但仁爱也好，兼爱也罢，总之是要做点什么。实际上，墨子虽然与孔子对着干、拧着来，出发点可都是关心天下兴亡，也都愿意为此殚精竭虑，奔走呼号。道家却无意于此。他们虽有主张，却并不游说诸侯，也不设计方案。即便发表意见，也多半是自说自话。因为道家的主张是"无为"，也就是不做什么。不但自己不做，也反对别人做。他们的主张是，统治者也好，老百姓也好，都不要做。这才有了儒道之争的焦点：有为，还是无为。这是道家与儒家的分歧，也是他们与墨家的分歧。也就是说,儒家和墨家都主张"有为",分歧仅仅在于"做什么"和"怎么做"。道家的主张,却是"不要做"。

儒墨两家为什么要"做",道家为什么就"不做"呢?

因为他们代表不同的士。墨家代表武士(或侠士),儒家代表文士(或儒士);墨家代表士的下层,儒家代表士的上层;墨家代表士的过去,儒家代表士的未来。道家是隐士的代表,道家思想是隐士的哲学。什么人可以做隐士?有本事的人。有本事的人当中,什么人是隐士?不做事的人。所谓不做事,也不是什么都不做。耕田、种菜、砍柴、钓鱼之类,还是要做的,否则他们吃什么?他们的"不做事",其实是"不做官"。不做官也不是"不会做"或者"做不了",而是"不愿意"。能做,会做,做得了,却偏不做,才叫"隐士"。

什么是隐士?隐士是士的另类。春秋战国时期的士,大体上都是"自由职业者"。他们的工作,主要是给别人帮忙。比方说,大夫的采邑,就是士来打理的。这样的士叫"家臣"。另外,打仗也要靠士。这样的士就是"战士",也叫"武士""甲士"。打仗要有人冲锋陷阵,也要有人出谋划策,还要有人拉帮结派合纵连横。这样的士就是"谋士",也叫"策士"。国家之间不但要打仗,也要谈判,要折冲尊俎,得有人帮着说话。这样的士就是"辩士"。天子、诸侯、大夫,都要占梦、算卦、看风水,要有人懂医懂药懂房中术。这样的士就是"方士"。如果什么事情都没有呢?他们也得有人陪着吃喝玩乐闲聊天。这样的士就是"食客"。总之,士的任务,就是有事帮忙,没事帮闲,说话帮腔,打仗帮凶,但不管是哪一种,都要做事,也都要依附于高级贵族(大夫、诸侯、天子)。他们都是"毛",必须依附在一张"皮"上。皮之不存,则毛将焉附,所以他们要关心天下兴亡。隐士却不同。他们谁也不依附,什么事情都不帮别人做,也不为这些事情费脑筋。什么天下,什么人民,什么家国,统统事不关己。如果你拿这些事去请教他,他还要生气。比如传说中的隐士许由,听说尧要让位给他,就跑到河边去洗耳朵。结果他的哥们巢父更生气,说你这么一洗,把溪水都弄脏了,我只好去上游饮牛。这就是"隐士"。

选自:易中天《先秦诸子百家争鸣》

思考练习题

1. 课外找一本《论语》读一读。
2. 你认为《论语》的现实意义何在?
3. 讲几个和《论语》有关的小故事。
4. 讲述学习《论语》的心得与体会。

《老子》三章

老子

老子像

老子，又称老聃（dān）（约公元前571年—公元前471年），字伯阳，谥号聃，又称李耳（古时"老"和"李"同音；"聃"和"耳"同义），楚国苦县厉乡曲仁里（今河南省鹿邑县太清宫镇，一说今安徽省亳州市涡阳县闸北镇郑店村）人，被称为是"天下第一"，曾作过周朝"守藏室之官（管理藏书的官员）"，我国最伟大的哲学家和思想家之一，被道教尊为教祖，世界文化名人。

老子在函谷关前著有五千言的《老子》一书，又名《道德经》或《道德真经》。《道德经》、《易经》和《论语》被认为是对中国人影响最深远的三部思想巨著。《道德经》分为上下两篇，共81章，前37章为上篇道经，第38章以下属下篇德经，全书的思想结构是：道是德的"体"，德是道的"用"。上下两篇共五千字左右。《道德经》是后来的称谓，其最初称为《老子》而无《道德经》之名。

一

道可道，非常道；名可名，非常名。无，名天地之始；有，名万物之母。故常无，欲以观其妙，常有，欲以观其徼。此两者，同出而异名，同谓之玄，玄之又玄，众妙之门。

【译文】 道可以说，但不是通常所说的道。名可以起，但不是通常所起的名，可以说它是无，因为它在天地创始之前；也可以说它是有，因为它是万物的母亲。所以，从虚无的角度，可以揣摩它的奥妙。从实有的角度，可以看到它的踪迹。实有与虚无只是说法不同，两者实际上同出一源。这种同一，就叫做玄秘。

玄秘而又玄秘啊！宇宙间万般奥妙的源头。

二

天下皆知美之为美，斯恶矣；皆知善之为善，斯不善矣。故有无相生，难易相成，长短相形，高下相倾，音声相和，前后相随。是以圣人，处无为之事，行不言之教；万物作而弗始，生而弗有，为而弗恃，功成而弗居。夫唯弗居，是以不去。

【译文】 天下的人都知道以美为美，这就是丑了，都知道以善为善，这就是恶了。有和无是相互依存的，难和易是相互促成的，长和短互为比较，高和下互为方向，声响和回音相呼应，前边与后边相伴随。所以，圣人从事的事业，是排除一切人为努力的事业；圣人施行的教化，是超乎一切言语之外的教化。他兴起万物却不自以为大，生养而不据为己有，施予而不自恃其能，成功了也不自居其功。他不自居其功，其功却永恒不灭。

三

小国寡民。使有什伯之器而不用；使民重死而不远徙；虽有舟舆，无所乘之；虽有甲兵，无所陈之。使民复结绳而用之。至治之极，甘其食，美其服，安其居，乐其俗，邻国相望，鸡犬之声相闻，民至老死，不相往来。

【译文】国家小，人口少。虽有器具却不使用；人民安定不去远方流浪；即使有车船，不必去乘；即使有兵器，也不用（不打仗）；用结绳的办法记事。达到治理（国家）的极致，（百姓）饮食甜美，服装漂亮，居住安定，民俗淳朴欢乐，邻国之间可以相望见，互相能听到鸡犬声，（两国居民）到老死不相往来（互不干扰）。

关于老子姓名及籍贯，目前并无一个比较确切的结论。按《史记》说，老子是"楚苦县厉乡曲仁里人"，《老子》一书是他所作。现存《老子》通行本为五千字，而在湖北荆门郭店发现的竹简字数仅为通行本的一半，因此郭店本可能比较接近原始面貌。

《老子》一书的思想核心是复归自然，其社会思想是小国寡民，其辩证法是以复归自然为基点，理想人格是道法自然的圣人。说老子思想的核心是复归自然，可以从自然与道的关系来讨论。"道"是老子的哲学的核心，按照老子的说法，"道"是一种超自然、超时空的永恒之物，它并不作为，但由它而产生宇宙万物，"道生一、一生二、二生三、三生万物"（四十二章），人们对它"视之不见""听之不闻""搏之不得"（十四章），即"道"是一种看不见、听不到、难以捉摸、无法感知的东西，即"无"。"天下万物生于有，有生于无"（四十章），它"先天地生"，它"独立而不改，周行而不殆"（二十五章），是无声无形、不依其他力量而运动不息的东西。"道常无为，而无不为"（三十七章），即道不用显示力量却是无限的。然而，在老子看来，"道法自然"（二十五章），正由于"道"效法自然，它才可以与自然一样永存。

老子提出"道法自然"的目的在于说明使抽象的"道"复归自然。复归自然，即是"复"。他说："致虚极，守静笃。万物并作，吾以观复。夫物芸芸，各复归其根。归根曰静，是曰复命，复命曰常，知常曰明。不知常，妄作凶。"（十六章）"复归其根"就是回复到原初状态中去，也就是回复到自然状态中去。

复归自然的思想与其社会政治观点是紧密相联的。老子强调圣人"以辅万物之自然而不敢为"（六十四章）。不敢为便是无为，即循万物的自然形态而不去改变它，这就是"道"。《老子》一书中对天地万物、治国、治学等方面的论述都可归于此。

老子在社会思想方面是悲观、倒退的。老子对春秋末年礼崩乐坏的政治局面是失望、悲观的。一方面，他强调指出"民之饥，以其上食税之多，是以饥"（七十五章），对当时百姓深受剥削表示同情，揭露了民生困弊的真正原因是"食税之多"，甚至称那些"服文彩，带利剑，厌饮食，财货有余"（五十三章）者为"盗夸"（大盗）。但是，他并不主张积极地去解决这一社会问题，而是主张采用"愚民"政策来解决。他说："古之善为道者，非以明民，将以愚之。民之难治，以其智多。故以智治国，国之贼；不以智治国，国之福。"（六十五章）在他看来，只有将社会退回到小国寡民才是解决社会问题的唯一出路："小国寡民。使有什佰之器而不用；使民重死而不远徙；虽有舟舆，无所乘之；虽有甲兵，无所陈之。使人复结绳而用之。至治之极，甘其食，美其服，安其居，乐其俗，邻国相望，鸡犬之声相闻，民至老死，不相往来。"（八十章）显然，这里充分说明老子对解决社会政治方面的问题无能为力，因此只能采取消极的愚民政策，倡导回归"小国寡民"社会来"解决"，显然，这是老子"复归自然"思想在社会政治方面的表现。

他进一步从哲理上讨论弃智绝欲的"重要性"。他认为"圣人处无为之事，行不言之教"（二章），"无为而民自化，我好静而民自正，我无事而民自富，我无欲而民自朴"（五十七章）。因此强调"为学日益，为道日损，损之又损，以至于无为。无为而无不为。取天下常以为无事。及其有事，不足以取天下"（四十八章）。这种弃智绝欲的思想，实际上放弃了对社会的规范与治理，放弃了人的学习和主观能动性。

在老子看来，只要弃智绝欲、不争不夺，国家便会安宁，百姓就可安居乐业。他说："绝圣弃智，民利百倍；绝仁去义，民复孝慈；绝巧去利，盗贼无有"（十九章），"故失道而后德，失德而后仁，失仁而后义，失义而后礼。夫礼者，忠信之薄而乱之首。前识者，道之华而愚之始"（三十八章）。可见，老子认为德、仁、义、礼都是"失道"之后的产物，因此"孔德之容，惟道是从"（二十一章）。只有回归"道"才有出路；回归"道"，便是归于自然。

辩证法思想是老子思想中最有价值的部分。老子使用了大量对立、矛盾的概念："有无相生，难易相成，长短相形，高下相倾，声音相和，前后相随"（二章）；"祸兮，福之所倚，福兮，祸之所伏"（五十八章）；"曲则全，枉则直，洼则盈，敝则新，少则得，多则惑"（二十二章）；"重为轻根，静为躁君"（二十六章）；"故贵以贱为本，高以下为基"（三十九章）等。在论述这些概念时，老子无一不是辩证地看待这些矛盾的概念。这种辩证法思想在当时无人可及，确实是极有价值的。

但是，老子的辩证法思想仍然是以自然为归着点的，因此有很大的局限性。老子认为一切事物运行的规律都是趋向于自己的对立面，"物壮则老"（三十章），就像"兵强则灭，木强则折"（七十六章）一样。这里，老子初步猜测到量变到质变的"度"的问题，然而他的落脚点不在讨论如何促使"量变"向"质变"发展，促进旧事物的灭亡及新事物的产生，却主张保持旧事物生存下去、防止新事物产生的"损益论"，从而错过了对这一问题的深入分析，走向了"复归"。老子主张损有余而补不足，认为"天之道，损有余而补不足"（七十七章），"高者抑之，下者举之，有余者损之，不足者补之"（七十七章），认为这样才能保持事物的平衡，"物或损之而益，或益之而损"（四十二章），使它们处于"自然"而不变的状态，这样就体现了"道"。实际上，这便是"复归自然"的观点，显示了老子辩证法思想的局限性。

老子的理想人格也体现出"复归自然"的倾向。老子的理想人格是"道法自然"的圣人。他说："不出户，知天下。不窥牖，同天道。其出弥远，其知弥少。是以圣人，不行而知，不见而名，不为而成。"（四十七章）显然，不出户、不窥牖、其出弥远、其知弥少的圣人，都是为了达到"不行而知，不见而名，不为而成"这个终极目的。他以为圣人无须作为，只须守真归朴："我有三宝，持而保之。一曰慈，二曰俭，三曰不敢为天下先。"（六十七章）"不敢为天下先"即"无为"，不开风气之先，也就是顺应自然之势，他以为这样才能真正驾驭天下之事物。这种不敢为天下先与弃智绝欲、主静守雌等内容，构成了老子理想人格的基点与主要部分。

　　老子明确指出："人法地，地法天，天法道，道法自然"，即强调人的道德原则应是"惟道是从"（二十一章）。基于"道法自然"的观点，他认为人不需要追求身外之物，他说："名与身孰亲？自与货孰多？得与亡孰病？甚爱必大费，多藏必厚亡。"（四十四章）放弃一切追求，"无为""不争"，就会使自己立于不败之地。换句话说，无私无欲、回归自然状态是人生最佳的选择。

　　老子不主张人们追求社会发展与社会规范："民多利器，国家滋昏；人多伎巧，奇物滋起；法令滋彰，盗贼多有"（五十七章），因为民无欲则心不乱。由此，老子认为"圣人之治，虚其心，实其腹，弱其志，强其骨，常使民无知无欲"（三章）。在老子看来，"古之善道者，非以明民，将以愚之"（六十五章）。换句话说，圣人教民以"愚"，因为，民多利器是由于民有"智"导致的，从而必然导致社会混乱、争执四起的结果。由此，老子主张回复到结绳记事的小国寡民的社会中去。

 **相关链接**

　　什么是"道"？要弄清楚什么是"道"，先得说清楚什么是"德"。因为道与德是相对的。没有德，也就无所谓道。德，甲骨文的字形，是一只眼睛在看路。看路，当然是直直地看过去。所以，德有"直"的意思，也读zhí。它也可以写作双人旁加直，即路走得正；或者上面一个直字，下面一个心字，即内心正直。还有一种写法，是上直下心再加双人旁。无论哪种写法，都从直得声。孔子说"以直报怨，以德报德"（《论语·宪问》），就因为德与直有关系，可以玩这个文字游戏（请参看李零《丧家狗》）。

　　德的第二个意思是"得"，"得到"的"得"。德，有两个读音。一是读 zhí，意思也是直；二是读 dé，意思也是得。从哪里得来的呢？路上。德的字形，就是一只眼睛在看路么！路，也就是道，合起来叫"道路"，只不过大的叫道（大道），小的叫路（小路）。这就是道。德，则是看路的眼睛，以及眼睛看到的东西。也就是说，德，就是从"道"那里得到的东西；道，则是能够让"德"有所得的东西。老子从"道"那里得到的东西（德）是什么呢？无为。由此推论，道，也是无为。"回到道"就是回到"无为"。

　　这一点，老子自己说得也很清楚，比如《三十七章》就说"道常无为"。而且，道不仅无为，甚至根本就是"无"：无名，无欲，无声，无形。这些都没有问题。问题是：

回到无为，就是回到哪里去？无为的社会，又是什么社会？

这就要弄清楚来龙去脉。前面说过，老子的"德"，是从"道"那里来的。那么，老子的"道"，又是从哪里来的？有人说是想象出来的，我不太同意。一个人，怎么可能凭空想出一个"道"来，还说得头头是道呢？陈鼓应先生说，老子的"道"，其实是"他在经验世界中所体悟的道理"（《老子哲学系统的形成》），这个我同意。比如"失德而后仁，失仁而后义，失义而后礼"，就可以在经验世界得到证明。怎么证明？西周初年，周公讲德；春秋晚期，孔子讲仁；战国中期，孟子讲义；战国晚期，荀子讲礼。这不正好就是一个由德而仁、由仁而义、由义而礼的过程吗？所以有人据此认为，《老子》一书是战国末年的作品，要不然怎么讲得这么准？岂不真成了神？这就暂不讨论了。反正，历史上既然真实地存在着德的时代、仁的时代、义的时代、礼的时代，那么，道的时代，也应该是曾经有过的。这个时代，以及这个时代的社会，就是老子"道"的来源。

选自：易中天《先秦诸子百家争鸣》

思考练习题

1．课外找一本《老子》读一读。
2．你认为老子思想对中国哲学最大的贡献是什么？
3．谈谈历史上有哪些典型的"功成而弗居"的例子？
4．写一篇心得说说老子的思想在今天的生活中有哪些积极意义。

秋水（节选）

庄子

庄子，名周，曾受号南华仙人，战国时期睢阳蒙县人，曾做过漆园吏，后厌恶仕途，隐居著述。《庄子》，又称《南华经》，庄周及其后学撰，约成书于先秦时期，《汉书·艺文志》著录其五十二篇，今本三十三篇。其中内篇七，外篇十五，杂篇十一，全书以内篇为核心，内篇的《齐物论》《逍遥游》和《大宗师》集中反映了庄子的哲学思想。《庄子》以"寓言""重言""卮言"为主要表现形式，继承和发扬了老子的学说，后世将老子和庄子并称为"老庄"，指称道家。

在先秦诸子散文中，《孟子》与《庄子》最富于文学性，庄子汪洋恣肆、意出尘外的文风，诡谲神秘、奇妙瑰丽的论说，使其成为先秦诸子文章的典范之作。

文人墨客在现实中受了挫折，往往痛读庄子，幻想虚静无为，放浪形骸，做"逍遥游"，生云外之志，且中国的文人大都在现实的纷争中以孔子思想自励，又在内心世界以庄子自遣，所以，几千年来庄子给人们提供了在现世心灵安顿的"文字游戏"场所，因终其书，"游"始终是庄子眼中的最高境界。

秋水时至，百川灌河[1]，泾流[2]之大，两涘渚崖之间[3]，不辩牛马。于是焉，河伯[4]欣然自喜，以天下之美为尽在己。顺流而东行，至于北海[5]，东面而视，不见水端。于是焉，河伯始旋其面目[6]，望洋向若而叹曰[7]："野语[8]有之曰，'闻道百，以为莫己若'者[9]，我之谓也。且夫我尝闻少仲尼之闻，而轻伯夷之义者[10]，始吾弗信；今我睹子之难穷也，吾非至于子之门，则殆[11]矣，吾长见笑于大方之家[12]。"

北海若曰："井蛙不可以语于海者，拘于虚也[13]；夏虫不可以语于冰者，笃于时也[14]；曲士[15]不可以语于道者，束于教也。今尔出于崖涘，观于大海，乃知尔丑[16]，尔将可与语大理[17]矣。天下之水，莫大于海，万川归之，不知何时止而不盈[18]；尾闾[19]泄之，不知何时已而不虚；春秋不变，水旱不知[20]。此其过江河之流，不可为量数[21]。而吾未尝以此自多者，自以比形于天地而受气于阴阳[22]，吾在于天地之间，犹小石小木之在大山也。方存乎见少[23]，又奚以自多[24]！计四海之在天地之间也，不似礨空[25]之在大泽乎？计中国之在海内，不似稊[26]米之在太仓乎？号物之数谓之万[27]，人处一焉；人卒九州[28]，谷食之所生，舟车之所通，人处一焉[29]。此其比万物也，不似豪末[30]之在于马体乎？五帝之所连[31]，三王之所争[32]，仁人之所忧，任士[33]之所劳，尽此矣。伯夷辞[34]之以为名，仲尼语之以为博，此其自多也，不似尔向之自多于水乎[35]？"

注释

[1] 这句意为：秋雨不停地下，河水上涨，千百条河流都灌注于黄河。

[2] 泾流：指黄河主流之宽度。泾（jīng）：通"径"，指河之宽度。

[3] 涘（sì）：水边、岸边。渚（zhǔ）：水中间小块陆地、小洲。这句是说，由于河水上涨，河面宽阔，两岸之间，小洲之上，相互望去，见物不真，连牛马都不能分辨。

[4] 河伯：黄河水神，从殷代起，至于周末，一直为人所崇奉，祭祀甚隆，盖因黄河常年泛澜，给人带来深重灾难，古人在无力征服水患的条件下，不得不祈求河神福佑。

[5] 北海：不同年代有不同指向，春秋战国时所称的北海多指黄河注入之渤海。此与《逍遥游》的"北冥"不同。

[6] 旋其面目：改变态度。

[7] 洋：水多的样子。若：海神。何以称海神为若，王夫之以为，取其"若有若无之谓"，海神能不以自身为大，不以他物为小，不受形象和语言的约束，虚幻无形，故能与大道合一。

[8] 野语：俗语。

[9] 百：泛指数量很大、很博。莫己若：莫若己的语序颠倒，没有人及得上自己。听了很多道理，自以为广博，没有人能比得上自己。

[10] 仲尼：为孔子之字，孔子是以博学著称的。伯夷以重义清高而著称。尽管如此，有人却敢于小看仲尼之博学，轻视伯夷之高义。

[11] 殆：危险。

[12] 大方之家，深明大道之人。

[13] 虚：同墟，指蛙所居之土井之类。拘：拘束，限制。

[14] 笃：固，亦为限制之意。时：为四时，四季。夏天的昆虫至秋而死，受时令所限，不能和它说冬天结冰之事。

[15] 曲士：乡曲之上，曲见之士，指识见偏狭，孤陋寡闻的人。

[16] 丑：鄙陋无知。

[17] 大理：大道。

[18] 盈：盈满。

[19] 尾闾：传说为排泄海水之处，又称沃燋，其地在东大海之中，扶桑之东，有巨石方圆四万里，厚四万里，海水到那里就被蒸发掉。见《文选嵇康〈养生论〉注》引司马彪语。

[20] 这句的意思是：大海水不会因春雨流入少秋雨流入多而发生变化。陆上天旱天涝，海也没有感觉。

[21] 不可为量数：没有办法能估量、计算。

[22] 比形于天地：从天地那里承受到形体。受气于阴阳：从阴阳秉受生气。

[23] 方存乎见少：正存在着自以为小的想法。

[24] 奚以自多：哪里会自足自多呢。

[25] 礨空：石块上的小孔，又指蚁塚、蚁穴，皆以其小与大泽相对照。

[26] 稊（tí）：一种形似稗的草，其种子很小，制成的米粒更细小。

[27] 这句的意思为：宇宙之物不止万种，称万物，概而言之也。

[28] 人卒九州：九州之内尽为人居。卒：尽。

[29] 人处一焉：此与上句"人处一焉"之"人"字含义不同，上句指人类全体，此指单个人。也就是说九州之内，谷物生长、舟车通行之处都有人在，个人只是这千千万万人中之一。

[30] 豪末：兽类绒毛末梢。

[31] 连：连续，继承之意。所连：指五帝间以禅让方式相传承。

[32] 所争：以武力所争夺的。

[33] 任士：以治世为己任的贤能之士。

[34] 辞：辞让。

[35] 向：以前、从前。自多于水：指河伯未至海前，识见狭小，以黄河之水自夸其多。

导读

《秋水》在《庄子·外篇》中是最重要的，它以河伯和海若对话的形式，讨论了"价值判断的无穷相对性"（陈鼓应《庄子今注今译》）。第一番问答可以看成探讨问题的开端。庄子在这篇里谈论的是严肃而玄妙的哲学问题，在别人的笔下也许会写得苦涩无味，令人昏昏欲睡，庄子则不然，他以水为喻，引出河伯和海若的对话，将两个虚构的主人公写得活灵活现，使人仿佛置身其间，饶有兴味地听他们的谈论。先写当时的环境：秋日，季节性洪水发了，大量洪水从支流流入黄河，主河道（泾流即径流）的对岸、河中的沙洲之间，连牛马的形状都不能分辨清楚了。这是河伯"欣然自喜"的客观根据，然后写河伯得意的心情和行动。寥寥两笔，写出一个少见多怪的浅薄人物。等到"东面而视，不见水端"时，这和"不辩（辨）牛马"相差何啻天壤。河伯还是有自知之明的，向海若讲了一大段自我批判的话。这段话层次井然，用两个"于是焉"相映照，先从抽象"闻道百，以为莫己若"，再具体到对孔子、伯夷"始吾弗信"，如果很呆板地说"今乃信之"就糟了，他又从"水"上着眼"睹子之难穷"，说明今天开了眼界，相信以前人说的话了。"吾长见笑于大方之家"，这是成语"贻笑大方"的来历。这段话的结尾，河伯虽自知不足，但言外之意，这次可以不"殆"了，仍然有估计过高的成分。

　　海若的回答很像一位循循善诱的饱学老师。先用三个排比，以井蛙、夏虫衬曲士，然后满腔热情地肯定河伯的自知其丑。这扣住上一节的叙述崖涘、大海，就简单地交代了河伯转变的过程，然后用"尔将可与语大理矣"一句，既表扬河伯，又引出下文的推论。下文先极写海之大，用两个排比从"归""泄"两方面写，海远非江河可比，但比起天地还是小得可怜，所以不足以自夸。下面又是一连串精彩的排比，由大及小，从四海到中国，到人类，再到五帝、三王、仁人、任士，然后归到伯夷、仲尼。"此其自多也，不似尔向之自多于水乎"一句结语，又回应河伯开始那一段话。这里的比喻用得非常精彩。海若对大海和天地的描述，大大打开了河伯的思想局限，舒展了他的胸怀。

……

　　这几番问答是很玄妙的哲学问题，庄子采用寓言的形式用河伯、海若的对话来解决，极富于形象性。因为用河海对比，极易引出大小、多少、贵贱之类的看法，然后一层深似一层，海阔天空地先打开对方的思路，引到漫无边际的知识海洋里，再一步步地说出中心意图……。这里和《内篇》的《逍遥游》、《齐物论》、《养生主》一脉相通，而且和《老子》第二十五章"人法地，地法天，天法道，道法自然"也是前后相承。不过，庄子在这里所谓的天，就是老子所说的自然。这也可证明司马迁说的"其要本归于老子之言"是可信的。然而从散文角度看，《老子》全为简练的短章韵语，而《庄子》却是"洸洋自恣""连犿无穷"的长篇大论。这里既有生动的描写和对话，又有音韵铿锵的格言。

……

　　哲学论文写得如此生动活泼，在先秦乃至整个散文史中没有第二人，所以司马迁那样高明的散文家称赞庄子："善属书离辞，指事类情，用剽剥儒、墨，虽当世宿学不能自解免也。"这篇文章在问答中捎带出五帝、三王、仲尼、伯夷等也体现了这个特点。庄子丰富的想象、生动的笔触，不仅对于散文，而且对于诗歌都有极其深刻的影响，这是研究中国文学绝不能忽略的。

 **相关链接**

庄子名周，字不详，大约生于公元前369年，卒于公元前286年，与梁惠王、齐宣王同时，与孟子同时而稍晚。庄子是宋国蒙（今河南商丘）人，当过蒙地的"漆园吏"。"漆园吏"是什么意思？是漆园这个地方的小吏，还是看管漆树园的小吏，至今不清楚。我们只知道，庄子一生都很穷，长期住在"穷闾厄巷"，也就是贫民区。他经常没有饭吃，饿得面黄肌瘦。有一次，庄子大概实在是饿得受不了啦，就去向监河侯借米。这位"监河侯"，按照唐代学者成玄英的说法，就是魏文侯。魏文侯说："可以，寡人正好要收税。税金收上来以后，借给你三百金（很多钱），行吗？"庄子一听，鼻子都气歪了。庄子说："鄙人来的路上，有一条鱼困在车辙里，向我求救。"鱼说："我是东海一名小官（东海之波臣），现在困在陆地上，快要死了。先生能不能弄一小盆水（斗升之水）来让我活下去？"鄙人说："可以。鄙人正好要去游说吴越之王，我让他们把西江引过来救你，行吗？"鱼听了鄙人这话，冷笑一声说："那先生就到干鱼市场去找我吧！"

这个故事见于《庄子·外物》。《外物》是《庄子》的杂篇之一，而杂篇又出于庄子后学之手，其中不少是寓言。所以这个故事是真是假，我们并不清楚，也不打算处处区分庄子和庄子后学，但庄子一生穷困潦倒，并不荣华富贵，则可以肯定。其实庄子要想富贵，也有机会。《史记·老子韩非列传》就说他曾经拒绝楚威王的拜相。对于这件事，《庄子》的《秋水》（外篇之一）还有更详细的描述。《秋水》说，当时楚国两位大夫千里迢迢来到濮水（在今河南省濮阳县），找到正在河边钓鱼的庄子，转达楚威王的意思，说是楚威王想用国境之内的事来麻烦先生（愿以境内累矣）！这意思很清楚，就是要请庄子当楚国的国相了。庄子没有直接回答，一边钓鱼，一边头也不回地问："听说贵国有一种神龟，死了三千年。贵国的大王宝贝得不得了，小心翼翼恭恭敬敬地珍藏在庙堂之上，有这事吧？那么请问，作为一只乌龟，它是宁愿去死，留下骨头享受荣华富贵（死为留骨而贵），还是宁愿活着，拖着尾巴在泥巴里打滚（生而曳尾涂中）呢？"两位大夫异口同声地说："那还用问吗？当然是后面那种。"庄子说："二位可以回去了，我会继续拖着尾巴在泥巴里打滚的。"

选自：易中天《先秦诸子百家争鸣》

 **思考练习题**

1. 课外读一读《庄子》。
2. 你认为庄子的思想与老子的思想有哪些异同？
3. 谈谈你对道家的"消极避世"和儒家的"积极入世"的理解和看法。
4. 写一篇心得说说《庄子》中的哪一句话最让自己受启发，受到了什么启发。

墨子·兼爱[1]

墨子

> 墨子（约前480年—前420年），名翟，战国初期鲁国人。他是一位出身于小生产者阶层的哲学家，是墨家学派的创始人。
>
> 墨子认为人类一切罪恶的根源是"不相爱"，因而提倡"兼爱"。墨子同情人民的疾苦，他认为给人民带来灾难的，莫过于统治者为了争权夺利而发动的战争，因此，他反对不义的战争，提倡"非攻"。他还反对统治者挥霍浪费，所以又提出"节用""节葬""非乐"等主张，希望限制王公贵族的奢侈，减轻人民的负担。他还提出"尚贤""尚同"等主张。这在当时来说都有一定的进步意义。墨子也有落后的一面，如他提倡迷信、相信鬼神等。
>
> 《墨子》一书是墨翟的门徒们根据他的遗教编纂而成的，现存53篇。
>
> 墨学在当时影响很大，与儒家并称为"显学"。

圣人以治天下为事者也，必知乱之所自起，焉[2]能治之；不知乱之所自起，则不能治。譬之如医之攻人之疾者然，必知疾之所自起，焉能攻之；不知疾之所自起，则弗能攻[3]。治乱者何独不然？必知乱之所自起，焉能治之；不知乱之所自起，则弗能治。

圣人以治天下为事者也，不可不察乱之所自起。当[4]察乱何自起？起不相爱。臣子之不孝君父，所谓乱也。子自爱，不爱父，故亏[5]父而自利；弟自爱，不爱兄，故亏兄而自利；臣自爱，不爱君，故亏君而自利，此所谓乱也[5]。虽父之不慈子，兄之不慈弟，君之不慈臣，此亦天下之所谓乱也。父自爱也，不爱子，故亏子而自利；兄自爱也，不爱弟，故亏弟而自利；君自爱也，不爱臣，故亏臣而自利。是何也？皆起不相爱。虽至天下之为盗贼者亦然，盗爱其室，不爱其异室，故窃异室以利其室[6]。贼爱其身，不爱人，故贼人以利其身。此何也？皆起不相爱。虽至大夫之相乱家，诸侯之相攻国者亦然。大夫各爱其家，不爱异家，故乱异家以利其家。诸侯各爱其国，不爱异国，故攻异国以利其国。天下之乱物[7]，具此而已矣。察此何自起？皆起不相爱。

若使天下兼相爱，爱人若爱其身，犹有不孝者乎？视父兄与君若其身，恶[8]施不孝？犹有不慈者乎？视弟子与臣若其身，恶施不慈？故不孝不慈亡[9]有。犹有盗贼乎？故视人之室若其室，谁窃？视人身若其身，谁贼？故盗贼亡有。犹有大夫之相乱家，诸侯之相攻国者乎？视人家若其家，谁乱？视人国若其国，谁攻？故大夫之相乱家，诸侯之相攻国者亡有。

若使天下兼相爱，国与国不相攻，家与家不相乱，盗贼无有，君臣父子皆能孝慈，若此则天下治。故圣人以治天下为事者，恶得不禁恶而劝[10]爱？故天下兼相爱则治，交相恶则乱。故子墨子曰："不可以不劝爱人者，此也"。

注释

[1] 兼爱：意即人与人之间相亲相爱，爱人如己。兼爱是墨家学派最有代表性的理论之一。所谓兼爱，其本质是要求人们爱人如己，彼此之间不要存在血缘与等级差别的观念。墨子认为，不相爱是当时社会混乱最大的原因，只有通过"兼相爱，交相利"才能达到社会安定的状态。这种理论具有反抗贵族等级观念的进步意义，但同时也带有强烈的理想色彩。

[2] 焉：乃，表示承接，于是，就。

[3] 攻：治疗。

[4] 当：通"尝"，尝试。孙诒让所著的《墨子间诂》："当读为尝，同声假借字……尝，试也。"

[5] 亏：减损。

[6] "盗"和"贼"：上古"盗""贼"二字跟现代意义正好相反。现在普通话的"贼（小偷）"，上古叫"盗"；现代所谓的强盗，上古叫"贼"。

[7] 物：事物，事情。孙诒让所著的《墨子间诂》："物亦事也，言天下之乱事毕尽于此。"

[8] 恶（wū）：疑问代词，相当于"何""安""怎么"。

[9] 亡：通"无"。

[10] 劝：奖勉；鼓励。

导读

在中华文化创制的轴心时代，没有哪一位思想家像墨子那样旗帜鲜明地提出"兼相爱，交相利"的思想，并不遗余力地鼓吹和履践爱的哲学。墨子标示的思想路线（墨学）及其追随者聚合而成的学派（墨家），在先秦诸子中可谓气势夺人、不同凡响，成为与孔孟儒学比肩而立的两大思想流派，"其在九流之中，惟儒足与之相抗，自余诸子，皆非其比"（汪中《述学·墨子序》）。然而，自秦汉以来，由于统治者独尊儒术，墨学就日渐从思想流变史上消失了。虽如此，墨子的兼爱思想（一种达致和谐的崇高理想）仍有其不可抹煞的思想内涵和现实意义，特别是对当今中国构建和谐社会具有重要的启迪意义。

墨子认为，先秦社会之所以失范，在于人与人之间不能相爱，"是故诸侯不相爱则必野战，家主不相爱则必相篡，人与人不相爱则必相贼，君臣不相爱则不惠忠，父子不相爱则不慈孝，兄弟不相爱则不和调"。由此，他提出了"兼相爱，交相利"的政治哲学。

应该说，墨子的兼爱互利思想体现了劳动人民质朴、纯真、善良的品性与愿望，是一种弥足珍贵的追求和谐社会的理想。当然，这一思想也有其历史局限性。例如，墨子鼓吹兼爱、非攻，强烈反对暴力革命，主动放弃了以武器的批判来改造世界、赢得自身解放的途径与可能，把希望寄托在"圣王"身上，从而使兼爱互利这一体现着小生产者政治经济利益的构想无法实现。在当时的历史氛围中，兼爱互利也不切实际，甚至阻碍了以兼并战争一统天下的历史潮流。

 相关链接

　　墨子与孔子有什么不同？首先看春秋与战国有什么相同，有什么不同？相同的是天下无道，没有正义和公平；不同的是，战国时代社会更动荡，政治更黑暗，战争更频繁，人民更痛苦。换句话说，春秋时期，是客客气气、羞羞答答、遮遮掩掩地坏；战国时期，就改成肆无忌惮，明火执仗，杀人不眨眼睛，吃人不吐骨头了。因此，生活在春秋战国之交的墨子，感受要比孔子更强烈，态度也就更激愤。孔子虽然也对现实不满，但他更多的还是委婉的批评和积极的建议，希望统治者有所改良。墨子的批判性和战斗性则更强，他几乎毫不掩饰地表明自己的态度。看看《墨子》一书的某些篇名就知道：非攻、非乐、非命、非儒。

　　墨子与孔子的第二点不同，是立场不同。孔子的立场是贵族的，甚至是统治阶级的。他多半是站在统治阶级的立场上，想统治阶级之所想，急统治阶级之所急，替他们谋划长治久安的方略，设计天下太平的蓝图。据《论语·颜渊》，公元前517年，三十五岁的孔子曾经到齐国找工作。齐景公向他问政，孔子回答了八个字："君君，臣臣，父父，子子。"齐景公说，这话说得好呀！如果君不君，臣不臣，父不父，子不子，就算有的是粮食，我能吃到嘴里吗？看来，孔子对君主有没有饭吃是很关心的，虽然他也关心人民有没有饭吃。

　　墨子的立场则是平民的，甚至是劳动人民的。他更多的是站在劳动人民一边，想劳动人民之所想，急劳动人民之所急，为劳动人民奔走呼号，争取权利。为此，墨子提出了他著名的十大主张。这十大主张包括四个方面：一是伦理思想，这就是兼爱，这是墨子思想的总纲；二是政治思想，这就是尚贤、尚同、非攻；三是经济思想，这就是节用、节葬、非乐；四是宗教思想，这就是天志、明鬼、非命（请参看李小龙《墨子译注·前言》）。这些主张便都与他的立场有关。

　　比方说，墨子反对儒家主张的礼，也反对儒家主张的乐。反对礼好理解。因为礼讲尊卑，不讲平等，这就与墨子的理念相悖。那么，为什么要反对乐呢？中国古代的"乐"，是一个含糊的概念。它有时候单指音乐艺术，有时候泛指一切娱乐。更多的时候，则是指一种包括文学、音乐、舞蹈、美术在内的综合艺术，即"乐舞"。这种"乐舞"的演出，需要很多人投入且协调运作。其中规模大的，相当于现在的大型综艺晚会。对于这样一种"乐"，墨子是反对的。为什么呢？因为对劳动人民没好处。在《非乐》篇，墨子说，劳动人民的忧患有三条，那就是"饥者不得食，寒者不得衣，劳者不得息"。这是劳动人民最大的忧患（民之巨患也），可是"乐"却一点忙也帮不上。墨子问：撞击

洪钟，敲打鸣鼓，弹奏琴瑟，吹奏竽笙，手舞足蹈，载歌载舞，就能让老百姓有饭吃、有衣穿吗？不能。就能实现天下大治，保证天下太平吗？也不能。不但不能，还会添乱。因为这种大型综艺晚会需要耗费大量的人力、物力、财力，而且耽误生产。男人去做这件事，耽误种田。女人去做这件事，耽误织布。官员去做这件事，耽误治国。这样祸国殃民的东西，要它做甚？劳动人民饭都吃不饱，衣都穿不暖，整天干活一点休息时间都没有，统治阶级却在那里穷奢极欲、歌舞升平，像话吗？所以，墨子得出结论："为乐非也！"

孔子与墨子的第三点不同：代表不同。不过，我不认为他们一个代表士人，一个代表庶民，而认为他们都是士人，但代表不同的士。什么是"士"？简单地说，秦汉以前的士，是贵族的最低一级；秦汉以后的士，是平民的最高一级。周代贵族四级：天子、诸侯、大夫、士。秦汉平民也是四级：士、农、工、商。春秋战国时期的士，上有贵族，下有平民，自己夹在当中，上下浮动。为什么会上下浮动呢？因为这个时候的士，既没有固定工作，也没有不动产。当然，这两样东西，他们原本也是有的。西周封建之初，士有可以吃租税的田地，叫"食田"，也有世袭的职位，叫"世职"，但是后来没有了。失去了世职和食田的士，就成为了无业游民，与庶人没什么两样。他们既然没有稳定的工作（世职）和不动产（食田），又不能当真像庶人一样种田做工，那就只能作为"毛"依附于一张"皮"。也就是说，他们要生存，只能依附于诸侯和大夫。混得好的，可以成为上士，升为大夫。混得差的，就只能当下士，打零工。混得再差一些，则可能下降为庶民。也就是说，士这个阶层，也分为上层和下层。上层接近大夫，有贵族气；下层接近庶人，有平民味。孔子就是上层的代表，墨子就是下层的代表。

分化的同时也有分工，比如分成文士和武士。文士主要参与政治，武士主要参与军事。文士的上层可以做智囊，下层就只能做文秘，甚至做食客。武士的上层可以做将领，下层就只能做保镖，甚至做刺客。也有一些人，宁肯保持独立自由的身份，成为游士。或者并不固定依附于某个高级贵族，有合适的事情就做，没有就闲着，来去自由，这些人，文的叫儒，武的叫侠。孔子就是儒的代表，墨子就是侠的代表。

儒也好，侠也好，都是"自由职业者"。儒的工作，主要是帮别人操办礼仪和传授诗书。侠的工作，则主要是帮别人排忧解难和看家护院。这是他们的饭碗，却又是靠不住的泥巴饭碗，随时都可能砸了。所以，儒和侠，都需要自己的代表，也都需要领袖和导师。因为他们要有出路，要有安全感和归宿感。要知道，儒和侠都是有本事的，如果散落在民间，就会成为社会的不安定因素。所以，主张专政和集权的韩非，就把他们视为国家和社会的祸害，说"儒以文乱法，侠以武犯禁"（《韩非子·五蠹》），必须予以铲除。许多儒和侠自己也不争气。下等的儒，为了混口饭吃，死皮赖脸。听说有人办丧事，就不请自到。下等的侠，为了糊口谋生，不讲原则，只要有人肯花钱，就前去杀人。显然，这是不行的。统治者不答应，他们自己也不满意。也就是说，儒和侠，都需要引导，都需要整合，也都需要提升。

孔子和墨子，就是儒和侠的引路人。孔子为儒指引的出路，是读书做官，而且最好是在读书和做官之间游刃有余,谓之"仕而优则学,学而优则仕"(《论语·子张》)。墨子为侠指引的出路,是平时自食其力,急时行侠仗义。比方说,一方有难,便前往支援。历史证明,孔子的路是阳关道,也是独木桥。为什么是阳关道?因为能够荣华富贵步步高升。为什么是独木桥?因为除此之外别无选择。但阳关道也好,独木桥也好,总归能走。墨子的路,却是走不通的。自食其力没法出人头地,行侠仗义则不为官方所容。因此,最终儒家胜利,墨家失败。失败者留在过去,胜利者面向未来。孔子就是未来的代表,墨子就是过去的代表。

显然,孔子和墨子,或儒家和墨家,是一个阶层,两个代表。

不过儒家和墨家又有相同之处,那就是都有理想和追求,也都有原则和底线。孔子明确提出,要做"君子儒",不做"小人儒"(《论语·雍也》)。墨家的侠,则只参加防御,不参加进攻,只支持反侵略战争,不支持侵略战争。这就是底线。儒家希望通过实施礼仪来影响政治,维护和复兴礼乐文化和礼乐制度。墨家则希望对武士和侠客的职业道德,进行理性的解释和规范。这就是追求。也就是说,儒家的儒也好,墨家的侠也好,都有主义,有操守,也都超越了自己的职业和出身。

实际上,儒家和墨家,代表着当时最有理想最有抱负也最有道德的一群人,即儒和侠当中的优秀分子。因此,他们势必要为无道的天下开出救治的药方,而且,正是由于药方的不同,儒墨两家便开始了春秋战国的第一场大辩论。

选自:易中天《先秦诸子百家争鸣》

介子推不言禄

《左传》

《左传》原名为《左氏春秋》,汉代改称《春秋左氏传》,简称为《左传》,与《春秋公羊传》《春秋谷梁传》合称为"春秋三传",旧时相传是春秋末年左丘明为解释孔子的《春秋》而作。《左传》是我国第一部叙事完整的编年体历史著作,为"十三经"之一。它起自鲁隐公元年(公元前722年),迄于鲁悼公十四年(公元前453年),以《春秋》为本,通过记述春秋时期的具体史实来说明《春秋》的纲目,是儒家重要经典之一。

本文记叙了介子推不贪求利禄的言行。晋文公重耳为公子时,由于宫廷内乱,被迫在外流亡十九年,最后在秦穆公帮助下回国登上君位。晋文公即位后,就功论赏跟他一起逃亡的人。在这些人中,只有介子推不求利禄,功成身退,隐居山林。介子推的言论,一方面反映了他的君命受于天的思想,另一方面突出了他不贪求功名利禄的高贵品质。

晋侯赏从亡者，介子推不言禄[1]，禄亦弗及。

推曰："献公之子九人，唯君在矣。惠、怀无亲，外内弃之。天未绝晋，必将有主。主晋祀者[2]，非君而谁？天实置之，而二三子以为己力，不亦诬[3]乎？窃人之财，犹谓之盗，况贪天之功以为己力乎？下义其罪，上赏其奸，上下相蒙，难与处矣。"其母曰："盍亦求之？以死谁怼[4]？"对曰："尤[5]而效之，罪又甚焉。且出怨言，不食其食。"其母曰："亦使知之，若何？"对曰："言，身之文[6]也。身将隐，焉用文之？是求显也。"其母曰："能如是乎？与女[7]偕隐。"遂隐而死。

晋侯求之不获，以绵上为之田，曰："以志[8]吾过，且旌[9]善人。"

注释

[1] 禄：俸禄。
[2] 祀者：原指掌管、主持缉祀的人，这里指代一国的国君。
[3] 诬：荒谬。
[4] 怼（duì）：怨恨，不满。
[5] 尤：责备，谴责。
[6] 文：装饰，美化。
[7] 女：通"汝"，你。
[8] 志：记住。
[9] 旌：表彰，发扬。

导读

这段文字尽管没有曲折生动的情节，但是通过人物的语言，人物的不同个性还是极其鲜明地表现出来了，因而通过分析人物语言把握人物性格，尤其是介子推的性格，是学习这个语段的重点。对"天实置之""上下相蒙""是求显也"等几句话加以理解，也有助于把握人物的性格。

介子推的故事告诉我们：固然作为春秋贵族，介子推的言行处处渗透着迂腐愚昧的成分，但是，介子推"舍身赴义"的洁芳善行，成为中国传统观念中大丈夫精神的渊源。"富贵不能淫，贫贱不能移，威武不能屈"，这种精神孕育和造就了中国历史上无数仁人志士、英雄豪杰，构成了中华民族的脊梁。介子推对功名利禄的鄙弃，对奸伪欺罔、人世谬举的愤懑，割股食君的牺牲精神，正是中华民族淳厚尚俭、信实礼让的传统美德的体现。从更深层次上看，介子推身上蕴涵着对祖国的深沉赤诚的爱恋之情。晋献公嬖（bì，宠爱）骊姬，杀申生，昏于家，乱于国，而重耳则成为振兴晋国的希望。介子推的行为是他笃信爱晋国须爱重耳的自然表露。也许，正是这种对祖国的挚爱，才是人民永远怀念介子的根本原因。

 **相关链接**

绵山·介子推·寒食节

在我们的意念里,山川形胜之地,总是人杰地灵,而山因人愈显其名,人因有山可使英魂长居,山名人名相得益彰,从而缔造出一种人文、自然景观浑然交融的绝佳效果。这样的所在,我们搜索枯肠大约可以想出几处,而将山之精神与人之节操糅合得如此贴切的,我们便不能不说到绵山了。

绵山,是介子推的死地。晋文公为了纪念介子推,改绵山为"介山"。后来的人在绵山下立县,定县名为"介休",意为介子推休息在那里。

有一出京剧叫《火烧绵山》,就是讲这件事的。介子推辅佐晋文公从亡十九年,尔后功成则退,羞于与邀功争禄的同僚狐偃、赵衰为伍,隐居绵山,又被晋文公放火烧山。

清明前三日,叫寒食节,这就是国人纪念介子推的。晋文公同意放火烧山,是出自急于封赏介子推的迫切心情,而狐偃、赵衰四面举火,却是包藏着祸心的。黎民百姓每到介子推殉难日禁火一月,以后才改成三日不动烟火,以寒食寄哀思,为了怕引火再烧了绵山。这大概和五月端阳屈子死难日乘龙舟往汨罗江丢粽子一样,一来为了纪念屈原,二来也怕鱼类再糟蹋屈子的躯体。这是无权的人民群众怀念他们所熟悉的历史人物的最好方法,所以才能流传千年而不衰。

 **思考练习题**

1. 将《介子推不言禄》翻译为通畅的现代汉语。
2. 你如何评价介子推?
3. 小议"不言禄"与"被忘禄"。

垓下之围[1]

司马迁

> 司马迁(公元前145年—公元前90年),字子长,夏阳(今陕西韩城南)人,一说龙门(今山西河津)人。中国西汉伟大的史学家、文学家、思想家,司马谈之子,任太史令,因替李陵败降之事辩解而受宫刑,后任中书令,发奋继续完成所著史籍,被后世尊称为史迁、太史公、历史之父。
>
> 司马迁早年受学于孔安国、董仲舒,漫游各地,了解风俗,采集传闻。其初任郎中,奉使西南,元封三年(公元前108)任太史令,继承父业,著述历史。他以其"究天人之际,通古今之变,成一家之言"的史识创作了中国第一部纪传体通史《史记》

（原名《太史公书》），这被公认为是中国史书的典范，该书记载了从上古传说中的黄帝时期，到汉武帝元狩元年，长达3000多年的历史，是"二十五史"之首，被鲁迅誉为"史家之绝唱，无韵之离骚"。

项王军壁[2]垓下，兵少食尽，汉军及诸侯兵围之数重。夜闻汉军四面皆楚歌[3]，项王乃大惊曰："汉皆已得楚乎？是何楚人之多也！"项王则夜起，饮帐中。有美人名虞，常幸从[4]；骏马名骓[5]，常骑之。于是项王乃悲歌慷慨，自为诗曰："力拔山兮气盖世，时不利兮骓不逝。骓不逝兮可奈何，虞兮虞兮奈若何！"歌数阕[6]，美人和之[7]。项王泣数行下，左右皆泣，莫能仰视。

于是项王乃上马骑，麾下[8]壮士骑从者八百余人，直夜[9]溃围南出，驰走。平明[10]，汉军乃觉之，令骑将灌婴以五千骑追之。项王渡淮，骑能属者[11]百余人耳。项王至阴陵[12]，迷失道，问一田父[13]，田父绐[14]曰："左。"左，乃陷大泽中。以故汉追及之。项王乃复引兵而东，至东城[15]，乃有二十八骑。汉骑追者数千人。项王自度[16]不得脱，谓其骑曰："吾起兵至今八岁矣，身七十余战，所当者破，所击者服，未尝败北，遂霸有天下。然今卒[17]困于此，此天之亡我，非战之罪也。今日固决死，愿为诸君快战[18]，必三胜之，为诸君溃围，斩将，刈旗，令诸君知天亡我，非战之罪也。"乃分其骑以为四队，四向[19]。汉军围之数重。项王谓其骑曰："吾为公取彼一将。"令四面骑驰下，期山东为三处[20]。于是项王大呼驰下，汉军皆披靡[21]，遂斩汉一将。是时赤泉侯[22]为骑将追项王，项王瞋目[23]而叱之，赤泉侯人马俱惊，辟易[24]数里。与其骑会为三处。汉军不知项王所在，乃分军为三，复围之。项王乃驰，复斩汉一都尉，杀数十百人，复聚其骑，亡其两骑耳。乃谓其骑曰："何如？"骑皆伏[25]曰："如大王言！"

于是项王乃欲东渡乌江[26]。乌江亭长[27]檥船[28]待，谓项王曰："江东[29]虽小，地方[30]千里，众数十万人，亦足王也。愿大王急渡。今独臣有船，汉军至，无以渡。"项王笑曰："天之亡我，我何渡为[31]！且籍与江东子弟八千人渡江而西，今无一人还，纵[32]江东父兄怜而王我[33]，我何面目见之？纵彼不言，籍独[34]不愧于心乎？"乃谓亭长曰："吾知公长者[35]，吾骑此马五岁，所当无敌，尝一日行千里，不忍杀之，以赐公。"乃令骑皆下马步行，持短兵[36]接战。独籍所杀汉军数百人。项王身亦被十余创[37]，顾见[38]汉骑司马[39]吕马童[40]曰："若非吾故人乎？"马童面之[41]，指王翳曰："此项王也。"项王乃曰："吾闻汉购我头千金，邑万户，吾为若德[42]。"乃自刎而死。王翳取其头，余骑相蹂践争项王，相杀者数十人。

……

太史公曰：吾闻之周生曰"舜目盖重瞳子[43]"，又闻项羽亦重瞳子，羽岂其苗裔邪？何兴之暴也[44]！夫秦失其政，陈涉首难，豪杰蜂起[45]，相与并争，不可胜数。然羽非有尺寸[46]，乘势起陇亩之中，三年，遂将五诸侯灭秦[47]，分裂天下，而封王侯，政由羽出，号为"霸王"，位虽不终，近古以来未尝有也。及羽背关怀楚[48]，放逐义帝[49]而自立，怨王侯叛己，难矣。自矜功伐[50]，奋其私智而不师古[51]，谓霸王之业，欲以力征经营天下[52]，五年卒亡其国，身死东城，尚不觉寤而不自责，过矣[53]。乃引"天亡我，非用兵之罪也"[54]，岂不谬哉！

注释

[1] 选自《项羽本纪》。公元前202年，汉军与诸侯共击楚军，大败楚军于垓下。项羽陷入重围，最后在乌江自刎。垓（gāi）下，古地名，在今安徽省灵璧县东南。题为编者所加。

[2] 壁：修筑营垒。

[3] 楚歌：用楚地方言唱歌。

[4] 幸从：受宠幸而跟在项羽身边。

[5] 骓（zhuī）：毛色青白相间的马。

[6] 歌数阕（què）：唱了几遍。乐曲每一次终止为一阕。

[7] 美人和之：虞姬应和着项羽的歌声一同唱。

[8] 麾（huī）下：部下。

[9] 直夜：当夜。

[10] 平明：天刚亮的时候。

[11] 骑能属（zhǔ）者：能跟随他的兵马。属：跟随。

[12] 阴陵：在今安徽省定远县西北。

[13] 田父（fǔ）：种田老人。

[14] 绐（dài）：欺骗。

[15] 东城：在今安徽省定远县东南。

[16] 度（duó）：推测，估计。

[17] 卒：终于。

[18] 快战：痛痛快快地打一仗。

[19] 四向：向着四面。

[20] 期山东为三处：约定（突围后）在山的东面分三处集合。（此山后名为四溃山，在今安徽省和县西北。）

[21] 披靡：败退。

[22] 赤泉侯：指杨喜。这是他后来的封号。

[23] 瞋（chēn）目：张目怒视。

[24] 辟易：因惊惧而退避。辟：同"避"。易：易地。

[25] 伏：同"服"。

[26] 乌江：渡口名，在今安徽省和县东北四十里长江西岸。

[27] 亭长：乡官名。秦、汉时，十里一亭，设亭长一人管理乡里事物。

[28] 檥（yǐ）船：停船靠岸。

[29] 江东：长江在芜湖、南京间作西南偏南、东北偏北流向，是南北往来主要渡口的所在地，习惯上称从这里以下的长江南岸地区为江东。

[30] 方：方圆。

[31] 我何渡为：我渡江做什么！

[32] 纵：即使。

[33] 王（wàng）我：拥护我为王。

[34] 独：难道。

[35] 长（zhǎng）者：年高忠厚的人。

[36] 短兵：短小轻便的兵器，指刀剑之类。

[37] 创：创伤。

[38] 顾：回头看。

[39] 骑司马：官名，骑兵司马。

[40] 吕马童：后被封为水中侯。

[41] 面之：背对着他。面，通"偭"，作背解。

[42] 吾为若德：我为你做件好事吧，即让王翳有机会领功请赏。德：恩惠。

[43] 重瞳子：眼中有两个瞳子。

[44] 兴：兴起，建立。暴：迅猛。

[45] 蜂起：像群蜂飞舞，纷然并起。

[46] 然羽非有尺寸：然而项羽没有任何土地和权利。尺寸：形容东西的数量少。

[47] 将：率领。五诸侯：指原先被秦所灭的齐、燕、韩、赵、魏五诸侯国反秦义军。

[48] 背关怀楚：指项羽灭秦之后放弃关中，怀念楚地而定都彭城。背：背弃。

[49] 放逐义帝：项羽灭秦后，先以楚王后代熊心为义帝，自封为西楚霸王后，将义帝迁徙到长沙郴县，又暗中令人将其劫杀。

[50] 自矜：自夸。功伐：功劳。

[51] 奋：逞，施展。私智：个人才能。不师古：不效法古代帝王做法。

[52] 力征：武力征讨。经营天下：指开创、管理控制天下。

[53] 过：错误。

[54] 乃引：竟然以……为理由。

 导读

　　《项羽本纪》是《史记》中最重要、最精彩的篇章之一。它成功地塑造了项羽这位叱咤风云的悲剧性英雄形象，并在各种矛盾冲突中展现了秦汉之际错综复杂的社会变革。

　　《垓下之围》自《项羽本纪》的最后一部分。司马迁在塑造人物形象时，运用了多种艺术手法，其中最主要的是选择影响项羽命运发展的关键事件（场面），具体描述了项羽既是一位叱咤风云、气盖一世的英雄豪杰，又是一位情感丰富、个性鲜明的悲剧英

雄。霸王别姬时，项羽被围垓下，四面楚歌，军情何等急迫！作者却以舒缓的笔调去写项羽夜起帐饮，慷慨悲歌，倾诉对虞姬与骏马的难舍之情，表现出项羽英雄末路、情深无奈的侠骨柔肠。东城突围中，项羽虽兵剩无几，却能连斩数将，展露了其勇冠三军、力挫群雄的勇猛英姿。兵退乌江，本可渡江以期东山再起，但项羽因愧见江东父老而自刎，展现了他宁死不辱、知耻重义的性格特征。这三个场面的描写，多角度地展示了人物个性，使人物形象活灵活现，达到了呼之欲出的程度。本篇还巧于构思，善于将复杂的事件安排得井然有序，丝毫没有杂乱之感。作者在激烈的军事冲突中，插入情意缠绵的悲歌别姬一段，使情节发展急徐有致，节奏疏密相间成趣。突围快战，高潮迭起，情节连接紧密，过渡自然，结构浑成，气势磅礴。篇末的"太史公曰"，热情歌颂了项羽在灭秦过程中建立的丰功伟绩，充分肯定了他的历史贡献，同时也批评了他自矜武力以经营天下的错误，对他的失败给予了惋惜与同情。作者的评价公允深刻，而且寓有作者的身世感，使项羽这个悲剧人物形象具备了浓厚的抒情色彩。

司马迁写人物传记，善于在历史事实的关键环节进行合乎情理的艺术加工。"虞兮虞兮"的悲歌，成为"霸王别姬"的典型情节。"天之亡我（天亡我）"在项羽口中先后三次重复出现，充分表现出项羽"身死东城，尚不觉悟"。"瞋目而叱"，吓退汉将杨喜数里，在失败关口仍见出项羽的英武气势。将宝马赠与乌江亭长，既是对亭长好意的报答，又是对战马的爱怜深情。最后自刎，对吕马童说"吾为若德"，则表现出对敌人的鄙视和视死如归的精神。这些有血有肉的细节描写，使人物性格鲜明突出，情致丰赡，艺术效果十分显著。

 相关链接

夏日绝句

李清照

生当作人杰，
死亦为鬼雄。
至今思项羽，
不肯过江东。

题乌江亭

杜牧

胜败兵家事不期，
包羞忍耻是男儿。
江东子弟多才俊，
卷土重来未可知。

思考练习题

1. 《垓下之围》主要描写了哪三个场面？这三个场面各自表现了项羽怎么样的性格特点？
2. 指出《垓下之围》中的细节加工之处，说明其表现作用。
3. 结合《垓下之围》中"太史公曰"一段评论，谈谈你对项羽功过及其失败原因的看法。

兰亭[1]集序

王羲之

王羲之（303—361），字逸少，号澹斋，汉族，东晋书法家，有"书圣"之称，祖籍琅琊临沂（今属山东），后迁会稽（今浙江绍兴）。羲之幼时不善于言辞，长大后却辩才出众，且性格耿直，享有美誉。晋大尉郗鉴选中他为女婿，"坦腹东床"的典故就出于王羲之。其历任秘书郎、宁远将军、江州刺史，后为会稽内史，领右将军，人称"王右军""王会稽"。其子王献之书法亦佳，世人合称为"二王"。此后历代王氏家族书法人才辈出。晚年隐居剡县金庭，东晋升平五年卒，葬于金庭瀑布山（又称紫藤山），其五世孙衡舍宅为金庭观，遗址犹存。

东晋永和九年（353年）农历三月三日，王羲之同谢安、孙绰等41人在绍兴兰亭修禊（一种被除疾病和不祥的活动）时，众人饮酒赋诗，汇诗成集，羲之即兴挥毫作序，这便是有名的《兰亭序》。此帖为草稿，28行，324字。记述了当时文人雅集的情景。作者因当时兴致高涨，写得十分得意，据说后来再写已不能逮。其中有二十多个"之"字，写法各不相同。宋代米芾称之为"天下第一行书"。

永和九年，岁在癸丑，暮春之初，会于会稽山阴之兰亭，修禊[2]事也。群贤毕至，少长咸集。此地有崇山峻岭，茂林修竹，又有清流激湍[3]，映带[4]左右，引以为流觞曲水[5]，列坐其次[6]，虽无丝竹管弦[7]之盛，一觞一咏，亦足以畅叙幽情[8]。是日也，天朗气清，惠风[9]和畅，仰观宇宙之大，俯察品类[10]之盛，所以游目骋怀[11]，足以极[12]视听之娱，信[13]可乐也。

夫人之相与[14]，俯仰一世[15]，或取诸怀抱[16]，悟言[17]

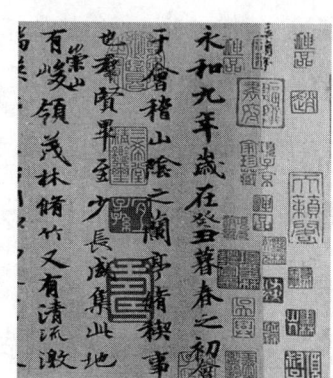

一室之内，或因寄所托[18]，放浪形骸之外[19]；虽趣舍万殊[20]，静躁不同[21]，当其欣于所遇，暂得于己[22]，快然自足，不知老之将至[23]。及其所之既倦[24]，情随事迁，感慨系之矣！向之所欣[25]，俯仰[26]之间，已为陈迹，犹不能不以之兴怀[27]。况修短随化[28]，终期于尽[29]。

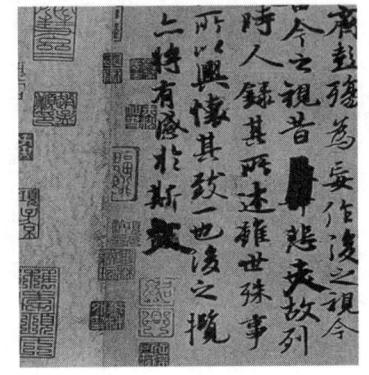

古人云："死生亦大矣[30]。"岂不痛哉！每览昔人兴感之由，若合一契[31]，未尝不临文嗟悼，不能喻之于怀[32]。固知一死生[33]为虚诞，齐彭殇为妄作[34]，后之视今，亦犹今之视昔，悲夫！故列叙时人，录其所述[35]，虽世殊事异，所以兴怀，其致[36]一也。后之览者，亦将有感于斯文[37]。

注释

[1] 兰亭，在今浙江绍兴市西南。

[2] 修禊（xì）：古人风俗。农历三月上旬的巳日（魏以后固定为三月三日），临水而祭，以消除不祥。

[3] 激湍：有漩涡的急流。

[4] 映带：景物互相映衬，彼此关联。

[5] 流觞曲水：让酒杯沿着环曲的水流循流而下，停在谁的面前即取而饮之。

[6] 其次：指水边。

[7] 丝竹管弦：乐器，这里指音乐。

[8] 幽情：静穆深沉的情怀。

[9] 惠风：春风。

[10] 品类：天地万物。

[11] 游目骋怀：纵目游观，舒散怀抱。

[12] 极：尽。

[13] 信：确，实。

[14] 相与：相处。

[15] 俯仰一世：指很快度过一生。

[16] 取诸怀抱：展现抱负。

[17] 悟言：面对面交谈。悟，通"晤"。

[18] 因寄所托：有所寄托。

[19] 放浪形骸之外：指不拘形迹。放浪：放达不拘。形骸：形体。

[20] 趣舍：取舍。趣：同"趋"。万殊：千差万别。

[21] 静躁：沉静、躁动。

[22] 当其欣于所遇，暂得于己：为自己暂时的满足而欣喜。

[23] 不知老之将至：《论语·述而》有"发愤忘食，乐以忘忧，不知老之将至云尔"。
[24] 所之既倦：对所向往爱好的事物已经厌倦。
[25] 所欣：指为之欣喜的事物。
[26] 俛仰：同俯仰，指短暂的片刻。
[27] 以之兴怀：因它而引发感触。
[28] 修短：指生命的长短。化：自然变化。
[29] 终期于尽：终归于尽，指人终究要死亡。期：期限。
[30] 死生亦大矣：《庄子·德充符》有"死生亦大矣，而不得与之变"。
[31] 若合一契：指前人的感慨与自己的感喟十分一致。契：符契，分左右两半，双方各执其一，用时合对以作凭信。
[32] 不能喻之于怀：意谓对生死问题不能透彻地领悟，使其释之于怀。喻：解释。
[33] 一死生：即将生和死看作一回事。《庄子·大宗师》有"孰知死生存亡之一体者，吾与之友矣"。
[34] 齐彭殇：将长寿和短命等量齐观。《庄子·齐物论》有"莫寿乎殇子，而彭祖为夭"。彭：彭祖，传说中的长寿者。殇：短命者。妄作：虚妄的说法。
[35] 述：指兰亭聚会者所作的诗文。
[36] 致：所要表达的宗旨。
[37] 斯文：这篇文章，即《兰亭集序》。

 导读

据《晋书》等记载，永和九年三月三日，当时名士孙绰、谢安等41人宴集于山阴兰亭，有26人赋诗成集，王羲之冠以序文，即此文，其又名《三月三日兰亭诗序》。

他首先讲兰亭山水景色之美和流觞曲水之乐，写出"何必丝与竹，山水有清音"（左思《招隐》）的自然情趣和乐享人生的感受，然后他转而写内心的慨叹，认为良辰美景终归消散，何况人生短促，欢乐转眼间就成了往事，所以便不能不回顾往事求取安慰。由此他总结创作经验：古人创作的心理动力，都是由于珍惜生活、珍惜生命，而伤感于生命短促与死亡。他认为，文学创作中存在着一个生命与死亡的永恒主题。

文章前一半写文人雅集之乐，用笔清雅简洁，反映出魏晋名士的审美情趣与精神风貌。后一半的议论，就其珍惜人生来说有其积极意义，而过分强调死亡的悲痛，则是消极的，它反映六朝文人强烈的生命意识。由于生命的当下价值与终究短暂是人类永远要面对的精神困境，所以我们在文学史上经常会遇到和本文题旨相近而表现不同的作品，如李后主的《乌夜啼》、苏东坡的《前赤壁赋》以及曹雪芹的《红楼梦》等。

作为一篇序言，作者既交代了集会的缘起、写作的背景，又写出了自己阅读、编辑的感受，情感饱满深沉，文字清新俊雅，所以成为千古名篇。

思考练习题

1. 关于王羲之，你还知道哪些关于他的事迹或传说？请简单谈谈。
2. 你觉得作者对文学创作的心理动力的分析有道理吗？说说你的看法。
3. 找《兰亭集序》或者你喜欢的书法作品，练一练毛笔书法。

徐霞客传

钱谦益

> 钱谦益，字受之，常熟人，明万历中进士，授编修，博学工词章，名隶东林党。天启中，御史陈以瑞劾罢之。崇祯元年，起官，不数月至礼部侍郎。会推阁臣，谦益虑尚书温体仁、侍郎周延儒并推，则名出己上，谋沮之。体仁追论谦益典试浙江取钱千秋关节事，予杖论赎。体仁复贿常熟人张汉儒讦谦益贪肆不法。谦益求救于司礼太监曹化淳，刑毙汉儒。体仁引疾去，谦益亦削籍归。流贼陷京师，明臣议立君江宁。谦益阴推戴潞王，与马士英议不合。已而福王立，惧得罪，上书诵士英功，士英引为礼部尚书。复力荐阉党阮大铖等，大铖遂为兵部侍郎。顺治三年，豫亲王多铎定江南，谦益迎降，命以礼部侍郎管秘书院事。冯铨充明史馆正总裁，而谦益副之。俄乞归。五年，凤阳巡抚陈之龙获黄毓祺，谦益坐与交通，诏总督马国柱逮讯。谦益诉辨，国柱遂以谦益、毓祺素非相识定谳。得放还，以著述自娱，越十年卒。谦益为文博赡，谙悉朝典，诗尤擅其胜。明季王、李号称复古，文体日下，谦益起而力振之。家富藏书，晚岁绛云楼火，惟一佛像不烬，遂归心释教，著楞严经蒙钞。其自为诗文，曰牧斋集，曰初学集、有学集。乾隆三十四年，诏毁板，然传本至今不绝。

徐霞客者，名弘祖，江阴梧塍里人也。高祖经，与唐寅同举，除名。寅尝以倪云林画卷偿博进[1]三千，手迹犹在其家。霞客生里社，奇情郁然，玄[2]对山水，力耕奉母。践更[3]繇役，慼慼如笼鸟之触隅，每思飏去。年三十，母遣之出游。每岁三时[4]出游，秋冬觐省，以为常。东南佳山水，如东西洞庭、阳羡、京口、金陵、吴兴、武林、浙西径山、天目、浙东五泄、四明、天台、雁宕、南海落迦，皆几案衣带间物耳。有再三至，有数至，无仅一至者。

其行也，从一奴或一僧、一仗、一襆被，不治装，不裹粮；能忍饥数日，能遇食即饱，能徒步走数百里，凌绝壁，冒丛箐，扳援下上，悬度缒汲[5]，捷如青猿，健如黄犊；以茶岩这床席，以溪涧为饮沐，以山魅、木客、王孙、貜父[6]为伴侣，僷僷粥粥[7]，口不能道；时与之论山经、辨水脉，搜讨形胜，则划然心开。居平未尝鐢悦[8]为古文辞，行游约数百里，就破壁枯树，燃松拾穗，走笔为记，如甲乙之簿，如丹青之画，虽才笔之士，无以加也。

　　游台、宕还，过陈木叔小寒山[9]，木叔问："曾造雁山绝顶否？"霞客唯唯。质明已失其所在，十日而返。曰："吾取间道，扪萝上龙湫，三十里，有宕焉，雁所家也。扳绝磴上十数里，正德间白云、云外两僧团瓢尚在[10]。复上二十馀里，其颠罡风逼人，有麋鹿数百群，围绕而宿。三宿而始下。"其与人争奇逐胜，欲赌身命，皆此类也。已而游黄山、白岳、九华、匡庐[11]；入闽。登武夷，泛九鲤湖[12]；入楚，谒玄岳[13]；北游齐、鲁、燕、冀、嵩、雒；上华山，下青柯坪[14]，心动趣归，则其母正属疾，啮指[15]相望也。

　　母丧服阕，益放志远游。访黄石斋[16]于闽，穷闽山之胜，皆非闽人所知。登罗浮，谒曹溪，归而追及石斋于云阳。往复万里，如步武耳。蹑终南背走峨眉，从野人采药，栖宿岩穴中，八日不火食，抵峨眉，属奢酋[17]阻兵，乃返。只身戴釜，访恒山于塞外，尽历九边[18]厄塞。归，过余山中，剧谈四游四极，九州九府[19]，经纬分合，历历如指掌。谓昔人志星官舆地[20]，多承袭傅会；江河二经[21]，山川两戒[22]，自纪载来，多囿于中国一隅。欲为昆仑海外之游，穷流沙而后返。小舟如叶，大雨淋湿，要之登陆，不肯，曰："譬如涧泉暴注，撞击肩背，良足快耳！"

　　丙子[23]九月，辞家西迈。僧静闻愿登鸡足礼迦叶[24]，请从焉。遇盗于湘江，静闻被创病死，函其骨，负之以行。泛洞庭，上衡岳，穷七十二峰。再登峨眉，北抵岷山，极于松潘。又南过大渡河，至黎、雅[25]，登瓦屋、晒经诸山[26]。复寻金沙江，极于犛牛徼外[27]。由金沙南泛澜沧，由澜沧北寻盘江[28]，大约在西南诸夷境，而贵竹[29]、滇南之观亦几尽矣。过丽江，憩点苍[30]、鸡足。瘗静闻骨于迦叶道场，从宿愿也。

　　由鸡足而西，出玉门关数千里，至昆仑山，穷星宿海[31]，去中夏三万四千三百里。登半山，风吹衣欲堕，望见方外黄金宝塔。又数千里，至西番，参大宝法王[32]。鸣沙以外，咸称胡国，如迷卢、阿耨诸名[33]，由旬[34]不能悉。《西域志》称沙河阻远，望人马积骨为标识，鬼魅热风，无得免者，玄奘法师受诸磨折，具载本传。霞客信宿往返，如适莽苍[35]。还至峨眉山下，托估客附所得奇树虬根以归。并以《溯江纪源》一篇寓余，言《禹贡》岷山导江，乃泛滥中国之始，非发源也。中国入河之水为省五，入江之水为省十一，计其吐纳，江倍于河，按其发源，河自昆仑之北，江亦自昆仑之南，非江源短而河源长也。又辨三龙大势[36]，北龙夹河之北，南龙抱江之南，中龙中界之，特短；北龙只南向半支入中国，惟南龙磅礴半宇内，其脉亦发于昆仑，与金沙江相并南出，环滇池以达五岭。龙长则源脉亦长，江之所以大于河也。其书数万言，皆订补桑《经》郦《注》[37]及汉、宋诸儒疏解《禹贡》所未及，余撮其大略如此。

　　霞客还滇南，足不良行，修《鸡足山志》，三月而毕。丽江木太守偫糇粮[38]，具笋舆以归。病甚，语问疾者曰："张骞凿空[39]，未睹昆仑；唐玄奘、元耶律楚材[40]衔人主之命，乃得西游。吾以老布衣，孤筇双屦，穷河沙，上昆仑，历西域，题名绝国，与三人而为四，死不恨矣。"余之识霞客也，因漳人刘履丁[41]。履丁为余言："霞客西归，气息支缀[42]，闻石斋下诏狱，遣其长子间关[43]往视，三月而反，具述石斋颂系[44]状，据床浩叹，不食而卒。"其为人若此。

梧下先生[45]曰："昔柳公权记三峰事[46]，有王玄冲者，访南坡僧义海，约登莲花峰，某日届山趾，计五千仞为一旬之程，既上，燔烟为信"。海如期宿桃林[47]，平晓，岳色清明，伫立数息，有白烟一道起三峰之顶。归二旬而玄冲至，取玉井莲[48]落叶数瓣，及池边铁船寸许遗海，负笈而去。玄冲初至，海谓之曰："兹山削成，自非驭风凭云，无有去理。"玄冲曰："贤人勿谓天不可登，但虑无其志尔。"霞客不欲以张骞诸人自命，以玄冲拟之，并为三清[49]之奇士，殆庶几乎？霞客纪游之书，高可隐几。余属其从兄仲昭雠勘而艳情之，当为古今游记之最。霞客死时年五十有六。西游归以庚辰六月，卒以辛巳正月，葬江阴之马湾[50]。亦履丁云。

 注释

[1] 博进：赌博所输的钱。《汉书·陈遵传》："官尊禄厚，可以偿博进矣。"颜师古注："进者，会礼之财也，谓博所赌也。"

[2] 玄：默。

[3] 践更：受钱代人服徭役。

[4] 三时：指春、夏、秋三季。

[5] 悬度绠汲：以悬索度山谷，攀绳登山，如绠之汲水。

[6] 木客：传说中的山中怪兽，形体似人，爪长如鸟，巢于高树。王孙：猴子的别称，玃（jué）父：马猴。

[7] 儚（méng）儚：昏昧的样子。粥（yù）粥：谦卑的样子。

[8] 鞶帨（pán shuì）：大带与佩巾，比喻华丽的藻饰。扬雄《法言·寡见》："今之学也，非独为之华藻也，又从而绣其鞶帨。"故以鞶帨为雕章凿句。

[9] 陈木叔：陈函辉，原名炜，字木叔，崇祯进士，授靖江知县，明亡后从鲁王航海，已而相失，入云峰山，作绝命词十章，投水死。小寒山：陈函辉所居之地，其自号小寒山子。

[10] 正德：明武宗年号（1506—1521）。团瓢：圆形草屋。

[11] 白岳：山名，在安徽休宁县西四十里。九华：安徽九华山。匡庐：庐山。

[12] 九鲤湖：在福建仙游县东北，相传有何姓兄弟九人炼丹于此，后各骑一鲤仙去。

[13] 玄岳：武当山之别名。

[14] 青柯坪：在华山谷口内约十公里处。

[15] 啮指：《搜神记》载有"曾子从仲尼在楚万里而心动，辞归问母，母曰'思尔啮指'"。后用以表达母亲对儿子的渴念。

[16] 黄石斋：黄道明，明福建漳浦人，天启进士，崇祯时官至少詹事，南明弘光朝任礼部尚书，后于福建拥立唐王，拜武英殿大学士，战败被俘至南京，不屈死。

[17] 奢酋：奢崇明，本苗族，世居四川永宁，为宣抚司，明嘉宗时募川兵援辽，崇明

等遂反，进围成都，国号大梁，后由朱燮元平定其乱。

[18] 九边：明代北方的九处要镇，即包括辽东、宣府、大同、延绥、宁夏、甘肃、蓟州、山西、固原。

[19] 四游：《太平御览》卷三六引纬书《尚书考灵异（曜）》有"地有四游，冬至地上，北而西三万里；夏至地下，南至东复三万里；春秋分，则其中矣"。四极：四方极远之地。《尔雅·释地》："东至于泰远，西至于邠国，南至于濮铅，北至于祝栗，谓之四极。"泰远至祝栗皆为古代传说中极远处国名。九州：《尔雅·释地》列举冀、豫、雍、荆、扬、兖、徐、幽、营等州为九州，后用以泛指中国。对于九州州名，《尚书·禹贡》《周礼·夏官·职方氏》《吕氏春秋·有览始》《汉书·地理志》与《尔雅·释地》各书说法不一。九府：谓九方的宝藏和特产。《尔雅·释地》列举东方、东南、南方、西南、西方、西北、北方、东北及中央出产之美者，是为九府。

[20] 星官：星宿天象的总称，指天文。舆地：地理。

[21] 江河二经：长江、黄河两条干流。徐霞客《溯江纪源》："江、河为南北二经流，以其特达于海也。"

[22] 两戒：唐代一行和尚提出的我国地理现象特征。北戒相当于今青海、陕北、山西、河北、辽宁一线；南戒相当于四川、陕南、河南、湖北、湖南、江西、福建一线。

[23] 丙子：崇祯九年（1636）。

[24] 鸡足：山名，在云南宾川西北。迦叶：摩诃迦叶，华言饮光胜尊，本事外道，后归佛教，释迦死后，传正法眼藏，为佛教长老，尝持僧伽梨衣人鸡足山。

[25] 黎、雅：黎州（今四川汉源）、雅州（今四川雅安）。

[26] 瓦屋：山名，在四川荣经县东南。晒经：山名，在四川越西县东北，山有广口，相传唐玄奘曾晒经于此，故得此名。

[27] 犛牛徼外：出产犛牛的边远地区。

[28] 盘江：有南盘江、北盘江，均发源于云南沾益。徐霞客著有《盘江考》。

[29] 贵竹：即贵筑，县名，其地今入贵阳市。

[30] 点苍：山名，一名大理山，在今云南大理白族自治州中部。

[31] 星宿海：在青海省鄂陵湖以西，为黄河源散流地面而形成的浅湖群，罗列如星，故得此名。

[32] 西番：即西藏。大宝法王：元世祖尊西藏喇嘛教萨迦派首领八思巴为大宝法王，明代因之。

[33] 迷卢、阿耨：皆西域国名。

[34] 由旬：梵语里程单位，约当军行一日的行程，或言四十里，或言三十里，或言十六里，因山川不同致行里不等。

[35] 信宿：再宿。莽苍：空旷貌，此指郊野。语出《庄子·逍遥游》："适莽苍者三飡而返，腹犹果然。"

[36] 龙：旧时指山形地势逶迤曲折似龙，故谓山脉曰龙。三龙之说，见徐霞客《溯江纪源》。

[37] 桑《经》：相传《水经》为汉代桑钦所撰。郦《注》：指郦道元所作《水经注》。

[38] 木太守：明云南丽江府知府。洪武十六年，以木德为知府。木德从征有功，子孙世袭此职。偫（zhì）：储备。糇（hóu）粮：干粮。

[39] 张骞：汉武帝时人，封博望侯，首先为汉沟通西域诸国。凿空：开通道路。

[40] 耶律楚材：字晋卿，辽皇族，初仕金，后为元重臣，曾随元太祖出征西域。

[41] 刘履丁：字渔仲，明末以诸生应辟召，擢郁林州知州。

[42] 支缀：勉强支持连缀其气息。

[43] 间关：辗转跋涉。

[44] 颂（róng）系：有罪入狱而不加刑具。颂，同"容"，谓宽容。

[45] 梧下先生：作者自称。

[46] 柳公权：字诚悬，唐著名书法家。三峰：指莲花峰、落雁峰、朝阳峰。其记王玄冲登莲花峰事，见《小说旧闻记》，载涵芬楼本《说郛》卷四九。又见于唐皇甫枚《三水小牍》，文字大同小异。

[47] 桃林：桃林坪，在华山谷口以南五里。

[48] 玉井莲：韩愈《古意》有"太华峰头玉井莲，开花十丈藕如船"。《华山记》有"山顶有池，生千叶莲花"。

[49] 三清：道家以为人天两界之外另有三清，即玉清、太清、上清，为神仙居住之地。

[50] 庚辰：明崇祯十三年（1640）。辛巳：崇祯十四年。陈函辉《徐霞客墓志铭》："霞客生于万历丙戌（十四年，1586），卒于崇祯辛巳，年五十有六，以壬午（崇祯十五年，1642）春三月初九日，卜葬于马湾之新阡。"

导读

徐霞客是我国著名的地理学家，他的《徐霞客游记》可以说是一部旷古未有的奇作，但当我们读了这篇《徐霞客传》之后便会明白，游记之奇，纯出于其人品之奇。传记出自与徐霞客同时期且交笃的文豪钱谦益之手，其对于了解这位地理学家的生平就有着极重要的意义。史夏隆在《徐霞客游记序》中说："霞客徐子，畸人也。钱宗伯牧斋为之立传，传其人，因传其事。"这不仅道出了此文的重要性，而且也说明此文首先在于传写徐霞客其人，即展示出他的精神品格，其次才是记录他的生平事迹，揭出了此文的旨趣。

全文意在表现徐霞客热爱祖国山河，为舆地之学穷毕生精力而执著追求的精神。所以文章虽然洋洋洒洒近两千言，然作者几乎始终将笔墨集中在记其游踪及介绍其游记著述上。文章的脉络是按时间展开的。正文大体可分两部分：从开头到"啮指相望也"是写徐霞客早年的游历，他的足迹遍及东南及中原诸省；"母丧服阕"以后到"其为人若此"，是写徐霞客在母亲去世后的远游及撰述情况以及他自己的离世。最后"梧下先生曰"以下则是传记作者的发挥与补充，犹如史传中的论赞，进一步揭示出徐霞客的奇情逸志。

作者对徐霞客生平的介绍并不是平面的叙述，而是笔墨之间饱蘸着感情，时而议论风生，时而极尽形容，故使文章生动而富有情趣，人物的形象也便立体地浮现在读者眼前。如对徐霞客少年时代的刻画："霞客生里社，奇情郁然，玄对山水，力耕奉母，践更繇役，蹙蹙如笼鸟之触隅，每思飏去。"寥寥数语，便将一个心系山水，意欲返回大自然怀抱的畸士形象描绘得呼之欲出，为他日后的出游作了铺垫。同时，"力耕奉母"又点明他十分孝敬母亲，因为《论语》上就有"父母在，不远游"的遗训，由此而解释了为什么在母亲生前他没有穷极边荒的原因。又如第二段中概写霞客出游时的情形，"其行也，从一奴或一僧、一杖、一襆被"，用了很形象的描述，同时也采取了强烈对照的写法，先说霞客"口不能道"，但与他谈论山形地貌则"划然心开"，口若悬河，又说他平时不长于舞文弄墨，但写起记游之作时却走笔如飞，如数家珍。这都采用了欲扬先抑、欲纵故擒的手法，在对比中给读者以深刻的印象，使传主的品格性情愈益丰满地呈现出来。

本文交代徐霞客的一生，采取了详略互用的写法。如写他早期的出游，只是简略地交代了他的足迹所到之处，却较详细地记述了他如何去登雁宕绝顶的事。陈木叔曾问他："曾造雁山绝顶否？"只此一句话，他第二天一大早便出发再度去雁宕，穷十日而返，并说出了雁宕山的奇情野趣，于是作者说："其与人争奇逐胜，欲赌身命，皆此类也。"可见他欲以此作为一个典型的例子来体现徐霞客的行为。全文虽然罗列其游踪，却没有枯燥乏味的流水簿之弊，这在于作者注重运用详略错综的手法，读来不乏生动的形象。文中多处引用了徐霞客的原话，增添了文章的真实性和生动性。如说他欲为昆仑海外之游，乘着小船遇到大雨，请他上岸却不肯，即引其语曰："譬如涧泉暴注，撞击肩背，良足快耳！"即十分真切地表现了他不畏艰险和乐观进取的精神。又如最后当他病重时，作者引了他回答探望者的话："张骞凿空，未睹昆仑；唐玄奘、元耶律楚材衔人主之命，乃得西游。吾以老布衣，孤筇双屦，穷河沙，上昆仑，历西域，题名绝国，与三人而为四，死不恨矣。"这里将一个终生致力于地理探索的学者执著追求的精神表现殆尽。他自己以为可与张骞、唐玄奘、耶律楚材比肩，但他没有政府的支助，没有帝王的命令，而仅以一个平民百姓的力量，穷极边荒，遍历神州大地，这就是徐霞客的可贵可敬之处。这段话真可以说是他对自己一生的总结，极为传神地表现了他的志趣与人格。

作者详略互用的笔法还表现在他对徐霞客著述的介绍中。"霞客纪游之书，高可隐几。余属其从兄仲昭雠勘而艳情之，当为古今游记之最"，显然钱谦益对徐霞客的游记是相当熟悉的，但在此文中仅较详细地介绍了徐氏《溯江纪源》一篇。徐霞客不仅以亲身的考察辨证了《禹贡》上"岷山导江"的说法，而且以"三龙"的学说来证明为什么长江与黄河同样发源于昆仑而长江水源丰富的原因。这里虽仅取了霞客的一篇文章，但已可见其治学的态度和方式：既有实地的勘察，也不乏理论的阐述。

本文的遣词造语相当生动，作者力求以清新具体的描绘来代替抽象的叙述和议论。如第一段中写徐霞客游历"东南佳山水"，列举其所到之处，"皆几案衣带间物耳"，只此八字，便极形象地表现了徐霞客对东南一带名山胜水的熟稔，文字活泼，令人回味。又如写他出游的情形："捷如青猿，健如黄犊；以崟岩为床席，以溪涧为饮沐，以山魅、木客、王孙、夔父为伴侣。"将一个探险家的形态很具体地表现了出来。又如最后叙王玄冲事："平晓，岳色清明，伫立数息，有白烟一道起三峰之顶。"这样的语言都力求给读者以形象。文中的对话、细节描写、环境渲染等接近小说笔法，故后来桐城派古文家以为牧斋文章的用词不够雅驯，未合"雅洁"的标准，其实这只是入清以后文人的审美情趣和批评观念起了变化。从另一个角度来看，牧斋正是由于能不囿于传统"古文"的限制，兼取佛、道、小说等各类著述的语言，长于驰骋铺叙，故令其文章更具生动性和表现力。

全文的中心是写徐霞客的游历和著述，但作者也故意用了些插笔，以体现徐霞客的人品。如写他丙子（崇祯九年，1636）间的出游，则带出僧静闻的事，一方面极言道途危殆，不仅有山川的险阻，而且有盗贼出没，伤人性命，另一方面写他最终为静闻瘗骨，不远万里，了却朋友心愿，表明了他对朋友的高情厚谊。又在写完了徐霞客的一生事迹之后，忽引刘履丁之言，说出他对黄道周的关切。自己虽已在弥留之际，还遣其子往视，不仅体现了他对故友的情谊，而且暗示出他对正人君子的仰慕和对黑暗时世的不满，"据床浩叹"四字便透出其中消息。

总之，这是一篇成功的传记，不仅因为传主是为后人崇敬的伟大地理学家，而且由于作者能以形象、活泼、真切的笔墨出之。本文记徐霞客曾到过峨眉山并"至西番（西藏），参大宝法王"，考《徐霞客游记》并无此记载，疑是牧斋误传。

 思考练习题

1. 阅读《华佗传》。
2. 读正文第8、10段，思考传主和作者评价有何作用。
3. 读正文第1、3、4、5、10段，思考徐霞客成功的因素有哪些。
4. 徐霞客带给你的启示是什么？

听听那冷雨[1]

余光中

余光中，祖籍福建永春，1928年生于南京，1947年开始就读于金陵大学外文系和厦门大学外文系，1948年随家经香港赴台，1951年毕业于台湾大学外文系，20世纪50年代留学美国，获爱荷华大学艺术硕士学位，曾任台湾师范大学、政治大学和香港中文大学教授。他在20世纪50年代参与创办"蓝星"诗社，并主编《现代文学》，1962年获台湾"文艺协会"新诗奖。梁实秋说他"右手写诗，左手写文，成就之高，

一时无两"。其著有诗集《舟子的悲歌》《白玉苦瓜》《与永恒拔河》等,散文集有《左手的缪斯》《逍遥游》《听听那冷雨》等,另外还有评论集《掌上雨》及译著《梵谷传》等。他在20世纪60年代提倡"散文革命",提出以"弹性""密度""质料"三要素为标志的现代散文观,并付诸自己的创作实践中,形成意象鲜明多义、字质考究、语法句式多变、结构多姿多彩、风格独具的文体。其散文以视野开阔、想象丰富、文字优美、文化底蕴深厚著称。

惊蛰一过,春寒加剧。先是料料峭峭,继而雨季开始,时而淋淋漓漓,时而淅淅沥沥,天潮潮地湿湿,即使在梦里,也似乎把伞撑着。而就凭一把伞,躲过一阵潇潇的冷雨,也躲不过整个雨季。连思想也都是潮润润的。每天回家,曲折穿过金门街到厦门街迷宫式的长巷短巷,雨里风里,走入霏霏令人更想入非非。想这样子的台北凄凄切切完全是黑白片的味道,想整个中国整部中国的历史无非是一张黑白片子,片头到尾,一直是这样下着雨的。这种感觉,不知道是不是从安东尼奥尼那里来的。不过那一块土地是久违了,二十五年,四分之一的世纪,即使有雨,也隔着千山万山,千伞万伞。二十五年,一切都断了,只有气候,只有气象报告还牵连在一起。大寒流从那块土地上弥天卷来,这种酷冷吾与古大陆分担。不能扑进她怀里,被她的裙边扫一扫吧,也算是安慰孺慕之情。

这样想时,严寒里竟有一点温暖的感觉了。这样想时,他希望这些狭长的巷子永远延伸下去,他的思路也可以延伸下去,不是金门街到厦门街,而是金门到厦门。他是厦门人,至少是广义的厦门人,二十年来,不住在厦门,住在厦门街,算是嘲弄吧,也算是安慰。不过说到广义,他同样也是广义的江南人,常州人,南京人,川娃儿,五陵少年。杏花春雨江南,那是他的少年时代了。再过半个月就是清明。安东尼奥尼的镜头摇过去,摇过去又摇过来。残山剩水犹如是。皇天后土犹如是。纭纭黔首纷纷黎民从北到南犹如是。那里面是中国吗?那里面当然还是中国,永远是中国。只是杏花春雨已不再,牧童遥指已不再,剑门细雨渭城轻尘也都已不再。然则他日思夜梦的那片土地,究竟在哪里呢?

在报纸的头条标题里吗?还是香港的谣言里?还是傅聪的黑键白键马思聪的跳弓拨弦?还是安东尼奥尼的镜底勒马洲的望中?还是呢,故宫博物院的壁头和玻璃柜内,京戏的锣鼓声中太白和东坡的韵里?

杏花。春雨。江南。六个方块,或许那片土就在那里面。而无论赤县也好,神州也好,中国也好,变来变去,只要仓颉的灵感不灭,美丽的中文不老,那形象,那磁石一般的向心力当必然长在。因为一个方块字是一个天地。太初有字,于是汉族的心灵,祖先的回忆和希望便有了寄托。譬如凭空写一个写"雨"字,点点滴滴,滂滂沱沱,淅沥淅沥淅沥,一切云情雨意,就宛然其中了。视觉上的这种美感,岂是什么rain也好pluie也好所能满足?翻开一部《辞源》或《辞海》,金木水火土,各成世界,而一入"雨"部,古神州的天颜千变万化,便悉在望中,美丽的霜雪云霞,骇人的雷电霹雹,展露的无非是神的好脾气与坏脾气，气象台百读不厌、门外汉百思不解的百科全书。

听听，那冷雨。看看，那冷雨。嗅嗅闻闻，那冷雨，舔舔吧，那冷雨。雨在他的伞上，这城市百万人的伞上，雨衣上，屋上，天线上。雨下在基隆港，在防波堤海峡的船上，清明这季雨。雨是女性，应该最富于感性。雨气空濛而迷幻，细细嗅嗅，清清爽爽新新，有一点点薄荷的香味，浓的时候，竟发出草和树沐发后特有的淡淡土腥气，也许那竟是蚯蚓和蜗牛的腥气吧，毕竟是惊蛰了啊。也许地上的地下的生命，也许古中国层层叠叠的记忆皆蠢蠢而蠕，也许是植物的潜意识和梦吧，那腥气。

第三次去美国，在高高的丹佛山居了两年。美国的西部，多山多沙漠，千里干旱。天，蓝似盎格鲁·撒克逊人的眼睛；地，红如印第安人的肌肤；云，却是罕见的白鸟。落基山簇簇耀目的雪峰上，很少飘云牵雾。一来高，二来干，三来森林线上，杉柏也止步，中国诗词里"荡胸生层云"或是"商略黄昏雨"的意趣，是落基山上难睹的景象。落基山岭之胜，在石，在雪。那些奇岩怪石，相叠互倚，砌一场惊心动魄的雕塑展览，给太阳和千里的风看。那雪，白得虚幻幻，冷得清清醒醒，那股皑皑不绝一仰难尽的气势，压得人呼吸困难，心寒眸酸。不过要领略"白云回望合，青霭入看无"的境界，仍须回中国。台湾湿度很高，最饶云气氤氲雨意迷离的情调。两度夜宿溪头，树香沁鼻宵寒袭肘，枕着润碧湿翠苍苍交叠的山影和万籁都歇的岑寂，仙人一样睡去。山中一夜饱雨，次晨醒来，在旭日未升的原始幽静中，冲着隔夜的寒气，踏着满地的断柯折枝和仍在流泻的细股雨水，一径探入森林的秘密，曲曲弯弯，步上山去。溪头的山，树密雾浓，蓊郁的水汽从谷底冉冉升起，时稠时稀，蒸腾多姿，幻化无定，只能从雾破云开的空处，窥见乍现即隐的一峰半壑，要纵览全貌，几乎是不可能的。至少入山两次，只能在白茫茫里和溪头诸峰玩捉迷藏的游戏，回到台北，世人问起，除了笑而不答心自闲，故作神秘之外，实际的印象，也无非山在虚无之间罢了。云缭烟绕，山隐水逸的中国风景，由来予人宋画的韵味。那天下也许是赵家的天下，那山水却是米家的山水。而究竟，是米氏父子下笔像中国的山水，还是中国的山水上纸像宋画。恐怕是谁也说不清楚了吧？

雨不但可嗅，可亲，更可以听，听听那冷雨。听雨，只要不是石破天惊的台风暴雨，在听觉上总是一种美感。大陆上的秋天，无论是疏雨滴梧桐，或是骤雨打荷叶，听去总有一点凄凉、凄清、凄楚，于今在岛上回味，则在凄楚之外，更笼上一层凄迷了。饶你多少豪情侠气，怕也经不起三番五次的风吹雨打。一打少年听雨，红烛昏沉。再打中年听雨，客舟中，江阔云低。三打白头听雨在僧庐下，这便是亡宋之痛，一颗敏感心灵的一生：楼上，江上，庙里，用冷冷的雨珠子串成。十年前，他曾在一场摧心折骨的鬼雨中迷失了自己。雨，该是一滴湿漓漓的灵魂，窗外在喊谁。

雨打在树上和瓦上，韵律都清脆可听，尤其是铿铿敲在屋瓦上，那古老的音乐，属于中国。王禹偁在黄冈，破如椽的大竹为屋瓦。据说住在竹楼上面，急雨声如瀑布，密雪声比碎玉，而无论鼓琴、咏诗、下棋、投壶，共鸣的效果都特别好。这样岂不像住在竹筒里面，任何细脆的声响，怕都会加倍夸大，反而令人耳朵过敏吧。

雨天的屋瓦，浮漾湿湿的流光，灰而温柔，迎光则微明，背光则幽暗，对于视觉，是一种低沉的安慰。至于雨敲在鳞鳞千瓣的瓦上，由远而近，轻轻重重轻轻，夹着一股股的细流沿瓦溽与屋檐潺潺泻下，各种敲击音与滑音密织成网，谁的千指百指在按摩耳轮。"下雨了！"温柔的灰美人来了，她冰冰的纤手在屋顶拂弄着无数的黑键啊灰键啊，把晌午一下子奏成了黄昏。

在古老的大陆上，千屋万户是如此。二十多年前，初来这岛上，日式的瓦屋亦是如此。先是天暗了下来，城市像罩在一块巨幅的毛玻璃里，阴影在户内延长复加深，然后凉凉的水意弥漫在空间，风自每一个角落里旋起，感觉得到，每一个屋顶上呼吸沉重都覆着灰云。雨来了，最轻的敲打乐敲打这城市，苍茫的屋顶，远远近近，一张张敲过去，古老的琴，那细细密密的节奏，单调里自有一种柔婉与亲切，滴滴点点滴滴，似幻似真，若孩时在摇篮里，一曲耳熟的童谣摇摇欲睡，母亲吟哦鼻音与喉音。或是在江南的泽国水乡，一大筐绿油油的桑叶被啮于千百头蚕，细细琐琐屑屑，口器与口器咀咀嚼嚼。雨来了，雨来的时候瓦这么说，一片瓦说千亿片瓦说，说轻轻地奏吧沉沉地弹，徐徐地叩吧挞挞地打，间间歇歇敲一个雨季，即兴演奏从惊蛰到清明，在零落的坟上冷冷奏挽歌，一片瓦吟千亿片瓦吟。

在日式的古屋里听雨，听四月，霏霏不绝的黄梅雨，朝夕不断，旬月绵延，湿黏黏的苔藓从石阶下一直侵到他舌底，心底。到七月，听台风台雨在古屋顶上一夜盲奏，千层海底的热浪沸沸被狂风挟来，掀翻整个太平洋，只为向他的矮屋檐重重压下，整个海在他的蜗壳上哗哗泻过。不然便是雷雨夜，白烟一般的纱帐里听羯鼓一通又一通，滔天的暴雨滂滂沛沛扑来，强劲的电琵琶忐忑忑忑忑忐，弹动屋瓦的惊悸腾腾欲掀起。不然便是斜斜的西北雨斜斜刷在窗玻璃上，鞭在墙上打在阔大的芭蕉叶上，一阵寒濑泻过，秋意便弥漫日式的庭院了。

在日式的古屋里听雨，春雨绵绵听到秋雨潇潇，从少年听到中年，听听那冷雨。雨是一种单调而耐听的音乐，是室内乐，是室外乐，户内听听，户外听听，冷冷，那音乐。雨是一种回忆的音乐，听听那冷雨，回忆江南的雨下得满地是江湖，下在桥上和船上，也下在四川，在秧田和蛙塘，下肥了嘉陵江，下湿布谷咕咕的啼声。雨是潮潮润润的音乐，下在渴望的唇上，舔舔那冷雨。

因为雨是最最原始的敲打乐，从记忆的彼端敲起。瓦是最最低沉的乐器，灰蒙蒙的温柔覆盖着听雨的人，瓦是音乐的雨伞撑起。但不久公寓的时代来临，台北你怎么一下子长高了，瓦的音乐竟成了绝响。千片万片的瓦翩翩，美丽的灰蝴蝶纷纷飞走，飞入历史的记忆。现在雨下下来下在水泥的屋顶和墙上，没有音韵的雨季。树也砍光了，那月桂，那枫树，柳树和擎天的巨椰，雨来的时候不再有丛叶嘈嘈切切，闪动湿湿的绿光迎接。鸟声减了啾啾，蛙声沉了阁阁，秋天的虫吟也减了唧唧。七十年代的台北不需要这些，一个乐队接一个乐队便遣散尽了。要听鸡叫，只有去《诗经》的韵里寻找。现在只剩下一张黑白片，黑白的默片。

正如马车的时代去后，三轮车的时代也去了。曾经在雨夜，三轮车的油布篷挂起，送她回家的途中，篷里的世界小得多可爱，而且躲在警察的辖区以外。雨衣的口袋越大越好，盛得下他的一只手里握一只纤纤的手。台湾的雨季这么长，该有人发明一种宽宽的双人雨衣，一人分穿一只袖子，此外的部分就不必分太苛。而无论工业如何发达，一时似乎还废不了雨伞。只要雨不倾盆，风不横吹，撑一把伞在雨中仍不失古典的韵味。任雨点敲在黑布伞或是透明的塑胶伞上，将骨柄一旋，雨珠向四方喷溅，伞缘便旋成了一圈飞檐。跟女友共一把雨伞，该是一种美丽的合作吧。最好是初恋，有点兴奋，更有点不好意思，若即若离之间，雨不妨下大一点。真正初恋，恐怕是兴奋得不需要伞的，手牵手在雨中狂奔而去，把年轻的长发和肌肤交给漫天的淋淋漓漓，然后向对方的唇上颊上尝凉凉甜甜的雨水。不过那要非常年轻且激情，同时，也只能发生在法国的新潮片里吧。

　　大多数的雨伞想不会为约会张开。上班下班，上学放学，菜市来回的途中，现实的伞，灰色的星期三。握着雨伞，他听那冷雨打在伞上。索性更冷一些就好了，他想。索性把湿湿的灰雨冻成干干爽爽的白雨，六角形的结晶体在无风的空中回回旋旋地降下来，等须眉和肩头白尽时，伸手一拂就落了。二十五年，没有受故乡白雨的祝福，或许发上下一点白霜是一种变相的自我补偿吧。一位英雄，经得起多少次雨季？他的额头是水成岩削成还是火成岩？他的心底究竟有多厚的苔藓？厦门街的雨巷走了二十年，与记忆等长，一座无瓦的公寓在巷底等他，一盏灯在楼上的雨窗子里，等他回去，向晚餐后的沉思冥想去整理青苔深深的记忆，前尘隔海，古屋不再。听听那冷雨。

注释

[1]　本文选自《鬼雨》，花城出版社 1989 年版。

导读

　　这是一篇非常独特的抒情散文。之所以独特，就在于它是一曲充满诗的韵律、节奏与灵气的文学乐章。把它拆开来，每一句都是经得起推敲咀嚼的诗行，合起来就组装成了一篇深广幽远的抒情散文。作者通过对台湾春寒料峭中漫长雨季的细腻感受描写，真切地勾画了一个在冷雨中孑然独行的游子的形象，委婉地传达出一个漂泊他乡者浓重的孤独感和思乡之情。由湿湿绵绵挥洒不去的杏花春雨，写出了连绵不绝无处不在的故园乡愁。

　　视野开阔、想象丰富是该篇文章的一大特色，这当然是以作者深厚的文化功底为基础。从《诗经》到《辞源》，从杜甫、王维到米家的山水，旁征博引，丰富的材料使文章底蕴深厚，给人以历史和文化的厚重感。

　　余光中向来注重锤炼文字和语言，修辞手法运用灵活，文章辞采丰美，生动细腻。文中最具特色的是大量使用叠字叠词，比如"点点滴滴""滂滂沱沱""淅沥淅沥淅沥"等，这使情感细密如织，既造成视觉上的美感，又形成音韵的复沓、回环，使整篇文章笼罩在一种细致、柔和、灵动的气韵中，读起来有着鲜明生动的节奏感。

相关链接

乡愁

小时候／乡愁是一枚小小的邮票／我在这头／母亲在那头
长大后／乡愁是一张窄窄的船票／我在这头／新娘在那头
后来啊／乡愁是一方矮矮的坟墓／我在外头／母亲在里头
而现在／乡愁是一湾浅浅的海峡／我在这头／大陆在那头

思考练习题

1. 《听听那冷雨》一文表达了怎样的思想感情？
2. 《听听那冷雨》一文在艺术构思上有何独特之处？
3. 分析《听听那冷雨》一文的语言特点。

怀念萧珊

巴金

> 巴金（1904—2005），中国现、当代作家，原名李尧棠，四川成都人，生于官僚地主家庭，曾受"五四"运动影响，1923年冲破封建家庭樊笼到上海、南京求学，1927年初赴法国留学，写成了处女作长篇小说《灭亡》，发表时始用"巴金"的笔名，1928年底回到上海，从事创作和翻译，从1929年到1946年创作了主要代表作长篇小说《激流三部曲》(《家》《春》《秋》）以及《爱情的三部曲》(《雾》、《雨》、《电》）《抗战三部曲》（又名《火》）《憩园》《寒夜》等中长篇小说，还创作了许多短篇小说、散文、游记、童话等。其以独特的风格和丰硕的创作令人瞩目，被鲁迅称为"一个有热情的有进步思想的作家，在屈指可数的好作家之列的作家"（《答徐懋庸并关于抗日统一战线问题》）。
>
> "文革"期间巴金曾遭受残酷迫害，但还坚持翻译了《往事与随想》，其"文革"后著有著名的散文集《随想录》和《创作回忆录》等。巴金具有世界影响，曾于1982年获意大利"但丁奖"，1983年获法国的荣誉勋章。1985年5月，美国文学艺术研究院授予他"名誉外籍院士"称号。
>
> 巴金小说创作最为著称的是取材于旧家庭的崩溃和青年一代的叛逆反抗的作品，《家》就是这方面写得最成功、影响最大的代表作，曾激动过几代青年读者的心灵，奠定了他在现代文学史上的重要地位。

一

今天是萧珊逝世的六周年纪念日。六年前的光景还非常鲜明地出现在我的眼前。那天我从火葬场回到家中，一切都是乱糟糟的，过了两三天我渐渐地安静下来了，一个人坐在书桌前，想写一篇纪念她的文章。在五十年前我就有了这样一种习惯：有感情无处倾吐时，我经常求助于纸笔。可是一九七二年八月里那几天，我每天坐三四个小时望着面前摊开的稿纸，却写不出一句话。我痛苦地想，难道给关了几年的"牛棚"，真的就变成"牛"了？头上仿佛压了一块大石头，思想好像冻结了一样。我索性放下笔，什么也不写了。

六年过去了，林彪、"四人帮"及其爪牙们的确把我搞得很"狼狈"，但我还是活下来了，而且偏偏活得比较健康，脑子也并不糊涂，有时还可以写一两篇文章。最近我经常去龙华火葬场，参加老朋友们的骨灰安放仪式。在大厅里我想起许多事情。同样地奏着哀乐，我的思想却从挤满了人的大厅转到只有二三十个人的中厅里去了，我们正在用哭声向萧珊的遗体告别。我记起了《家》里面觉新说过的一句话："好像珏死了，也是一个不祥的鬼。"四十七年前我写这句话的时候，怎么想得到我是在写自己！我没有流眼泪，可是我觉得有无数锋利的指甲在搔我的心。我站在死者遗体旁边，望着那张惨白色的脸、那两片咽下了千言万语的嘴唇，我咬紧牙齿，在心里唤着死者的名字。我想，我比她大十三岁，为什么不让我先死？我想，这是多么不公平！她究竟犯了什么罪？她也给关进"牛棚"，挂上"牛鬼"的小牌子，还扫过马路。究竟为什么？理由很简单，她是我的妻子。她患了病，得不到治疗，也因为她是我的妻子，想尽办法一直到逝世前三个星期，靠开后门她才住进了医院。但是癌细胞已经扩散，肠癌变成了肝癌。

她不想死，她要活，她愿意改造思想，她愿意看到社会主义建成。这个愿望总不能说是痴心妄想吧。她本来可以活下去，倘使她不是"黑老K"的"臭婆娘"。一句话，是我连累了她，是我害了她。

在我靠边的几年中间，我所受到的精神折磨，她也同样受到。但是我并未挨过打，她却挨了"北京来的红卫兵"的铜头皮带，留在她左眼上的黑圈好几天以后才褪尽。她挨打只是为了保护我，她看见那些年轻人深夜闯了进来，害怕他们把我揪走，便溜出大门，到对面派出所去，请民警同志出来干预，那里只有一人值班，不敢管。当着民警的面她被他们用铜头皮带狠狠地抽了一下，给押了回来，同我一起关在马桶间里。

她不仅分担了我的痛苦，还给了我不少的安慰和鼓励。在"四害"横行的时候，我在原单位给人当作"罪人"和"贱民"看待，日子十分难过，有时到晚上九、十点钟才能回家。我进了门看到她的面容，满脑子的乌云都消散了。我有什么委屈、牢骚都可以向她尽情倾吐。有一个时期我和她每晚临睡前服两粒眠尔通才能够闭眼，可是天刚刚发白就都醒了。我唤她，她也唤我。我诉苦般地说："日子难过啊！"她也用同样声音回答："日子难过啊！"但是她马上加一句："要坚持下去。"或者再加一句："坚持就是胜利。"我说"日子难过"，因为在那一段时间里我每天在"牛棚"里面劳动、学习、写交代、写检查、写思想汇报。任何人都可以责骂我、教训我、指挥我，从外地到作协来串连的人可以随意点名叫我出去"示众",还要自报罪行。上下班不限时间,由管"牛棚"的"监督组"随意决定。任何人都可以闯进我家里来,高兴拿什么就拿走什么。这个时候大规模的群众性批斗和电视批斗大会还没有开始,但已经越来越逼近了。

她说"日子难过",因为她给两次揪到机关,靠边劳动,后来也常常参加陪斗。在淮海中路大批判专栏上张贴着批判我的罪行的大字报,我一家人的名字都给写出来"示众",不用说"臭婆娘"的大名占着显著的地位。这些文字像虫子一样咬痛她的心。她让上海戏剧学院"狂妄派"学生突然袭击、揪到作协去的时候,在我家大门上还贴了一张揭露她的所谓罪行的大字报。幸好当天夜里我儿子把它撕毁,否则这一张大字报就会要了她的命!

人们的白眼、人们的冷嘲热骂蚕食着她的身心,我看出来她的健康逐渐遭到损害,表面上的平静是虚假的。内心的痛苦像一锅煮沸的水,她怎么能遮盖住!怎么能使它平静!她不断地给我安慰,对我表示信任,替我感到不平。然而她看到我的问题一天天地变得严重,上面对我的压力一天天地增加,她又非常担心,有时同我一起上班或者下班,走近巨鹿路口,快到作家协会,或者走到湖南路口、快到我们家,她总是抬不起头。我理解她,同情她,也非常担心她经受不起沉重的打击。我还记得一天到了平常下班的时间,我们没有受到留难,回到家里,她比较高兴,到厨房去烧菜。我翻看当天的报纸,在第三版上看到当时做了作协的"头头"的两个工人作家写的文章《彻底揭露巴金的反革命真面目》。真是当头一棒!我看了两三行,连忙把报纸藏起来,我害怕让她看见。她端着烧好的菜出来,脸上还带笑容,吃饭时她有说有笑。饭后她要看报,我企图把她的注意力引到别处。但是没有用,她找到报纸。她的笑容一下子完全消失。这一夜她再没有讲话,早早地进了房间。我后来发现她躺在床上小声哭着。一个安静的夜晚给破坏了。今天回想当时的情景,她那张满是泪痕的脸还历历在我眼前。我多么愿意让她的泪痕消失,笑容在她那憔悴的脸上重现,即使减少我几年的生命来换取我们家庭生活中一个宁静的夜晚,我也心甘情愿!

二

我听周信芳同志的媳妇说,周的夫人在逝世前经常被打手们拉出去当作皮球推来推去,打得遍体鳞伤,有人劝她躲开,她说:"我躲开,他们就要这样对付周先生了。"萧珊并未受到这种新式体罚。可是她在精神上给别人当皮球打来打去。她也有这样的想法:她多受一点精神折磨,可以减轻对我的压力。其实这是她的一片痴心,结果只苦了她自己。我看见她一天天地憔悴下去,我看见她的生命之火逐渐熄灭,我多么痛心。我劝她,安慰她,我想把她拉住,一点也没有用。

她常常问我:"你的问题什么时候才解决呢?"我苦笑地说:"总有一天会解决的。"她叹口气说:"我恐怕等不到那个时候了。"后来她病倒了,有人劝她打电话找我回家,她不知从哪里得来的消息,她说:"他在写检查,不要打岔他,他的问题大概可以解决了。"等到我从五七干校回家休假,她已经不能起床。她还问我检查写得怎样,问题是否可以解决。我当时的确在写检查,而且已经写了好多次了。他们要我写,只是为了消耗我的生命。但她怎么能理解呢?

这时离她逝世不过两个多月,癌细胞已经扩散。可是我们不知道,想找医生给她认真检查一次,也毫无办法。平日去医院挂号看门诊,等了许久才见到医生或者实习医生,随便给开个药方就算解决问题。只有在发烧到摄氏三十九度才有资格挂急诊号,或者还可以在病人拥挤的观察室里待上一天半天。

当时去医院看病找交通工具也很困难,常常是我女婿借了自行车来,让她坐在车上,他慢慢地推着走。有一次她雇到小三轮卡车,看好门诊回家,雇不到车,只好同陪她看病的朋友一起慢慢地走回来,走走停停,走到街口,她快要倒下了,只得请求行人到我们家通知。她一个表侄正好来探病,就由他去背了她回家。她希望拍一张X光片子查一查肠子有什么病,但是办不到。后来靠了她一位亲戚帮忙,开后门两次拍片,才查出她患肠癌。以后又靠朋友设法开后门住进了医院。她自己还高兴,以为得救了。只有她一个人不知真实的病情。她在医院里只活了三个星期。

我休假回家,假期满,我又请过两次假留在家里照料病人,最多也不到一个月。我看见她病情日趋严重,实在不愿意把她丢开不管,我要求延长假期的时候,我们那个单位一个"工宣队"头头逼着我第二天就回干校去。我回到家里,她问起来,我无法隐瞒,她叹了一口气,说:"你放心去吧。"她把脸掉过去,不让我看她。我女儿、女婿看到这种情景自告奋勇跑到巨鹿路去向那位"工宣队"头头解释,希望他同意我在市区多留些日子照料病人。可是那个头头"执法如山",还说:"他不是医生,留在家里有什么用处!留在家里对他改造不利。"他们气愤地回到家中,只说机关不同意,后来才对我传达这句"名言",我还能讲什么呢?明天回干校去!

整个晚上她睡不好,我更睡不好。出乎意外,第二天一早我那个插队落户的儿子在我们房间里出现了,他是昨天半夜里到的。他得到了家信,请假回家看母亲,却没有想到母亲病成这样。我见了他一面,把他母亲交给他,就回干校去了。

在车上我的情绪很不好。我实在想不通为什么会有这样的事情。我在干校待了五天,无法同家里通消息。我已经猜到她的病不轻了。可是人们不让我过问她的事。这五天是多么难熬的日子!到第五天晚上在干校的造反派头头通知我们全体第二天一早回市区开会。这样我才又回到了家,见到了我的爱人。靠了朋友帮忙她可以住进中山医院肝癌病房,一切都准备好,她第二天就要住院了。她多么希望住院前见我一面,我终于回来了,连我也没有想到她的病情发展得这么快。我们见了面,我一句话也讲不出来,她说了一句:"我到底住院了。"我答说:"你安心治疗吧。"她父亲也来看她,老人家双目失明,去医院探病有困难,可能是来同他的女儿告别了。

我吃过中饭就去参加给别人戴上反革命帽子的大会,受批判、戴帽子的人不止一个,其中有一个我的熟人王若望同志,他过去也是作家,不过比我年轻。我们一起在"牛棚"里关过一个时期,他的罪名是"摘帽右派"。他不服,不肯听话,他贴出大字报,声明"自己解放自己",因此罪名越搞越大,给捉去关了一个时期不算,还戴上了反革命的帽子监督劳动。在会场里我一直在做怪梦。开完会回家,见到萧珊我感到格外亲切,仿佛重回人间。可是她不舒服,不想讲话,偶尔讲一句半句,我还记得她讲了两次:"我看不到了。"我连声问她看不到什么?她后来才说:"看不到你解放了。"我还能回答什么呢?

我儿子在旁边,垂头丧气,精神不好,晚饭只吃了半碗,像是患了感冒。她忽然指着他小声说:"他怎么办呢?"他当时在安徽山区农村插队落户已经待了三年半,政治上没有人管,生活上不能养活自己,而且因为是我的儿子给剥夺了好些公民权利。他先学会沉默,后来又学会抽烟。我怀着内疚的心情看看他,我后悔当初不该写小说,更不该生儿育女。我还记得前两年在痛苦难熬的时候她对我说:"孩子们说爸爸做了坏事,害了我们大家。"这好像用刀子在割我身上的肉,我没有出声,我把泪水全吞在肚里。她睡了一觉醒过来,忽然问我:"你明天不去了?"我说:"不去了。"就是那个"工宣队"头头在今天通知我不用再去干校,就留在市区。他还问我:"你知道萧珊是什么病吗?"我答说:"知道。"其实家里瞒住我,不给我知道真相,我还是从他这句问话里猜到的。

三

第二天早晨她动身去医院,一个朋友和我女儿女婿陪她去。她穿好衣服等候车来。她显得急躁又有些留恋,东张张、西望望,她也许在想是不是能再看到这里的一切。我送走她,心上反而加了一块大石头。

将近二十天里,我每天去医院陪她大半天,我照料她,我坐在病床前守着她,同她短短地谈几句话,她的病情变化,一天天衰弱下去,肚子却一天天大起来,行动越来越不方便。当时病房里没有人照料,生活方面除饮食外一切都必须自理。后来听同病房的人称赞她"坚强",说她每天早晚都默默地挣扎着下了床走到厕所。医生对我们谈起,病人的身体受不住手术,最怕她的肠子堵塞,要是不堵塞,还可以拖延一个时期。她住院后的半个月是一九六六年八月以来我既感痛苦又感到幸福的一段时间,是我和她在一起度过的最后的平静的时刻,我今天还不能将它忘记。但是半个月以后,她的病情又有了发展,一天吃中饭的时候,医生通知我儿子找我去谈话。他告诉我:病人的肠子给堵住了,必须开刀。开刀不一定有把握,也许中途出毛病,但是不开刀,后果更不堪设想,他要我决定,并且要我劝她同意。我做了决定,就去病房对她解释,我讲完话,她只说了一句:"看来,我们要分别了。"她望着我,眼睛里全是泪水。我说:"不会的……"我的声音哑了。接着护士长来安慰她,对她说:"我陪你,不要紧的。"她回答:"你陪我就好。"时间很紧迫。医生护士们很快作好了准备,她给送进手术室去了,是她的表侄把她推到手术室门口的。我们就在外面廊上等候了好几个小时,等到她平安地给送出来,由儿子把她推回到病房去,儿子还在她的身边守过一个夜晚。过两天他也病倒了,查出来他患肝炎,是从安徽农村带回来的。本来我们想瞒住他的母亲,可是无意间让他母亲知道了。她不断地问:"儿子怎么样?"我自己也不知道儿子怎么样,我怎么能使她放心呢?晚上回到家,走进空空的、静静的房间,我几乎要叫出声来:"一切都朝我的头打下来吧,让所有的灾祸都来呢。我受得住!"

我应当感谢那位热心而又善良的护士长，她同情我的处境，要我把儿子的事情完全交给她办。她作好安排，陪他看病，检查，让他很快住进别处的隔离病房，得到及时的治疗和护理。他在隔离病房里苦苦地等候母亲病情的好转。母亲躺在病床上，只能有气无力地说几句短短的话，她经常问："棠棠怎么样？"从她那双含泪的眼睛里我明白她多么想看见她最爱的儿子。但是她已经没有精力多想了。

她每天要输血、打盐水针，她看见我去，就断断续续地问我："输多少CC的血？该怎么办？"我安慰她："你只管放心，没有问题，治病要紧。"她不止一次地说："你辛苦了。"我有什么苦呢？我能够为我最亲爱的人做事情，哪怕做一件小事，我也高兴！后来她的身体更不行了。医生给她输氧气，鼻子里整天插着管子。她几次要求拿开，这说明她感到难受。但是听了我们的劝告她终于忍受下去了。开刀以后她只活了五天，谁也想不到她会去得这么快！五天中间我整天守在病床前，默默地望着她在受苦（我是设身处地感觉到这样的），可是她除了两三次要求搬开床前巨大的氧气筒，三四次表示担心输血较多、付不出医药费之外，并没有抱怨过什么，见到熟人她常有这样一种表情：请原谅我麻烦了你们。她非常安静，但并未昏睡，始终睁大两只眼睛。眼睛很大，很美，很亮，我望着，望着，好像在望快要燃尽的烛火。我多么想让这对眼睛永远亮下去！我多么害怕她离开我！我甚至愿意为我那十四卷"邪书"受到千刀万剐，只求她能安静地活下去。

不久前我重读梅林写的《马克思传》，书中引用了马克思给女儿的信里的一段话，讲到马克思夫人的死。信上说："她很快就咽了气。……这个病具有一种逐渐虚脱的性质，就像由于衰老所致一样，甚至在最后几小时也没有临终的挣扎，而是慢慢地沉入睡乡，她的眼睛比任何时候都更大、更美、更亮！"这段话我记得很清楚，马克思夫人也死于癌症。我默默地望着萧珊那对很大、很美、很亮的眼睛，我想起这段话，稍微得到一点安慰。听说她的确也"没有临终的挣扎"，她也是"慢慢地沉入睡乡"。我这样说，因为她离开这个世界的时候，我不在她的身边，那天是星期天，卫生防疫站因为我们家发现了肝炎病人，派人上午来做消毒工作。她的表妹有空愿意到医院去照料她，讲好我们吃过中饭就去接替。没有想到我们刚刚端起饭碗，就得到传呼电话，通知我女儿去医院，说是她妈妈"不行"了。真是晴天霹雳！我和我女儿女婿赶到医院。她那张病床上连床垫也给拿走了。别人告诉我她在太平间。我们又下了楼赶到那里，在门口遇见表妹，还是她找人帮忙把"咽了气"的病人抬进来的。死者还不曾给放进铁匣子里送进冷库，她躺在担架上，但已经给白布床单包得紧紧的，看不到面容了。我只看到她的名字。我弯下身子，把地上那个还有点人形的白布拍了好几下，一面哭着唤她的名字。不过几分钟的时间。这算是什么告别呢？

据表妹说，她逝世的时刻，表妹也不知道。她曾经对表妹说："找医生来。"医生来过，并没有什么。后来她就渐渐"沉入睡乡"。表妹还以为她在睡眠。一个护士来打针才发觉她的心脏已经停止跳动了。我没有能同她诀别，我有许多话没有能向她倾吐，她不能没有留下一句遗言就离开我！我后来常常想，她对表妹说："找医生来，"很可能不是"找医生",是"找李先生"(她平日这样称呼我)。为什么那天上午偏偏我不在病房呢?家里人都不在她身边,她死得这样凄凉!

我女婿马上打电话给我们仅有的几个亲戚,她的弟媳赶到医院,马上晕了过去。三天以后在龙华火葬场举行告别仪式。她的朋友一个也没有来,因为一则我们没有通知,二则我是一个审查了将近七年的对象。没有悼词,没有吊客,只有一片伤心的哭声。我衷心感谢前来参加仪式的少数亲友和特地来帮忙的我女儿的两三个同学。最后我跟她的遗体告别,女儿望着遗容哀哭,儿子在隔离病房,还不知道把他当作命根子的妈妈已经死亡。值得提说的是她当作自己儿子照顾了好些年的一位亡友的男孩从北京赶来只为了看见她的最后一面。这个整天同钢铁打交道的技术员和干部,他的心倒不像钢铁那样。他得到电报以后,他爱人对他说:"你去吧,你不去一趟,你的心永远安定不了。"我在变了形的她的遗体旁边站了一会。别人给我和她照了相。我痛苦地想:这是最后一次了,即使给我们留下来很难看的形象,我也要珍视这个镜头。

一切都结束了。过了几天我和女儿女婿再去火葬场,领到了她的骨灰盒,在存放室里寄存了三年之后,我按期把骨灰盒接回家里,有人劝我把她的骨灰安葬,我宁愿让骨灰盒放在我的寝室里,我感到她仍然和我在一起。

四

梦魇一般的日子终于过去了。六年仿佛一瞬似的远远地落在后面了。其实哪里是一瞬间!这段时间里有多少流着血和泪的日子啊,不仅是六年,从我开始写这篇短文到现在又过去了半年,这半年中间我经常在火葬场的大厅里默哀,行礼,为了纪念给"四人帮"迫害致死的朋友。想到他们不能把个人的智慧和才华献给社会主义祖国,我万分惋惜。每次戴上黑纱、插上纸花的同时,我也想我自己最亲爱的朋友,一个普通的文艺爱好者,一个成绩不大的翻译工作者,一个心地善良的好人。她是我的生命的一部分,她的骨灰里有我的泪和血。

她是我的一个读者。一九三六年我在上海第一次同她见面,一九三八年和一九四一年我们两次在桂林像朋友似地住在一起。一九四四年我们在贵阳结婚。我认识她的时候,她还不到二十,对她的成长我应当负很大的责任。她读了我的小说,给我写信,后来见到了我,对我产生了感情。她在中学念书,看见我之前,因为参加学生运动被学校开除,回到家乡住了一个短时期,又出来进另一所学校。倘使不是为了我,她三七、三八可能去了延安。她同我谈了八年的恋爱,后来到贵阳旅行结婚,只印发了一个通知,没有摆过一桌酒席。从贵阳我们先后到重庆,住在民国路文化生活出版社门市部楼梯下七八平方米的小屋里。她托人买了四只玻璃杯开始组织我们的小家庭。她陪着我经历了各种艰苦生活。在抗日战争紧张的时期,我们一起在日军进城以前十多个小时逃离广州,我们从广东到广西,从昆明到桂林,从金华到温州,我们分散了,又重见,相见后又别离。在我那两册《旅途通讯》中就有一部分这种生活的记录。四十年前有一位朋友批评我:"这算什么文章!"我的《文集》出版后,另一位朋友认为我不应当把它们也收进去。他们都有道理,两年来我对朋友、对读者讲过不止一次,我决定不让《文集》重版。但是为我自己,我要经常翻看那两小册《通讯》。在那些年代每当我落在困苦的境地里、朋友们各奔前程的时候,她总是亲切地在我的耳边说:"不要难过,我不会离开你,我在你的身边。"的确,只有在她最后一次进手术室之前她才说过这样一句:"我们要分别了。"

我同她一起生活了三十多年。但是我并没有好好地帮助过她。她比我有才华,却缺乏刻苦钻研的精神。我很喜欢她翻译的普希金和屠格涅夫的小说。虽然译文并不恰当,也不是普希金和屠格涅夫的风格,它们却是有创造性的文学作品,阅读它们对我是一种享受。她想改变自己的生活,不愿作家庭妇女,却又缺少吃苦耐劳的勇气。她听从一个朋友的劝告,得到后来也是给"四人帮"迫害致死的叶以群同志的同意到《上海文学》"义务劳动",也做了一点点工作,然而在运动中却受到批判,说她专门向老作家、反动权威组稿,又说她是我派去的"坐探"。她为了改造思想,想走捷径,要求参加"四清"运动,找人推荐到某铜厂的工作组工作,工作相当繁重、紧张,她却精神愉快。但是这快要靠边的时候,她也被叫回作家协会参加运动。她第一次参加这种急风暴雨般的斗争,而且是以反动权威家属的身份参加,她不知道该怎么办才好。她张皇失措、坐立不安,替我担心,又为儿女的前途忧虑。她盼望什么人向她伸出援助的手,可是朋友们离开了她,"同事们"拿她当作箭靶,还有人想通过整她来整我。她不是作家协会或者刊物的正式工作人员,可是仍然被"勒令"靠边劳动站队挂牌,放回家以后又给揪到机关。过一个时期她写了认罪的检查,第二次给放回家的时候,我们机关的造反派头头却通知里弄委员会罚她扫街。她怕人看见,每天大清早起来,拿着扫帚出门,扫得精疲力尽,才回到家里,关上大门,吐了一口气。但有时她还碰到上学去的小孩对她叫骂:"巴金的臭婆娘。"我偶尔看见她拿着扫帚回来,不敢正眼看她,我感到负罪的心情。这是对她是一个致命的打击,不到两个月,她病倒了,以后就没有再出去扫街(我妹妹继续扫了一个时期),但是也没有完全恢复健康。尽管她还继续拖了四年,但一直到死,她并不曾看到我恢复自由。这就是她的最后,然而绝不是她的结局。她的结局将和我的结局连在一起。

我绝不悲观。我要争取多活。我要为我们社会主义祖国工作到生命的最后一息。在我丧失工作能力的时候,我希望病榻上有萧珊翻译的那几本小说。等到我永远闭上眼睛,就让我的骨灰和她的骨灰掺和在一起。

导读

《怀念萧珊》是巴金在"文革"以后出版的散文集《随想录》中的一篇。《随想录》由《随想录》《探索集》《真话集》《病中集》《无题集》五个集子组成。这部大书是作者毕生阅历和经验的总结。

巴金散文多感怀之作。正如他在《怀念萧珊》一文中所说的"五十多年前我就有了

这样一种习惯：有感情无处倾吐时，我经常求助于纸笔"。作者的这篇悼念亡妻的散文，记述了妻子在"文革"中因受自己的牵连而遭罪，身患绝症得不到及时治疗，最后连诀别的话也没留下一句就默默离开人世的悲惨遭遇，描写了夫妻俩在那段日子里患难与共、相濡以沫的深厚感情，以及互相鼓励着希望摆脱厄运的深切愿望。作者对亡妻的怀念之情，对林彪、"四人帮"迫害无辜的愤恨之情，对夫妻受难中善良的人们给予帮助的感情之情，充溢于字里行间。这正是这一作品充满感情色彩，从而"打动读者的心"的重要艺术因素。

《怀念萧珊》于朴实无华的叙述之中凝聚着巨大的情感内容，体现了巴金作品惯有的叙事风格。散文娓娓地叙述了作者自己的一件件往事——夫妻在"文革"期间共同经历的磨难，萧珊得病和去世的情景，她那与人为善的性格，以及作者与她相识的回忆，看似随意的安排却能形成一个完整的内在结构，表达了强烈的思想感情。散文以平实的叙述，在表达基本内容的同时，又把内在的情感以及特定的艺术氛围传达出来。特别是文中关于夫妻二人在困境中的互相勉励和萧珊去世后的情景叙述，蕴含着无尽的辛酸和对故人的怀念，极具艺术力量。"在我丧失工作能力的时候，我希望病榻上有萧珊翻译的那几本小说。等到我永远闭上眼睛，就让我的骨灰同她的骨灰掺和在一起。"散文结尾的这段叙述把作者对妻子的至爱这情以及散文特有的如泣如诉的情调表达得淋漓尽致。

跟平实、朴素的写法相联系，巴金采用白描手法描写人物。夫妻俩的一个姿态、两三动作、几句话语，在作品中稍加勾勒和点染，言笑颦蹙便顿时跃然纸上。当然，这些人物不同于叙事作品中的完整典型，但他们同样能激荡人心，在读者头脑里留下清晰难忘的印象。

秦牧曾说过："如果一个散文作者不敢流露自己的感情，不敢用自己的个性语言来讲话，这样的散文，艺术感染力就会降低，因为那作为文学作品的特性就被削弱了。"巴金散文感情色彩浓烈，语言个性鲜明。它没有雕琢的文字，不采用华丽的词藻，追求自然的美、朴素的美。《怀念萧珊》那么自然、那么朴素地记录作者的一段生活，说他"要说"的话，"求助于纸笔"吐露绝无伪饰的情感。这是作者对语言的运用达到熟练自如、炉火纯青的表现。

 **相关链接**

萧珊简介：原名陈蕴珍。1936年至上海，入爱国女子中学读书，参加学校戏剧演出，扮演话剧《雷雨》中的四凤，进而结识进步人士，同年始认识巴金，在巴金鼓励下，开始文学创作，处女作《在伤兵医院》发表于茅盾主编的《烽火》杂志。她毕业后考取昆明西南联合大学外文系，新中国成立后，参加中国作家协会上海分会，任《上海文学》《收获》编辑，兼事文学翻译，译著有普希金《别尔金小说集》、屠格涅夫《阿西亚》《初恋》《奇怪的故事》等，与巴金合译《屠格涅夫中短篇小说集》、普希金的《黑桃皇后》。

1994年，《家书——巴金萧珊通信集》出版；1998年，萧珊和巴金的合集《探索人生》出版。萧珊曾经以"陈嘉"的笔名发表"旅途杂记"等文章。后经巴金文学研究会策划和编辑出版《萧珊文存》。

萧珊作为一名翻译家、作家的出色才华、鲜明个性，可以说，不论是从文献价值还是文学价值上看，都有很多值得细细品味之处，尤其是她在翻译上取得的很高的成就。

巴金与萧珊的相处：1936年巴金在上海第一次同萧珊见面；1938年和1941年他们两次在桂林像朋友似地住在一起；1944年他们在贵阳结婚。萧珊在认识巴金的时候，她还不到二十，她读了巴金的小说，给巴金写信，后来见到了巴金，对他产生了感情。他们谈了八年的恋爱，后来到贵阳旅行结婚，只印发了一个通知，没有摆过一桌酒席，极其简单。后来到了重庆，住在民国路文化生活出版社门市部楼梯下七八平方米的小屋里。她托人买了四只玻璃杯开始组织他们的小家庭。1945年十二月，长女李小林，小名国烦，生于重庆；1950年七月，儿子李小棠出生。1967年，《人民日报》发表署名文章，点名批判巴金。上海市文艺界批判文艺黑线联络站等单位先后编印多种巴金批判专辑。1968年，两人频繁遭到批斗；1972年，萧珊病故，巴金返回上海。

巴金与萧珊的爱情：巴金对萧珊一往情深，写了《怀念萧珊》《再忆萧珊》《一双美丽的眼睛》等文章。从巴金的字里行间我们可以感受到了他们之间至死不渝、患难与共的爱情。而我想对于萧珊，她虽然没能爱巴金的一辈子，但她却真正地一辈子爱着巴金。

思考练习题

1. 作者为什么要写此文？
2. 巴金心中的萧珊是个什么形象？
3. 生活了三十年，作者与萧珊之间最值得珍视的是什么？
4. 扩展阅读：巴金《家》。

中国诗文与中国园林艺术[1]

陈从周

陈从周（1918—2000）原名郁文，晚年别号梓室，自称梓翁，1947年10月生，湖北孝感人，大专文化，中共党员，中国著名古建筑、园林艺术家、专家，同济大学教授、博士生导师，擅长文、史，兼工诗词、绘画，尤其对造园具有独到见解，他认为："造园有法而无式，变化万千，新意层出，园因景胜，景因园异。"主要著述有《扬州园林》《园林

谈丛》《说园》《中国民居》《绍兴石桥》《装修图集》《上海近代建筑史稿》《说"屏"》等，其中《说园》最为精辟，"谈景言情、论虚说实、文笔清丽"，影响力之大，其远及日、俄、英、美、法、意、西班牙等地。说明文《说"屏"》被选入中学课本。一九七八年，他曾赴美国纽约为大都会艺术博物馆设计园林"明轩"，成为将中国园林艺术推向世界之现代第一人，被誉为"中国园林之父"。

  中国园林，名之为"文人园"。它是饶有书卷气的园林艺术。前年建成的北京香山饭店，是贝聿铭先生的匠心。因为建筑与园林结合得好，人们称之为"有书卷气的高雅建筑"，我则首先誉之为"雅洁明净，得清新之致"，两者意思是相同的，足证历代谈中国园林总离不了中国诗文。而画呢？也是以南宗的文人画为蓝本。所谓"诗中有画，画中有诗"，归根到底脱不开诗文一事。这就是中国造园的主导思想。

  南北朝以后，士大夫寄情山水，啸傲烟霞，避嚣烦，寄情赏，既见之于行动，又出之以诗文。园林之筑，应时而生，续以隋唐、两宋、元，直至明清，皆一脉相承。白居易之筑堂庐山，名文传诵。李格非之记洛阳名园，华藻吐纳。故园之筑出于文思。园之存，赖文以传，相辅相成，互为促进，园实文，文实园，两者无二致也。

  造园看主人，即园林水平高低，反映了园主之文化水平。自来文人画家颇多名园，因立意构思出于诗文。除了园主本身之外，造园必有清客。所谓清客，其类不一，有文人、画家、笛师、曲师、山师等等。他们相互讨论，相机献谋，为主人共商造园。不但如此，在建成以后，文酒之会，畅聚名流，赋诗品园，还有所拆改。明末张南垣，为王时敏造"乐郊园"，改作者再四。于此可得名园之成，非成于一次也，尤其在晚明更为突出。我曾经说过那时的诗文、书画、戏曲，同是一种思想感情，用不同形式表现而已。思想感情指的主导是什么？一般是指士大夫思想，而士大夫可说皆为文人，敏诗善文，擅画能歌，其所造园无不出之同一意识，以雅为其主要表现手法了。园寓诗文，复再藻饰，有额有联，配以园记题咏，园与诗文合二为一。所以每当人进入中国园林，便有诗情画意之感。如果游者文化修养高，必然能吟出几句好诗来，画家也能画上几笔晚明清逸之笔的园景来。这些我想是每一个游者所必然产生的情景，而其产生之由就是这个道理。

  汤显祖所为《牡丹亭》而"游园""拾画"诸折，不仅是戏曲，而且是园林文学，又是教人怎样领会中国园林的精神实质。"遍青山啼红了杜鹃，那荼蘼外烟丝醉软"，"朝日暮卷，云霞翠轩，雨丝风片，烟波画船"。其兴游移情之处真曲尽其妙。是情钟于园，而园必写情也，文以情生，园固相同也。

  清代钱泳在《覆园丛话》中说："造园如作诗文，必使曲折有法，前后呼应。最忌堆砌，最忌错杂，方称佳构。"一言道破，造园与作诗文无异，从诗文中可悟造园法，而园林又能兴游以成诗文。诗文与造园同样要通过构思，所以我说造园一名构园。这其中还是要能表达意境。中国美学，首重意境，同一意境可以不同形式之艺术手法出之。诗有诗境，词有词境，曲有曲境，画有画境，音乐有音乐境，而造园之高明者，运文学绘画音乐诸境。能以山水花木，池馆亭台组合出之。人临其境，有诗有画，各臻其妙。

故"虽由人作，宛自天开"。中国园林，能在世界上独树一帜者，实以诗文造园也。

诗文言空灵，造园忌堆砌。故"叶上初阳干宿雨，水面清圆风荷举"。言园景虚胜实，论文学亦极尽空灵。中国园林能于有形之景兴无限之情，反过来又生不尽之景，觥筹交错，迷离难分，情景交融的中国造园手法。《文心雕龙》所谓"为情而造文"，我说为情而造景。情能生文，亦能生景，其源一也。

诗文兴情以造园。园成则必有书斋、吟馆，名为园林，实作读书吟赏挥毫之所。故苏州网师园有看松读画轩，留园有汲古得绠处，绍兴有青藤书屋等。此有名可征者。还有额虽未名，但实际功能与有额者相同。所以园林雅集文酒之会，成为中国游园的一种特殊方式。历史上的清代北京怡园与南京随园的雅集盛况后人传为佳话，留下了不少名篇。至于游者漫兴之作，那真太多了，随园以投赠之诗，张贴而成诗廊。

读晚明文学小品，宛如游园，而且有许多文字真不啻造园法也。这些文人往往家有名园，或参予园事，所以从明中叶后直到清初，在这段时间中，文人园可说是最发达，水平也高，名家辈出。计成《园冶》，总结反映了这时期的造园思想与造园法，而文则以典雅骈骊出之。我怀疑其书必经文人润色过，所以非仅仅匠家之书。继起者李渔《一家言·居室器·玩部》，亦典雅行文。李本文学戏曲家也。文震亨《长物志》更不用说了，文家是以书画诗文传世的，且家有名园，苏州艺圃至今犹存。至于园林记必出文人之手，抒景绘情，增色泉石。而园中匾额起点景作用，几尽人皆知的了。

中国园林必置顾曲之处，临水池馆则为其地。苏州拙政园卅六鸳鸯馆、网师园濯缨水阁尽人皆知者。当时俞振飞先生与其尊人粟庐老人客张氏补园（补园为今拙政园西部），与吴中曲友顾曲于此，小演于此，曲与园境合而情契，故俞先生之戏具书卷气，其功力实得之文学与园林深也。其尊人墨迹属题于我，知我解意也。

造园言"得体"，此二字得假借于文学。文贵有体，园亦如是。"得体"二字，行文与构园消息相通。因此我曾以宋词喻苏州诸园：网师园如晏小山词，清新不落套；留园如吴梦窗词，七层楼台，拆下不成片段；而拙政园中部，空灵处如闲云野鹤去来无踪，则姜白石之流了；沧浪亭有若宋诗；怡园仿佛清词，皆能从其境界中揣摩得之。设造园者无诗文基础，则人之灵感又自何来。文体不能混杂，诗词歌赋各据不同情感而成之，决不能以小令引慢为长歌。何种感情，何种内容，成何种文体，皆有其独立性。故郊园、市园、平地园、小麓园，各有其体。亭台楼阁，安排布局，皆须恰如其分。能做到这一点，起码如做文章一样，不讥为"不成体统"了。

总之，中国园林与中国文学，盘根错节，难分难离。我认为研究中国园林，应先从中国诗文入手，则必求其本，先究其源，然后有许多问题可迎刃而解，如果就园论园，则所解不深。

 注释

[1]　本文选自《陈从周散文》，花城出版社1999年版。

 **导读**

中国古典园林艺术是人类文明的重要遗产。它被举世公认为世界园林之母、世界艺术之奇观。其造园手法已被西方国家所推崇和模仿,在西方国家掀起了一股"中国园林热"。

中国的造园艺术,以追求自然精神境界为最终和最高目的,从而达到"虽由人作,宛自天开"的审美旨趣。它深浸着中国文化的内蕴,是中国五千年文化史造就的艺术珍品,是一个民族内在精神品格的生动写照,是我们今天需要继承与发展的瑰丽事业。

 **相关链接**

家园城市

如何建设人类美好家园,是城市建设中一个迫在眉睫的重要问题,城市建设不仅是指建造物质环境,而且是指营造人们的精神家园,后者是城市文化建设的核心。

相对于西方发达国家,我们城市化起步较晚,但从20世纪80年代改革开放开始,城市化进程加快,发展迅速,伴随着我国城市化建设的飞速发展,相应的问题也产生了。这些问题概括起来主要是两个:一是城市的雷同,二是文化的缺失。两者又有着直接的关系,也就是说,城市的雷同是因为文化的缺失,而文化的缺失又表现为城市的雷同。

近年来,人们对高品质城市的追求越来越迫切,出现了建设山水城市、生态城市、绿色城市、健康城市、家园城市等多种呼声。其中家园城市最具代表性,这是因为家园城市涵容了其他几种城市类型的物质性特点,而且突出了对以文化为基础的、把城市打造成人们精神家园的理想追求。

家园城市必须具有充足的公共活动空间。城市的各种文化、教育、休闲、娱乐设施应满足各方面的需要,所以,设计者在注重学校、博物馆、图书馆、运动场等大型公共设施建设的同时,还应注意提高方便舒适、有亲切感的小尺度公共空间,如社区和街道的小公园、小广场、咖啡馆、茶馆等,以便于人与人之间的交流。现代城市发达的通讯网络方便了人们远距离即时交流,但这种单一的联络方式,无法慰藉人们孤独的心灵,也不能满足人们面对面"全信息交往"的渴求。所以必须创造人与人能够近距离直接交流的公共空间和娱乐休闲场所,以增加人们当面交流的机会,减少城市人的心灵疾病。

一个家园城市,应该做到布局合理,恰当处理建筑的虚与实之间的关系。然而,我国今天的城市被高楼大厦的钢筋水泥和玻璃幕墙"填满"了,建筑与建筑之间缺乏有想象力的、开阔的空间,人们走在路上,会感到非常压抑和无助。一个家园城市应当使生活于其中的居民得到精神上的放松和愉悦,心灵安逸,而不是压抑与紧张。

家园城市不可缺少城市传统。城市传统以民间艺术、市井生活、传统建筑、民风民俗等有形或无形的方式存在着,人们可以通过它们来读取城市"年轮"。这些传统,因其丰富的文化内涵,在城市发展中与城市文化和城市生活建立起密切的联系,成为城市的文化标志。有一位意大利建筑师说:"传统是城市的灵魂。"没有灵魂的钢筋水泥又怎能安放拥有灵魂的人类?人们对没有传统的城市必然会产生游离、漂泊、寄居的感觉,而拥有传统的城市才能让居住者有认同感、归属感,才是美好的家园。

  如何满足城市居民深层次的审美需求,也是家园城市建设必须考虑的。我国历来重视人与自然的和谐相处,城市是从自然中发展出来的一部分,蓝天白云、青山绿水、苍松翠竹、鸟语花香,本来不应该与城市截然隔离。大自然的地貌、江河、气候、动植物等应当成为城市特色的一部分,把自然和城市巧妙地结合起来,才能满足城市居民对大自然的审美需求。另外,城市的各种线条、块面、色彩,以及绘画、雕塑、园艺乃至城市整体的节奏韵律等,可以让城市本身成为一个巨大的审美对象。

  家园城市是一个新的概念,它是人们在反思和探索城市发展的过程中所提出的一种理想和追求,也是我们城市建设的主要目标之一。

思考练习题

1. 作者(陈从周)在说明园与文、园与人、园与情、园与斋相生相伴的不解之缘时,列举了哪些事例?
2. 中国诗文与中国园林艺术存在着怎样的关系?请从课文中找出根据来回答。
3. 你怎样理解作者所说的"造园与作诗文无异""行文与构园消息相通"这些话?
4. 课外阅读宗白华的《中国园林建筑之美》。

<h1 style="text-align:center">抱愧山西[1]</h1>

余秋雨

>   余秋雨,1946年8月23日生于浙江省余姚县,现任澳门科技大学人文艺术学院院长,中国著名文化学者,理论家、文化史学家、散文家。他1966年毕业于上海戏剧学院戏剧文学系,1980年陆续出版了《戏剧理论史稿》《中国戏剧文化史述》《戏剧审美心理学》,1985年成为当时中国大陆最年轻的文科教授,1986年被授予上海十大学术精英,1987年被授予国家级突出贡献专家的荣誉称号,2011年被授予甘肃联合大学荣誉教授,2010年起担任澳门科技大学人文艺术学院院长。

  我在山西境内旅行的时候,一直抱着一种惭愧的心情。

  长期以来,我居然把山西看成是我国特别贫困的省份之一,而且从来没有对这种看法产生过怀疑。也许与那首动人的民歌《走西口》有关吧,《走西口》山西、陕西都唱,大体是指离开家乡到"口外"去谋生,如果日子过得下去,为什么要一把眼泪一把哀叹地背井离乡呢?也许还受到了赵树理和其他被称之为"山药蛋派"作家群的感染,他们对山西人民贫穷的反抗的描写,以一种朴素的感性力量让人难以忘怀。当然,最具有决定性影响的还是山西东部那个叫做大寨的著名村庄，它一度被当做中国农村的缩影，那是过分了，但在大多数中国人的心目中它作为山西的缩影却是毋庸置疑的。满脸的皱纹，沉重的镢头，贫瘠的山头上开出了整齐的梯田，起早摸黑地种下了一排排玉米……最大的艰苦连接着最低的消费，憨厚的大寨人没有怨言，他们无法想象除了反复折腾脚下的泥土外还有什么其他过日子的方式，而对这些干燥灰黄的泥土又能有什么过高的要求呢？

直到今天，我们都没有资格去轻薄地嘲笑这些天底下最老实、最忠厚的农民。但是，当这个山村突然成了全国朝拜的对象，不远千里而来的参观学习队伍浩浩荡荡地挤满山路的时候，我们就不能不在形式主义的大热闹背后去寻找某种深层的蕴涵了。我觉得，大寨的走红，是因为它的生态方式不经意地碰撞到了当时不少人心中一种微妙的尺度。大家并不喜欢贫困，却又十分担心富裕。大家花费几十年时间参与过的那场社会革命，是以改变贫困为号召的，改变贫困的革命方法是剥夺富裕。为了说明这种剥夺的合理性，又必须在逻辑上把富裕和罪恶画上等号。结果，既要改变贫困又不敢问津贫困的反面，只好堵塞一切致富的可能，消除任何利益的差别，以整齐划一的艰苦劳动维持住整齐划一的艰苦生活。因为不存在富裕，也就不存在贫困的感受，与以前更贫困的日子相比还能获得某种安慰。所以也就在心理上消灭了贫困，消灭了贫困又没有被富裕所腐蚀，不追求富裕却又想象着一个朦胧的远景，这就是人们在这个山村中找到的有推广价值的尺度。

当然，一种封闭环境里的心理感受，一种经过着力夸张的精神激情，毕竟无法掩盖事实上的贫困。来自全国各地的参观学习者们看到了一切，眼圈发红，半是感动半是同情。在当时，大寨的名声比山西还响，山西只是大寨的陪衬，陪衬出来的是一个同样的命题：感人的艰苦，惊人的贫困。直到今天，人们可以淡忘大寨，却很难磨去这一有关山西的命题。

但是，这一命题是不公平的。大概是八九年前的某一天，我在翻阅一堆史料的时候发现了一些使我大吃一惊的事实，便急速地把手上的其他工作放下，专心致志地研究起来。很长一段时间，我查检了一本又一本的书籍，阅读了一篇又一篇的文稿，终于将信将疑地接受了这样一个结论：在上一世纪乃至以前相当长的一个时期内，中国最富有的省份不是我们现在可以想象的那些地区，而竟然是山西！直到本世纪初，山西，仍是中国堂而皇之的金融贸易中心。北京、上海、广州、武汉等城市里那些比较像样的金融机构，最高总部大抵都在山西平遥县和太谷县几条寻常的街道间，这些大城市只不过是腰缠万贯的山西商人小试身手的码头而已。

山西商人之富，有许多天文数字可以引证，本文不作经济史的专门阐述，姑且省略了吧，反正在清代全国商业领域，人数最多、资本最厚、散布最广的是山西人。要在全国排出最富的家庭和个人，最前面的一大串名字大多也是山西人，甚至，在京城宣告歇业回乡的各路商家中，携带钱财最多的又是山西人。

按照我们往常的观念，富裕必然是少数人残酷剥削多数人的结果，但事实是，山西商业贸易的发达、豪富人家奢华的消费，大大提高了所在地的就业幅度和整体生活水平，而那些大商人都是在千里万里间的金融流通过程中获利的，当时山西城镇百姓的一般生活水平也不低。有一份材料有趣地说明了这个问题,一八二二年,文化思想家龚自珍在《西域置行省议》一文中提出了一个大胆的政治建议,他认为自乾隆末年以来,民风腐败,国运堪忧,城市中"不士、不农、不工、不商之人,十将五六",因此建议把这种无业人员和河北、河南、山东、陕西、甘肃、江西、福建等省人多地少地区的人民大规模西迁,使之无产变为有产,无业变为有业。他觉得内地只有两个地方可以不考虑("毋庸议"):一是江浙一带,那里的人民筋骨柔弱,吃不消长途跋涉;二是山西省,山西号称海内最富,土著者不愿徙,毋庸议(《龚自珍全集》,上海人民出版社版第106页)。龚自珍这里所指的不仅仅是富商,而且也包括土生土长的山西百姓,他们都会因"海内最富"而不愿迁徙,龚自珍觉得天经地义。其实,细细回想起来,即便在我本人有限的所见所闻中,可以验证山西之富的事例也曾屡屡出现,可惜我把它们忽略了。便如现在苏州有一个规模不小的"中国戏曲博物馆",我多次陪外国艺术家去参观,几乎每次都让客人们惊叹不已。尤其是那个精妙绝伦的戏台和演出场所,连贝聿铭这样的国际建筑大师都视为奇迹,但整个博物馆的原址却是"三晋会馆",即山西人到苏州来做生意时的一个聚会场所。说起来苏州也算富庶繁华的了,没想到山西人轻轻松松来盖了一个会馆就把风光占尽。

要找一个南方戏曲演出的最佳舞台作为文物永久保存,找来找去竟在人家山西人的一个临时俱乐部里找到了。记得当时我也曾为此发了一阵呆,却没有往下细想。

又如翻阅宋氏三姐妹的多种传记,总会读到宋霭龄到丈夫孔祥熙家乡去的描写,于是知道孔祥熙这位国民政府的财政部长也正是从山西太谷县走出来的。美国人罗比·尤恩森写的那本传记中说:"霭龄坐在一顶十六个农民抬着的轿子里,孔祥熙则骑着马,但是,使这位新娘大为吃惊的是,在这次艰苦的旅行结束时,她发现了一种前所未闻的最奢侈的生活。……因为一些重要的银行家住在太谷,所以这里常常被称为'中国的华尔街'。"我初读这本传记时也一定会在这些段落间稍稍停留,却也没有进一步去琢磨让宋霭龄这样的人物吃惊、被美国传记作家称为"中国的华尔街"意味着什么。看来,山西之富在我们上一辈人的心目中一定是世所共知的常识,我对山西的误解完全是出于对历史的无知。唯一可以原谅的是,在我们这一辈,产生这种误解的远不止我一人。误解容易消除,原因却深可玩味。我一直认为,这里包含着我和我的同辈人在社会经济观念上的一大缺漏、一大偏颇,亟须从根子上进行弥补和矫正。因此好些年来,我一直小心翼翼地期待着一次山西之行。记得在复旦大学、同济大学、华东师范大学等学校演讲时总有学生问我下一步最想考察的课题是什么,我总是提到清代的山西商人。

我终于来到了山西,为了平定一下慌乱的心情,与接待我的主人、山西电视台台长陆嘉生先生和该台的文艺部主任李保彤先生商量好,先把一些著名的常规景点游览完,最后再郑重其事地逼近我心头埋藏的那个大问号。

我的问号吸引了不少山西朋友,他们陪着我在太原一家家书店的角角落落寻找有关资料。黄鉴晖先生所著的《山西票号史》是我自己在一个书架的底层找到的,而那部洋洋一百二十余万言、包罗着大量账单报表的大开本《山西票号史料》则是一直为我开车的司机李俊文先生从一家书店的库房里挖出来的，连他，也因每天听我在车上讲这讲那，知道了我的需要。待到资料搜集得差不多，我就在电视编导章文涛先生、歌唱家单秀荣女士等山西朋友的陪同下，驱车向平遥和祁县出发了。在山西最红火的年代，财富的中心并不在省会太原，而是在平遥、祁县和太谷，其中又以平遥为最。章文涛先生在车上笑着对我说，虽然全车除了我之外都是山西人，但这次旅行的向导应该是我，原因只在于我读过一些史料。连"向导"也是第一次来，那么这种旅行自然也就成了一种寻找。

  我知道，首先该找的是平遥西大街上中国第一家专营异地汇兑和存、放款业务的"票号"——大名鼎鼎的"日升昌"的旧址。这是今天中国大地上各式银行的"乡下祖父"，也是中国金融发展史上一个里程碑所在。听我说罢，大家就对西大街上每一个门庭仔细打量起来。这一打量不要紧，才两三家，我们就已被一种从未领略过的气势所压倒。这实在是一条神奇的街，精雅的屋宇接连不断，森然的高墙紧密呼应，经过一二百年的风风雨雨，处处已显出苍老，但苍老而风骨犹在，竟然没有太多的破败感和潦倒感。许多与之年岁相仿的文化宅第早已倾塌，而这些商用建筑却依然虎虎有生气，这使我联想到文士和商人的差别，从一般意义上说，后者的生命活力是否真的要大一些呢？街道并不宽，每个体面门庭的花岗岩门槛上都有两道很深的车辙印痕，可以想见当日这条街道上是如何车水马龙的热闹。这些车马来自全国各地，驮载着金钱，驮载着风险，驮载着骄傲，驮载着九州的风谷和方言，驮载出一个南来北往经济血脉的大流畅。西大街上每一个像样的门庭我们都走进去了，乍一看都像是气吞海内的日升昌，仔细一打听又都不是，直到最后看到平遥县文物局立的一块说明牌，才认定日升昌的真正旧址。一个机关占用着，但房屋结构基本保持原样，甚至连当年的匾额对联还静静地悬挂着，我站在这个院子里凝神遥想，就是这儿，在几个聪明的山西人的指挥下，古老的中国终于有了一种专业化、网络化的货币汇兑机制，南北大地终于卸下了实银运送的沉重负担而实现了更为轻快的商业流通，商业流通所必需的存款、贷款，又由这个院落大口吞吐。我知道每一家被我们怀疑成日升昌的门庭当时都在做着近似于日升昌的大文章，不是大票号就是大商行。如此密麻的金融商业构架必然需要更大的城市服务系统来配套，其中包括适合来自全国不同地区商家的旅馆业、餐饮业和娱乐业，当年平遥城会繁华到何等程度，我们已约略可以想见。平心而论，今天的平遥县城也不算萧条，但是不少是在庄严沉静的古典建筑外部添饰一些五颜六色的现代招牌，与古典建筑的原先主人相比，显得有点浮薄。我很想找山西省的哪个部门建议，下一个不大的决心，尽力恢复平遥西大街的原貌。现在全国许多城市都在建造"唐代一条街""宋代一条街"之类，那大多是根据历史记载和想象在依稀遗迹间的重起炉灶，看多了总不大是味道。平遥西大街的恢复就不必如此，因为基本的建筑都还保存完好，只要想洗去那些现代涂抹，便会洗出一条充满历史厚度的老街，洗出山西人上一世纪的自豪。

  平遥西大街是当年山西商人的工作场所，那他们的生活场所又是怎么样的呢？离开平遥后我们来到了祁县的乔家大院，一踏进大门就立即理解了当年宋霭龄女士在长途旅行后大吃一惊的原因。与我们同行的歌唱家单秀荣女士说："到这里我才真正明白了什么叫富贵。"

其实单秀荣女士长期居住在北京，见过很多世面，并不孤陋寡闻。就我而言，全国各地的大宅深院也见得多了，但一进这个宅院，记忆中的诸多名园便立即显得过于柔雅小气。进门一条气势宏伟的甬道把整个住宅划分成好些个独立的世界，而每个世界都是中国古典建筑学中叹为观止的一流构建。张艺谋在这里拍摄了杰出的影片《大红灯笼高高挂》，那只是取了其中的一些角落而已。事实上，乔家大院真正的主人并不是过着影片中那种封闭生活，你只要在这个宅院中徜徉片刻，便能强烈地领略到一种心胸开阔、敢于驰骋华夏大地的豪迈气概。万里驰骋收敛成一个宅院，宅院的无数飞檐又指向着无边无际的云天。钟鸣鼎食的巨室不是像荣国府那样靠着先祖庇荫而碌碌无为地寄生，恰恰是天天靠着不断的创业实现着巨大的资金积累和财富滚动。因此，这个宅院没有像其他远年宅院那样传递给我们种种避世感、腐朽感或诡秘感，而是处处呈现出一种心态从容的中国一代巨商的人生风采。

乔家大院吸引着很多现代游客，人们来参观建筑，更是来领略这种逝去已久的人生风采。乔家的后人海内外多有散落，他们，是否对前辈的风采也有点陌生了呢？至少我感觉到，乔家大院周围的乔氏后裔，与他们的前辈已经是山高水远。大院打扫得很干净，每一个院落的冷僻处都标注着"卫生包干"的名单，一一看去，大多姓乔，后辈们是前辈宅院的忠实清扫者；至于宅院的大墙之外，无数称之为"乔家"的小店铺、小摊贩鳞次栉比，在巨商的脚下做着最小的买卖。

乔家，只是当年众多的山西商家中的一家罢了。其他商家的后人又怎么样了呢？他们能约略猜度自己祖先的风采吗？其实，这是一个超越家族范畴的共同历史课题。这些年来，连我这个江南人也经常悬想：创建了"海内最富"奇迹的人们，你们究竟是何等样人，是怎么走进历史又从历史中消失的呢？我只有在《山西票号史料》中看到过一幅模糊不清的照片，日升昌票号门外，为了拍照，端然站立着两个白色衣衫的年长男人，意态平静，似笑非笑，这就是你们吗？

在一页页陈年的账单报表间，我很难把他们切实抓住。能够有把握作出判断的只是，山西商人致富，既不是由于自然条件优越，又不是由于祖辈的世袭遗赠。他们无一不是经历过一场超越环境、超越家世的严酷搏斗，才一步步走向成功的。

山西平遥、祁县、太谷一带，自然条件并不好，也没有太多的物产。查一查地图就知道，它们其实离我们的大寨并不远。经商的洪流从这里卷起，重要的原因恰恰在于这一带客观环境欠佳。

万历《汾州府志》卷二记载："平遥县地瘠薄，气刚劲，人多织耕少。"乾隆《太谷县志》卷三说太谷县"民多而田少，竭丰年之谷，不足供两月。故耕种之外，咸善谋生，跋涉数千里率以为常。土俗殷富，实由此焉"。

读了这些疏疏落落的官方记述，我不禁对山西商人深深地敬佩起来。家乡那么贫困那么拥挤，怎么办呢？可以你争我夺、蝇营狗苟，可以自甘潦倒、忍饥挨饿，可以埋首终身、聊以糊口，当然，也可以破门入户、抢掠造反，——按照我们所熟悉的历史观，过去的一切贫困都出自政治原因，因此唯一值得称颂的道路只有让所有的农民都投入政治性的反抗。但是，在山西这几个县，竟然有这么多农民做出了完全不同于以上任何一条道路的选择。他们不甘受苦，却又毫无政治欲望；他们感觉到了拥挤，却又不愿意倾轧乡亲同胞；他们不相信不劳而获，却又不愿意将一生的汗水都向一块狭小的泥土上灌浇。他们把迷惘的目光投向家乡之外的辽阔天空，试图用一个男子汉的强韧筋骨走出另外一条摆脱贫困的大道。他们几乎都没有多少文化，却向中国古代和现代的人生哲学和历史观念，提供了不能忽视的材料。

他们首先选择的，正是"走西口"。口外，为数不小的驻防军队需要粮秣，大片的土地需要有人耕种；耕种者、军人和蒙古游牧部落需要大量的生活用品，期待着一支民间贸易队伍；塞北的毛皮、呢绒原料是内地贵胄之家的必需品，为商贩们留出了很多机会；商事往返的频繁又呼唤着大量旅舍、客店、饭庄的出现……总而言之，只要敢于走出去悉心寻求、刻苦努力，口外确实能创造出一块生气勃勃的生命空间。从清代前期开始，山西农民"走西口"的队伍越来越大，于是我们在本文开头提到过的那首民歌也就响起在许多村口、路边：

哥哥你走西口，
小妹妹我实在难留。
手拉着哥哥的手，
送哥送到大门口。
哥哥你走西口，
小妹妹我有话儿留：
走路要走大路口，
人马多来解忧愁。
紧紧拉着哥哥的手，
汪汪泪水扑沥沥地流。
只恨妹妹我不能跟你一起走，
只盼哥哥早回家门口。
……

我怀疑我们以前对这首民歌的理解过于浮浅了。我怀疑我们到今天也未必有理由用怜悯、同情的目光去俯视这一对对年轻夫妻的哀伤离别。听听这些多情的歌词就可明白，远行的男子在家乡并不孤苦伶仃，他们不管是否成家，都有一份强烈的爱恋，都有一个足可生死以之的伴侣，他们本可以过一种艰辛却很温馨的日子了此一生的，但他们还是狠狠心踏出了家门，而他们的恋人竟然也都能理解，把绵绵的恋情从小屋里释放出来，交付给朔北大漠。哭是哭了，唱是唱了，走还是走了。我相信，那些多情女子在大路边滴下的眼泪，为山西终成"海内最富"的局面播下了最初的种子。

这不是臆想。你看乾隆初年山西"走西口"的队伍中，正挤着一个来自祁县乔家堡村的贫苦青年农民，他叫乔贵发，来到口外一家当铺里当了伙计。就是这个青年农民，开创了乔家大院的最初家业。乔贵发和他后代的奋斗并不仅仅发达了一个家族，他们所开设的"复盛公"商号，奠定了整整一个包头市的商业基础，以至出现了这样一句广泛流传的民谚："先有复盛公后有包头城。"谁能想到，那一个个擦一把眼泪便匆忙向口外走去的青年农民，竟然有可能成为一座偌大的城市、一种宏伟的文明的缔造者！因此，当我看到山西电视台拍摄的专题片《走西口》以大气磅礴的交响乐来演奏这首民歌时，不禁热泪盈眶。

山西人经商当然不仅仅是走西口，到后来，他们东南西北几乎无所不往了。由走西口到闯荡全中国，多少山西人一生都颠簸在漫漫长途中。当时交通落后、邮递不便，其间的辛劳和酸楚也实在是说不完、道不尽的。一个成功者背后隐藏着无数的失败者，在宏大的财富积累后面，山西人付出了极其昂贵的人生代价。黄鉴辉先生曾经根据史料记述过乾隆年间一些山西远行者的心酸故事——临汾县有一个叫田树楷的人从小没有见过父亲的面，他出生的时候父亲就在外面经商，一直到他长大，父亲还没有回来。他依稀听说，父亲走的是西北一路，因此就下了一个大决心，到陕西、甘肃一带苦苦寻找、打听。整整找了三年，最后在酒泉街头遇到一个山西老人，竟是他从未见面的父亲。阳曲县的商人张瑛外出做生意，整整二十年没能回家。他的大儿子张廷材听说他可能在宣府，便去寻找他，但张廷材去了多年也没有了音讯。小儿子张廷彦长大了再去找父亲和哥哥，找了一年多谁也没有找到，自己的盘缠却用完了，成了乞丐。在行乞时遇见一个农民似曾相识，仔细一看竟是哥哥，哥哥告诉他，父亲的消息已经打听到了，在张家口卖菜。交城县徐学颜的父亲远行关东做生意二十余年杳无音讯，徐学颜长途跋涉到关东寻找，一直找到吉林省东北端的一个村庄，才遇到一个乡亲，乡亲告诉他，他父亲早已死了七年……

不难想象，这一类真实的故事可以没完没了地讲下去，而一切走西口、闯全国的山西商人，心头都埋藏着无数这样的故事。于是，年轻恋人的歌声更加凄楚了：

哥哥你走西口，
小妹妹我苦在心头，
这一去要多少时候，
盼你也要白了头！

被那么多失败者的故事重压着，被恋人凄楚的歌声拖牵着，山西商人却越走越远，他们要走出一个好听一点的故事，他们迈出的步伐，既悲怆又沉静。义无反顾地出发，并不一定能到达预想的彼岸，在商业领域尤其如此。

山西商人的全方位成功，与他们良好的整体素质有关。这种素质，特别适合于大规模的商业活动，因此也可称之为商业人格。我接触的材料不多，只是朦胧感到，山西商人在人格素质上至少有以下几个方面十分引人注目——

其一，坦然从商。做商人就是做商人，没有什么遮遮掩掩、羞羞答答的。这种心态，在我们中国长久未能普及。士、农、工、商，是人们心目中的社会定位序列，商人处于末位，虽不无钱财却地位卑贱，与仕途官场几乎绝缘。为此，许多人即便做了商人也竭力打扮成"儒商",发了财则急忙办学,让子弟正正经经做个读书人。在这一点上最有趣的是安徽商人,本来徽商也是一支十分强大的商业势力,完全可与山西商人南北抗衡(由此想到我对安徽也一直有误会,把它看成是南方的贫困省份,容以后有机会专门说说安徽的事情),但徽州民风又十分重视科举,使一大批很成功的商人在自己和后代的人生取向上左右为难、进退维谷。这种情景在山西没有出现,小孩子读几年书就去学生意了,大家都觉得理所当然。最后连雍正皇帝也认为山西的社会定位序列与别处不同,竟是:第一经商,第二务农,第三行伍,第四读书(见雍正二年对刘于义奏书的朱批)。在这种独特的心理环境中,山西商人对自身职业没有太多的精神负担,把商人做纯粹了。

其二,目光远大。山西商人本来就是背井离乡的远行者,因此经商时很少有空间框范,而这正是商业文明与农业文明的本质差异。整个中国版图都在视野之内,谈论天南海北就像谈论街坊邻里,这种在地理空间上的优势,使山西商人最能发现各个地区在贸易上的强项和弱项、潜力和障碍,然后像下一盘围棋一样把它一一走通。你看,当康熙皇帝开始实行满蒙友好政府、停息边陲战火之后,山西商人反应最早,很快知道自己该干什么了,面向蒙古、新疆乃至西伯利亚的庞大商队组建起来,光"大盛魁"的商队就拴有骆驼十万头,这是何等的眼光。商队带出关的商品必须向华北、华中、华南各地采购,因而他们又把整个中国的物产特色和运输网络掌握在手中。又如,清代南方诸商业中以盐业赚钱最多,但盐业由政府实行专卖,许可证都捏在两淮盐商手上,山西商人本难插足,但他们不着急,只在两淮盐商资金紧缺的时候给予慷慨的借贷,条件是稍稍让给他们一点盐业经营权。久而久之,两淮盐业便越来越多地被山西商人所控制。可见山西商人始终凝视着全国商业大格局,不允许自己在哪个重要块面上有缺漏,不管这些块面处地多远,原先与自己有没有关系。人们可以称赞他们"随机应变",但对"机"的发现,正由于视野的开阔、目光的敏锐。当然,最能显现山西商人目光的莫过于一系列票号的建立了,他们先人一步地看出了金融对于商业的重要,于是就把东南西北的金融命脉梳理通畅,稳稳地把自己放在全国民间钱财流通主宰者的地位上。这种种作为,都是大手笔,与投机取巧的小打小闹完全不可同日而语。我想,拥有如此的气概和谋略,大概与三晋文明的深厚蕴藏、表里山河的自然陶冶有关,我们只能抬头仰望了。

其三,讲究信义。山西商人能快速地打开大局面,往往出自于结队成帮的群体行为,而不是偷偷摸摸的个人冒险。只要稍一涉猎山西的商业史料,便立即会看到一批又一批的所谓联号。或是兄弟,或是父子,或是朋友,或是乡邻,组合成一个有分有合、互通有无的集团势力,大模大样地铺展开去,不仅气势压人,而且呼应灵活、左右逢源,成一种商业大气候。其实山西商人即便对联号系统之外的商家,也会尽力帮衬。其他商家借了巨款而终于无力偿还,借出的商家便大方地一笔勾销,这样的事情在山西商人间所在多有,不足为奇。便如我经常读到这样一些史料:有一家商号欠了另一家商号白银六万两,到后来实在还不出了,借入方的老板就到借出方的老板那里磕了个头,说明困境,借出方的老板就挥一挥手,算了事了;一个店欠了另一个店千元现洋,还不出,借出店为了照顾借入店的自尊心,就让它象征性地还了一把斧头、一个箩筐,哈哈一笑也算了事。山西人机智而不小心眼，厚实而不排他，不愿意为了眼前小利而背信弃义，这很可称之为"大商人心态"，在西方商家中虽然也有，但不如山西坚实。不仅如此，他们在具体的商业行为上也特别讲究信誉，否则那些专营银两汇兑、资金存放的山西票号，怎么能取得全国各地百姓长达百余年的信任呢？众所周之，当时我国的金融信托事业并没有多少社会公证机制和监督机制，即便失信也几乎不存在惩处机制，因此一切全都依赖信誉和道义。金融信托事业的竞争，说到底是信誉和道义的竞争，而在这场竞争中，山西商人长久地处于领先地位，他们竟能给远远近近的异乡人一种极其稳定的可靠感，这实在是很了不起的事情。商业同行相互间的道义和商业行为本身的道义加在一起，使山西商人给中国商业文明增添了不少人格意义上的光彩，也为主攻思想史上历时千年的"义利之辩"（例如很多人习惯地认为只要经商必然见利忘义）增加了新的思考方位。

其四，严于管理。山西商人最发迹的年代，朝廷对商业、金融业的管理基本上处于无政府状态，例如众多的票号就从来不必向官府登记、领执照、纳税，也基本上不受法律约束，面对如许的自由，厚重的山西商人却很少有随心所欲地放纵习气，而是加紧制订行业规范和经营守则，通过严格的自我约束，在无序中求得有序，因为他们明白，一切无序的行为至多得力于一时，不能立业于长久。我曾恭敬地读过上世纪许多山西商家的"号规"，不仅严密、切实，而且充满智慧，即便从现代管理科学的眼光去看也很有价值，足可证明在当时山西商人的队伍中已经出现了一批真正的管理专家，而其中像日升昌票号总经理雷履泰这样的人，则完全可以称之为商业管理大师而雄视一代。历史地来看，他们制订和执行的许多规则正是他们的事业立百年而不衰的秘诀所在。例如不少山西大商家在内部机制上改变了一般的雇佣关系，把财东和总经理的关系纳入规范，总经理负有经营管理的全责，财东老板除发现总经理有积私肥己的行为可以撤换外，平时不能随便地颐指气使；职员须订立从业契约，并划出明确等级，收入悬殊，定期考察升迁；数字不小的高级职员与财东共享股份，到期分红，使整个商行上上下下在利益上休戚与共、情同一家；总号对于遍布全国的分号容易失控，因此进一步制定分号的报账规则、分号职工的书信、汇款、省亲规则……凡此种种，使许多山西商号的日常运作越来越正常，一代巨贾也就分得出精力去开拓新的领域，不必为已有产业搞得精疲力竭了。

以上几个方面，不知道是否大体勾勒出山西商人的商业人格？不管怎么说，有了这几个方面，当年走西口的小伙子们也就像模像样地做成了大生意，掸一掸身上的尘土，堂堂正正地走进了一代中国富豪的行列。

何谓山西商人？我的回答是：走西口的哥哥回来了，回来在一个十分强健的人格水平上。

然而，一切逻辑概括总带有"提纯"后的片面性，实际上，只要再往深处窥探，山西商人的人格结构中还有脆弱的一面，他们人数再多，在整个中国还是一个稀罕的群落；他们敢作敢为，却也经常遇到自信的边界。他们奋斗了那么多年，却从来没有遇到过一个能代表他们说话的思想家。他们的行为缺少高层理性力量的支撑，他们的成就没有被赋予雄辩的历史理由。严密的哲学思维、精微的学术头脑似乎一直在躲避着他们。他们已经有力地改变了中国社会，但社会改革家们却一心注目于政治，把他们冷落在一边。说到底，他们只能靠钱财发言，但钱财的发音又是那样缺少道义力量，究竟能产生多少精神效果呢？而没有外在的精神效果，他们也就无法建立内在的精神王国，即便在商务上再成功也难于抵达人生的大安祥。是时代，是历史，是环境，使这些商业实务上的成功者没有能成为历史意志的觉悟者。一群缺少皈依的强人，一拨精神贫乏的富豪，一批在根本性的大问题上不大能掌握得住的掌柜，他们的出发点和终结点都在农村，他们那在前后左右找到的参照物只有旧式家庭的深宅大院，因此，他们的人生规范中不得不融化进大量中国式的封建色彩。当他们成功发迹而执掌一大门户时，封建家长制的权威是他们可追慕的唯一范本。于是他们的商业人格不能不自相矛盾乃至自相分裂，有时还会逐步走到自身优势的反面，做出与创业时判若两人的行为。在我看来，这一切，正是山西商人在风光百年后终于困顿、迷乱、内耗、败落的内在原因。

  在这里，我想谈一谈几家票号历史上发生的一些不愉快的人事纠纷，可能会使我们对山西商人人格构成的另一面有较多的感性了解。

  最大的纠纷发生在上文提到过的日升昌总经理雷履泰和第一副总经理毛鸿翙（huì）之间。毫无疑问，两位都是那个时候堪称全国一流的商业管理专家，一起创办了日升昌票号，因此也是中国金融史上一个新阶段的开创者，都应该名垂史册。雷履泰气度恢宏，能力超群，又有很大的交际魅力，几乎是天造地设的商界领袖；毛鸿翙虽然比雷履泰年轻十七岁，却也是才华横溢、英气逼人。两位强人撞到了一起，开始是亲如手足、相得益彰，但在事业获得大成功之后却不可避免地遇到了一个中国式的大难题：究竟谁是第一功臣？

  一次，雷履泰生了病在票号中休养，日常事务不管，遇到大事还要由他拍板。这使毛鸿翙觉得有点不大痛快，便对财东老板说："总经理在票号里养病不太安静，还是让他回家休息吧。"财东老板就去找了雷履泰，雷履泰说，我也早有这个意思，当天就回家了。过几天财东老板去雷家探视，发现雷履泰正忙着向全国各地的分号发信，便问他干什么，雷履泰说："老板，日升昌票号是你的，但全国各地的分号却是我安设在那里的，我正在一一撤回来好交代给你。"老板一听大事不好，立即跪在雷履泰面前，求他千万别撤分号，雷履泰最后只得说："起来吧，我也估计到让我回家不是你的主意。"老板求他重新回票号视事，雷履泰却再也不去上班。老板没有办法，只好每天派伙计送酒席一桌，银子五十两。毛鸿翙看到这个情景，知道不能再在日升昌待下去了，便辞职去了蔚泰厚布庄。

  这事件乍一听都会为雷履泰叫好，但转念一想又觉得不是味道。是的，雷履泰获得了全胜，毛鸿翙一败涂地，然而这里无所谓是非，只是权术。用权术击败的对手是一段辉煌历史的共创者，于是这段历史也立即破残。中国许多方面的历史总是无法写得痛快淋漓、有声有色，很大一部分原因就在于这种有代表性的历史人物之间必然会产生恶性冲突。商界的竞争较量不可避免，但一旦脱离业务的轨道，在人生的层面上把对手逼上绝路，总与健康的商业运作规范相去遥遥。毛鸿翙当然也要咬着牙齿进行报复，他到了蔚泰厚之后就把日升昌票号中两个特别精明能干的伙计挖走并委以重任，三个人配合默契,把蔚泰厚的商务快速地推上了台阶。雷履泰气愤难纾,竟然写信给自己的分号,揭露被毛鸿翙勾走的两名"小卒"出身低贱,只是汤官和皂隶之子罢了。事情做到这个份上,这位总经理已经很失身份,但他还不罢休,不管在什么地方,只要一有机会就拆蔚泰厚的台,例如由于雷履泰的谋划,蔚泰厚的苏州分店就无法做分文的生意。这就不是正常的商业竞争了。

最让我难过的是,雷、毛这两位智商极高的杰出人物在勾心斗角中采用的手法越来越庸俗,最后竟然都让自己的孙子起一个与对方一样的名字,以示污辱:雷履泰的孙子叫雷鸿翙,而毛鸿翙的孙子则叫毛履泰!这种污辱方法当然是纯粹中国化的,我不知道他们在憎恨敌手的同时是否还爱儿孙,我不知道他们用这种名字呼叫孙子的时候会用一种什么样的口气和声调。

可敬可佩的山西商人啊,难道这就是你们给后代的遗赠?你们创业之初的吞天豪气和动人信义都到哪里去了?怎么会让如此无聊的诅咒来长久地占据你们日渐苍老的心?

也许,最终使他们感到温暖的还是早年跨出家门时听到的那首《走西口》,但是,庞大的家业也带来了家庭内情感关系的复杂化,《走西口》所吐露的那种单纯性已不复再现。据乔家后裔回忆,乔家大院内厨房偏院中曾有一位神秘的老妪在干粗活,玄衣愁容,旁若无人,但气质又绝非佣人。有人说这就是"大奶奶",主人的首席夫人。主人与夫人产生了什么麻烦,谁也不清楚,但毫无疑问,当他们偶尔四目相对,《走西口》的旋律立即就会走音。写到这里我已知道,我所碰撞到的问题虽然发生在山西却又远远超越了山西。由这里发出的叹息,应该属于我们父母之邦的更广阔的天地。

当然,我们不能因此而把山西商人败落的原因,全然归之于他们自身。就一二家铺号的兴衰而言,自身的原因可能至关重要,然而一种牵涉到山西无数商家的世纪性繁华的整体败落,一定会有更深刻、更宏大的社会历史原因。

商业机制的时代性转换固然是一个原因。政府银行的组建、国际商业的渗透、沿海市场的膨胀,都可能使那些以山西腹地几个县城为总指挥部的家族式商业体制受到严重挑战,但这还不是它们整体败落的主要理由。因为政府银行不能代替民间金融事业,国际商业无法全然取代民族资本,市场重心的挪移更不会动摇已把自己的活动网络遍布全国各地的山西商行,更何况庞大的晋商队伍历来有随机应变的本事,它的领袖人物和决策者们长期驻足北京、上海、武汉,一心只想适应潮流,根本不存在冥顽不化地与新时代对抗的决心。说实话,中国在变又没有大变,积数百年经商经验的山西商人在中国的土地上继续活跃下去的余地是很大的,即便到了今天,我们仍然很难断言中国已经进入了一种全新的商业文明,换言之,如果没有其他原因使晋商败落,他们在今天也未必会显得多么悖时落伍。

那么,使山西商人整体破败的根本原因究竟在哪里呢?我认为,是上个世纪中叶以来连续不断的激进主义的暴力冲撞,一次次阻断了中国经济自然演进的路程,最终摧毁了山西商人。

一切可让史料作证。

先是太平天国运动。我相信许多历史家还会继续热烈地歌颂这次规模巨大的农民起义，但似乎也应该允许我们好好谈一谈它无法掩盖的消极面吧，至少在经济问题上。事实是，这次历时十数年的暴力行动，只要是所到的城镇，几乎所有的商业活动都遭到严重破坏，店铺关门，商人逃亡，金融死滞，城镇人民的生活无法正常进行。史料记载，太平军到武昌后，"汉地惊慌至极，大小居民、铺户四外乱逃"，票号、银号、当铺"一律歇闭"，"荡然无存"，多种商事，"兵燹以后无继起者"。太平军到苏州后，"商贾流离""江路不通""城内店铺亦歇，相继逃散"。太平军逼近天津时，账局停歇，街市十三行中所有自食其力的劳动者"皆已失业"，受其影响，北京也是"各行业闭歇，居民生活处于困境"。至于全国各地一般中小城镇，兵伍所及，"一路蹂躏""死伤遍野"，经济上更是"商贾裹足，厘源梗塞"。十余年间，有不少地方太平军和清军进行过多次拉锯，每次又把灾难重复一遍。到最后太平天国自己内讧，石达开率十万余人马离开天京在华东、华中、西南地区独立作战，重把沿途的经济大规模地洗刷了一遍，所谓荡然无存往往已不是夸张之言。面对这种情况，山西商号在全国各地的分号只得纷纷撤回。我看到一份材料。一八六一年一月，日升昌票号总部接成都分号信，报告"贼匪扰乱不堪"，总部立即命令成都分号归入重庆分号"暂作躲避"，又命令广州分号随时观察重庆形势，但三个月后，已经必须命令广州分号也立即撤回了，命令说："务以速归早回为是，万万不可再为延迟，早回一天，即算有功，至要至要！"一个大商号的慌乱神情溢于言表。面对着在中国大地上流荡不已的暴力洪流，山西商人只能慌乱地龟缩回家乡的小县城里去了，他们的事业遭受到何等的创伤，不言而喻。

令人惊叹的是，在太平天国之后，山西商家经过一段时间的休养生息，竟又重整旗鼓，东山再起。后来一再地经历英法联军入侵、八国联军进犯、庚子赔款摊派等七灾八难，居然都能艰难撑持、绝处逢生，甚至获得可观的发展。这证明，人民的生活本能、生存本能、经济本能是极其强大的，就像野火之后的劲草，岩石底下的深根，不屈不挠。在我看来，一切社会改革的举动，都以保护而不是破坏这种本能为好，否则社会改革的终极目的又是什么呢？可惜慷慨激昂的政治家们常常忘记了这一点，离开了世俗寻常的生态秩序，只追求法兰西革命式的激动人心。在激动人心的呼喊中，人民的经济生活形成和社会生存方式是否真正进步，却很少有人问津。

终于，又遇到了辛亥革命。这场革命最终推翻了清王朝的统治，自有其历史意义，但无可讳言的是，无穷无尽的社会动乱、军阀混战也从此开始，山西商家怎么也挺不住了。

民军与清军的军事对抗所造成的对城市经济的破坏可以想象，各路盗贼趁乱抢劫，兵匪一家扫荡街市更是没完没了，致使各大城市工商企业破产关闭的情景比太平天国时期还要严重。工商企业关门了，原先票号贷给他们的巨额款项也收不回了，而存款的民众却在人心惶惶中争相挤兑，票号顷刻之间垮得气息奄奄。本来山西商家的业务遍及全国各地，辛亥革命后几个省份一独立，业务中断，欠款不知向谁索要，许多商家的经理、伙计害怕别人讨账竟然纷纷相率逃跑，一批批票号、商号倒闭清理，与它们有联系的民众怨声如沸又束手无策。走投无路的山西商人傻想，北洋政府总不会眼看着一系列实业的瘫痪而见死不救吧,便公推六位代表向政府请愿,希望政府能贷款帮助,或由政府担保向外商借贷。政府对请愿团的回答是:山西商号信用久孚,政府从保商恤商考虑,理应帮助维持,可惜国家财政万分困难,他日必竭力斡旋。

满纸空话,一无所获,唯一落实的决定十分出人意料:政府看上了请愿团的首席代表范元澍,发给月薪二百元,委派他到破落了的山西票号中物色能干的伙计到政府银行任职,这一决定如果不是有意讽刺,那也足以说明,这次请愿活动是真正的惨败了。国家财政万分困难是可信的,山西商家的最后一线希望彻底破灭。"走西口"的旅程,终于走到了终点。

于是,人们在一九一五年三月份的《大公报》上读到了一篇发自山西太原的文章,文中这样描写那些一一倒闭的商号:

彼巍巍灿烂之华屋,不无铁扉双锁,黯淡无色。门前双眼怒突之小狮,一似泪涔涔下,欲作河南之吼,代主人喝其不平。前月北京所宣传倒闭之日升昌,其本店耸立其间,门前尚悬日升昌招牌,闻其主人已宣告破产,由法院捕其来京矣。

这便是一代财雄们的下场。

如果这是社会革新的代价,那么革新了的社会有没有为民间商业提供更大的活力呢?有没有创建山西商人创建过的世纪性繁华呢?对此,我虽然代表不了什么,却要再一次向山西抱愧,只为我也曾盲目地相信过某些经不住如此深问的糊涂观念。

我的山西之行结束了,心头却一直隐约着一群山西商人的面影,怎么也排遣不掉。细看表情,仍然像那张模糊的照片上的,似笑非笑。

离开太原前,当地作家华而实先生请我吃饭,一问之下他竟然也在关注前代山西商人。但他没有多说什么,只是递给我他写给今天山西企业家们看的一篇文章,题目叫做《海内最富》。我一眼就看到了这样一段。

海内最富!海内最富!山西在全国经济结构中曾经占据过这样一个显赫的地位!

很遥远了吗?晋商的鼎盛春秋长达数百年,它的衰落也不过是近几十年的事。——底下还有很多话,慢慢再读不迟,我抬起头来,看着华而实先生的脸,他竟然也是似笑非笑。

[1] 本文选自余秋雨《文化苦旅》。

余秋雨的文章有一种厚重的文化感,他的文字让我们的情感仿佛就一直压抑在那点点滴滴的历史记忆中。

山西,这是一个省的名字,这是一个饱受了苦难的地方。依稀记得走西口的悲凉,记得那一段山西人才有的悲壮。站在贫瘠的土地上,挣扎的人们没有放弃,反而用自己的脊梁去撑起就一片真正的天地。这个省以前的贫困是有目共睹的，但是这些人的艰苦奋斗、积极进取的精神成就了20世纪中国最富裕的山西。他们的奋斗让世人惊叹，让人感受到山西海内最富的气概。

太谷，一个小小的县城却被尤恩森寇之以中国的华尔街。

日升昌给我们的感觉不仅是震撼，还有山西人那一种强大的人格魅力。不放弃，目光远大，讲信义，严于管理，这是晋商成功的法宝。长期摸爬滚打，给予他们更锐利的目光，使其明白了那些该做哪些不该做，能够把握市场的动向和民众的需要，这在当时多么难得。

为此，我们不禁疑问昔日这么多优秀的企业家怎么还是让山西最后变得贫困呢？或许这是命运，富饶一时的山西却陷入盛极必衰的境界，但我们要说的是，山西的消失并不是因为腐败，而是因为我国近代的战争，因为国家不能稳固。我们近代国家统治者的见死不救，一味的索取，一味的掠夺，导致了现在的结果，山西多少泪欲流还休，多少若欲言又止，默默地接受着一切。这正是余秋雨作品中反映的内容。

相关链接

"比梁实秋、钱钟书晚出生三十多年的余秋雨，把知性融入感性，举重若轻，衣袂飘然走过他的《文化苦旅》。"这是余光中先生《散文的知性与感性》中的一段话。余光中把余秋雨与梁实秋、钱钟书相提并论。的确，十多年来，余秋雨散文读者众多，好评如潮。有人评论说：从空间上它进入了民众，从时间上进入了散文历史，树立起一座散文的奇峰。读完从《文化苦旅》《山居笔记》《霜冷长河》《文明的碎片》《秋雨散文》到最近的《千年一叹》和《行者无疆》几部散文集，心中不由感慨万千，大哉斯文，大美为美！

余秋雨先生的散文是一种典型的文化散文，在我们看惯了标榜散文的精巧灵活之作后，它呈现在我们眼前一道亮丽清新的风景线，如一股罡风劲吹。它摆脱了沉湎于自我小天地的小家子气，而表现为一种情怀更为慷慨豪迈的大散文，当然不是篇幅冗长之大，而是体现在一种沉甸甸的历史感和沧桑感，一种浩然而衮、毫不矫情的雍容与大气，一种俯仰天地古今的内在冲动与感悟，一种涌动着激情与灵性的智慧与思考。余秋雨先生的散文，在丰富的文化联想与想象中完成对所表现的对象的理性阐释，融合了庄子哲学散文的天马行空，汪洋恣肆的思维与两汉赋体铺叙夸饰，采用华美凝重的修辞方式，从而表现出浸润了理性精神与内在理趣的诗化特征。落笔如行云流水，舒卷之间灵性激溅，有博雅的文化内涵，笔端饱蘸着深切的民族忧患意识，字里行间充盈着越迈千年的睿智哲思。

第一次读到的余秋雨散文是《文化苦旅·废墟》。"没有废墟就无所谓昨天，没有昨天就无所谓今天和明天。废墟是课本，让我们把一门地理读成历史；废墟是过程，人生就是从旧的废墟出发，走向新的废墟。废墟是进化的长链。""没有皱纹的祖母是可怕的，没有白发的老者是让人遗憾的。"在心灵与心灵的撞击中，他发出了"还历史以真实，还生命以过程"的呼唤。文章中没有细节，没有历史人物，没有山水胜迹，但却充盈着闪光的智慧，蕴涵着深刻的思考，饱蘸着的感情。残简断垣中，那优美的语言，独特的视角，深刻的思想，就像磁石一般强烈地吸引了我。走进废墟，体会着历史的沧桑，品味着文化的内涵，他发出了"还历史以真实，还生命以进程"的慨叹；面对着敦煌，目睹一个古老民族的伤口在滴血。感受着历史的强悍与苦难，他警醒道："我们是飞天的后人。"

余秋雨先生，站在历史的高度，以理性的严峻，融入智性与情感，考察中国现存的原始文化，去贴近文化的大生命，重新审视中华文明。正如《文化苦旅》自序中提到的"我发现自己特别想去的地方，总是古代文化与文人留下较深脚印的所在，说明我心底的山水并不完全是自然山水，而是一种'人文山水'。这是中国历史文化的悠久魅力和它对我的长期熏染造成的"。他从历史文化极为丰富的山山水水间追寻古代文人的足迹，发掘古代文化的沉淀，通过这种追寻与发掘，既寄托自己的文化关怀又给读者以文化的启迪。就这样，山川草木，楼台轩榭，庙宇亭阁，云月飞鸿，都与人的呼吸相通，散发着文化的魅力！道士塔、莫高窟、阳关寄托着他悠远的凭吊；寂寞天柱山，风雨天一阁，承载着他浓重的感喟；白发苏州，江南小镇，蕴涵着他深沉的思考。贞节牌坊令人感慨，贵池傩事又警人反思！边塞大漠中，留下了他道道车辙，庐山石级沾下他轻轻的脚印；江南小巷中回响着他的感叹，残简断垣中闪现着他伫立的身影。

余先生的散文，追索文化生成的奥秘，感受文化历史的兴衰，有对文化缔造者的由衷的礼赞，又有对文化人命运的深切关注。《抱愧山西》考察了山西的晋商文化的兴衰，深入地揭示了山西独有的民情风俗以及历史沿革、独特的地理环境对晋商文化的催生作用，同时又写出了山西商人在中国商业文明中的人格光彩。《苏东坡突围》在关注文化大师命运，写苏东坡因"乌台诗案"而被流放的过程，但其却因此而获得了精神意义上的突围。这里展现着一种气魄。《一个王朝的背影》《苏东坡突围》《抱愧山西》《流放者的土地》《遥远的绝响》《乡关何处》《脆弱的都城》都是相当有分量的大作。"在这里思想的活跃把诗歌的激情与文化历史的沉思、哲学的概括升华为一种统一。时间空间跨度之广，思绪反差之强烈，歌颂与批判，赞美与追怀，理性的概括、情感的渲染、历史的沉吟与个体的经验，纷至沓来，跌宕起伏，构成一种磅礴的大气。"我不禁感叹：大哉斯文，大美为美！

进入新世纪，余秋雨在考察审视中华文明之后，随着香港凤凰卫视的千禧之旅和欧洲之旅，把自己文化探寻和精神漫游拓展到中东和欧洲，完成了对伊斯兰教文明和基督教文明的深入探寻。《千年一叹》：正如歌词中所写，"千年走一回，山高水又长，车轮滚滚尘飞扬，祖先托我来拜访。我是昆仑的云，我是黄河的浪，我是涅槃的凤凰再飞翔"。他饮着屈原的梦、李白的歌，探寻着中东古文明的辉煌，抚慰着西亚古文化的伤痛，感受着南亚历史的喜怒忧伤。轻轻地抚去时光遗留的尘埃，深情地抚摸历史的肌肤，细致地剥落包裹于往昔躯体上的坚韧外壳，他把希腊神话故事、埃及金字塔、耶路撒冷的冲突、侯赛因的陵寝、汉谟拉比法典的价值和泰姬陵的圣洁娓娓动听地道出，引导着我们踏进那个往昔时空，去享受和品味其中的快乐，而同时也承受着这些辉煌的文明不同程度衰落的震撼，反思着我们中华文明历经五千年的风风雨雨而生生不息超常强韧的缘由。在这里，历史的回忆与追踪只是一种传达心灵感受的博大场所，而所谓的文化精神、传统气韵以及种种与人生、与命运、与人的存在景况相关的意蕴，也就经由这样的场所而获得自然而然的体现。

《行者无疆》：废墟，大海，流浪，历史常常从这里出发；森林，山丘，古堡，历史常常在这里隐蔽；热闹，精致，张扬，历史常常在这里转折；苍凉，寂寞，执着，历史常常在这里凝冻。米开朗基罗、伽利略、莎士比亚、但丁、歌德、黑格尔，一个个历史上熠熠闪光的大师，在这里与你直面；庞贝古城、罗马的废墟、巴黎圣母院、希隆大教堂，一座座闻名的建筑，让你亲身感受怀古之情、兴衰之叹！他秉承《千年一叹》的风格，审视欧洲文明，反思中华文明——让人和自然更紧密地贴近，让个体在辽阔的田地中更愉悦地舒展，让更多的年轻人在遭遇人生坎坷前先把世界探询一遍，让更多的老年人能以无疆无界的巡游来与世界做一次壮阔的挥别，让不同的文化群落在脚步间交融，让历史的怨恨在互访间和解。纵横捭阖的宏观把握，情致深惋的微观体悟，流溢着历史诗情的沉郁柔丽，张扬着现代飞天的吟啸。余秋雨先生的散文不动声色却有内里乾坤，波涛澎湃又不失骄矜，天马行空遨游于无限时空，回眸一顾却尽显生命本色。

暮色四合，喧哗的一切复于平静。静静的夜里，最好莫过于读书了。一盏孤灯，一杯浓茶，细细品味秋雨散文。读罢掩卷沉思，顿觉韵味无穷。还是以《收获》上推荐大散文的评论作结语吧。散文溪水四溢，跌宕之姿，漫涌之态，令人目不接暇，然少有黄钟大吕之响和惊涛裂岸之势。散文的本体是强大和恣肆的，它力求新的观念和审美取向，既要感悟人生、富于智慧，同时也可以而且应该具有生命的批判意识，对历史和现实有合乎今人的审视品味——有历史穿透力，敏于思考，有助于再铸民族精神和人文批判精神的散文"。大哉斯文，大美为美！有感于此，姑妄言之，姑且听之。

思考练习题

1. 作者为什么说抱愧山西？
2. 余秋雨散文的特点是什么？
3. 谈谈你对山西崛起的建议。
4. 课外阅读《文化苦旅》《山居笔记》。

诺贝尔奖获奖感言

莫言

> 莫言原名管谟业，于1956年生于山东省高密县，童年时的经济贫困和政治上受歧视，直接影响了他后来的小说创作。他12岁读五年级时因"文革"辍学回家，在农村劳动多年，1976年应征入伍，历任战士、政治教员、宣传干事，曾在解放军艺

术学院和鲁迅文学院研究生班学习。

自20世纪80年代中期起，莫言以一系列乡土作品崛起，其充满着"怀乡"以及"怨乡"的复杂情感。虽然早期被归类为"寻根文学"作家，但其写作风格素以大胆新奇著称，作品激情澎湃，想象诡异，语言肆虐。例如成名作《红高粱家族》里，不断出现的血腥场面中充满着强烈的感情控诉，在"屎尿横飞"的场景之间演义着现代革命历史。

在经历《红高粱家族》的写作高峰后，莫言继续寻求突破，创作了大量中短篇作品及数部极具分量的长篇小说。其中，《丰乳肥臀》曾获中国有史以来最高额的"大家文学奖"，《檀香刑》曾获台湾《联合报》读书人年度文学类最佳图书奖、第一届鼎钧双年文学奖，《红高粱系列》获第二届冯牧文学奖，《生死疲劳》获第二届红楼梦奖，《蛙》获第八届茅盾文学奖。

此外，莫言还曾获法兰西文学与艺术骑士勋章、意大利第三十届诺尼诺国际文学奖、福冈亚洲文化奖等奖项，并曾位列第一届中国作家富豪榜第20位、中国作家实力榜第一位。

然而，莫言曾义正言辞地说，我永远不会为了一个奖去写作，不管是茅盾文学奖，还是诺贝尔文学奖。他始终认为自己的文学成就是"世无英雄，竖子成名"。

迄今为止，莫言有三部作品被改编为电影。其中，由中篇小说《红高粱家族》改编的电影《红高粱》曾获1988年柏林国际电影节金熊奖，由短篇小说《白狗秋千架》改编的《暖》曾获第十六届东京国际电影节最佳影片金麒麟奖。而莫言自己却认为，只有《丰乳肥臀》可以拍成气势磅礴的巨片。

尊敬的瑞典学院各位院士，女士们、先生们：

通过电视或者网络，我想在座的各位，对遥远的高密东北乡，已经有了或多或少的了解，你们也许看到了我的九十岁的老父亲，看到了我的哥哥姐姐、我的妻子女儿和我的一岁零四个月的外孙女，但有一个我此刻最想念的人，我的母亲，你们永远无法看到了。我获奖后，很多人分享了我的光荣，但我的母亲却无法分享了。

我母亲生于1922年，卒于1994年，她的骨灰，埋葬在村庄东边的桃园里。去年，一条铁路要从那儿穿过，我们不得不将她的坟墓迁移到距离村子更远的地方。掘开坟墓后，我们看到，棺木已经腐朽，母亲的骨殖，已经与泥土混为一体。我们只好象征性地挖起一些泥土移到新的墓穴里，也就是从那一时刻起，我感到，我的母亲是大地的一部分，我站在大地上的诉说，就是对母亲的诉说。

我是我母亲最小的孩子。

我记忆中最早的一件事，是提着家里唯一的一个热水瓶去公共食堂打开水。因为饥饿无力，失手将热水瓶打碎，我吓得要命，钻进草垛，一天没敢出来。傍晚的时候，我听到母亲呼唤我的乳名。我从草垛里钻出来，以为会受到打骂，但母亲没有打我也没有骂我，只是抚摸着我的头，口中发出长长的叹息。

我记忆中最痛苦的一件事，就是跟随着母亲去集体的地里捡麦穗，看守麦田的人来了，捡麦穗的人纷纷逃跑，我母亲是小脚，跑不快，被捉住，那个身材高大的看守人搧了她一个耳光。她摇晃着身体跌倒在地。看守人没收了我们捡到的麦穗，吹着口哨扬长而去。我母亲嘴角流血，坐在地上，脸上那种绝望的神情让我终生难忘。多年之后，当那个看守麦田的人成为一个白发苍苍的老人，在集市上与我相逢，我冲上去想找他报仇，母亲拉住了我，平静地对我说："儿子，那个打我的人，与这个老人，并不是一个人。"

我记得最深刻的一件事是一个中秋节的中午，我们家难得地包了一顿饺子，每人只有一碗。正当我们吃饺子时，一个乞讨的老人，来到了我们家门口，我端起半碗红薯干打发他，他却愤愤不平地说："我是一个老人，你们吃饺子，却让我吃红薯干，你们的心是怎么长的？"我气急败坏地说："我们一年也吃不了几次饺子，一人一小碗，连半饱都吃不了！给你红薯干就不错了，你要就要，不要就滚！"母亲训斥了我，然后端起她那半碗饺子，倒进老人碗里。

我最后悔的一件事，就是跟着母亲去卖白菜，有意无意地多算了一位买白菜的老人一毛钱。算完钱我就去了学校。当我放学回家时，看到很少流泪的母亲泪流满面。母亲并没有骂我，只是轻轻地说："儿子，你让娘丢了脸。"

我十几岁时，母亲患了严重的肺病，饥饿、病痛、劳累，使我们这个家庭陷入困境，看不到光明和希望。我产生了一种强烈的不祥之感，以为母亲随时都会自寻短见。每当我劳动归来，一进大门，就高喊母亲，听到她的回应，心中才感到一块石头落了地。如果一时听不到她的回应，我就心惊胆战，跑到厨房和磨坊里寻找。有一次，找遍了所有的房间也没有见到母亲的身影，我便坐在院子里大哭，这时，母亲背着一捆柴草从外边走进来。她对我的哭很不满，但我又不能对她说出我的担忧。母亲看透我的心思，她说："孩子，你放心，尽管我活着没有一点乐趣，但只要阎王爷不叫我，我是不会去的。"

我生来相貌丑陋，村子里很多人当面嘲笑我，学校里有几个性格霸蛮的同学甚至为此打我。我回家痛哭，母亲对我说："儿子，你不丑。你不缺鼻子缺眼，四肢健全，丑在哪里？而且，只要你心存善良，多做好事，即便是丑，也能变美。"后来我进入城市，有一些很有文化的人依然在背后甚至当面嘲弄我的相貌，我想起了母亲的话，便心平气和地向他们道歉。

我母亲不识字，但对识字的人十分敬重。我们家生活困难，经常吃了上顿没下顿，但只要我对她提出买书买文具的要求，她总是会满足我。她是个勤劳的人，讨厌懒惰的孩子，但只要是我因为看书耽误了干活，她从来没批评过我。

有一段时间，集市上来了一个说书人。我偷偷地跑去听书，忘记了她分配给我的活儿。为此，母亲批评了我。晚上，当她就着一盏小油灯为家人赶制棉衣时，我忍不住地将白天从说书人那里听来的故事复述给她听，起初她有些不耐烦，因为在她心目中，说书人都是油嘴滑舌、不务正业的人，从他们嘴里冒不出什么好话来。但我复述的故事，渐渐地吸引了她。以后每逢集日，她便不再给我排活儿，默许我去集上听书。为了报答母亲的恩情，也为了向她炫耀我的记忆力，我会把白天听到的故事，绘声绘色地讲给她听。

很快地，我就不满足复述说书人讲的故事了，我在复述的过程中，不断地添油加醋。我会投我母亲所好，编造一些情节，有时候甚至改变故事的结局。我的听众，也不仅仅是我的母亲，连我的姐姐、我的婶婶、我的奶奶，都成为我的听众。我母亲在听完我的故事后，有时会忧心忡忡地，像是对我说，又像是自言自语："儿啊，你长大后会成为一个什么人呢？难道要靠耍贫嘴吃饭吗？"

我理解母亲的担忧，因为在村子里，一个贫嘴的孩子，是招人厌烦的，有时候还会给自己和家庭带来麻烦，我在小说《牛》里所写的那个因为话多被村里人厌恶的孩子，就有我童年时的影子。我母亲经常提醒我少说话，她希望我能做一个沉默寡言、安稳大方的孩子，但在我身上，却显露出极强的说话能力和极大的说话欲望，这无疑是极大的危险，但我说故事的能力，又带给了她愉悦，这使她陷入深深的矛盾之中。

俗话说"江山易改，本性难移"，尽管有我父母亲的谆谆教导，但并没改掉我喜欢说话的天性，这使得我的名字"莫言"，很像对自己的讽刺。

我小学未毕业，即辍学，因为年幼体弱，干不了重活，只好到荒草滩上去放牧牛羊。当我牵着牛羊从学校门前路过，看到昔日的同学在校园里打打闹闹，我心中充满悲凉，深深地体会到一个人哪怕是一个孩子离开群体后的痛苦。

到了荒滩上，我把牛羊放开，让它们自己吃草。蓝天如海，草地一望无际，周围看不到一个人影，没有人的声音，只有鸟儿在天上鸣叫。

我感到很孤独，很寂寞，心里空空荡荡。有时候，我躺在草地上，望着天上懒洋洋地飘动着的白云，脑海里便浮现出许多莫名其妙的幻想。我们那地方流传着许多狐狸变成美女的故事。我幻想着能有一个狐狸变成美女与我来做伴放牛，但她始终没有出现。但有一次，一只火红色的狐狸从我面前的草丛中跳出来时，我被吓得一屁股蹲在地上。狐狸跑没了踪影，我还在那里颤抖。有时候我会蹲在牛的身旁，看着湛蓝的牛眼和牛眼中我的倒影。有时候我会模仿着鸟儿的叫声试图与天上的鸟儿对话，有时候我会对一棵树诉说心声，但鸟儿不理我，树也不理我。许多年后，当我成为一个小说家，当年的许多幻想，都被我写进了小说。很多人夸我想象力丰富，有一些文学爱好者，希望我能告诉他们培养想象力的秘诀，对此，我只能报以苦笑。

就像中国的先贤老子所说的那样："福兮祸所伏，祸兮福所倚。"我童年辍学，饱受饥饿、孤独、无书可读之苦，但我因此也像我们的前辈作家沈从文那样，及早地开始阅读社会人生这本大书。前面所提到的到集市上去听说书人说书，仅仅是这本大书中的一页。

辍学之后，我混迹于成人之中，开始了"用耳朵阅读"的漫长生涯。两百多年前，我的故乡曾出了一个讲故事的伟大天才蒲松龄，我们村里的许多人，包括我，都是他的传人。我在集体劳动的田间地头，在生产队的牛棚马厩，在我爷爷奶奶的热炕头上，甚至在摇摇晃晃地行进着的牛车上，聆听了许许多多神鬼故事、历史传奇、逸闻趣事，这些故事都与当地的自然环境、家族历史紧密联系在一起，使我产生了强烈的现实感。

我做梦也想不到有朝一日这些东西会成为我的写作素材，我当时只是一个迷恋故事的孩子，醉心地聆听着人们的讲述。那时我是一个绝对的有神论者，我相信万物都有灵性，我见到一棵大树会肃然起敬，我看到一只鸟会感到它随时会变化成人，我遇到一个陌生人，也会怀疑他是一个动物变化而成的。每当夜晚我从生产队的记工房回家时，无边的恐惧便包围了我，为了壮胆，我一边奔跑一边大声歌唱。那时我正处在变声期，嗓音嘶哑，声调难听，我的歌唱，是对我的乡亲们的一种折磨。

我在故乡生活了二十一年，期间离家最远的是乘火车去了一次青岛，还差点迷失在木材厂的巨大木材之间，以至于我母亲问我去青岛看到了什么风景时，我沮丧地告诉她：什么都没看到，只看到了一堆堆的木头。但也就是这次青岛之行，使我产生了想离开故乡到外边去看世界的强烈愿望。

1976年2月，我应征入伍，背着我母亲卖掉结婚时的首饰帮我购买的四本《中国通史简编》，走出了高密东北乡这个既让我爱又让我恨的地方，开始了我人生的重要时期。我必须承认，如果没有30多年来中国社会的巨大发展与进步，如果没有改革开放，也不会有我这样一个作家。

在军营的枯燥生活中，我迎来了八十年代的思想解放和文学热潮，我从一个用耳朵聆听故事，用嘴巴讲述故事的孩子，开始尝试用笔来讲述故事。起初的道路并不平坦，我那时并没有意识到我二十多年的农村生活经验是文学的富矿。那时我以为文学就是写好人好事，就是写英雄模范，所以，尽管也发表了几篇作品，但文学价值很低。

1984年秋，我考入解放军艺术学院文学系，在我的恩师著名作家徐怀中的启发指导下，我写出了《秋水》《枯河》《透明的红萝卜》《红高粱》等一批中短篇小说。在《秋水》这篇小说里，第一次出现了"高密东北乡"这个字眼，从此，就如同一个四处游荡的农民有了一片土地，我这样一个文学的流浪汉，终于有了一个可以安身立命的场所。我必须承认，在创建我的文学领地"高密东北乡"的过程中，美国的威廉·福克纳和哥伦比亚的加西亚·马尔克斯给了我重要启发。我对他们的阅读并不认真，但他们开天辟地的豪迈精神激励了我，使我明白了一个作家必须要有一块属于自己的地方。一个人在日常生活中应该谦卑退让，但在文学创作中，必须颐指气使，独断专行。我追随在这两位大师身后两年，即意识到，必须尽快地逃离他们，我在一篇文章中写道：他们是两座灼热的火炉，而我是冰块，如果离他们太近，会被他们蒸发掉。根据我的体会，一个作家之所以会受到某一位作家的影响，其根本是因为影响者和被影响者灵魂深处的相似之处。正所谓心有灵犀一点通。所以，尽管我没有很好地去读他们的书，但只读过几页，我就明白了他们干了什么，也明白了他们是怎样干的，随即我也就明白了我该干什么和我该怎样干。

我该干的事情其实很简单，那就是用自己的方式，讲自己的故事。我的方式，就是我所熟知的集市说书人的方式，就是我的爷爷奶奶、村里的老人们讲故事的方式。坦率地说，讲述的时候，我没有想到谁会是我的听众，也许我的听众就是那些如我母亲一样的人，也许我的听众就是我自己。我自己的故事，起初就是我的亲身经历，譬如《枯河》中那个遭受痛打的孩子，譬如《透明的红萝卜》中那个自始至终一言不发的孩子，我的确曾因为干过一件错事而受到过父亲的痛打，我也的确曾在桥梁工地上为铁匠师傅拉过风箱。当然，个人的经历无论多么奇特也不可能原封不动地写进小说，小说必须虚构，必须想象。很多朋友说《透明的红萝卜》是我最好的小说，对此我不反驳，也不认同，但我认为《透明的红萝卜》是我的作品中最有象征性、最意味深长的一部。那个浑身漆黑、具有超人的忍受痛苦的能力和超人的感受能力的孩子，是我全部小说的灵魂，尽管在后来的小说里，我写了很多的人物，但没有一个人物，比他更贴近我的灵魂。或者可以说，一个作家所塑造的若干人物中，总有一个领头的，这个沉默的孩子就是一个领头的，他一言不发，但却有力地领导着形形色色的人物，在高密东北乡这个舞台上，尽情地表演。

　　自己的故事总是有限的，讲完了自己的故事，就必须讲他人的故事。于是，我的亲人们的故事，我的村人们的故事，以及我从老人们口中听到过的祖先们的故事，就像听到集合令的士兵一样，从我的记忆深处涌出来。他们用期盼的目光看着我，等待着我去写他们。我的爷爷、奶奶、父亲、母亲、哥哥、姐姐、姑姑、叔叔、妻子、女儿，都在我的作品里出现过，还有很多的我们高密东北乡的乡亲，也都在我的小说里露过面。当然，我对他们，都进行了文学化的处理，使他们超越了他们自身，成为文学中的人物。

　　我最新的小说《蛙》中，就出现了我姑姑的形象。因为我获得诺贝尔奖，许多记者到她家采访，起初她还很耐心地回答提问，但很快便不胜其烦，跑到县城里她儿子家躲起来了。姑姑确实是我写《蛙》时的模特，但小说中的姑姑，与现实生活中的姑姑有着天壤之别。小说中的姑姑专横跋扈，有时简直像个女匪，现实中的姑姑和善开朗，是一个标准的贤妻良母，现实中的姑姑晚年生活幸福美满，小说中的姑姑到了晚年却因为心灵的巨大痛苦患上了失眠症，身披黑袍，像个幽灵一样在暗夜中游荡。我感谢姑姑的宽容，她没有因为我在小说中把她写成那样而生气，我也十分敬佩我姑姑的明智，她正确地理解了小说中人物与现实中人物的复杂关系。

　　母亲去世后，我悲痛万分，决定写一部书献给她，这就是那本《丰乳肥臀》。因为胸有成竹，因为情感充盈，仅用了83天，我便写出了这部长达50万字的小说的初稿。

　　在《丰乳肥臀》这本书里，我肆无忌惮地使用了与我母亲的亲身经历有关的素材，但书中的母亲情感方面的经历，则是虚构或取材于高密东北乡诸多母亲的经历。在这本书的卷前语上，我写下了"献给母亲在天之灵"的话，但这本书，实际上是献给天下母亲的，这是我狂妄的野心，就像我希望把小小的"高密东北乡"写成中国乃至世界的缩影一样。

　　作家的创作过程各有特色，我每本书的构思与灵感触发也都不尽相同，有的小说起源于梦境，譬如《透明的红萝卜》，有的小说则发端于现实生活中发生的事件，譬如《天堂蒜薹之歌》，但无论是起源于梦境，还是发端于现实，最后都必须和个人的经验相结合，才有可能变成一部具有鲜明个性的，用无数生动细节塑造出典型人物的，语言丰富多彩、结构匠心独运的文学作品。有必要特别提及的是，在《天堂蒜薹之歌》中，我让一个真正的说书人登场，并在书中扮演了十分重要的角色，我十分抱歉地使用了这个说书人真实姓名，当然，他在书中的所有行为都是虚构。在我的写作中，出现过多次这样的现象，写作之初，我使用他们的真实姓名，希望能借此获得一种亲近感，但作品完成之后，我想为他们改换姓名时却感到已经不可能了，因此也发生过与我小说中人物同名者找到我父亲发泄不满的事情，我父亲替我向他们道歉，但同时又开导他们不要当真。我父亲说："他在《红高粱》中，第一句就说'我父亲这个土匪种'，我都不在意你们还在意什么？"

可能是因为我经历过长期的艰难生活，使我对人性有较为深刻的了解，我知道真正的勇敢是什么，也明白真正的悲悯是什么。我知道，每个人心中都有一片难用是非善恶准确定性的朦胧地带，而这片地带，正是文学家施展才华的广阔天地。只要是准确地、生动地描写了这个充满矛盾的朦胧地带的作品，也就必然地超越了政治并具备了优秀文学的品质。

在我的早期作品中，我作为一个现代的说书人，是隐藏在文本背后的，但从《檀香刑》这部小说开始，我终于从后台跳到了前台。如果说我早期的作品是自言自语，目无读者，从这本书开始，我感觉到自己是站在一个广场上，面对着许多听众，绘声绘色地讲述，这是世界小说的传统，更是中国小说的传统。我也曾积极地向西方的现代派小说学习，也曾经玩弄过形形色色的叙事花样，但我最终回归了传统，当然，这种回归，不是一成不变的回归。《檀香刑》和之后的小说，是继承了中国古典小说传统又借鉴了西方小说技术的混合文本。小说领域的所谓创新，基本上都是这种混合的产物。

最后，请允许我再讲一下我的《生死疲劳》。这个书名来自佛教经典，据我所知，为翻译这个书名，各国的翻译家都很头痛。我对佛教经典并没有深入研究，对佛教的理解自然十分肤浅，之所以以此为题，是因为我觉得佛教的许多基本思想，是真正的宇宙意识。人世中许多纷争，在佛家的眼里，是毫无意义的，这样一种至高眼界下的人世，显得十分可悲。当然，我没有把这本书写成布道词，我写的还是人的命运与人的情感，人的局限与人的宽容，以及人为追求幸福，坚持自己的信念所做出的努力与牺牲。小说中那位以一己之身与时代潮流对抗的蓝脸，在我心目中是一位真正的英雄。这个人物的原型，是我们邻村的一位农民，我童年时，经常看到他推着一辆吱吱作响的木轮车，从我家门前的道路上通过。给他拉车的，是一头瘸腿的毛驴，为他牵驴的，是他小脚的妻子。这个奇怪的劳动组合，在当时的集体化社会里，显得那么古怪和不合时宜，在我们这些孩子的眼里，也把他们看成是逆历史潮流而动的小丑，以至于当他们从街上经过时，我们会充满义愤地朝他们投掷石块。事过多年，当我拿起笔来写作时，这个人物，这个画面，便浮现在我的脑海中，我知道，我总有一天会为他写一本书，我迟早要把他的故事讲给天下人听，但一直到了2005年，当我在一座庙宇里看到"六道轮回"的壁画时，才明白了讲述这个故事的正确方法。

我获得诺贝尔文学奖后，引发了一些争议。起初，我还以为大家争议的对象是我，渐渐地，我感到这个被争议的对象，是一个与我毫不相关的人。我如同一个看戏人，看着众人的表演。我看到那个得奖人身上落满了花朵，也被掷上了石块，泼上了污水，我生怕他被打垮，但他微笑着从花朵和石块中钻出来，擦干净身上的脏水，坦然地站在一边，对着众人说：对一个作家来说，最好的说话方式是写作。我该说的话都写进了我的作品里，用嘴说出的话随风而散,用笔写出的话永不磨灭。我希望你们能耐心地读一下我的书。

即便你们读了我的书,我也不期望你们能改变我的看法,世界上还没有一个作家,能让所有的读者都喜欢他。在当今这样的时代里,更是如此。

尽管我什么都不想说,但在今天这样的场合我必须说话,那我就简单地再说几句。

我是一个讲故事的人,我还是要给你们讲故事。

上世纪六十年代,学校里组织我们去参观一个苦难展览,我们在老师的引领下放声大哭,为了能让老师看到我的表现,我舍不得擦去脸上的泪水,我看到有几位同学悄悄地将唾沫抹到脸上冒充泪水,我还看到在一片真哭假哭的同学之间,有一位同学,脸上没有一滴泪,嘴巴里没有一点声音,也没有用手掩面,他睁着眼看着我们,眼睛里流露出惊讶或者是困惑的神情。事后,我向老师报告了这位同学的行为。为此,学校给了这位同学一个警告处分。多年之后,当我因自己的告密向老师忏悔时,老师说,那天来找他说这件事的,有十几个同学。这位同学十几年前就已去世,每当想起他,我就深感歉疚,这件事让我悟到一个道理,那就是:当众人都哭时,应该允许有的人不哭,当哭成为一种表演时,更应该允许有的人不哭。

我再讲一个故事:三十多年前,我还在部队工作,有一天晚上,我在办公室看书,有一位老长官推门进来,看了一眼我对面的位置,自言自语道:"噢,没有人?"我随即站起来,高声说:"难道说我不是人吗?"那位老长官被我顶得面红耳赤,尴尬而退,为此事,我洋洋得意了许久,以为自己是个英勇的斗士,但事过多年后,我却为此深感内疚。

请允许我讲最后一个故事,这是许多年前我爷爷讲给我听过的:有八个外出打工的泥瓦匠,为避一场暴风雨,躲进了一座破庙,外边的雷声一阵紧似一阵,一个个的火球,在庙门外滚来滚去,空中似乎还有吱吱的龙叫声,众人都胆战心惊,面如土色,有一个人说:"我们八个人中,必定一个人干过伤天害理的坏事,谁干过坏事,就自己走出庙接受惩罚吧,免得让好人受到牵连。"自然没有人愿意出去,又有人提议道:"既然大家都不想出去,那我们就将自己的草帽往外抛吧,谁的草帽被刮出庙门,就说明谁干了坏事,那就请他出去接受惩罚。"于是大家就将自己的草帽往庙门外抛,七个人的草帽被刮回了庙内,只有一个人的草帽被卷了出去,大家就催这个人出去受罚,他自然不愿出去,众人便将他抬起来扔出了庙门,故事的结局我估计大家都猜到了,那个人刚被扔出庙门,那座破庙轰然坍塌。

我是一个讲故事的人。因为讲故事我获得了诺贝尔文学奖。

我获奖后发生了很多精彩的故事,这些故事,让我坚信真理和正义是存在的。

今后的岁月里,我将继续讲我的故事。

谢谢大家!

 **导读**

在作品中摹刻了一出出"东北乡"传奇的莫言对自己的家乡一往情深。

"我的故乡和我的文学是密切相关的。"莫言说,"高密有泥塑、剪纸、扑灰年画、茂腔等民间艺术。民间艺术、民间文化伴随着我成长。我从小耳濡目染这些文化元素,当我拿起笔来进行文学创作的时候,这些民间文化元素就不可避免地进入了我的小说,也影响甚至决定了我的作品的艺术风格。"

在回答"您作品中的什么地方打动了评委"时,莫言说:"这是一个文学奖,授予的理由就是文学。我的作品是中国文学,也是世界文学的一部分。我的文学表现了中国人民的生活,表现了中国独特的文化和风情,同时我的小说也描写了广泛意义上的人,一直是站在人的角度上,一直是写人。我想这样的作品就超越了地区、种族、族群的局限。"

在此之前,对于莫言获得诺贝尔文学奖提名,舆论众说纷纭,也有一些人对他提出质疑。对此,莫言说:"感谢那些支持我的朋友,也感谢那些批评我的朋友。我终于得到了一个把自己放在众声喧哗之中的机会。持续半个月之久的网络大战,也是认识自我的最佳机会,让我知道我有哪些缺陷和不足,也让我知道了有哪些宝贵的东西需要坚持、发扬。"

诺贝尔奖颁奖词·节选

莫言是个诗人,他扯下程式化的宣传画,使个人从茫茫无名大众中突出出来。他有技巧地揭露了人类最阴暗的一面,在不经意间给象征赋予了形象。

莫言有着无与伦比的想象力。他很好地描绘了自然,他基本知晓所有与饥饿相关的事情,中国20世纪的疾苦从来都没有被如此直白地描写:英雄、情侣、虐待者、匪徒,特别是坚强的、不屈不挠的母亲们。

莫言的故事有着神秘和寓意,让所有的价值观得到体现。莫言的人物充满活力,他们甚至用不道德的办法和手段实现他们的生活目标,打破命运和政治的牢笼。

莫言生动地向我们展示了一个被人遗忘的农民世界,虽然无情但又充满了愉悦的无私。每一个瞬间都那么精彩。

他比拉伯雷、斯威夫特和马尔克斯之后的多数作家都要滑稽和犀利。

在莫言的小说世界里,品德和残酷交战,对阅读者来说这是一种文学探险。曾有如此的文学浪潮席卷了中国和世界吗?莫言作品中的文学力度压过大多数当代作品。

中国作家协会对莫言荣获诺贝尔文学奖发表贺辞:

欣闻莫言先生荣获2012年诺贝尔文学奖,我们表示热烈祝贺!在几十年文学创作道路上,莫言对祖国怀有真挚情感,与人民大众保持紧密联系,潜心于艺术创新,取得了卓越成就。自上世纪八十年代以来,莫言一直身处中国文学探索和创造的前沿,作品深深扎根于乡土,从生活中汲取艺术灵感,从中华民族百年来的命运和奋斗中汲取思想力量,以奔放独特的民族风格,有力地拓展了中国文学的想象空间、思想深度和艺术境界。莫言的作品深受国内外广大读者喜爱，在中国当代文学史上占有重要地位。

莫言的获奖，表明国际文坛对中国当代文学及作家的深切关注，表明中国文学所具有的世界意义。希望中国作家继续勤奋笔耕，奉献更多精品力作，为人类的文化发展作出新的贡献！

思考练习题

1. 课外阅读《丰乳肥臀》或《红高粱》等作品。
2. 谈谈你对莫言小说的看法。

中国之美

赛珍珠

赛珍珠（1892年6月26日—1973年3月6日），Pearl S. Buck，直译为珀尔·巴克，美国作家，出生4个月后即被身为传教士的双亲带到中国，在镇江度过了童年、少年，进入到青年时代，前后长达18年之久。赛珍珠在中国生活了近40年，她把中文称为"第一语言"，把镇江称为"中国故乡"。在镇江风车山上她小时候就读过现在仍然存在的崇实女中内有她的故居。同时在南京大学鼓楼校区北园的西墙根下，矗立着一座三层的西式小洋楼，这也是赛珍珠居住工作过的地方。作为以中文为母语的美国女作家，她曾在这里写下了描写中国农民生活的长篇小说《大地》，1932年凭借其小说，她获得普利策小说奖，并在1938年以此获得美国历史上第二个诺贝尔文学奖。她也是唯一一位同时获得普利策奖和诺贝尔文学奖的女作家，也是作品流传语种目前最多的美国作家。

美国秋天的树林是美丽的、迷人的，唯有一个生长在异国他邦的美国人，才能完全领略。令我不解的是，在我回美国之前，竟然从未听到有人谈起过它。我先前一直生活在中国，那儿一片宁静，风景如画，自有其独特的可爱之处：清瘦的翠竹摇曳生姿，荷塘倒映出庙宇那翘起的飞檐，大地一片郁郁葱葱。亚热带明媚的阳光和繁星密布的夜空，又使它显得千般的娇、万般的柔。夏去秋来，金菊盛开，但转眼又是萧瑟西风，黄花憔悴，一片苍凉。有道是：残秋不堪忍，蓄芳待来春。树木飘尽落叶，只留下灰暗的棕色树丫在风中瑟瑟地抖动。几乎是一夜之间，大地就披上了素净的冬装。一切都是灰蒙蒙的。苍凉的天地间，蜷伏着几座小小的农家土屋，一切都没有了生气。人们也都裹进了深蓝色和灰色的棉袍中，失去了往日的活力。

这样，漫游东方之后，我踏上了美丽的英国原野，夏末的淡紫与黄褐的色调，令我神荡意迷。道道树篱，即使在樱草时节也不会更可爱。那一片如醉如梦的恬静，使人忘却尘世的烦恼，而沉醉于静谧的良田和座座古老的灰色石房，沉醉于静止的大气中依依上升的炊烟。英格兰大地笼罩着一片优美安逸的气氛，真不啻劳累过后酣然入梦。

带着这心绪，我横渡大西洋，直抵纽约城。喧嚣的纽约显示出的骇人的活力，除了坐惯了中国那慢悠悠的电车、黄包车和手推车的人，还有谁能感受得到呢？大街上，汽车一辆接着一辆，你刚躲过一辆，马上又有千百辆开过来——横过马路也成了惊心动魄的历险。相比之下，中国那些拦路抢劫的土匪也显得温和了。高架铁路上，火车隆隆驶过，令人头晕目眩，还有显然是宇宙腹部发出的地下呼啸。我被打着哈欠的地球迷住了，它在一个地方把人成百上千地吞将下去，又在数里以外的某个地方吐将出来，而这些人依然是匆匆忙忙，烦躁不安。沉闷的地铁让我不堪忍受，无轨电车也让我紧张万分。每当我抓紧电车里的吊带时，我就不无遗憾地忆起昔日在中国的情形：手推车缓缓前行，路旁几池碧水，鸭儿悠然划动双蹼，我不时探身摘一朵野花，扔给那些光着黑黝黝的身子在尘土中滚爬的孩子们。

纽约惊醒了我温馨的梦，美国秋林又让我惊叹不已。

一周以后，当我在弗吉尼亚一片树林里散步时，我的狂喜之情无法言表。在此之前，从未有人告诉过我林中景色有多么奇美。当然他们也曾说过："你知道树叶在秋天都变了颜色了。"但这又能给人什么印象呢？我原以为不过是些淡黄、黄褐或淡淡的玫瑰红罢了。然而，我却看到了一片生机盎然、五彩缤纷的景象，令人难以置信的粗犷、艳丽、充满野性的活力。黝黑的峭壁下，一棵参天大树拔地而起，一株火红的藤蔓攀援而上，俨然一位精神抖擞的哨兵——我永远也不会忘记这情景。

枫林中曲径通幽，犹如通往天国黄金大街的小路。漫步而去，头顶上枝丫交错，橙黄、粉红、猩红、深褐、淡黄……色彩纷呈。林中徜徉，仿佛踱在一块鲜艳的地毯上，这是北京地毯也没有的鲜艳，是以帝王之富也难以买到的色泽。那些细藤、幼草，夏日里想必还是柔弱娇小的吧，现在却也不甘寂寞，争奇斗艳。

太美了！地球上再也没有能与这相媲美的了！然而我却怀疑，年复一年，美国人是否能欣赏这景观。不管怎样，美国秋林让我叹为观止。北极光不会让我吃惊，虽然这要在以后才能证实；维苏威火山也不会让我吃惊，即使有一天，天空随着加百利的喇叭吹出的曲调消失不见了，我也怀疑我是否还会吃惊。平生第一次散步美国秋林，我就被这产生于幽静之物的美深深打动了。我不相信世上还有别的什么，能给我以更深刻的美的启示。

我又一次陷入了对美的冥想之中。寻找世间万物的可爱之处，思考各个民族的天性是怎样以不同的美的方式自然流露出来的，这一直是我引以为乐的事情，也就是说，我的注意力不在那些旅游者趋之若鹜的名胜，因为在那些游览胜地很少能看到那个国家的普通人民。

我不是在卢浮宫，而是在一个老妇身上找到法国的。她身穿蓝布长裙，头戴白色纱巾，跪在叮咚作响的小溪旁捣衣。她是那样任劳任怨，那样贤惠。她突然抬起头冲我笑了，笑出了无处不在、无时不有的幽默和风情。一张爬满皱纹的脸上，那对永远年轻的眸子，光波流动，充满活力——我几乎看呆了。

人迹罕至的阿尔卑斯山脉，白雪皑皑，在蓝天的映衬下，显得格外雄伟壮丽，但它并没有真正体现出瑞士人民的特征。瑞士人民吃苦耐劳，平和沉稳。在那块面积不大的土地上，梨树要小心地靠墙栽上，葡萄藤要认真修剪，不让它疯长，结出的串串果实也要仔细地数来数去。那儿的一切小巧整齐，自有其独特的美。巍峨的少女峰，天长地久地耸立在那块不大的土地上，但我却怀疑，瑞士人一年到头能否对她看上两眼。

真奇怪！不知怎的，只有当我的思绪与养育我的祖国——中国联系在一起时，我才能这样有条不紊地思考各个民族的差异。

不知有多少外国人，刚走下从上海开来的火车，结束了他们到中国的首次旅行后，就对我说："……嗨，中国可不如日本美！"

我只是笑笑，不想马上回答，因为我知道中国之美。

日本给人的感觉是精美。这不仅在于它那可爱的瓷器、华丽文雅的和服和那些噼啪噼啪急速行走的迷人的孩童——这些尽人皆知；它的精美也不仅仅在于山坡上的小块梯田，不在于那些整洁但不坚固的房屋和那仙境般的小小的生活乐园——这些举目可见。

日本伟大的美存在于你和我，作为匆匆过客，在走马观花之间很难发现的地方。

正是这种美使一个劳累了一天的苦力，放下扁担，随便吃一些米饭加鱼，便到那手帕大的花园里忙碌起来。他们神情专注地干着，轻松愉快地干着，完全沉浸在为自己也为家庭创造美的欢欣之中了。全家人都围在他身边，钦佩地看着。日本人家家都有花园，如果命运不肯赐给一个穷人一平方英尺土地的话，他也会花上一部分钱，买上一块大大的地盘，几个小时辛苦而又欢愉的劳动之后，他便逐渐有了一个微型花园：假山、凉亭、一池清水。几片青苔，权做草坪；一些小草，且做树木；再把羊齿植物塞入石缝，便有了一片灌木丛。

也正是这种美，使得一个日本客栈主人，为了让客人舒心，每天都在房间里更换一件精致的摆设。今天，他从珍藏中挑出一幅水墨画，画面淡雅逼真，一只小鸟正立于芦苇之上。明天，你屋里又会有一个深蓝色的瓷瓶，瓶里插上一枝怒放的雪梨，放得恰到好处，让你禁不住要参悟佛道了。有时，出现在你房间里的会是一幅旧地毯，褪了色的毯面上，一对手提灯笼的人正在行进，看上去古怪而有趣。

最近，我听到许多议论日本的闲语。有些人甚至说日本人连普通人的品质也不具备。我不敢妄论，我要等到有人为我把无比的邪恶和对美的温柔的爱这两种品质融在一起时再发表意见。这种温柔的爱，在日本的穷人、富人身上几乎都能找到。人们穷毕生精力，自发地追求着美，不是出于对金钱的考虑，而是出于对美的渴求。倘若美即真是正确的，那么，难道这里面就没有一点真吗？

这种在日本比比皆是的优雅美，在中国当然并非随处可见。因此，我不能责备那些刚看了中国一眼就断言她丑陋的朋友们。无疑，生活的拮据让穷人们时刻都在想着如何填饱肚子，在普通百姓的生活中，美少得可怜。

有一天，我的园丁正在花园翻地，我问他："你愿不愿意要点这种花籽种在你房前？"

他不信任地看了我一眼，用力掘着地："穷人种花没有用，"他说，"那都是供有钱人玩赏的。"

"不错，但这并不要你花钱。你看，我可以给你几种花籽，如果你那片地不肥，你可以从这儿的肥堆上弄点肥料。我会给你时间让你侍弄它们的。种点花会让你心神愉快的。"

他俯身拾起一块石头扔了出去，"我要种点菜。"园丁的回答很干脆。

无疑，中国的穷人们干什么都讲求经济实惠。我也曾在内地某处住过一段时间。在那儿，我问一个农妇，如果哪一年收成好，有盈余的话，吃穿用是怎样安排的，是把余钱存起来呢还是花掉。

回想起过去的好年景，那农妇笑了，她兴奋地说："我们就多吃点！"

在一个土匪遍地的国家，他们没有把自己那点积蓄存入可信赖的钱庄，而是统统都吃进了肚里，因为那儿是最安全的地方，至少没有人能把它们抢走了！天知道他们的身体是否会因此好一点。

逛一下中国的城市，它们的丑陋会使你大吃一惊——到处拥挤不堪，又脏又乱。街道上臭气熏天，令人作呕。病病歪歪的乞丐，蓬头垢面，使出他们卑鄙的生财手段，可怜巴巴地哀求着，过着寄生虫的生活。几只癞皮狗在胆怯地溜来溜去。倘若你朝商店或居民家里扫一眼，你会发现一切都以实用为原则：桌子没有上油漆，凳子在打造时显然是没有考虑到要让人们坐上去感到舒服，箱子、床、乱七八糟的破旧玩意儿，还有原始的炊具——所有这些都挤在那一点点小的令人难以置信的空间里，让人心烦意乱，丝毫没有对美中所能体现出的精神财富的追求。

前几天，我站在江西的一个山顶上，放眼百里大好河山，极觉心旷神怡——阳光下，溪水波光激滟；长江悠悠，蜿蜒入海，恰似一条黄色大道。绿树成荫，村舍掩映。块块稻田，绿如碧玉，棋盘般整齐，似乎一切都那么宁静，一切都那么美丽。

然而我太了解我的祖国了。我知道，如果我走进那仙境之中，我会发现溪流已被污染，河边挤满了用席苇做仓顶的破旧不堪的小船，那里就是成千上万食不果腹的渔民的惟一栖息之地。绿树下面，房屋一个紧挨着一个，垃圾在阳光的曝晒下散发着阵阵臭气，苍蝇成群，到处可见的黄狗会冲我狂吠。那儿尽管有可享用的新鲜空气，但房子却小而无窗，里面暗如洞穴，孩子们脏得要命，头发乱蓬蓬的，鼻子就别提了，鼻涕总是流到嘴里！看不到一朵鲜花，看不到一处人为的美解除生活的单调沉闷，就连草房前那一块空地也被碾成了打谷场，坚硬的场地在阳光的照耀下泛着青光。贫穷？是的，但也往往是懒惰与无知的结果。

那么，中国究竟美在何处呢？反正它不在事物的表面。别着急，且听我慢慢道来。

这个古老的国家，几个世纪以来，一直缄默不言，无精打采，从不在乎其他的国家对它的看法，但正是在这儿，我发现了世上罕见的美。

中国并没有在那些名胜古迹中表现自己，即使在旅行者远东之行的目标——北京，我们看到的也不是名胜古迹：紫禁城、天坛、大清真寺……都是这个民族根据生活的需要逐步建立起来的。那是为他们自己建造的，根本不是为了吸引游客或是赚钱。的确，多少年来，这些名胜都是你千金难睹的。

中国人天生不知展览、广告为何物。在杭州无论你走进哪家大丝绸店，你都会发现，店里朴素大方，安静而昏暗。排排货架，整齐的货包，包上挂着排列匀称的价格标签。在国外，店主们常在陈列架上，挂着精心叠起的绸缎，用以吸引人们的目光，招徕顾客，但这儿却没有这些。你会看到一个店员走上前来，当你告诉他想买什么之后，他会从货架上给你拿下五六个货包。包装纸撕掉了，你面前突然出现一片夺目的光彩，龙袍就是用这料子做成的。看着闪闪发光、色泽鲜艳的织锦、丝绒、绸缎在你面前堆起，你会感到眼花缭乱，就像有一群脱茧而出的五彩缤纷的蝴蝶在你眼前飞舞一样。你选好了所要之物，这辉煌的景色也就重又隐入黑暗。

这就是中国！

她的美是那些体现了最崇高的思想，体现了历代贵族的艺术追求的古董、古迹，这些古老的东西，也和它们的主人一样，正慢慢走向衰落。

这堵临街的灰色高墙，气势森严，令人望而却步，但如果你有合适的钥匙，你或许可以迈进那雅致的庭院。院内，古老的方砖铺地，几百年的脚踏足踩，砖面已被磨损了许多。一株盘根错节的松树，一池金鱼，一只雕花石凳，凳上坐着一位鹤发长者，身着白色绸袍，宝相庄严，有如得道高僧。在他那苍白、干枯的手里，是一管磨得锃亮、顶端镶银的黑木烟袋。倘若你有交情的话，他便会站起身来，深鞠几躬，以无可挑剔的礼数陪你步入上房。二人坐在高大的雕花楠木椅子上，共品香茗，挂在墙上的丝绸卷轴古画会让你赞叹不已，空中那雕梁画栋，又诱你神游太虚。美，到处是美，古色古香，含蓄优雅。

我的思绪又将我带到了一座寺院。寺院的客厅虽然宽敞，却有点幽暗。客厅前有一片小小的空地，整日沐着阳光。空地上有一个用青砖垒起的花坛，漫长的岁月，几乎褪尽了砖的颜色。每至春和景明，花坛里硕大的淡红色嫩芽便破土而出。我五月间造访时，阳光明媚，牡丹盛开，色泽鲜艳，大红、粉红红成了一团火。花坛中央开着乳白色的花朵，淡黄色的花朵煞是好看。花坛造型精巧，客人只有从房间的暗处才能欣赏到那美妙之处。斯时斯地，夫复何求？夫复何思？

我知道有些家庭珍藏有古画，古铜器，还有年代已久的刺绣，这些东西出世时，还没人想到会有什么美洲的存在，它们的历史说不定真的和古埃及法老的宝藏一样古老呢！

变化中的中国发生了一些让人伤心的事情。一些无知的年轻人，或者为贫困所迫，或者是因为粗心大意，竟学会了拿这些文物去换钱。这些古玩实乃无价国宝，是审美价值极高的艺术珍品，是任何个人都不配私人占有，而只应由国家来收藏的。但他们目前还不能明白这一点！

外国对中国犯下了种种罪行，不容忽视的一点就是对中国美的掠夺。那些急不可耐的古玩搜集商，足迹遍及全球的冒险家，还有各大商行的老板，从中国美的宝库中掠夺了不知多少珍品。这委实是对一个无知的人的掠夺，因为他不知道自己认为可以卖到三十块银元的东西，根本就不该卖掉。

此外，中国年轻的一代中，有很多人的思想似乎尚未成熟，他们的表现让人感到惊愕。他们既然怀疑过去，抛弃传统，也就不可避免地抛弃旧中国那些无与伦比的艺术品，去抢购许多西方的粗陋的便宜货挂在自己的屋里。这个国家的许多特色是我们所热爱的，而现在中国的古典美谁来继承？盲目崇洋所带来的必然堕落怎样解决？难道说随着人们对传统的抛弃，我们也必须失掉庙宇的斗拱飞檐吗？

但我也时时感到欣慰：一定会有一些人继承所有那些酷爱美的先辈，以大师的热情去追求美并把它带到较为太平的年代。

前几天，我去了一个著名中国现代画家的画室。看着那一幅幅广告画，一幅幅俗套的健美女郎像和那用色拙劣的海上落日图，我的心直往下沉——一堆粗制滥造的油画！但是在画室的一个不显眼的角落，我发现了幅小小的水彩画。那是一条村巷，在夏日的黄昏的振宇中，弥漫着淡蓝色的雾，一些银灰色的斜线划过画面。从一座让人感到亲切的小屋的窗口，闪出微弱的烛光。一个孤零零的人手撑油伞踽踽独行，湿漉漉的石块上投下了他那摇晃的身影。

我转过身来，对画家说："这是最好的一幅。"他的脸顿时明朗起来。"你真这么看？我也是这样想的！这是我以前每天都看到的故乡街巷，但是，"画家叹息一声，"这是我为消遣而画的，这画不能卖掉。"

倘若一定要我找出中国之美的瑕疵来，我只能说它太隐逸，太高雅了，多数平民很少能享受，这美本来也是属于他们的，而那些公侯之家或宗教团体却将它据为己有，许多人无法获得审美知识，因而无法充分享受生活的乐趣。几百年来，那些极为贫困和没有文化的人们，只能默默地降生，又默默地死去，对那种妙不可言、令人倾倒的美漠然视之，无动于衷。追求美成了贵族社会、有闲阶级的特权，穷人们则认为那只是富人的消遣，与自己无缘。

普通中国人需要培养审美情趣，去发现他周围有待于挖掘的美。一旦他懂得了美的意义，一旦他认识到美根本不存在于那令人讨厌的、要价四角的石板画中，甚至也不完全存在于有钱人的那些无价之宝中，一旦他认识到美就存在于他们庭院之中，正等待他从粗心懒散造成的脏乱环境中去发掘时，一种崭新的精神将会在这片美丽的大地上传播开来。

虽然这儿的千百万在贫困中挣扎的人们，一直都在为一口饭而终日辛劳，但我知道，无论如何，人不能仅靠植物生活。我们最需要的是那些大家都能自由享用的美——澄塘霞影，婀娜的花卉，清新的空气，可爱的大自然。

前几天，我把我的这个想法对我的中国老师讲了，他随口讲了一句："仓廪实则知礼仪，衣食足则知荣辱。"我想是这样的。

然而，我相信我的园丁昨晚美餐了一顿。当时，他在草坪上快活地干活。我则坐在竹丛下沉思。突然，一片奇异的光彩把我从沉思中惊醒，我抬头一看，西天烧起了绚丽的晚霞，令我心驰神往。

"噢，看那！"我喊道。

"在哪儿？在哪儿？"园丁紧紧抓住锄把叫道。

"在那儿。看那颜色有多美！"

"哦，哪呀！"园丁却不胜厌恶地说，弯下腰去借着修整草坪。"你那样大声喊叫，我还以为有蜈蚣爬到你身上了呢！"

说实在的，我并不认为爱美要以填饱肚子为前提，再多的美食家也只是美食家。此外，如果我的中国老师所说的那句话绝对正确，那我该怎样解释下列情况呢？那又老又聋的王妈妈，可怜的寡妇中更可怜的一个，整日里靠辛辛苦苦为人缝衣换碗饭吃，然而，她桌上那个有缺口的瓶子里，整个夏天都插有她不知从哪儿弄来的鲜花。当我硬是送她一个碧绿的小花瓶时，她竟高兴地流出了眼泪。还有那个小小的烟草店。那位掉光了牙齿的老店主，整天都在快乐地侍弄他的陶盆里一株不知其名的花草。我院外的那位农夫，让一片蜀葵在房子四周任其自然地长着。还有那些街头"小野孩儿"，也常常害羞地把脸贴在我的门上，向我讨一束花儿。不，我认为每个儿童的心田里，都能播下爱美的种子。尽管困苦的生活有时会将它扼杀，但它却是永生不灭的，有时它会在那些沉思冥想的人的心田里茁壮成长，对这些人来说，即使住进皇宫与黄帝共进晚餐也远非人生之最大乐趣。他们知道自己将永远不会满足，除非他们以某种方式找到了美，找到人生之最高境界。

导读

赛珍珠在她的《中国之美》散文中说："中国究竟美在何处呢？反正它不在事物的表面。""中国人天生不知展览。"赛珍珠用了一个非常灵动而具启示性的例子："在杭州无论你走进哪家大丝绸店，你都会发现，店里朴素大方，安静而昏暗。排排货架，整齐的货包，包上挂着排列匀称的价格标签。……你会看到一个店员走上前来，当你告诉他想买什么之后，他会从货架上给你拿下五六个货包。包装纸撕掉了，你面前突然出现一片夺目的光彩，龙袍就是用这料子做成的。看着闪闪发光、色泽鲜艳的织锦、丝绒、绸缎在你面前堆起，你会感到眼花缭乱，就像有一群脱茧而出的五彩缤纷的蝴蝶在你眼前飞舞一样。你选好了所要之物，这辉煌的景色也就重又隐入了黑暗。这就是中国！"

赛珍珠还在文中提到："我的思绪又将我带到了一座寺院。寺院的客厅虽然宽敞，却有点幽暗。客厅前有一片小小的空地，整日沐浴着阳光。空地上有一个青砖垒起的花坛，漫长的岁月，几乎褪尽了砖的颜色。每至春和景明，花坛里硕大的淡红色嫩芽便破土而出。我五月间造访时，阳光明媚，牡丹盛开，色泽鲜艳，大红、粉红红成了一团火。花坛中央开着乳白色的花朵，淡黄色的花蕊煞是好看。花坛造型精巧，客人只有从房间的暗处才能欣赏到那美妙之处。斯时斯地，夫复何言？夫复何思？"

赛珍珠非常钟情于中国文化的古典美。中国文化，近代约200年的落后，难掩5000年文明的绚烂之美。那时隐时现的文明碎片般的遗珠异彩，透出中国文化骨子里精华逸现的高贵气质。

赛珍珠不无感慨地说:"倘若一定要我找出中国之美的瑕疵来,我只能说它太隐逸,太高雅了。"

中国人如何让一般国民在言行举止上,也都成为美的传承使者呢?赛珍珠曾带着深深的迷惑,请教过她的中国古文老师孔先生,孔先生随口讲了一句中国名言:"仓廪实则知礼仪,衣食足则知荣辱。"当时,赛珍珠吟味良久。而这句话,对今天的中国人也会有所启发吧。

赛珍珠生活的20世纪30年代前后的中国场景,和今天的现实已经大相径庭,迥然不同。但是,珍视发扬中国5000年文化精华,深深地了解中国文化之美,并且以国际的眼光、普世的价值观,来挖掘、发扬、提高中国文化之美,这不仅仅是今天的中国人应具使命感和应做的事情,实际上,也是世界文化遗产应该得到发扬光大,让全人类共享中国文化之美的大事情。

世界的奇异和悖论常常是时空倒错的。新的东西不一定美。新的东西可能是旧东西中最腐朽、躯身一摇穿上新装的妖魔之物,而旧东西中的精华,则如那被包裹着隐入黑暗中的织锦、丝绒、绸缎之物,不显不露但却超越时空,风华绝代。

赛珍珠在《中国之美》散文中,结合自己在中国生活的亲身感受,还写了许多精到的,关于中国之美的生动细节和例子,读来令人油然动情,真是开卷有益,引人思量。赛珍珠还能够写一手漂亮的毛笔字。在她美国的工作室里,曾挂着一幅演员王莹赠送的书法作品——宋代周敦颐的名篇《爱莲说》。她还把中国四大名著之一《水浒传》译成英文在西方世界广为介绍,并起了一个很有意思的书名——四海之内皆兄弟。

借她人之眼,看中国之美。这可能是另一种更为剀切的真实。作为中国人,看一看这位诺贝尔文学奖得奖者,怀着像家人一样的情愫,如数家珍,和你娓娓道来的《中国之美》,确实让我们从另外一个角度,生发幽思而回味无穷。

 **相关链接**

赛珍珠从小接触的中国文学,尤其是中国小说,使她看到了不同于西方传统的中国式写作,获得了对中国小说的完整概念和印象,从而了解了中国早期小说的特殊的局限性并领略了其独特的艺术魅力。她发现,中国小说是在中国自己的文化土壤上成长和发展起来的,内容和艺术特征不可避免地受到中国历史上种种文化因素和文化传统的制约。同时她也意识到一个严重的问题:几乎没有一个西方作家从中国文化视角出发去认识中国小说,他们作品中所涉及的中国人无疑是缺乏真实形象的"空中楼阁"。无论是"圣贤"还是"魔鬼"都不是真实的中国人。因此,赛珍珠要用手中的笔让世界了解真正的中国文化,了解真实的中国人民。只有这样,她所倡导的彼此接受、彼此包容、互相融合的相对主义文化理念才能实现。

赛珍珠的文学创作明显地分为不同的阶段。诺贝尔奖给了她荣耀,但同时也说她是一位几乎只以中国为写作题材的作家。在后来的文学事业中,赛珍珠曾试图摆脱这种写作的狭隘性。她的第一部小说《东风·西风》(1930年)实际上包括两个有相互关系的短篇小说,这部作品为她的初期写作奠定了基础。从1930年到她1938年获诺贝尔奖,这期间的小说和传记有些与中国的传统有关,有些则与西方思想对中国文化的影响有关。

在赛珍珠之前,出现在西方作家笔下的中国和中国人从来都是"他世界"的化身。赛珍珠开启了西方作家创作中国和中国人的新纪元。她的第一部小说《东风·西风》,又名《一个中国女子的述说》。从题目中我们已经看到了:赛珍珠要为无声的中国说话,赛珍珠要让无声的中国说话。她采取第一人称的叙事手法,并且叙事者是一个中国女子,从一个中国女人的视角看世界,看西方,这必然要颠覆以往的模式。

在赛珍珠的作品中,主角几乎都是中国人,而西方人多是以传教士身份来中国的配角。这无疑颠覆了以往西方白人是作品的主宰而黄皮肤的华人是"他者"的传统写作。在中国这样一个泱泱大国中,赛珍珠把她的目光牢牢放在了占中国人大多数的农民身上。在赛珍珠之前还没有哪个西方作家关注过中国农民,就是中国自己的作家对于农民投去的目光也十分吝啬。不仅如此,作为一个女性作家,赛珍珠的脉搏始终与中国妇女一同跳动。她作品中中国妇女形象真实、生动而且全面,上至慈禧太后,下至普通村妇都成为赛珍珠笔下生动的中国形象。

思考练习题

1. 在这篇文章中,作者对"美"有哪些思考?
2. 课外阅读《大地》。

我的世界观

爱因斯坦

阿尔伯特·爱因斯坦(Albert Einstein,1879—1955),物理学家,生于德国,1900年毕业于苏黎世工业大学并入瑞士籍,1905年获苏黎世工业大学哲学博士学位,曾在伯乐尼专利局任职,曾任苏黎世大学、布拉格德意志大学及苏黎世工业大学教授,并当选为普鲁士科学院院士,1913年返回德国,任柏林威廉皇帝物理研究所所长和柏林大学教授,并当选为普鲁士科学院院士,1933年因受纳粹政权迫害而迁居美国,任普林斯顿高级研究所教授,从事理论物理研究,1940年入美国籍。

爱因斯坦在物理学多个领域均有重大贡献,其中最重要的是建立了狭义相对论(1905年),并在这基础上推广为广义相对论(1916年)。他还提出光的量子概念,并用量子理论解释了光电效应、辐射过程和固体的比热。他在阐明布朗运动及发展量子统计法方面都有成就。他后期致力于相对论"统一场论"的建立，企图把电磁场和引力场统一起来。爱因斯坦对宇宙学说也有贡献。相对论的观念和方法对理论物理学的发展有极为深远的影响。他因理论物理学方面的贡献，特别是发现光电效应定律，获得1912年诺贝尔物理学奖。他著有《论动体的电动力学》《关于辐射的量理论》《广义相对论的基础》《根据广义相对论对宇宙学所作的考察》《相对论的数学理论》《空间、时间和引力》《物理学的哲学》等。

  我们这些总有一死的人的命运多么奇特！我们每个人在这个世界上都只作一个短暂的逗留，目的何在，却无从知道，尽管有时自以为对此若有所感。但是，不必深思，只要从日常生活就可以明白：人是为别人而生存的——首先是为那样一些人，我们的幸福全部依赖于他们的喜悦和健康；其次是为许多我们所不认识的人，他们的命运通过同情的纽带同我们密切结合在一起。我每天上百次地提醒自己：我的精神生活和物质生活都是以别人（包括生者和死者）的劳动为基础的，我必须尽力以同样的分量来报偿我所领受了的和至今还在领受着的东西。我强烈地向往着俭朴的生活，并且时常发觉自己占用了同胞的过多劳动而难以忍受。我认为阶级的区分是不合理的，它最后所凭借的是以暴力为根据。我也相信，简单淳朴的生活，无论在身体上还是在精神上，对每个人都是有益的。

  我完全不相信人类会有那种在哲学意义上的自由。每一个人的行为不仅受着外界的强制，而且要适应内在的必然。叔本华说："人虽然能够做他所想做的，但不能要他所想要的。"这句格言从我青年时代起就给了我真正的启示，在我自己和别人的生活面临困难的时候，它总是使我们得到安慰，并且是宽容的持续不断的源泉。这种体会可以宽大为怀地减轻那种容易使人气馁的责任感，也可以防止我们过于严肃地对待自己和别人，它导致一种特别给幽默以应有地位的人生观。

  要追究一个人自己或一切生物生存的意义或目的，从客观的观点看来，我总觉得是愚蠢可笑的。可是每个人都有一些理想，这些理想决定着他努力和判断的方向。就在这个意义上，我从来不把安逸和享乐看作生活目的本身——我把这种伦理基础叫做猪栏的理想。照亮我的道路的，是善、美和真。要是没有志同道合者之间的亲切感情，要不是全神贯注于客观世界——那个在艺术和科学工作领域里永远达不到的对象，那么在我看来，生活就会是空虚的。我总觉得，人们所努力追求的庸俗目标——财产、虚荣、奢侈的生活——都是可鄙的。

  我有强烈的社会正义感和社会责任感，但我又明显地缺乏与别人和社会直接接触的要求，这两者总是形成古怪的对照。我实在是一个"孤独的旅客"，我未曾全心全意地属于我的国家、我的家庭、我的朋友，甚至我最为接近的亲人。在所有的这些关系面前，我总是感觉到一定距离而且需要保持孤独，而这种感受正与年俱增。人们会清楚地发觉，同别人的相互了解和协调一致是有限度的，但这不值得惋惜。无疑，这样的人在某种程度上会失去他的天真无邪和无忧无虑的心境，但另一方面，他却能够在很大程度上不为别人的意见、习惯和判断所左右,并且能够避免那种把他的内心平衡建立在这样一些不可靠的基础之上的诱惑。

我的政治理想是民主政体。让每一个人都作为个人而受到尊重,而不让任何人成为被崇拜的偶像。我自己一直受到同代人的过分的赞扬和尊敬,这不是由于我自己的过错,也不是由于我自己的功劳,而实在是一种命运的嘲弄。其原因大概在于人们有一种愿望,想理解我以自己微薄的绵力,通过不断的斗争所获得的少数几个观念,而这种愿望有很多人却未能实现。我完全明白,一个组织要实现它的目的,就必须有一个人去思考,去指挥,并且全面担负起责任来,但是被领导的人不应当受到强迫,他们必须能够选择自己的领袖。在我看来,强迫的专制制度很快就会腐化堕落。因为暴力所招引来的总是一些品德低劣的人,而且我相信,天才的暴君总是由无赖来继承的,这是一条千古不易的规律。就是由于这个缘故,我总强烈地反对今天在意大利和俄国所见到的那种制度。像欧洲今天所存在的情况,已使得民主形式受到怀疑,这不能归咎于民主原则本身,而是由于政府的不稳定和选举制度中与个人无关的特征。我相信美国在这方面已经找到了正确的道路。他们选出了一个任期足够长的总统,他有充分的权力来真正履行他的职责。另一方面,在德国政治制度中,为我所看重的是它为救济患病或贫困的人作出了可贵的广泛的规定。在人生的丰富多彩的表演中,我觉得真正可贵的,不是政治上的国家,而是有创造性的、有感情的个人,是人格。只有个人才能创造出高尚的和卓越的东西,而群众本身在思想上总是迟钝的,在感觉上也总是迟钝的。

讲到这里,我想起了群众生活中最坏的一种表现,那就是使我厌恶的军事制度。一个人能够洋洋得意地随着军乐队在四列纵队里行进,单凭这一点就足以使我对他鄙夷不屑。他所以长了一个大脑,只是出于误会,光是骨髓就可满足他的全部需要了。文明国家的这种罪恶的渊薮,应当尽快加以消灭。任人支配的英雄主义、冷酷无情的暴行,以及在爱国主义名义下的一切可恶的胡闹,所有这些都使我深恶痛绝!在我看来,战争是多么卑鄙、下流!我宁愿被千刀万剐,也不愿参与这种可憎的勾当。尽管如此,我对人类的评价还是十分高的,我相信,要是人民的健康感情没有遭到那些通过学校和报纸而起作用的商业利益和政治利益的蓄意败坏,那么战争这个妖魔早就该绝迹了。

我们所能有的最美好的经验是奥秘的经验。它是坚守在真正艺术和真正科学发源地上的基本感情。谁要体验不到它,谁要是不再有好奇心,也不再有惊讶的感觉,谁就无异于行尸走肉,他的眼睛便是模糊不清的。就是这样奥秘的经验——虽然掺杂着恐惧——产生了宗教。我们认识到有某种为我们所不能洞察的东西存在,感觉到那种只能以其最原始的形式接近我们的心灵的最深奥的理性和最灿烂的美——正是这种认识和这种情感构成了真正的宗教感情。在这个意义上,而且也只是在这个意义上,我才是一个具有深挚的宗教感情的人。我无法想象存在这样一个上帝,它会对自己的创造物加以赏罚,会具有我们在自己身上所体验到的那种意志。我不能也不愿去想象一个人在肉体死亡以后还会继续活着,让那些脆弱的灵魂,由于恐惧或者由于可笑的唯我论,去拿这种思想当宝贝吧!我自己只求满足于生命永恒的奥秘,满足于觉察现存世界的神奇结构,窥见它的一鳞半爪，并且以诚挚的努力去领悟在自然界中显示出来的那个理性的一部分，倘若真能如此，即使只领悟其极小的一部分，我也就心满意足了。

导读

此文最初发表在 1930 年出版的《论坛和世纪》（Forum and Century）84 卷 193-194 页，当时使用的标题是"我的信仰"（What I Believe），这是爱因斯坦在 1921 年诺贝尔奖颁奖典礼上的演说辞。

文中，读者可以了解到一生致力于物质和能源、光速和时间等理论物理研究的科学家向人们展示的实践性智慧。他的文笔朴素，但很执着。其所讨论的是人存在的意义，其所赞美的对象是自由与民主。

在学习本文之前，可以找到哲学家奥尔特加·加塞特在《大众的叛逆》中所提出的问题：为什么致力于研究"小小专业领域"的科学家谈论社会伦理问题？赋予他这种权威是否妥当？

虽然爱因斯坦并没有对他的问题做出直接回答，但他是这样说的："在感到保持沉默就像是共犯时，我一直提出自己小小的意见。"他在书中经常提到"智慧及伦理性作业"也意味着他从世界伦理性认识到一个科学家的职责所在。

他的世界观通过个人面向国际政治和人类各个领域："人生的目标是什么？在他人身上索取更多东西并不是能力所在。只有奉献，才能决定人类的价值。我的生活来自于其他人的辛劳，所以应把这一切奉献给他人，这应该成为生活的目标。"

他所说的"他人"之中，排他性共同体和集体无立足之地，所拥有的就是个人和整体，即人类共同体。"只有个人才能私有，只有个人才拥有灵魂"。从这句话中可以想象到说出"圣灵始终降临在某一个人身上"。

另外，学习本文，可以关联阅读罗素的著名的自传——《我为何而生》前言。

相关链接

爱因斯坦三张小板凳的故事

小时候的爱因斯坦并不聪明，甚至经常受到老师的斥责。有一次，上手工课，爱因斯坦交给老师一张小板凳，说实话，板凳做得太糟了，歪歪扭扭的，难看极了。老师毫不留情地举着板凳对班里的同学说："在这个世界上保证再也找不到比这更糟糕的小板凳了。"同学们七嘴八舌地议论着，都认为这板凳实在是太差了。这时，爱因斯坦举手发言，他不慌不忙地说："有的，老师。"说着，他从课桌底下又拿出来两张小板凳，果然比刚才的那张还糟糕，老师很惊奇。爱因斯坦说："这是我做的第一张和第二张小板凳，老师手上拿的是我做的第三张，它已经比这两张好看多了。"看着爱因斯坦一本正经的样子，老师感动了，立刻改变了口气说："爱因斯坦的这张板凳虽然不是很精致，但他已经尽力了,并且认真地做了三次,一次比一次好,他是一个有恒心、有毅力的孩子。"

有一次,一个美国记者问爱因斯坦关于他成功的秘诀。他回答:"早在 1901 年,我还是二十二岁的青年时,我已经发现了成功的公式。我可以把这公式的秘密告诉你,那就是 A=X+Y+Z! A 就是成功,X 就是努力工作,Y 是懂得休息,Z 是少说废话!这公式对我有用,我想对许多人也是一样有用。"

 思考练习题

1. 课外找爱因斯坦的《相对论》读一读。
2. 你认为爱因斯坦能取得举世瞩目的成就的最大原因何在?
3. 说自然科学家关心政治,也追求真善美作为自己的理想,这对科学研究有无副作用?是否浪费时间和精力?
4. 写篇同题作文《我的世界观》。

第三单元　世情百态

小说的特点与欣赏

　　小说是以刻画人物为中心，通过完整的故事情节和具体的环境描写反映社会生活的一种文学体裁。由于内容生动、雅俗共赏，为大多数读者喜闻乐见，可以说是现代最流行、最大众化的一种文学样式。

　　小说以叙述故事为主，与其他文学体裁相比，容量大，更便于广泛、多面、细致、完整地表现人生，展示社会生活画面。就时间而言，小说可以细致入微地描绘瞬间发生的事情，也可以反映相当长的一段历史过程；就空间而言，小说不仅可以表现在生活中各式各样的场景，也可以展示形形色色的内心世界乃至幻想的天地。小说既可以像诗一般抒情，也可以像戏剧大跨度地表现生活事件的突变，突显矛盾冲突，制造扣人心弦的戏剧效果，还可采用散文式的笔法将故事娓娓道来。由此可见，小说是可以兼备文学众体之长的一种文体。

　　小说的分类标准和方法是多种多样的。就篇幅容量划分，有长篇小说、中篇小说、短篇小说、微型小说；就题材的时间划分，有历史小说和现代小说；就题材的内容划分，有爱情小说、武侠小说、公案小说、军事小说、科幻小说、神魔小说、乡土小说等；就创作的体式划分，有日记体小说、书信体小说、章回体小说、自传体小说等；就表现的重点划分，有情节小说、性格小说、心理小说等；就语言形式划分，有文言小说、白话小说、诗体小说等。

　　小说的审美特征集中体现在生动的人物形象、完整的故事情节和具体的环境描写，其也称小说"三要素"。

　　第一，深入细致、全方位的人物刻画。

　　人物是小说的灵魂。小说的核心是创造个性化、有血有肉的人物形象。高尔基称文学为"人学"，人物不仅是社会生活的核心，是事件、情节发生发展的动因，而且在某些典型人物身上，在其生动鲜明的性格中往往包含着普遍社会意义的共性，能够揭示社会生活中某种本质和规律，体现出特殊的审美价值和认识价值。小说塑造人物，可以以某一真人为模特儿，综合其他人的一些事迹，鲁迅先生曾说："人物的模特儿，没有专用过一个人，往往嘴在浙江，脸在北京，衣服在山西，是一个拼凑起来的角色。"任何一部优秀的小说，总有使人难忘的典型人物。人们可以通过这些艺术典型的镜子，看到、理解许多人的面目。例如鲁迅先生笔下的阿Q，其矛盾复杂的性格所呈现的"精神胜利法"，深刻揭示出我国半封建半殖民地统治所造成的病态的灵魂。人物描写的核心是思想性格。人物描写的角度有正面描写和侧面描写。正面描写包括外貌、语言、动作、神态、心理等，侧面描写通常以其他人或事物来反映该人物，又叫侧面烘托。中外文学史上那些优秀的小说作品，最能打动人心的往往是其中塑造得栩栩如生、个性鲜明的人物形象。

第二，丰富、完整的情节描述。

中国小说的产生最初带有消遣娱乐的性质，所谓稗官野史、街谈巷议，都可作为茶余饭后的话题。故而小说从早期就重视故事情节，并以此吸引读者。小说情节是按照因果逻辑组织起来的一系列事件，是展示人物性格、表达主题的重要手段，也是人物成长的历史。故事情节来源于生活，它是现实生活的提炼，它比现实生活更集中，更具有代表性。故事情节的结构一般分为开端、发展、高潮、结局四个部分，有时还有序幕和尾声。在作品中，情节的安排决定于作者的艺术构思，并不一定按照现实生活中的事件发生、发展的自然顺序，有时可以省略某一部分，有时也可颠倒或交错。其他叙事文学虽然也有情节因素，但小说更强调情节的完整性、复杂性、曲折性，这也是吸引、感染读者的重要因素之一。

第三，具体、真切的环境描写。

环境是人物生活的场所、行动的条件、性格形成发展的客观依据，任何人都不能脱离社会而存在，任何事都不可能是一个与周围事物无联系的孤立事件。人物的典型性、情节的合理性，都只能放置到一定的环境中才能确立。具体细致的环境描写可以渲染氛围，烘托人物性格，让人产生身临其境的真实感受。如《风波》开篇关于江南水乡场景的描写，平静祥和的农家乐背后正酝酿着一场风波，而另一方面，江南水乡的封闭落后、停滞不前，正是辛亥革命后中国广大农村现实的写照，由此也说明了七斤等人愚昧不觉悟的社会原因。小说中的环境描写包括故事发生的自然环境和社会环境，后者包括特定的历史时代的民风民俗、地域文化和人际关系。如沈从文先生的《边城》，既充分展现了湘西那秀美神奇的自然山水，又描写了清纯朴实而带有某种原始野性的社会风貌。

一般人认为小说阅读的门槛较低，其实如果只带着看热闹、读故事或猎奇的心态是不可能真正进入小说的艺术世界的。只有把握小说的基本特点，掌握正确的阅读方法，广泛阅读优秀的作品，才能逐步提高欣赏能力。

1. 掌握手法，分析人物

人物是小说的生命，没有人物则不能称其为小说。读一部小说，很多年后情节可能会逐渐淡忘，但自己喜欢的某一人物会深深地留于脑海深处。这就是小说的魅力。

人物形象鉴赏是小说阅读的重要环节。文学塑造人物不外概括性表现与戏剧性表现两种类型。概括性表现就是作者站在叙述者的角度对人物的思想倾向与性格特征进行直接评论，甚至明确地解释人物动机；戏剧性表现就是通过人物自身的行为过程暗示，犹如戏剧演出一样让观众在人物自身动作的展示中获得某种启示。因而作者对人物的介绍与评价这种概括性的叙述会成为我们把握人物最为直接的依据。所以在阅读小说时我们首先一定要关注作品中相关的关键词和句子，以此作为品鉴人物的第一步。然后就是所谓的戏剧性表现，小说是通过人物描写展示其思想感情和性格特点的，如肖像描写、语言描写、行动描写、神情描写、心理活动描写、细节描写等。这些文字对于理解人物很关键，但需要读者自己咀嚼分析和概括，另外还需注意小说人物形象的典型性。"典型"指艺术人物的概括性、普遍性，这往往容易引发读者的共鸣，甚至能让读者从其身上看到自己的影子。好的人物形象绝不是孤立的存在，他能够体现实际生活中某一类人的共同特征，反映出社会的某些本质和时代精神。如《风波》中七斤便是辛亥革命后中国广大农村无数愚昧麻木农民的代表，鲁迅通过这一形象揭示出当时中国社会的停滞落后和辛亥革命的不彻底性，其有着较强的典型意义。但对于这些典型形象，我们同样也不能忽视其个体所具有的鲜明、独特、丰满的个性。成功的艺术形象是个性与共性的高度完美的统一。

2. 理清线索，把握情节

小说故事情节的结构分为开端、发展、高潮、结局四个部分。一般而言，故事从发生到结局，前后是有着某种内在联系的，这种内在联系也就是整个作品的情节线索。只要找到这条贯穿整个作品的线索，情节的来龙去脉也就容易把握了。这当是我们鉴赏情节的首要任务。不过小说情节线索并不是一般文章中的时间线索和空间线索，而是指作品里的基本矛盾冲突所构成的情节发展线索。小说情节往往呈现出复杂性、完整性、丰富性，能够充分地展示人物之间、人物与环境之间的矛盾冲突和复杂关系，可多方面展示人物性格。例如鲁迅的《风波》，赵七爷和七斤等人的矛盾冲突，就是构成情节的主要线索。由于作品篇幅长短以及内容的特点，小说情节线索还有主线、副线和明线、暗线之分。鉴赏小说如能看出情节线索，把握来龙去脉，将有助于我们在分析作品时统观全局，全面把握作者意图。

传统小说偏重于追求曲折生动的情节，大多有着相对完整的故事情节的交待。而现代小说则更多变化，有的打破故事发展的顺序结构，有的变换故事叙述的角度，有的甚至为突出人物的感觉印象、情绪变化和潜意识状态等而有意淡化情节。如海明威的《老人与海》，情节链可以概括为主人公桑地亚哥"84天捕鱼一无所获——第85天捕到大马林鱼——返航途中被鲨鱼群吞噬——空手而归"四个环节，表现出人物一次次向自然命运顽强地挑战，物质层面的失败恰恰成为表现主人公英雄主义精神的对应物。也就是说，小说虽然是叙事文学，但讲故事的方式是丰富多变的，从对情节的安排处理上往往可看出小说家独具匠心的巧妙构思。因此，欣赏小说不能仅仅沉迷于情节，而且要善于领会小说家处理情节的匠心之处，体会作者意图。

3. 鉴赏环境，概括作用

环境描写是小说的要素之一。所谓典型环境中的典型人物。小说中环境描写对于人物形象塑造的作用是不言而喻的。小说中的人物都是在一定社会历史背景下活动的。鉴赏人物如果离开人物活动的社会历史背景，就不可能正确地理解人物，更不可能理解人物的社会意义。好的环境描写能够使读者了解人物所处的时代背景、社会状态、风俗时尚等方面的特征，揭示影响人物性格形成的特定社会生活的本质内容。除了社会环境描写之外，还有关于人物活动的具体场所、自然环境等描写。小说的环境描写起着渲染气氛，揭示主题和推动故事情节发展的作用。在更多的情况下，环境描写可能主要是为展示人物的行动和命运以及刻画人物的性格创造必要的条件，提供生动的衬景，但同时也是以间接的形式表现主题。在《红楼梦》中，作者写蘅芜院的环境："阴森透骨"，屋外长着"愈冷愈苍翠"的"奇草仙藤"，屋内"一色玩器全无"，像"雪洞一般"。这样的环境正好衬托出带着金锁而高唱"妇德法"的薛宝钗阴冷无情、装愚守拙的性格特征。这一性格特征的揭示，不仅透露出作者对薛宝钗其人的思想倾向，同时也可看出封建礼教虚伪性的一面，而这正是作品主题的内容之一。

《世说新语》五则

《世说新语》是南朝宋临川王刘义庆编撰的一部志人小说，堪称魏晋南北朝小说的代表。作品按内容分类记事，共分为德行、言语、雅量、简傲、俭啬等三十六门，主要记载魏晋名士的逸闻轶事和玄虚清谈，反映从汉末至东晋文人的思想言行和上层社会的生活面貌，鲁迅先生称之为"一部名士底（的）教科书"。书中记或一人、或一事、或一言、或一行，多则二三百字，少则十几字，语言简约含蓄，而人物性格、音容笑貌跃然纸上。《世说新语》奠定了中国古代小说的基础，其人物事迹、文学典故也多为后世作者所取材引用，对后世笔记小说产生了巨大影响。

一

桓公[1]北征，经金城[2]，见前为琅邪[3]时种柳，皆已十围，慨然曰："木犹如此，人何以堪！"攀枝执条，泫然[4]流泪。（《世说新语·言语》第二则）

 注释

[1] 桓公：即桓温，东晋大将，曾多次北伐，战功累累，并欲代晋自立，因病卒而未果。
[2] 金城：古城名，三国吴筑，今江苏句容。
[3] 琅邪：郡名，东晋时侨置，治金城，南朝宋改南琅邪郡。
[4] 泫（xuàn）然：落泪的样子。

二

郗太傅在京口[1]，遣门生与王丞相[2]书，求女婿。丞相语郗信："君往东厢，任意选之。"门生归，白郗曰："王家诸郎，亦皆可嘉，闻来觅婿，咸自矜持。唯有一郎在东床上坦腹卧，如不闻。"郗公云："正此好！"访之，乃逸少[3]，因嫁女与焉。（《世说新语·雅量》第六则）

**注释**

[1] 郗（xī）太傅：即郗鉴，东晋时掌管军政大权的要官。京口：今江苏镇江。
[2] 王丞相：即王导，琅琊王氏家族的领袖，东晋政权的奠基者之一。王羲之乃其侄子。
[3] 逸少：王羲之的字。王羲之官至右军将军，工书法，后世尊其为"书圣"。

三

钟士季[1]精有才理，先不识嵇康。钟要[2]于时贤俊之士，俱往寻康。康方大树下锻[3]，向子期为佐鼓排[4]。康扬槌不辍，旁若无人，移时不交一言。钟起去，康曰："何所闻而来？何所见而见？"钟曰："闻所闻而来，见所见而去。"（《世说新语·简傲》第二十四则）

**注释**

[1] 钟士季：即钟会，曹魏时重要谋臣。
[2] 要：同"邀"。
[3] 锻：炼铁。
[4] 向子期：魏晋之际哲学家、文学家，"竹林七贤"之一。佐鼓排：鼓风箱帮助炼铁。

四

管宁、华歆共园中锄菜[1]，见地有片金，管挥锄与瓦石不异，华捉而掷去之。又尝同席读书，有乘轩冕[2]过门者，宁读如故，歆废书出看。宁割席分坐曰："子非吾友也。"（《世说新语·德行》第十一则）

**注释**

[1] 管宁：字幼安，汉末魏时人，不仕而终。华歆（xīn）：汉末魏初时名士，曹魏重臣。
[2] 轩冕：此单指车子。

五

王蓝田[1]性急。尝食鸡子，以箸刺之不得，便大怒，举以掷地。鸡子于地圆转未止，仍下地以屐齿蹍之。又不得，瞋甚，复于地取内口中，啮破即吐之。王右军闻而大笑曰："使安期[2]有此性，犹当无一豪可论，况蓝田耶？"（《世说新语·忿狷》第二则）

**注释**

[1] 王蓝田：即王述，西晋太原人，袭封蓝田侯。
[2] 安期：王述父王承的字。王承曾任东海内史、从事中郎。

 **导读**

魏晋风度是中国历史上很独特的文化现象,《世说新语》则通过记录其言行集中展现了魏晋士人的这种思想趣味和精神风貌。魏晋风度(魏晋风流)产生于汉末至魏晋时期玄学大兴、个性解放的年代,这个时代是"精神史上极自由、极解放、最富有智慧、最浓于热情的一个时代","因此也就是最富有艺术精神的一个时代"(宗白华)。东汉时期品评人物道德才干的风气转变并扩大到品评人物的性情、风度、神采、行为等方面,以人性为对象的审美活动异常活跃。课文从中选取了五则精彩的篇章,从文字间可看到魏晋时代的审美情趣和精神:放诞不羁、轻视外物、淡泊名利、语带玄机……

《世说新语》属古代文言小说系统,魏晋南北朝时称之为笔记体小说。此类作品采用文言文,篇幅短小,记叙了社会上流传人物的逸闻轶事或只言片语,但缺少艺术的虚构。《世说新语》代表了中国小说发展的雏形,但是艺术上已具备较高的艺术成就,鲁迅先生将其概括为"记言则玄远冷隽,记行则高简瑰奇"。它以记人见长,书中各类人物多达 1500 多个,魏晋两朝的主要人物,无论帝王、将相,或者隐士、僧侣都包括其中。它描写了人物的形貌、才学或心理,通过独特的言谈举止表现了人物独有的个性特点。《世说新语》的语言简约含蓄、隽永传神,透出种种机智和冷幽默。现代大家耳熟能详的一些成语典故皆出自此书,例如:望梅止渴、难兄难弟、拾人牙慧、身无长物、一往情深、卿卿我我等。

 **思考练习题**

1. 收集《世说新语》中所有描写嵇康的文字,谈谈人物嵇康的性格。
2. 熟读课文所选的五则人物故事,并点评人物。
3. 谈谈你所理解的魏晋风度。

红楼梦(节选)

曹雪芹(约 1715 年—约 1763 年),清代小说家,名霑,字梦阮,号雪芹,又号芹溪、芹圃。先祖原是汉人,明末入满洲籍,后其祖随清兵入关因建立战功,得到宠幸,成为显赫一时的世家。从曾祖父起到其父辈三代四人 60 年荣任江宁织造,受尽皇恩。后雍正继位,曹家因卷入朝廷内部政治斗争被查抄,曹父被革职。曹雪芹随家人从南京织造府迁回北京,此后家道中落。成年后的曹雪芹一生未参加科考,曾在一所皇族学堂里当过掌管文墨的杂差,生活境遇潦倒。其晚年移居北京西郊,过着"举家食粥常赊酒"极端贫困的生活,未及五十便贫病而逝,留下一部未完成的《红楼梦》。

《红楼梦》最初以 80 回的抄本形式在社会上流传,本名《石头记》。这些传抄本

> 大都有脂砚斋、畸笏叟等人的评语，习惯上称之为"脂本"。现代流行的是印刷版120回的《红楼梦》，后40回由高鄂补写完成。《红楼梦》是一部伟大的现实主义文学巨著，标志着中国古代小说创作的高峰。它以主人公贾宝玉为中心，以贾府的家庭琐事、闺阁闲情为脉络，记录了宝玉从"木石前盟"到"金玉良缘"的婚姻爱情悲剧、贵族世家盛极而衰的沧桑变化及大观园"金陵十二钗"的悲歌，揭露了封建社会的黑暗和腐朽。

且说宝玉因见林黛玉又病了，心里放不下，饭也懒去吃，不时来问。林黛玉又怕他有个好歹，因说道："你只管看你的戏去，在家里作什么？"宝玉因昨日张道士提亲，心中大不受用，今听见林黛玉如此说，心里因想道："别人不知道我的心还可恕，连他也奚落起我来。"因此心中更比往日的烦恼加了百倍。若是别人跟前，断不能动这肝火，只是林黛玉说了这话，倒比往日别人说这话不同，由不得立刻沉下脸来，说道："我白认得了你。罢了，罢了！"林黛玉听说，便冷笑了两声，"我也知道白认得了我，那里象人家有什么配的上呢。"宝玉听了，便向前来直问到脸上："你这么说，是安心咒我天诛地灭？"林黛玉一时解不过这个话来。宝玉又道："昨儿还为这个赌了几回咒，今儿你到底又准我一句。我便天诛地灭，你又有什么益处？"林黛玉一闻此言，方想起上日的话来。今日原是自己说错了，又是着急，又是羞愧，便颤颤兢兢的说道："我要安心咒你，我也天诛地灭。何苦来！我知道，昨日张道士说亲，你怕阻了你的好姻缘，你心里生气，来拿我煞性子。"

原来那宝玉自幼生成有一种下流痴病，况从幼时和黛玉耳鬓厮磨，心情相对，及如今稍明时事，又看了那些邪书僻传，凡远亲近友之家所见的那些闺英闱秀，皆未有稍及林黛玉者，所以早存了一段心事，只不好说出来，故每每或喜或怒，变尽法子暗中试探。那林黛玉偏生也是个有些痴病的，也每用假情试探。因你也将真心真意瞒了起来，只用假意，我也将真心真意瞒了起来，只用假意，如此两假相逢，终有一真。其间琐琐碎碎，难保不有口角之争。即如此刻，宝玉的心内想的是："别人不知我的心，还有可恕，难道你就不想我的心里眼里只有你！你不能为我烦恼，反来以这话奚落堵我。可见我心里一时一刻白有你，你竟心里没我。"心里这意思，只是口里说不出来。那林黛玉心里想着："你心里自然有我，虽有'金玉相对'之说，你岂是重这邪说不重我的。我便时常提这'金玉'，你只管了然自若无闻的，方见得是待我重，而毫无此心了。如何我只一提'金玉'的事，你就着急，可知你心里时时有'金玉'，见我一提，你又怕我多心，故意着急，安心哄我。"

看来两个人原本是一个心，但都多生了枝叶，反弄成两个心了。那宝玉心中又想着："我不管怎么样都好，只要你随意，我便立刻因你死了也情愿。你知也罢，不知也罢，只由我的心，可见你方和我近，不和我远。"那林黛玉心里又想着："你只管你，你好我自好，你何必为我而自失。殊不知你失我自失。可见是你不叫我近你，有意叫我远你了。"如此看来，却都是求近之心，反弄成疏远之意。如此之话，皆他二人素习所存私心，也难备述。

如今只述他们外面的形容。那宝玉又听见他说"好姻缘"三个字，越发逆了己意，心里干噎，口里说不出话来，便赌气向颈上抓下通灵宝玉，咬牙狠命往地下一摔，道："什么捞什骨子，我砸了你完事！"偏生那玉坚硬非常，摔了一下，竟文风没动。宝玉见没摔碎，便回身找东西来砸，林黛玉见他如此，早已哭起来，说道："何苦来，你摔砸那哑吧物件。有砸他的，不如来砸我。"二人闹着，紫鹃雪雁等忙来解劝。后来见宝玉下死力砸玉，忙上来夺，又夺不下来，见比往日闹的大了，少不得去叫袭人。袭人忙赶了来，才夺了下来。宝玉冷笑道："我砸我的东西，与你们什么相干！"

袭人见他脸都气黄了，眼眉都变了，从来没气的这样，便拉着他的手，笑道："你同妹妹拌嘴，不犯着砸他；倘或砸坏了，叫他心里脸上怎么过的去？"林黛玉一行哭着，一行听了这话说到自己心坎儿上来，可见宝玉连袭人不如，越发伤心大哭起来。心里一烦恼，方才吃的香薷饮[1]解暑汤便承受不住，"哇"的一声都吐了出来。紫鹃忙上来用手帕子接住，登时一口一口的把一块手帕子吐湿。雪雁忙上来捶。紫鹃道："虽然生气，姑娘到底也该保重着些。才吃了药好些，这会子因和宝二爷拌嘴，又吐出来。倘或犯了病，宝二爷怎么过的去呢？"宝玉听了这话说到自己心坎儿上来，可见黛玉不如一紫鹃。又见林黛玉脸红头胀，一行啼哭，一行气凑，一行是泪，一行是汗，不胜怯弱。宝玉见了这般，又自己后悔方才不该同他较证[2]，这会子他这样光景，我又替不了他。心里想着，也由不的滴下泪来了。袭人见他两个哭，由不得守着宝玉也心酸起来，又摸着宝玉的手冰凉，待要劝宝玉不哭罢，一则又恐宝玉有什么委曲闷在心里，二则又恐薄了林黛玉。不如大家一哭，就丢开手了，因此也流下泪来。紫鹃一面收拾了吐的药，一面拿扇子替林黛玉轻轻的扇着，见三个人都鸦雀无声，各人哭各人的，也由不得伤心起来，也拿手帕子擦泪。四个人都无言对泣。

一时，袭人勉强笑向宝玉道："你不看别的，你看看这玉上穿的穗子，也不该同林姑娘拌嘴。"林黛玉听了，也不顾病，赶来夺过去，顺手抓起一把剪子来要剪。袭人紫鹃刚要夺，已经剪了几段。林黛玉哭道："我也是白效力，他也不稀罕，自有别人替他再穿好的去。"袭人忙接了玉道："何苦来，这是我才多嘴的不是了。"宝玉向林黛玉道："你只管剪，我横竖不带他，也没什么。"

只顾里头闹，谁知那些老婆子们见林黛玉大哭大吐，宝玉又砸玉，不知道要闹到什么田地，倘或连累了他们，便一齐往前头回贾母王夫人知道，好不干连了他们。那贾母王夫人见他们忙忙的做一件正经事来告诉，也都不知有了什么大祸，便一齐进园来瞧他兄妹。急的袭人抱怨紫鹃为什么惊动了老太太、太太，紫鹃又只当是袭人去告诉的，也抱怨袭人。那贾母、王夫人进来，见宝玉也无言，林黛玉也无话，问起来又没为什么事，便将这祸移到袭人紫鹃两个人身上，说"为什么你们不小心伏侍，这会子闹起来都不管了！"因此将他二人连骂带说教训了一顿。二人都没话，只得听着。还是贾母带出宝玉去了，方才平服。

过了一日，至初三日，乃是薛蟠生日，家里摆酒唱戏，来请贾府诸人。宝玉因得罪了林黛玉，二人总未见面，心中正自后悔，无精打采的，那里还有心肠去看戏，因而推病不去。林黛玉不过前日中了些暑溽之气，本无甚大病，听见他不去，心里想："他是好吃酒看戏的,今日反不去,自然是因为昨儿气着了。再不然,他见我不去,他也没心肠去。只是昨儿千不该万不该剪了那玉上的穗子。管定他再不带了,还得我穿了他才带。"因而心中十分后悔。

那贾母见他两个都生了气,只说趁今儿那边看戏,他两个见了也就完了,不想又都不去。老人家急的抱怨说:"我这老冤家是那世里的孽障,偏生遇见了这么两个不省事的小冤家,没有一天不叫我操心。真是俗语说的,'不是冤家不聚头'。几时我闭了这眼,断了这口气,凭着这两个冤家闹上天去,我眼不见心不烦,也就罢了。偏又不嚥这口气。"自己抱怨着也哭了。这话传入宝林二人耳内。原来他二人竟是从未听见过"不是冤家不聚头"的这句俗语,如今忽然得了这句话,好似参禅的一般,都低头细嚼此话的滋味,都不觉潸然泣下。虽不曾会面,然一个在潇湘馆临风洒泪,一个在怡红院对月长吁,却不是人居两地,情发一心!

袭人因劝宝玉道:"千万不是,都是你的不是,往日家里小厮们和他们的姊妹拌嘴,或是两口子分争,你听见了,你还骂小厮们蠢,不能体贴女孩儿们的心。今儿你也这么着了。明儿初五,大节下,你们两个再这们仇人似的,老太太越发要生气,一定弄的大家不安生。依我劝,你正经下个气,陪个不是,大家还是照常一样,这么也好,那么也好。"那宝玉听见了不知依与不依,要知端详,且听下回分解。

话说林黛玉与宝玉角口后,也自后悔,但又无去就他之理,因此日夜闷闷,如有所失。紫鹃度其意,乃劝道:"若论前日之事,竟是姑娘太浮躁了些。别人不知宝玉那脾气,难道咱们也不知道的。为那玉也不是闹了一遭两遭了。"黛玉啐道:"你倒来替人派我的不是。我怎么浮躁了?"紫鹃笑道:"好好的,为什么又剪了那穗子?岂不是宝玉只有三分不是,姑娘倒有七分不是。我看他素日在姑娘身上就好,皆因姑娘小性儿,常要歪派[3]他,才这么样。"

林黛玉正欲答话,只听院外叫门。紫鹃听了一听,笑道:"这是宝玉的声音,想必是来赔不是来了。"林黛玉听了道:"不许开门!"紫鹃道:"姑娘又不是了。这么热天毒日头地下,晒坏了他如何使得呢!"口里说着,便出去开门,果然是宝玉。一面让他进来,一面笑道:"我只当是宝二爷再不上我们这门了,谁知这会子又来了。"宝玉笑道:"你们把极小的事倒说大了。好好的为什么不来?我便死了,魂也要一日来一百遭。妹妹可大好了?"紫鹃道:"身上病好了,只是心里气不大好。"宝玉笑道:"我晓得有什么气。"一面说着,一面进来,只见林黛玉又在床上哭。

那林黛玉本不曾哭,听见宝玉来,由不得伤了心,止不住滚下泪来。宝玉笑着走近床来,道:"妹妹身上可大好了?"林黛玉只顾拭泪,并不答应。宝玉因便挨在床沿上坐了,一面笑道:"我知道妹妹不恼我。但只是我不来,叫旁人看着,倒像是咱们又拌了嘴的似的。若等他们来劝咱们,那时节岂不咱们倒觉生分了?不如这会子,你要打要骂,凭着你怎么样,千万别不理我。"说着,又把"好妹妹"叫了几万声。林黛玉心里原是再不理宝玉的,这会子见宝玉说别叫人知道他们拌了嘴就生分了似的这一句话,又可见得比人原亲近,因又撑不住哭道:"你也不用哄我。从今以后,我也不敢亲近二爷,二爷也全当我去了。"宝玉听了笑道:"你往那去呢?"林黛玉道:"我回家去。"宝玉笑道:"我跟了你去。"林黛玉道:"我死了。"宝玉道:"你死了,我做和尚!"林黛玉一闻此言,登时将脸放下来,问道:"想是你要死了,胡说的是什么!你家倒有几个亲姐姐亲妹妹呢,明儿都死了,你几个身子去作和尚?明儿我倒把这话告诉别人去评评。"

宝玉自知这话说的造次了,后悔不来,登时脸上红胀起来,低着头不敢则一声。幸而屋里没人。林黛玉直瞪瞪的瞅了他半天,气的一声儿也说不出来。见宝玉憋的脸上紫胀,便咬着牙用指头狠命的在他额颅上戳了一下,哼了一声,咬牙说道:"你这——"刚说了两个字,便又叹了一口气,仍拿起手帕子来擦眼泪。宝玉心里原有无限的心事,又兼说错了话,正自后悔,又见黛玉戳他一下,要说又说不出来,自叹自泣,因此自己也有所感,不觉滚下泪来。要用帕子揩拭,不想又忘了带来,便用衫袖去擦。林黛玉虽然哭着,却一眼看见了,见他穿着簇新藕合纱衫,竟去拭泪,便一面自己拭着泪,一面回身将枕边搭的一方绡帕子拿起来,向宝玉怀里一摔,一语不发,仍掩面自泣。宝玉见他摔了帕子来,忙接住拭了泪,又挨近前些,伸手拉了林黛玉一只手,笑道:"我的五脏都碎了,你还只是哭。走罢,我同你往老太太跟前去。"林黛玉将手一摔道:"谁同你拉拉扯扯的。一天大似一天的,还这么涎皮赖脸的,连个道理也不知道。"

一句没说完,只听喊道:"好了!"宝林二人不防,都唬了一跳,回头看时,只见凤姐儿跳了进来,笑道:"老太太在那里抱怨天抱怨地,只叫我来瞧瞧你们好了没有。我说不用瞧,过不了三天,他们自己就好了。老太太骂我,说我懒。我来了,果然应了我的话了。也没见你们两个人有些什么可拌的,三日好了,两日恼了,越大越成了孩子了!有这会子拉着手哭的,昨儿为什么又成了乌眼鸡呢!还不跟我走,到老太太跟前,叫老人家也放些心。"说着拉了林黛玉就走。林黛玉回头叫丫头们,一个也没有。凤姐道:"又叫他们作什么,有我伏侍你呢。"一面说,一面拉了就走。宝玉在后面跟着出了园门。到了贾母跟前,凤姐笑道:"我说他们不用人费心,自己就会好的。老祖宗不信,一定叫我去说合。我及至到那里要说合,谁知两个人倒在一处对赔不是了。对笑对诉,倒像'黄鹰抓住了鹞子的脚',两个都扣了环了,那里还要人去说合。"说的满屋里都笑起来。

注释

[1] 香薷饮:一种由香薷、厚朴、扁豆制成的药剂,治暑热感冒。香薷:植物名,叶茎可入药。

[2] 较证:辩驳是非。

[3] 歪派:无理指责,故意找碴编派别人的意思。

本文选自《红楼梦》第二十九回和第三十回。

《红楼梦》通过家庭的兴衰描绘了人情世态,展现了我国封建社会末期的广阔历史画面，而宝黛爱情则是贯穿其中的主线，也是最能打动人心、描写最为精彩的部分。本段故事的高潮部分出自于第二十九回后半部分的"痴情女情重愈斟情"，作者以口角写情，描写了宝黛二人微妙的爱情试探及由此所引发的感情折磨。从清虚观打醮回来的宝玉因张道士提亲内心烦闷，在看望生病的黛玉时误将其关切之语理解为奚落之词，大动肝火。黛玉冷言相对，激化矛盾。于是宝玉摔玉砸玉，黛玉剪掉玉上之穗，冲突达到高潮。事后，宝黛暗自后悔，宝玉道歉后二人和好如初。

宝黛经历了太虚幻境中的"木石前盟"，在大观园特殊的环境中又有了当时青年男女不可能有的耳鬓厮磨、形影不离而滋生爱情的机会，经过"三天好了，两天恼了"的感情折磨，宝玉最终选择了从不劝他显身扬名，从来不说"混账话"的黛玉。宝黛爱情不同于以往文学作品中所描写的才子佳人式的爱情故事模式，它建立在二人知心知己，鄙弃世俗功名，追求个性与爱情自由及相同的志趣理想之上。二人在相处过程中情愫渐生且一往情深，却因礼教的束缚不能直接表露，爱情只能成为"暗流"。因为彼此不能表白又情不自禁地想试探，以致言语相激、误会顿生，导致口角或冷战。故事情节编排富有戏剧性和浓郁的生活气息，人物描写逼真传神，充分体现出人物塑造的高超艺术表现力。

思考练习题

1. 宝、黛二人互为知己而又彼此钟情，根据作品中人物心理描写文字分析为什么二人会发生口角之争。

2. 本文是如何成功地刻画人物的？试分析宝玉和黛玉性格。

3. 鲁迅在评论《红楼梦》价值时说："其要点在敢于如实描写，并无讳饰，和从前的小说叙好人完全是好，坏人完全是坏大不相同，所以其中所叙的人物，都是真的人物。"结合本文，谈谈你的看法。

风波

鲁迅（1881年—1936年），原名周树人，浙江绍兴人。"鲁迅"是1918年其发表《狂人日记》时使用的笔名，这也是中国第一篇现代白话文小说。他是中国现代伟大的文学家、思想家。鲁迅1902年到日本学医，后弃医从文，形成"立人"思想和改造国民性的愿望。鲁迅回国后从1920开始先后在北京大学、北京女子师范大学、厦门大学、中山大学任教，1927年移居上海，积极参加"左联"的领导工作和革命文艺运动，研究介绍马克思主义的理论著作和文艺，对国民党政府及其御用文人、自由主义文人及其思想倾向进行无情的揭露与批判。鲁迅思想经历了从进化论到阶级论的转变，他成为"中国文化革命的主将"。1936年10月19日鲁迅在上海不幸病逝。鲁迅一生笔耕不辍，并整理研究了古代文学遗产，翻译介绍了外国文学及美术作品，以

> 其创作实绩为新文学的发展奠定了基础，为中国文化事业做出了巨大贡献。鲁迅主要作品有小说集《呐喊》《彷徨》《故事新编》，散文集《朝花夕拾》，散文诗集《野草》，杂文集《坟》《热风》《华盖集》《且介亭集》等。各作品后收录于《鲁迅文集》。

临河的土场上，太阳渐渐的收了他通黄的光线了。场边靠河的乌桕树叶，干巴巴的才喘过气来，几个花脚蚊子在下面哼着飞舞。面河的农家的烟突里，逐渐减少了炊烟，女人孩子们都在自己门口的土场上泼些水，放下小桌子和矮凳；人知道，这已经是晚饭的时候了。

老人男人坐在矮凳上，摇着大芭蕉扇闲谈，孩子飞也似的跑，或者蹲在乌桕树下赌玩石子。女人端出乌黑的蒸干菜和松花黄的米饭，热蓬蓬冒烟。河里驶过文人的酒船，文豪见了，大发诗兴，说，"无思无虑，这真是田家乐呵！"

但文豪的话有些不合事实，就因为他们没有听到九斤老太的话。这时候，九斤老太正在大怒，拿破芭蕉扇敲着凳脚说：

"我活到七十九岁了，活够了，不愿意眼见这些败家相，——还是死的好。立刻就要吃饭了，还吃炒豆子，吃穷了一家子！"

伊[1]的曾孙女儿六斤捏着一把豆，正从对面跑来，见这情形，便直奔河边，藏在乌桕树后，伸出双丫角的小头，大声说，"这老不死的！"

九斤老太虽然高寿，耳朵却还不很聋，但也没有听到孩子的话，仍旧自己说，"这真是一代不如一代！"

这村庄的习惯有点特别，女人生下孩子，多喜欢用秤称了轻重，便用斤数当作小名。九斤老太自从庆祝了五十大寿以后，便渐渐的变了不平家，常说伊年青的时候，天气没有现在这般热，豆子也没有现在这般硬；总之现在的时世是不对了。何况六斤比伊的曾祖，少了三斤，比伊父亲七斤，又少了一斤，这真是一条颠扑不破的实例。所以伊又用劲说，"这真是一代不如一代！"

伊的儿媳七斤嫂子正捧着饭篮走到桌边，便将饭篮在桌上一摔，愤愤的说，"你老人家又这么说了。六斤生下来的时候，不是六斤五两么？你家的秤又是私秤，加重称，十八两秤；用了准十六，我们的六斤该有七斤多哩。我想便是太公和公公，也不见得正是九斤八斤十足，用的秤也许是十四两……"

"一代不如一代！"

七斤嫂还没有答话，忽然看见七斤从小巷口转出，便移了方向，对他嚷道，"你这死尸怎么这时候才回来，死到那里去了！不管人家等着你开饭！"

七斤虽然住在农村，却早有些飞黄腾达的意思。从他的祖父到他，三代不捏锄头柄了；他也照例的帮人撑着航船，每日一回，早晨从鲁镇进城，傍晚又回到鲁镇，因此很知道些时事：例如什么地方，雷公劈死了蜈蚣精；什么地方，闺女生了一个夜叉之类。他在村人里面，的确已经是一名出场人物了。但夏天吃饭不点灯，却还守着农家习惯，所以回家太迟，是该骂的。

七斤一手捏着象牙嘴白铜斗六尺多长的湘妃竹烟管，低着头，慢慢地走来，坐在矮凳上。六斤也趁势溜出，坐在他身边，叫他爹爹。七斤没有应。

"一代不如一代！"九斤老太说。

七斤慢慢地抬起头来，叹一口气说，"皇帝坐了龙庭[2]。"

七斤嫂呆了一刻，忽而恍然大悟的道，"这可好了，这不是又要皇恩大赦了么！"

七斤又叹一口气，说，"我没有辫子。"

"皇帝要辫子么？"

"皇帝要辫子。"

"你怎么知道呢？"七斤嫂有些着急，赶忙的问。

"咸亨酒店里的人，都说要的。"

七斤嫂这时从直觉上觉得事情似乎有些不妙了，因为咸亨酒店是消息灵通的所在。伊一转眼瞥见七斤的光头，便忍不住动怒，怪他恨他怨他；忽然又绝望起来，装好一碗饭，搡在七斤的面前道，"还是赶快吃你的饭罢！哭丧着脸，就会长出辫子来么？"

太阳收尽了他最末的光线了，水面暗暗地回复过凉气来；土场上一片碗筷声响，人人的脊梁上又都吐出汗粒。七斤嫂吃完三碗饭，偶然抬起头，心坎里便禁不住突突地发跳。伊透过乌桕叶，看见又矮又胖的赵七爷正从独木桥上走来，而且穿着宝蓝色竹布的长衫。

赵七爷是邻村茂源酒店的主人，又是这三十里方圆以内的唯一的出色人物兼学问家；因为有学问，所以又有些遗老的臭味。他有十多本金圣叹批评的《三国志》[3]，时常坐着一个字一个字的读；他不但能说出五虎将姓名，甚而至于还知道黄忠表字汉升和马超表字孟起。革命以后，他便将辫子盘在顶上，像道士一般；常常叹息说，倘若赵子龙在世，天下便不会乱到这地步了。七斤嫂眼睛好，早望见今天的赵七爷已经不是道士，却变成光滑头皮，乌黑发顶；伊便知道这一定是皇帝坐了龙庭，而且一定须有辫子，而且七斤一定是非常危险。因为赵七爷的这件竹布长衫，轻易是不常穿的，三年以来，只穿过两次：一次是和他呕气的麻子阿四病了的时候，一次是曾经砸烂他酒店的鲁大爷死了的时候；现在是第三次了，这一定又是于他有庆，于他的仇家有殃了。

七斤嫂记得，两年前七斤喝醉了酒，曾经骂过赵七爷是"贱胎"，所以这时便立刻直觉到七斤的危险，心坎里突突地发起跳来。

赵七爷一路走来，坐着吃饭的人都站起身，拿筷子点着自己的饭碗说，"七爷，请在我们这里用饭！"七爷也一路点头，说道"请请"，却一径走到七斤家的桌旁。七斤们连忙招呼，七爷也微笑着说"请请"，一面细细的研究他们的饭菜。

"好香的菜干，——听到了风声了么？"赵七爷站在七斤的后面七斤嫂的对面说。

"皇帝坐了龙庭了。"七斤说。

七斤嫂看着七爷的脸，竭力陪笑道，"皇帝已经坐了龙庭，几时皇恩大赦呢？"

"皇恩大赦？——大赦是慢慢的总要大赦罢。"七爷说到这里，声色忽然严厉起来，"但是你家七斤的辫子呢，辫子？这倒是要紧的事。你们知道：长毛[4]时候，留发不留头,留头不留发,……"

七斤和他的女人没有读过书,不很懂得这古典的奥妙,但觉得有学问的七爷这么说,事情自然非常重大,无可挽回,便仿佛受了死刑宣告似的,耳朵里嗡的一声,再也说不出一句话。

"一代不如一代,——"九斤老太正在不平,趁这机会,便对赵七爷说,"现在的长毛,只是剪人家的辫子,僧不僧,道不道的。从前的长毛,这样的么?我活到七十九岁了,活够了。从前的长毛是——整匹的红缎子裹头,拖下去,拖下去,一直拖到脚跟;王爷是黄缎子,拖下去,黄缎子;红缎子,黄缎子,——我活够了,七十九岁了。"

七斤嫂站起身,自言自语的说,"这怎么好呢?这样的一班老小,都靠他养活的人,……"

赵七爷摇头道,"那也没法。没有辫子,该当何罪,书上都一条一条明明白白写着的。不管他家里有些什么人。"

七斤嫂听到书上写着,可真是完全绝望了;自己急得没法,便忽然又恨到七斤。伊用筷子指着他的鼻尖说,"这死尸自作自受!造反的时候,我本来说,不要撑船了,不要上城了。他偏要死进城去,滚进城去,进城便被人剪去了辫子。从前是绢光乌黑的辫子,现在弄得僧不僧道不道的。这囚徒自作自受,带累了我们又怎么说呢?这活死尸的囚徒……"

村人看见赵七爷到村,都赶紧吃完饭,聚在七斤家饭桌的周围。七斤自己知道是出场人物,被女人当大众这样辱骂,很不雅观,便只得抬起头,慢慢地说道:

"你今天说现成话,那时你……"

"你这活死尸的囚徒……"

看客中间,八一嫂是心肠最好的人,抱着伊的两周岁的遗腹子,正在七斤嫂身边看热闹;这时过意不去,连忙解劝说,"七斤嫂,算了罢。人不是神仙,谁知道未来事呢?便是七斤嫂,那时不也说,没有辫子倒也没有什么丑么?况且衙门里的大老爷也还没有告示,……"

七斤嫂没有听完,两个耳朵早通红了;便将筷子转过向来,指着八一嫂的鼻子,说,"阿呀,这是什么话呵!八一嫂,我自己看来倒还是一个人,会说出这样昏诞胡涂话么?那时我是,整整哭了三天,谁都看见;连六斤这小鬼也都哭,……"六斤刚吃完一大碗饭,拿了空碗,伸手去嚷着要添。七斤嫂正没好气,便用筷子在伊的双丫角中间,直扎下去,大喝道,"谁要你来多嘴!你这偷汉的小寡妇!"

扑的一声,六斤手里的空碗落在地上了,恰巧又碰着一块砖角,立刻破成一个很大的缺口。七斤直跳起来,捡起破碗,合上检查一回,也喝道,"入娘的!"一巴掌打倒了六斤。六斤躺着哭,九斤老太拉了伊的手,连说着"一代不如一代",一同走了。

八一嫂也发怒,大声说,"七斤嫂,你'恨棒打人'[5]……"

赵七爷本来是笑着旁观的;但自从八一嫂说了"衙门里的大老爷没有告示"这话以后,却有些生气了。这时他已经绕出桌旁,接着说,"恨棒打人,算什么呢。大兵是就要到的。你可知道,这回保驾的是张大帅[6],张大帅就是燕人张翼德的后代,他一支丈八蛇矛,就有万夫不当之勇,谁能抵挡他,"他两手同时捏起空拳,仿佛握着无形的蛇矛模样,向八一嫂抢进几步道,"你能抵挡他么!"

八一嫂正气得抱着孩子发抖,忽然见赵七爷满脸油汗,瞪着眼,准对伊冲过来,便十分害怕,不敢说完话,回身走了。赵七爷也跟着走去,众人一面怪八一嫂多事,一面让开路,几个剪过辫子重新留起的便赶快躲在人丛后面,怕他看见。赵七爷也不细心察访,通过人丛,忽然转入乌桕树后,说道"你能抵挡他么!"跨上独木桥,扬长去了。

村人们呆呆站着,心里计算,都觉得自己确乎抵不住张翼德,因此也决定七斤便要没有性命。七斤既然犯了皇法,想起他往常对人谈论城中的新闻的时候,就不该含着长烟管显出那般骄傲模样,所以对七斤的犯法,也觉得有些畅快。他们也仿佛想发些议论,却又觉得没有什么议论可发。嗡嗡的一阵乱嚷,蚊子都撞过赤膊身子,闯到乌桕树下去做市;他们也就慢慢地走散回家,关上门去睡觉。七斤嫂咕哝着,也收了家伙和桌子矮凳回家,关上门睡觉了。

七斤将破碗拿回家里,坐在门槛上吸烟;但非常忧愁,忘却了吸烟,象牙嘴六尺多长湘妃竹烟管的白铜斗里的火光,渐渐发黑了。他心里但觉得事情似乎十分危急,也想想些方法,想些计划,但总是非常模糊,贯穿不得:"辫子呢辫子?丈八蛇矛。一代不如一代!皇帝坐龙庭。破的碗须得上城去钉好。谁能抵挡他?书上一条一条写着。入娘的!……"

第二日清晨,七斤依旧从鲁镇撑航船进城,傍晚回到鲁镇,又拿着六尺多长的湘妃竹烟管和一个饭碗回村。他在晚饭席上,对九斤老太说,这碗是在城内钉合的,因为缺口大,所以要十六个铜钉,三文一个,一总用了四十八文小钱。

九斤老太很不高兴的说,"一代不如一代,我是活够了。三文钱一个钉;从前的钉,这样的么?从前的钉是……我活了七十九岁了,——"

此后七斤虽然是照例日日进城,但家景总有些黯淡,村人大抵回避着,不再来听他从城内得来的新闻。七斤嫂也没有好声气,还时常叫他"囚徒"。

过了十多日,七斤从城内回家,看见他的女人非常高兴,问他说,"你在城里可听到些什么?""没有听到些什么。"

"皇帝坐了龙庭没有呢?"

"他们没有说。"

"咸亨酒店里也没有人说么?"

"也没人说。"

"我想皇帝一定是不坐龙庭了。我今天走过赵七爷的店前,看见他又坐着念书了,辫子又盘在顶上了,也没有穿长衫。"

"……"

"你想,不坐龙庭了罢?"

"我想,不坐了罢。"

现在的七斤,是七斤嫂和村人又都早给他相当的尊敬,相当的待遇了。到夏天,他们仍旧在自家门口的土场上吃饭;大家见了,都笑嘻嘻的招呼。九斤老太早已做过八十大寿,仍然不平而且健康。六斤的双丫角,已经变成一支大辫子了;伊虽然新近裹脚,却还能帮同七斤嫂做事,捧着十八个铜钉[7]的饭碗,在土场上一瘸一拐的往来。

一九二〇年十月

注释

[1] 伊:即她。"五四"时期的文学作品中常用"伊"来专指女性,后来才改用"她"。

[2] 皇帝坐了龙庭了:指已被废黜的清朝最后一个皇帝溥仪在张勋扶持下称帝的复辟活动。

[3] 金圣叹批评的《三国志》:指小说《三国演义》。金圣叹(1609年—1661年),明末清初文人,曾批注《水浒》《西厢记》等书,他把所加的序文、读法和评语等称为"圣叹外书"。《三国演义》是元末明初罗贯中所著,后经清代毛宗岗改编,附加评语,卷首有假托为金圣叹所作的序,首回前亦有"圣叹外书"字样,通常就都把这评语认为金圣叹所作。

[4] "长毛"三句:这里指的是两件事。一件是清朝初年,统治者发布"剃头令",强迫汉族人剃发结辫,否则杀头;另一件是太平天国时期,起义军都去辫结发,所以反对太平天国革命的人和一些对太平天国革命认识不清的人便侮辱性地称他们为"长毛"。赵七爷在这里把两件根本不同的事情混为一谈,正表现了他的愚蠢无知和装腔作势。

[5] 恨棒打人:指怀恨某人,却借故拿外人来泄私愤。

[6] 张大帅:指张勋(1854年—1923年),江西奉新人,北洋军阀之一,原为清朝军官,辛亥革命后,他和所率官兵仍留着辫子,表示忠于清王朝,被称为"辫子军"。1917年7月1日他在北京扶持清废帝溥仪复辟,7月12日即告失败。

[7] 十八个铜钉:据上文应是"十六个"。作者在1926年11月23日致李霁野的信中曾说:"六斤家只有这一个钉过的碗,钉是十六或十八,我也记不清了。总之两数之一是错的,请改成一律。"

导读

本文选自鲁迅短篇小说集《呐喊》,《风波》最初发表于1920年9月《新青年》月刊第八卷第一号,有改动。

小说通过描述1917年张勋复辟事件在江南农村引发的一场风波,真实地反映了当时中国农村的社会现实,深刻地说明了辛亥革命并没有给中国的农村带来根本性的变革,农民依然缺乏民主主义觉悟,揭示了辛亥革命的不彻底性和启发农民觉悟对中国农村变革的重要性。作品以"辫子事件"为中心,依次交待由辫子引发的风波产生、发展、直至达到高潮的整个过程。辫子是封建势力复辟与旧的思想意识束缚的象征，一条辫子便可搅得整个村庄惶恐不安，作者以小见大，揭示旧的思想意识在人们内心的根深蒂固，及国民愚昧麻木的精神状态。

小说运用环境、细节、对话的描写方法成功塑造了不同性格的典型人物，表现出社会的本质问题。赵七爷是权势者形象的代表，蛮横愚昧、装腔作势，满脑子帝制忠君的正统观点。七斤是当地所谓见过世面的"出场人物"，遇事却毫无主张、逆来顺受，在辛亥革命中被革命党人剪掉辫子，但在张勋复辟所引起的辫子风波中因为没有辫子而惶恐不安，代表了鲁迅先生笔下被侮辱受损害却不觉悟贫苦农民的形象。另外还有一群卑微怯懦、愚昧麻木的看客形象——看热闹的村民，他们对于七斤的态度复杂而微妙。七斤风光时他们羡慕嫉妒，七斤遭殃时他们没有丝毫的同情，反而落井下石般地感到"畅快"，一副幸灾乐祸的样子。可当辫子风波过去，对七斤又无条件地恢复了往日的"尊重"。除此之外，七斤嫂的泼辣凶悍，八一嫂的善良柔弱，九斤老太"一代不如一代"的口头禅都给人留下了深刻印象，每一个艺术形象都写得栩栩如生、呼之欲出。

思考练习题

1. 小说中的环境描写有什么作用？在结尾处作者运用了象征的手法，试分析其含义。
2. 作者善于抓住生动且富有表现力的细节特征展示人物性格特点，鲁迅先生称之为"画眼睛"。从文中试找出赵七爷、七斤的细节描写加以赏析。
3. 小说写的是一场什么风波？风波背后提示了什么问题？

金锁记（节选）

张爱玲（1917年—1995年），抗战后期沦陷区上海文学成就最高的女作家。张爱玲出身于前清官宦望族，父亲是封建遗少，母亲是新派女性，二人终因三观不合而离异。家庭破碎使之过早地感受到人类情感的残缺和人生的孤独苍凉，奠定了她后来小说创作的基调。张爱玲18岁在作品《天才梦》中曾用一句话来形容自己的人生感悟：生命是一袭华美的袍，爬满了虱子。张爱玲1938年考入伦敦大学，后转入香港大学就读。之后太平洋战争爆发，张爱玲中断学业回到上海，1943年正式开始文学创作。她于1944年8月出版小说集《传奇》（收录小说10篇），短短四天即售罄，同年12月出版散文集《流言》。1946年，《传奇》又增补5篇小说作品再次出版，蜚声上海文坛。解放后张爱玲离开大陆，从香港到美国。1995年9月8日张爱玲在美国加州的公寓里孤独地去世，被发现时已过世一周。张爱玲从痛苦的童年、失败的婚姻爱情、独自飘零在海外到最后孤寂地离世，一生充满悲剧色彩。在作品中她用冷眼观察自己周围的生活，用犀利的文字抒写小说主人公生活的没落和乱世的苍凉，揭示人性的丑恶、生命的无常、欲望的疯狂，展现"沉重时代"人的生存状态，为我们构建了一个华丽而苍凉的文学世界。

三十年前的上海，一个有月亮的晚上……我们也许没赶上看见三十年前的月亮。年轻的人想着三十年前的月亮该是铜钱大的一个红黄的湿晕，像朵云轩信笺上落了一滴泪珠，陈旧而迷糊。老年人回忆中的三十年前的月亮是欢愉的，比眼前的月亮大、圆、白；然而隔着三十年的辛苦路往回看，再好的月色也不免带点凄凉。

月光照到姜公馆新娶的三奶奶的陪嫁丫鬟凤箫的枕边。凤箫睁眼看了一看，只见自己一只青白色的手搁在半旧高丽棉的被面上，心中便道："是月亮光么？"凤箫打地铺睡在窗户底下。那两年正忙着换朝代，姜公馆避兵到上海来，屋子不够住的，因此这一间下房里横七竖八睡满了底下人。

凤箫恍惚听见大床背后有人。

小双脱下了鞋，赤脚从凤箫身上跨过去，走到窗户跟前，笑道："你也起来看看月亮。"凤箫一骨碌爬起身来，低声问道："我早就想问你了，你们二奶奶……"小双弯腰拾起那件小袄来替她披上了，道："仔细着了凉。"凤箫一面扣钮子，一面笑道："不行，你得告诉我！"小双笑道："是我说话不留神，闯了祸！"凤箫道："咱们这都是自家人了，干吗这么见外呀？"小双道："告诉你，你可别告诉你们小姐去！咱们二奶奶家里是开麻油店的。"凤箫哟了一声道："开麻油店！打哪儿想起的？像你们大奶奶，也是公侯人家的小姐，我们那一位虽比不上大奶奶，也还不是低三下四的人——"小双道："这里头自然有个缘故。咱们二爷你也见过了，是个残废。做官人家的女儿谁肯给他？老太太没奈何，打算替二爷置一房姨奶奶，做媒的给找了这曹家的，是七月里生的，就叫七巧。"凤箫道："哦，是姨奶奶。"小双道："原是做姨奶奶的，后来老太太想着，既然不打算替二爷另娶了，二房里没个当家的媳妇，也不是事，索性聘了来做正头奶奶，好教她死心塌地服侍二爷。"凤箫把手扶着窗台，沉吟道："怪道呢！我虽是初来，也瞧料了两三分。"小双道："龙生龙，凤生凤，这话是有的。你还没听见她的谈吐呢！当着姑娘们，一点忌讳也没有。亏得我们家一向内言不出，外言不入，姑娘们什么都不懂。饶是不懂，还臊得没处躲！"凤箫噗嗤一笑道："真的？她这些村话，又是从哪儿听来的？就连我们丫头——"小双抱着胳膊道："麻油店的活招牌，站惯了柜台，见多识广，我们拿什么去比人家？"凤箫道："你是她陪嫁来的么？"小双冷笑说："她也配！我原是老太太跟前的人，二爷成天的吃药，行动都离不了人，屋里几个丫头不够使，把我拨了过去。怎么着？你冷哪？"凤箫摇摇头。小双道："瞧你缩着脖子这娇模样儿！"一语未完，凤箫打了个喷嚏，小双忙推她道："睡罢睡罢！快焐一焐。"凤箫跪了下来脱袜子，笑道："又不是冬天，哪儿就至于冻着了？"小双道："你别瞧这窗户关着，窗户眼儿里吱溜溜的钻风。"两人各自睡下。凤箫悄悄地问道："过来了也有四五年了罢？"小双道："谁？"凤箫道："还有谁？"小双道："哦，她，可不是有五年了。"凤箫道："也生男育女的——倒没闹出什么话柄儿？"小双道："还说呢！话柄儿就多了！前年老太太领着合家上下到普陀山进香去，她坐月子没去，留着她看家。舅爷脚步儿走得勤了些，就丢了一票东西。"凤箫失惊道："也没查出个究竟来？"小双道："问得出什么好的来？大家面子上下不去！那些首饰左不过将来是归大爷二爷三爷的。大爷大奶奶碍着二爷，没好说什么。

三爷自己在外头流水似的花钱。欠了公账上不少，也说不响嘴。"

　　她们俩隔着丈来远交谈。虽是极力地压低了喉咙，依旧有一句半句声音大了些，惊醒了大床上睡着的赵嬷嬷，赵嬷嬷唤道："小双。"小双不敢答应。赵嬷嬷道："小双，你再混说，让人家听见了，明儿仔细揭你的皮！"小双还是不做声。赵嬷嬷又道："你别以为还是从前住的深堂大院哪，由得你疯疯癫癫！这儿可是挤鼻子挤眼睛，什么事瞒得了人？趁早别讨打！"屋里顿时鸦雀无声。赵嬷嬷害眼，枕头里塞着菊花叶子，据说是使人眼目清凉的。她欠起头来按了一按髻上横绾的银簪，略一转侧，菊叶便沙沙作响。赵嬷嬷翻了身，吱吱格格牵动了全身的骨节，她唉了一声道："你们懂得什么！"小双与凤箫依旧不敢接嘴。久久没有人开口，也就一个个的朦胧睡去了。

　　天就快亮了。那扁扁的下弦月，低一点，低一点，大一点，像赤金的脸盆，沉了下去。天是森冷的蟹壳青，天底下黑漆漆的只有些矮楼房，因此一望望得很远。地平线上的晓色，一层绿、一层黄、又一层红，如同切开的西瓜——是太阳要上来了。渐渐马路上有了小车与塌车辘辘推动，马车蹄声得得。卖豆腐花的挑着担子悠悠吆喝着，只听见那漫长的尾声："花……呕！花……呕！"再去远些，就只听见"哦……呕！哦……呕！"

　　屋子里丫头老妈子也起身了，乱着开房门、打脸水、叠铺盖、挂帐子、梳头。凤箫伺候三奶奶兰仙穿了衣裳，兰仙凑到镜子前面仔细望了一望，从腋下抽出一条水绿洒花湖纺手帕，擦了擦鼻翅上的粉，背对着床上的三爷道："我先去替老太太请安罢。等你，准得误了事。"正说着大奶奶玳珍来了，站在门槛上笑道："三妹妹，咱们一块儿去。"兰仙忙迎了出去道："我正担心着怕晚了，大嫂原来还没上去。二嫂呢？"玳珍笑道："她还有一会儿耽搁呢。"兰仙道："打发二哥吃药？"玳珍四顾无人，便笑道："吃药还在其次——"她把大拇指抵着嘴唇，中间的三个指头握着拳头，小指头翘着，轻轻的"嘘"了两声。兰仙诧异道："两人都抽这个？"玳珍点头道："你二哥是过了明路的，她这可是瞒着老太太的，叫我们夹在中间为难，处处还得替她遮盖遮盖。其实老太太有什么不知道？有意的装不晓得，照常的派她差使，零零碎碎给她罪受，无非是不肯让她抽个痛快罢了。其实也是的，年纪轻轻的妇道人家，有什么了不得的心事，要抽这个解闷儿？"

　　玳珍兰仙手挽手一同上楼，各人后面跟着贴身丫鬟，来到老太太卧室隔壁的一间小小的起坐间里。老太太的丫头榴喜迎了出来，低声道："还没醒呢。"玳珍抬头望了望挂钟，笑道："今儿老太太也晚了。"榴喜道："前两天说是马路上人声太杂，睡不稳。这现在想是惯了，今儿补足了一觉。"

　　紫榆百龄小圆桌上铺着红毡条，二小姐姜云泽一边坐着，正拿着小钳子磕核桃呢，因丢下了站起来相见。玳珍把手搭在云泽肩上，笑道："还是云妹妹孝心，老太太昨儿一时高兴，叫做糖核桃，你就记住了。"兰仙玳珍便围着桌子坐下了，帮着剥核桃衣子。云泽手酸了，放下了钳子，兰仙接了过来。玳珍道："当心你那水葱似的指甲，养得这么长了，断了怪可惜的！"云泽道："叫人去拿金指甲套子去。"兰仙笑道："有这些麻烦的，倒不如叫他们拿到厨房里去剥了！"

　　众人低声说笑着，榴喜打起帘子，报道："二奶奶来了。"兰仙云泽起身让座，那曹七巧且不坐下，一只手撑着门，一只手撑了腰，窄窄的袖口里垂下一条雪青洋绉手帕，身上穿着银红衫子，葱白线香滚，雪青闪蓝如意小脚裤子，瘦骨脸儿，朱口细牙，三角眼，小山眉，四下里一看，笑道："人都齐了。今儿想必我又晚了！怎怪我不迟到——摸着黑梳的头！谁教我的窗户冲着后院子呢？单单就派了那么间房给我，横竖我们那位眼看是活不长的，我们净等着做孤儿寡妇了——不欺负我们，欺负谁？"玳珍淡淡的并不接口，兰仙笑道："二嫂住惯了北京的屋子，怪不得嫌这儿憋闷得慌。"云泽道："大哥当初找房子的时候，原该找个宽敞些的，不过上海像这样的，只怕也算敞亮的了。"兰仙道："可不是！家里人实在多，挤是挤了点——"七巧挽起袖口，把手帕子掖在翡翠镯子里，瞟了兰仙一眼，笑道："三妹妹原来也嫌人太多了。连我们都嫌人多，像你们没满月的自然更嫌人多了！"兰仙听了这话，还没有怎么，玳珍先红了脸，道："玩是玩，笑是笑，也得有个分寸，三妹妹新来乍到的，你让她想着咱们是什么样的人家？"七巧扯起手绢子的一角遮住了嘴唇道："知道你们都是清门净户的小姐，你倒跟我换一换试试，只怕你一晚上也过不惯。"玳珍啐道："不跟你说了，越说你越上头上脸的。"七巧索性上前拉住玳珍的袖子道："我可以赌得咒——这三年里头我可以赌得咒！你敢赌么？"玳珍也撑不住噗嗤一笑，咕哝了一句道："怎么你孩子也有了两个？"七巧道："真的，连我也不知道这孩子是怎么生出来的！越想越不明白！"玳珍摇手道："够了，够了，少说两句罢。就算你拿三妹妹当自己人，没什么避讳，现放着云妹妹在这儿呢，待会儿老太太跟着一告诉，管叫你吃不了兜着走！"

云泽早远远地走开了，背着手站在阳台上，撮尖了嘴逗芙蓉鸟。姜家住的虽然是早期的最新式洋房，堆花红砖大柱支着巍峨的拱门，楼上的阳台却是木板铺的地。黄杨木阑干里面，放着一溜大簸箩子，晾着笋干。敝旧的太阳弥漫在空气里像金的灰尘，微微呛人的金灰，揉进眼睛里去，昏昏的。街上小贩遥遥摇着拨浪鼓，那蓄腾的"不楞登……不楞登"里面有着无数老去的孩子们的回忆。包车叮叮地跑过，偶尔也有一辆汽车叭叭叫两声。

七巧自己也知道这屋子里的人都瞧不起她，因此和新来的人分外亲热些，倚在兰仙的椅背上问长问短，携着兰仙的手左看右看，夸赞了一回她的指甲，又道："我去年小拇指上养的比这个足足还长半寸呢，掐花给弄断了。"兰仙早看穿了七巧的为人和她在姜家的地位，微笑尽管微笑着，也不大答理她。七巧自觉无趣，踅到阳台上来，拎起云泽的辫梢来抖了一抖，搭讪着笑道："哟！小姐的头发怎么这样稀朗朗的？去年还是乌油油的一头好头发，该掉了不少罢？"云泽闪过身去护着辫子，笑道："我掉两根头发，也要你管！"七巧只顾端详她，叫道："大嫂你来看看，云姐姐的确瘦多了，小姐莫不是有了心事了？"云泽啪的一声打掉了她的手，恨道："你今儿个真的发了疯了！平日还不够讨人嫌的？"七巧把两手筒在袖子里，笑嘻嘻地道："小姐脾气好大！"

玳珍探出头来道："云妹妹，老太太起来了。"众人连忙扯扯衣襟，摸摸鬓角，打帘子进隔壁房里去，请了安，伺候老太太吃早饭。婆子们端着托盘从起坐间里穿了过去，里面的丫头接过碗碟，婆子们依旧退到外间来守候着。里面静悄悄的，难得有人说句把话，只听见银筷子头上的细银链条响。老太太信佛，饭后照例要做两个时辰的功课，众人退了出来，云泽背地里向玳珍道："二嫂不忙着过瘾去，还挨在里面做什么？"玳珍道："想是有两句私房话要说。"云泽不由得笑了起来道："她的话，老太太哪里听得进？"

玳珍冷笑道："那倒也说不定。老年人心思总是活动的，成天在耳边絮聒着，十句里头相信一两句，也未可知。"

兰仙坐着磕核桃，玳珍和云泽便顺着脚走到阳台上来，虽不是存心偷听正房里的谈话，老太太上了年纪，有点聋，喉咙特别高些，有意无意之间不免有好些话吹到阳台上的人的耳朵里来。云泽把脸气得雪白，先是握紧了拳头，又把两只手使劲一撒，便向走廊的另一头跑去。跑了两步，又站住了，身子向前伛偻着，捧着脸呜呜哭了起来。玳珍赶上去扶着劝道："妹妹快别这么着！快别这么着！不犯着跟她这样的人计较！谁拿她的话当桩事！"云泽甩开了她，一径往自己屋里奔去。玳珍回到起坐间里来，一拍手道："这可闯出祸来了！"兰仙忙道："怎么了？"玳珍道："你二嫂去告诉了老太太，说女大不中留，让老太太写信给彭家，叫他们早早把云妹妹娶过去罢。你瞧，这算什么话！"兰仙也怔了一怔道："女家说出这种话来，可不是自己打脸么？"玳珍道："姜家没面子，还是一时的事，云妹妹将来嫁了过去，叫人家怎么瞧得起她？她这一辈子还要做人呢！"兰仙道："老太太是明白人，不见得跟那一位一样的见识。"玳珍道："老太太起先自然是不爱听，说咱们家的孩子，决不会生这样的心。她就说，'哟！您不知道现在的女孩子跟您从前做女孩子时候的女孩子，哪儿能够打比呀？时世变了，人也变了，要不怎么天下大乱呢？'你知道，年岁大的人就爱听这一套，说得老太太也有点疑疑惑惑起来。"兰仙叹道："好端端怎么想起来的，造这样的谣言！"玳珍两肘支在桌子上，伸着小指剔眉毛，沉吟了一会，嗤的一笑道："她自己以为她是特别的体贴云妹妹呢！要她这样体贴我，我可受不了！"兰仙拉了她一把道："你听——不能是云妹妹罢？"后房似乎有人在那里大放悲声，蹬得铜床柱子一片响。嘈嘈杂杂还有人在那里解劝，只是劝不住。玳珍站起身来道："我去看看。别瞧这位小姐好性儿，逼急了她，也不是好惹的。"

玳珍出去了，那姜三爷姜季泽却一路打着呵欠进来了。季泽是个结实小伙子，偏于胖的一方面，脑后拖一根三脱油松大辫，生得天圆地方，鲜红的腮颊，往下坠着一点，有湿眉毛，水汪汪的黑眼睛里永远透着三分不耐烦，穿一件竹根青窄袖长袍，酱紫芝麻地一字襟珠扣小坎肩，问兰仙道："谁在里头喊喊喳喳跟老太太说话？"兰仙道："二嫂。"季泽抿着嘴摇摇头。兰仙笑道："你也怕了她？"季泽一声儿不言语，拖过一把椅子，将椅背抵着桌面，把袍子高高的一撩，骑着椅子坐了下来，下巴搁在椅背上，手里只管把核桃仁一个一个拈来吃。兰仙睨了他一眼道："人家剥了这一晌午，是专诚孝敬你的么？"正说着，七巧掀着帘子出来了，一眼看见了季泽，身不由主的就走了过来，绕到兰仙椅子背后，两手兜在兰仙脖子上，把脸凑了下去，笑道："这么一个人才出众的新娘子！三弟你还没谢谢我哪！要不是我催着他们早早替你办了这件事，这一耽搁，等打完了仗，指不定要十年八年呢！可不把你急坏了！"兰仙生平最大的憾事便是出阁的日子正赶着非常时期，潦草成了家，诸事都欠齐全，因此一听见这不入耳的话，她那小长瓜子脸便往下一沉。季泽望了兰仙一眼，微笑道："二嫂，自古好心没有好报，谁都不承你的情!"七巧道:"不承情也罢!我也惯了。我进了你姜家的门,别的不说,单只守着你二哥这些年,衣不解带的服侍他,也就是个有功无过的人——谁见我的情来?谁有半点好处到我头上?"季泽笑道:"你一开口就是满肚子的牢骚!"七巧长长地吁了一口气,只管拨弄兰仙衣襟上扣着的金三事儿和钥匙。半晌,忽道:"总算你这一个来月没出去胡闹过。真亏了新娘子留住了你。旁人跪下地来求你也留你不住!"季泽笑道:"是吗?嫂子并没有留过我,怎见得留不住?"一面笑,一面向兰仙使了个眼色。七巧笑得直不起腰道:"三妹妹,你也不管管他!这么个猴儿崽子,我眼看他长大的,他倒占起我的便宜来了!"

她嘴里说笑着,心里发烦,一双手也不肯闲着,把兰仙揣着捏着,捶着打着。恨不得把她挤得走了样才好。兰仙纵然有涵养,也忍不住要恼了,一性急,磕核桃使差了劲,把那二寸多长的指甲齐根折断。七巧哟了一声道:"快拿剪刀来修一修。我记得这屋里有一把小剪子的。"便唤:"小双!榴喜!来人哪!"兰仙立起身来道:"二嫂不用费事,我上我屋里铰去。"便抽身出去。七巧就在兰仙的椅子上坐下了,一手托着腮,抬高了眉毛,斜睨着季泽道:"她跟我生了气?"季泽笑道:"她干吗生你的气?"七巧道:"我正要问呀——我难道说错了话不成?留你在家倒不好?她倒愿意你上外头逛去?"季泽笑道:"这一家子从大哥大嫂起,齐了心管教我,无非是怕我花了公账上的钱罢了。"七巧道:"阿弥陀佛,我保不定别人不安着这个心,我可不那么想。你就是闹了亏空,押了房子卖了田,我若皱一皱眉头,我也不是你二嫂了。谁叫咱们是骨肉至亲呢?我不过是要你当心你的身子。"季泽嗤的一笑道:"我当心我的身子,要你操心?"七巧颤声道:"一个人,身子第一要紧。你瞧你二哥弄的那样儿,还成个人吗?还能拿他当个人看?"季泽正色道:"二哥比不得我,他一下地就是那样儿,并不是自己作践的。他是个可怜的人,一切全仗二嫂照护他了。"七巧直挺挺的站了起来,两手扶着桌子,垂着眼皮,脸庞的下半部抖得像嘴里含着滚烫的蜡烛油似的,用尖细的声音逼出两句话道:"你去挨着你二哥坐坐!你去挨着你二哥坐坐!"她试着在季泽身边坐下,只搭着他的椅子的一角,她将手贴在他腿上,道:"你碰过他的肉没有?是软的、重的,就像人的脚有时发了麻,摸上去那感觉……"季泽脸上也变了色,然而他仍旧轻佻地笑了一声,俯下腰,伸手去捏她的脚道:"倒要瞧瞧你的脚现在麻不麻!"七巧道:"天哪,你没挨着他的肉,你不知道没病的身子是多好的……多好的……"她顺着椅子溜下去,蹲在地上,脸枕着袖子,听不见她哭,只看见发髻上插的风凉针,针头上的一粒钻石的光,闪闪挚动着。发髻的心子里扎着一小截粉红丝线,反映在金刚钻微红的光焰里。她的背影一挫一挫,俯伏了下去。她不像在哭,简直像在翻肠搅胃地呕吐。

季泽先是愣住了,随后就立起来道:"我走。我走就是了。你不怕人,我还怕人呢。也得给二哥留点面子!"七巧扶着椅子站了起来,呜咽道:"我走。"她扯着衫袖里的手帕子揾了揾脸,忽然微微一笑道:"你这样护卫二哥!"季泽冷笑道:"我不护卫他,还有谁护卫他?"七巧向门走去,哼了一声道:"你又是什么好人?趁早不用在我跟前假撇清!且不提你在外头怎样荒唐,只单在这屋里……老娘眼睛里揉不下沙子去!别说我是你嫂子了，就是我是你奶妈，只怕你也不在乎。"季泽笑道："我原是个随随便便的人，哪禁得你挑眼儿？"七巧待要出去，又把背心贴在门上，低声道："我就不懂，我有什么地方不如人？我有什么地方不好……"季泽笑道："好嫂子，你有什么不好？"七巧笑了一声道："难不成我跟了个残废的人，就过上了残废的气，沾都沾不得？"她睁着眼直勾勾朝前望着，耳朵上的实心小金坠子像两只铜钉把她钉在门上——玻璃匣子里蝴蝶的标本，鲜艳而凄怆。

季泽看着她，心里也动了一动。可是那不行，玩尽管玩，他早抱定了宗旨不惹自己家里人，一时的兴致过去了，躲也躲不掉，踢也踢不开，成天在面前，是个累赘。何况七巧的嘴这样敞，脾气这样躁，如何瞒得了人？何况她的人缘这样坏，上上下下谁肯代她包涵一点？她也许是豁出去了，闹穿了也满不在乎。他可是年纪轻轻的，凭什么要冒这个险？他侃侃说道："二嫂，我虽年纪小，并不是一味胡来的人。"

仿佛有脚步声。季泽一撩袍子，钻到老太太屋子里去了，临走还抓了一大把核桃仁。七巧神志还不很清楚，直到有人推门，她方才醒了过来，只得将计就计，藏在门背后，见玳珍走了进来，她便夹脚跟出来，在玳珍背上打了一下。玳珍勉强一笑道："你的兴致越发好了！"又望了望桌上道："咦？那么些个核桃，吃得差不多了。再也没有别人，准是三弟。"七巧倚着桌子，面向阳台立着，只是不言语。玳珍坐了下来，嘟哝道："害人家剥了一早上，便宜他享现成的！"七巧捏着一片锋利的胡桃壳，在红毡条上狠命刮着，左一刮，右一刮，看看那毡子起了毛，就要破了。她咬着牙道："钱上头何尝不是一样？一味的叫咱们省，省下来让人家拿出去大把的花！我就不服这口气！"玳珍看了她一眼，冷冷地道："那可没有办法。人多了，明里不去，暗里也不见得不去。管得了这个，管不了那个。"七巧觉得她话中有刺，正待反唇相讥，小双进来了，鬼鬼祟祟走到七巧跟前，啜嚅道："奶奶，舅爷来了。"七巧骂道："舅爷来了，又不是背人的事，你嗓子眼里长了疔是怎么着！蚊子哼哼似的！"小双倒退了一步，不敢言语。玳珍道："你们舅爷原来也到上海来了。咱们这儿亲戚倒都全了。"七巧移步出房道："不许他到上海来？内地兵荒马乱的，穷人也一样的要命呀！"她在门槛上站住了，问小双道："回过老太太没有？"小双道："还没呢。"七巧想了一想，毕竟不敢进去告诉一声，只得悄悄下楼去了。

玳珍问小双道："舅爷一个人来的？"小双道："还有舅奶奶，拎着四只提篮盒。"玳珍格的一笑道："倒破费了他们。"小双道："大奶奶不用替他们心疼。装得满满的进来，一样装得满满的出去。别说金的银的圆的扁的，就连零头鞋面儿裤腰都是好的！"玳珍笑道："别那么缺德了！你下去罢。她娘家人难得上门，伺候不周到，又该大闹了。"

小双赶了出去，七巧正在楼梯口盘问榴喜老太太可知道这件事。榴喜道："老太太念佛呢，三爷趴在窗口看野景，就大门口来了客。老太太问是谁，三爷仔细看了看，说不知是不是曹家舅爷，老太太就没追问下去。"七巧听了，心头火起，跺了跺脚，喃喃呐呐骂道："敢情你装不知道就算了！皇帝还有草鞋亲呢！这会子有这么势利的，当初何必三媒六聘的把我抬过来？快刀斩不断的亲戚，别说你今儿是装死，就是你真死了，他也不能不到你灵前磕三个头，你也不能不受着他的！"一面说，一面下去了。

她那间房，一进门便有一堆金漆箱笼迎面拦住，只隔开几步见方的空地。她一掀帘子，只见她嫂子蹲下身去将提篮盒上面的一屉酥盒子卸了下来，检视下面一屉里的菜可曾泼出来。她哥哥曹大年背着手弯着腰看着。七巧止不住一阵心酸，倚着箱笼，把脸偎在那沙蓝棉套子上，纷纷落下泪来。她嫂子慌忙站直了身子，抢步上前，两只手捧住她一只手，连连叫着姑娘。曹大年也不免抬起袖子来擦眼睛。七巧把那只空着的手去解箱套子上的纽扣，解了又扣上，只是开不得口。

她嫂子回过头去睃了她哥哥一眼道："你也说句话呀！成日价念叨着，见了妹妹的面，又像锯了嘴的葫芦似的！"七巧颤声道："也不怪他没有话——他哪儿有脸来见我！"又向她哥哥道："我只道你这一辈子不打算上门了！你害得我好！你扔崩一走，我可走不了。你也不顾我的死活！"曹大年道："这是什么话？旁人这么说还罢了，你也这么说！你不替我遮盖遮盖，你自己脸上也不见得光鲜。"七巧道："我不说，我可禁不住人家不说。就为你，我气出了一身病在这里。今日之下，亏你还拿这话来堵我！"她嫂子忙道："是他的不是，是他的不是！姑娘受了委屈了。姑娘受的委屈也不止这一件，好歹忍着罢，总有个出头之日。"她嫂子那句"姑娘受的委屈也不止这一件"的话却深深打进她心坎儿里去。七巧哀哀哭了起来，急得她嫂子直摇手道："看吵醒了姑爷。"房那边暗昏昏的紫楠大床上，寂寂吊着珠罗纱帐子。七巧的嫂子又道："姑爷睡着了罢？惊动了他，该生气了。"七巧高声叫道："他要有点人气，倒又好了！"她嫂子吓得掩住她的嘴道："姑奶奶别！病人听见了，心里不好受！"七巧道："他心里不好受，我心里好受吗？"她嫂子道："姑爷还是那软骨症？"七巧道："就这一件还不够受了，还禁得起添什么？这儿一家子都忌讳痨病这两个字，其实还不就是骨痨！"她嫂子道："整天躺着，有时候也坐起来一会儿么？"七巧哧哧的笑了起来道："坐起来，脊梁骨直溜下去，看上去还没有我那三岁的孩子高哪！"她嫂子一时想不出劝慰的话，三个人都愣住了。七巧猛地顿脚道："走罢，走罢，你们！你们来一趟，就害得我把前因后果重新在心里过一过。我禁不起这么掀腾！你快给我走！"

曹大年道："妹妹你听我一句话。别说你现在心里不舒坦，有个娘家走动着，多少好些，就是你有了出头之日了，姜家是个大族，长辈动不动就拿大帽子压人，平辈小辈一个个如狼似虎的，哪一个是好惹的？替你打算，也得要个帮手。将来你用得着你哥哥你侄儿的时候多着呢。"七巧啐了一声道："我靠你帮忙，我也倒了霉了！我早把你看得透里透——斗得过他们，你到我跟前来邀功要钱，斗不过他们，你往那边一倒。本来见了做官的就魂都没有了，头一缩，死不迟。"七巧道："你既然知道钱还没到我手里，你来缠我做什么？"大年道："远迢迢赶来看你，倒是我们的不是了！走！我们这就走！凭良心说，我就用你两个钱，也是该的。当初我若贪图财礼，问姜家多要几百两银子，把你卖给他们做姨太太，也就卖了。"七巧道："奶奶不胜似姨奶奶吗？长线放远鹞，指望大着呢！"大年待要回嘴，他媳妇拦住他道："你就少说一句罢！以后还有见面的日子呢。将来姑奶奶想到你的时候，才知道她就只这一个亲哥哥了！"大年督促他媳妇整理了提篮盒，拎起就待走。七巧道："我稀罕你？等我有了钱了，我不愁你不来，只愁打发你不开！"嘴里虽然硬着，煞不住那呜咽的声音，一声响似一声，憋了一上午的满腔幽恨，借着这因由尽情发泄了出来。

她嫂子见她分明有些留恋之意，便做好做歹劝住了她哥哥，一面半搀半拥把她引到花梨炕上坐下了，百般譬解，七巧渐渐收了泪。兄妹姑嫂叙了些家常。北方情形还算平靖，曹家的麻油铺还照常营业着。大年夫妇此番到上海来，却是因为他家没过门的女婿在人家当账房，光复的时候恰巧在湖北，后来辗转跟主人到上海来了，因此大年亲自送了女儿来完婚，顺便探望妹子。大年问候了姜家阖宅上下，又要参见老太太，七巧道："不见也罢了，我正跟她怄气呢。"大年夫妇都吃了一惊，七巧道："怎么不淘气呢？一家子都往我头上踩，我要是好欺负的，早给作践死了，饶是这么着，还气得我七病八痛的！"她嫂子道："姑娘近来还抽烟不抽？倒是鸦片烟，平肝导气，比什么药都强，姑娘自己千万保重，我们又不在跟前，谁是个知疼着热的人？"

七巧翻箱子取出几件新款尺头送与她嫂子，又是一副四两重的金镯子，一对披霞莲蓬簪，一床丝棉被胎，侄女们每人一只金挖耳，侄儿们或是一只金锞子，或是一顶貂皮暖帽，另送了她哥哥一只珐琅金蝉打簧表，她哥嫂道谢不迭。七巧道："你们来得不巧，若是在北京，我们正要上路的时候，带不了的东西，分了几箱给丫头老妈子，白便宜了他们。"说得她哥嫂讪讪的。临行的时候，她嫂子道："忙完了闺女，再来瞧姑奶奶。"七巧笑道："不来也罢了，我应酬不起！"

大年夫妇出了姜家的门，她嫂子便道："我们这位姑奶奶怎么换了个人？没出嫁的时候不过要强些，嘴头子上琐碎些，就连后来我们去瞧她，虽是比前暴躁些，也还有个分寸，不似如今疯疯傻傻，说话有一句没一句，就没一点儿得人心的地方。"

七巧立在房里，抱着胳膊看小双祥云两个丫头把箱子抬回原处，一只一只叠了上去。从前的事又回来了：临街碎石子街的馨香的麻油店，黑腻的柜台，芝麻酱桶里竖着木匙子，油缸上吊着大大小小的铁匙子。漏斗插在打油的人的瓶里，一大匙再加上两小匙正好装满一瓶——一斤半。熟人呢，算一斤四两。有时她也上街买菜，蓝夏布衫裤，镜面乌绫镶滚。隔着密密层层的一排吊着猪肉的铜钩，她看见肉铺里的朝禄。朝禄赶着她叫曹大姑娘。难得叫声巧姐儿，她就一巴掌打在钩子背上，无数的空钩子荡过去锥他的眼睛，朝禄从钩子上摘下尺来宽的一片生猪油，重重的向肉案一抛，一阵温风直扑到她脸上，有种腻滞的死去的肉体的气味……她皱紧了眉毛。床上睡着的她的丈夫，那没有生命的肉体……

风从窗子里进来，对面挂着的回文雕漆长镜被吹得摇摇晃晃，磕托磕托敲着墙。七巧双手按住了镜子。镜子里反映着的翠竹帘子和一副金绿山水屏条依旧在风中来回荡漾着，望久了，便有一种晕船的感觉。再定睛看时，翠竹帘子已经褪了色，金绿山水换了一张她丈夫的遗像，镜子里的人也老了十年。

导读

课文为张爱玲中篇小说《金锁记》节选，出自小说集《传奇》。作品扉页上曾有作者本人题词："书名叫传奇，目的是在传奇里面寻找普通人，在普通人里寻找传奇。"《传奇》所写的"普通人"主要是集中在沪港两地逐渐没落的封建世家和半新半旧的资产阶级家庭中的人物，也包括中上层小市民。作者以感伤的笔触记录了他们一个个与婚姻爱情有关的可笑而可悲的传奇故事。张爱玲最擅长写"家史性"的故事，在其笔下光鲜亮丽、锦衣玉食的大家庭生活背后是无可救药的烂疮和痈疽，所谓身份高贵的人物都有着空虚、堕落、变态的灵魂，文字间散发着苍凉悲怆的情调。《传奇》中公认的张爱玲三部代表作：《金锁记》《沉香屑·第一炉香》《倾城之恋》。

　　傅雷先生曾评价《金锁记》：颇有《狂人日记》中某些故事的风味，为我们文坛最美的收获之一。《金锁记》还被中国著名文学评论家夏志清先生称为"中国从古以来最伟大的中篇小说"。《金锁记》演绎了没落的封建大家族姜公馆二奶奶曹七巧的悲剧故事。曹七巧本是一个开麻油店人家的女儿，身份卑微，举止轻佻，但在嫁入姜家之前不失为一个身心健康的女子。哥哥因贪财，把她嫁给了世族姜家瘫痪在床的二少爷。这个失去人伦之乐的少妇用30年熬到"夫死公亡"，分得一大笔遗产，在人身方面终获得自主。但在金钱与情欲的压迫下，她的性格被扭曲，行为变得乖戾，开始以病态的方式向所有人复仇。"三十年来她戴着黄金的枷，她用那沉重的枷角劈杀了几个人，没死也送了半条命。"她不但破坏儿子的婚姻，致使儿媳被折磨而死，还拆散女儿的爱情。"金锁"即黄金的枷锁，它禁锢了七巧的一生，耗费了她的生命，扭曲了她的性格，甚至使之偏狭地认为每个男人对女人好都是为了她的钱。作品触目惊心地写出买卖婚姻对于人心灵的摧残，时至今日对在金钱和爱情之间进行选择的人们仍有着深刻的启示意义。选文为作品前半部分，着力描写了曹七巧作为图财婚姻的受害者嫁到姜家后的不幸遭遇。在姜家七巧身份虽为少奶奶，地位却等同下人，受尽姜家人的冷眼鄙视，甚至下人都可对其指手画脚。不甘命运摆布的七巧偷偷爱上三少爷姜季泽，却被对方敬而远之。生活中种种的不幸使之心理逐渐变态。

　　《金锁记》的基调是苍凉的。这苍凉感既有来自金钱对于爱情的侵蚀，也包括在金钱面前不堪一击的亲子之爱与同胞之爱，让人深深感受到人性的冷漠和绝望。作品运用写实手法对人物变态的心理进行了精细透彻的刻画，显示了作者非凡的艺术才能，使人读得惊心动魄。在人物描写方面，作者有向中国现实主义古典小说学习的痕迹。如文中写到曹七巧早上和妯娌、小姑向婆婆请安一段，对人物的神态、言行、服饰色彩质地展开的精细描绘会让人不经意想到《红楼梦》。作者还善于用意象来表现人物和作者的心理感受。作者中用"玻璃匣子里蝴蝶的标本，鲜艳与凄怆"形容七巧向季泽示爱不成内心的不甘落寞与嫉恨之情，使读者对于七巧的悲剧命运有了更直观的感受，增强了作品的艺术感染力。

思考练习题

　　1.《传奇》扉页作者题词："书名叫传奇，目的是在传奇里面寻找普通人，在普通人

里寻找传奇。"试结合作品中七巧形象，阐述这"普通人"具有怎样不普通的艺术感染力。

2. 从文中找出描写月亮的文字，分析体会在作品中意象月亮的含义是什么。

3. 请完整地阅读《金锁记》，试讲述人物曹七巧性格的蜕变过程。

活着（节选）

余华

> 余华，1960年4月3日出生，浙江海盐人，当代作家。曾经从事过5年的牙医工作，1983年开始小说创作。在二十世纪八十年代，余华和苏童、格非、孙甘露等的创作形成了一股文学潮流，评论界称之为"先锋文学"。余华至今已出版长篇小说4部，中短篇小说6部，随笔集4部，主要作品有《活着》《许三观卖血记》《在细雨中呼喊》《兄弟》《第七天》等，其中《活着》和《许三观卖血记》是余华代表作，两部作品同时入选了中国百位批评家和文学编辑评选的"九十年代最具有影响的十部作品"。其作品被翻译成英文、法文、德文、俄文、意大利文、荷兰文、挪威文、韩文、日文等在海外出版，并获得国内外多种文学奖。《活着》是作者1993年的作品，在这部充满血泪的小说中，余华以小人物的经历阐释了人生存的意义，"人是为活着本身而活着，而不是为活着之外的任何事物所活着"。

说起来苦根才刚满五岁，他已经是我的好帮手了。我走到哪里，他就跟到哪里，和我一起干活，他连稻子都会割了。

我花钱请城里的铁匠给他打了一把小镰刀，那天这孩子高兴坏了，平日里带他进城，一走过二喜家那条胡同，这孩子呼地一下窜进去，找他的小伙伴去玩，我怎么叫他，他都不答应。那天说是给他打镰刀，他扯住我的衣服就没有放开过，和我一起在铁匠铺子前站了半晌，进来一个人，他就要指着镰刀对那人说：

"是苦根的镰刀。"

他的小伙伴找他去玩，他扭了扭头得意洋洋地说：

"我现在没工夫跟你们说话。"

镰刀打成了，苦根睡觉都想抱着，我不让，他就说放到床下面。早晨醒来第一件事便是去摸床下的镰刀。我告诉他镰刀越使越快，人越勤快就越有力气，这孩子眨着眼睛看了我很久，突然说：

"镰刀越快，我力气也就越大啦。"

苦根总还是小，割稻子自然比我慢多了，他一看到我割得快，便不高兴，朝我叫：

"福贵，你慢点。"

村里人叫我福贵，他也这么叫，也叫我外公，我指指自己割下的稻子说："这是苦根割的。"

他便高兴地笑起来，也指指自己割下的稻子说：

"这是福贵割的。"

苦根年纪小，也就累得快，他时时跑到田埂上躺下睡一会，对我说：

"福贵，镰刀不快啦。"

他是说自己没力气了。他在田埂上躺一会，又站起来神气活现地看我割稻子，不时叫道：

"福贵，别踩着稻穗啦。"

旁边田里的人见了都笑，连队长也笑了，队长也和我一样老了，他还在当队长，他家人多，分到了五亩地，紧挨着我的地，队长说：

"这小子真他娘的能说会道。"

我说："是凤霞不会说话欠的。"

这样的日子苦是苦，累也是累，心里可是高兴，有了苦根，人活着就有劲头。看着苦根一天一天大起来，我这个做外公的也一天比一天放心。到了傍晚，我们两个人就坐在门槛上，看着太阳掉下去，田野上红红一片闪亮着，听着村里人吆喝的声音，家里养着的两只母鸡在我们面前走来走去，苦根和我亲热，两个人坐在一起，总是有说不完的话，看着两只母鸡，我常想起我爹在世时说的话，便一遍一遍去对苦根说：

"这两只鸡养大了变成鹅，鹅养大了变成羊，羊大了又变成牛。我们啊，也就越来越有钱啦。"

苦根听后格格直笑，这几句话他全记住了，多次他从鸡窝里掏出鸡蛋来时，总要唱着说这几句话。

鸡蛋多了，我们就拿到城里去卖。我对苦根说：

"钱积够了我们就去买牛，你就能骑到牛背上去玩了。"

苦根一听眼睛马上亮了，他说：

"鸡就变成牛啦。"

从那时以后，苦根天天盼着买牛这天的来到，每天早晨他睁开眼睛便要问我：

"福贵，今天买牛吗？"

有时去城里卖了鸡蛋，我觉得苦根可怜，想给他买几颗糖吃吃，苦根就会说：

"买一颗就行了，我们还要买牛呢。"

一转眼苦根到了七岁，这孩子力气也大多了。这一年到了摘棉花的时候，村里的广播说第二天有大雨，我急坏了，我种的一亩半棉花已经熟了，要是雨一淋那就全完蛋。一清早我就把苦根拉到棉花地里，告诉他今天要摘完，苦根仰着脑袋说：

"福贵，我头晕。"

我说："快摘吧，摘完了你就去玩。"

苦根便摘起了棉花，摘了一阵他跑到田埂上躺下，我叫他，叫他别再躺着，苦根说：

"我头晕。"

我想就让他躺一会吧，可苦根一躺下便不起来了，我有些生气，就说：

"苦根，棉花今天不摘完，牛也买不成啦。"

苦根这才站起来，对我说：

"我头晕得厉害。"

我们一直干到中午，看看大半亩棉花摘了下来，我放心了许多，就拉着苦根回家去吃饭，一拉苦根的手，我心里一怔，赶紧去摸他的额头，苦根的额头烫得吓人。我才知道他是真病了，我真是老糊涂了，还逼着他干活。回到家里，我就让苦根躺下。村里人说生姜能治百病，我就给他熬了一碗姜汤，可是家里没有糖，想往里面撒些盐，又觉得太委屈苦根了，便到村里人家那里去要了点糖，我说：

"过些日子卖了粮，我再还给你们。"

那家人说："算啦，福贵。"

让苦根喝了姜汤，我又给他熬了一碗粥，看着他吃下去。

我自己也吃了饭，吃完我还得马上下地，我对苦根说：

"你睡上一觉会好的。"

走出了屋门，我越想越心疼，便去摘了半锅新鲜的豆子，回去给苦根煮熟了，里面放上盐。把凳子搬到床前，半锅豆子放在凳上，叫苦根吃，看到有豆子吃，苦根笑了，我走出去时听到他说：

"你怎么不吃啊。"

我是傍晚才回到屋里的，棉花一摘完，我累得人架子都要散了。从田里到家才一小段路，走到门口我的腿便哆嗦了，我进了屋叫：

"苦根，苦根。"

苦根没答应，我以为他是睡着了，到床前一看，苦根歪在床上，嘴半张着能看到里面有两颗还没嚼烂的豆子。一看那嘴，我脑袋里嗡嗡乱响了，苦根的嘴唇都青了。我使劲摇他，使劲叫他，他的身体晃来晃去，就是不答应我。我慌了，在床上坐下来想了又想，想到苦根会不会是死了，这么一想我忍不住哭了起来。我再去摇他，他还是不答应，我想他可能真是死了。我就走到屋外，看到村里一个年轻人，对他说：

"求你去看看苦根，他像是死了。"

那年轻人看了我半晌，随后拔脚便往我屋里跑。他也把苦根摇了又摇，又将耳朵贴到苦根胸口听了很久，才说：

"听不到心跳。"

村里很多人都来了，我求他们都去看看苦根，他们都去摇摇，听听，完了对我说：

"死了。"

苦根是吃豆子撑死的，这孩子不是嘴馋，是我家太穷，村里谁家的孩子都过得比苦根好，就是豆子，苦根也是难得能吃上。我是老昏了头，给苦根煮了这么多豆子，我老得又笨又蠢，害死了苦根。

往后的日子我只能一个人过了，我总想着自己日子也不长了，谁知一过又过了这些年。我还是老样子，腰还是常常疼，眼睛还是花，我耳朵倒是很灵，村里人说话，我不看也能知道是谁在说。我是有时候想想伤心，有时候想想又很踏实，家里人全是我送的葬，全是我亲手埋的，到了有一天我腿一伸，也不用担心谁了。我也想通了，轮到自己死时，安安心心死就是，不用盼着收尸的人，村里肯定会有人来埋我的，要不我人一臭，那气味谁也受不了。我不会让别人白白埋我的，我在枕头底下压了十元钱，这十元钱我饿死也不会去动它的，村里人都知道这十元钱是给替我收尸的那个人，他们也都知道我死后是要和家珍他们埋在一起的。

这辈子想起来也是很快就过来了，过得平平常常，我爹指望我光耀祖宗，他算是看错人了，我啊，就是这样的命。年轻时靠着祖上留下的钱风光了一阵子，往后就越过越落魄了，这样反倒好，看看我身边的人，龙二和春生，他们也只是风光了一阵子，到头来命都丢了。做人还是平常点好，争这个争那个，争来争去赔了自己的命。像我这样，说起来是越混越没出息，可寿命长，我认识的人一个挨着一个死去，我还活着。

苦根死后第二年，我买牛的钱凑够了，看看自己还得活几年，我觉得牛还是要买的。牛是半个人，它能替我干活，闲下来时我也有个伴，心里闷了就和它说说话。牵着它去水边吃草，就跟拉着个孩子似的。

买牛那天，我把钱揣在怀里走着去新丰，那里是个很大的牛市场。路过邻近一个村庄时，看到晒场上转着一群人，走过去看看，就看到了这头牛，它趴在地上，歪着脑袋吧嗒吧嗒掉眼泪，旁边一个赤膊男人蹲在地上霍霍地磨着牛刀，围着的人在说牛刀从什么地方刺进去最好。我看到这头老牛哭得那么伤心，心里怪难受的。想想做牛真是可怜。累死累活替人干了一辈子，老了，力气小了，就要被人宰了吃掉。

我不忍心看它被宰掉，便离开晒场继续往新丰去。走着走着心里总放不下这头牛，它知道自己要死了，脑袋底下都有一摊眼泪了。

我越走心里越是定不下来，后来一想，干脆把它买下来。

我赶紧往回走，走到晒场那里，他们已经绑住了牛脚，我挤上去对那个磨刀的男人说：

"行行好，把这头牛卖给我吧。"

赤膊男人手指试着刀锋，看了我好一会才问：

"你说什么？"

我说："我要买这牛。"

他咧开嘴嘻嘻笑了，旁边的人也哄地笑起来，我知道他们都在笑我，我从怀里抽出钱放到他手里，说：

"你数一数。"赤膊男人马上傻了，他把我看了又看，还搔搔脖子，问我：

"你当真要买？"

我什么话也不去说，蹲下身子把牛脚上的绳子解了，站起来后拍拍牛的脑袋，这牛还真聪明，知道自己不死了，一下子站起来，也不掉眼泪了。我拉住缰绳对那个男人说：

"你数数钱。"

那人把钱举到眼前像是看看有多厚，看完他说：

"不数了，你拉走吧。"

我便拉着牛走去，他们在后面乱哄哄地笑，我听到那个男人说：

"今天合算,今天合算。"

牛是通人性的,我拉着它往回走时,它知道是我救了它的命,身体老往我身上靠,亲热得很,我对它说:

"你呀,先别这么高兴,我拉你回去是要你干活,不是把你当爹来养着的。"

我拉着牛回到村里,村里人全围上来看热闹,他们都说我老糊涂了,买了这么一头老牛回来,有个人说:

"福贵,我看它年纪比你爹还大。"

会看牛的告诉我,说它最多只能活两年三年,我想两三年足够了,我自己恐怕还活不到这么久。谁知道我们都活到了今天,村里人又惊又奇,就是前两天,还有人说我们是——"两个老不死的。"

牛到了家,也是我家里的成员了,该给它取个名字,想来想去还是觉得叫它福贵好。定下来叫它福贵,我左看右看都觉得它像我,心里美滋滋的,后来村里人也开始说我们像,我嘿嘿笑,心想我早就知道它像我了。

福贵是好样的,有时候嘛,也要偷偷懒,可人也常常偷懒,就不要说是牛了。我知道什么时候该让它干活,什么时候该让它歇一歇,只要我累了,我知道它也累了,就让它歇一会,我歇得来精神了,那它也该干活了。

老人说着站了起来,拍拍屁股上的尘土,向池塘旁的老牛喊了一声,那牛就走过来,走到老人身旁低下了头,老人把犁扛到肩上,拉着牛的缰绳慢慢走去。

两个福贵的脚上都沾满了泥,走去时都微微晃动着身体。

我听到老人对牛说:

"今天有庆、二喜耕了一亩,家珍、凤霞耕了也有七、八分田,苦根还小,都耕了半亩。你嘛,耕了多少我就不说了,说出来你会觉得我是要羞你。话还得说回来,你年纪大了,能耕这么些田也是尽心尽力了。"

老人和牛渐渐远去,我听到老人粗哑的令人感动的嗓音在远处传来,他的歌声在空旷的傍晚像风一样飘扬,老人唱道:

少年去游荡,中年想掘藏,老年做和尚。

炊烟在农舍的屋顶袅袅升起,在霞光四射的空中分散后消隐了。

女人吆喝孩子的声音此起彼伏,一个男人挑着粪桶从我跟前走过,扁担吱呀吱呀一路响了过去。慢慢地,田野趋向了宁静,四周出现了模糊,霞光逐渐退去。

我知道黄昏正在转瞬即逝,黑夜从天而降了。我看到广阔的土地袒露着结实的胸膛,那是召唤的姿态,就像女人召唤着她们的儿女,土地召唤着黑夜来临。

导读

本文节选自当代小说家余华长篇小说《活着》的结尾部分。

《活着》讲述了在时代变迁的大背景下小人物福贵动荡苦难的一生。地主少爷福贵嗜赌成性，终于赌光了家业，父亲被气病掉入粪缸而死。穷困之中，福贵因母亲生病前去求医，没想到半路上被国民党部队抓了壮丁。后被解放军所俘虏，回到家乡他才知道母亲已经过世，妻子家珍含辛茹苦带大了一双儿女，但女儿不幸变成了哑巴。真正的悲剧从此才开始渐次上演。"大跃进"时妻子家珍因患有软骨病而干不了重活，儿子因与县长夫人血型相同，为救县长夫人抽血过多而亡。"文革"时女儿凤霞与城里的偏头二喜喜结良缘，产下一男婴后，因大出血死在手术台上。在凤霞死后三个月家珍也去世了。二喜是搬运工，因吊车出了差错，被两排水泥板夹死。外孙苦根便随福贵回到乡下，生活十分艰难，就连豆子都很难吃上，福贵心疼便给苦根煮豆吃，不料苦根却因吃多豆子被撑死……生命里难得的温情被一次次死亡撕扯得粉碎，只剩下老了的福贵伴随着一头老牛在阳光下回忆。在作品中作者把苦难的广度和深度放大到无以复加的程度，我们跟着主人公一次次近距离地面对死亡，感觉如潮水般涌来的生命难以承受之痛，深深地感觉到人在命运面前的渺小，却同时又惊诧于福贵一次次面对苦难死亡时的忍耐、超然与乐观，及其于苦难悲伤的极限处善待生命，默默地承受生命之重而无怨无悔地活着的人生态度。我们感叹人物对于苦难的承受力，对于世界乐观的态度，也深深感受到作者通过作品传递的对于生命意义的思考：活着本身很艰难，延续生命就得艰难的活着，正因为异常艰难，活着才具有深刻的含义。没有比活着更美好的事，也没有比活着更艰难的事。这也是作品取名《活着》的意图，"人是为活着本身而活着，而不是为活着之外的任何事物所活着"。

思考练习题

1. 故事末尾，作者写到在所有亲人都离开福贵后，唯有一头"老牛"陪在其身边。"老牛"作为《活着》中的意象是否可以被置换？试分析其象征含义。

2. 观看 1994 年由张艺谋改编拍摄的同名电影《活着》，和原作进行比较，体会小说与电影各自所表达的主题思想。

挪威的森林（节选）

村上春树

村上春树，日本后现代主义作家，1949 年 1 月 12 日生于京都，毕业于早稻田大学第一文学部演剧科。村上春树自幼受父亲影响拥有深厚的文学素养，29 岁开始写作，第一部作品《且听风吟》即获得日本群像新人奖，另外还有重要小说作品《海边的卡夫卡》《奇鸟行状录》《骑士团长杀人事件》等。二战后日本文学以反思战争为主，而村上春树作品风格深受欧美作家的影响，基调轻盈，少有日本战后阴郁沉重的文字气息，无疑成为当时一股清流。村上春树因而被称作第一个纯正的"二战后时期作家"，并被誉为日本20世纪80年代的文学旗手,其作品在世界范围内具有广泛知名度。村上春树本人被称为诺贝尔奖界的"小李子",自2009年以来,其已连续7年被视为诺贝尔文学奖热门人选,但均没能获奖。村上春树1987年创作的爱情长篇小说《挪威的森林》从上市至2010年在日本畅销一千万册,到2004年国内简体版销售总量达786万,引起"村上现象"。在我国曾引起读者关注,不到半年重印4次。

翌日星期四,上午有堂体育课,我在五十公尺的泳池里来回游了几趟。做过激烈运动的关系,心情舒畅了些,食欲也有了。我到定食餐厅吃了一顿分量很够的午餐,正要走去文学院图书馆查点资料时,在路上和小林绿不期而遇。她跟一名戴眼镜的瘦小女孩在一起,见到我就径自走过来。

"上哪儿去?"她问我。

"图书馆。"我说。

"别去那种地方,跟我一起吃午饭如何?"

"刚刚吃过了。"

"有啥关系?再吃一遍嘛。"

结果,我和阿绿走进附近的咖啡室,她吃咖哩,我喝咖啡。她在白色长袖衬衫上面穿了一件织了鱼图案的黄色毛线西装背心,戴着一条细细的金项链和迪斯尼手表,然后津津有味地吃咖哩,喝了三杯白开水。

"最近几天你不在东京是不是?我打过几次电话给你哦。"阿绿说。

"是否有什么要事?"

"没什么要事。只是打打看而已。"

"嗯哼。"我说。

"你的'嗯哼'到底是什么意思?"

"没什么意思。仅仅是随声附和而已。"我说,"怎样?最近有没有发生火灾?"

"唔,那次相当有趣咧。受害者不多,比较起来烟倒是很多,又有现场靶,好玩得很。"阿绿说着,又咕噜咕噜地喝水,然后舒一口气,目不转睛地看我的脸。"喂,渡边,怎么啦?你有点失魂落魄的样子,而且眼睛没有焦点哦。"

"刚刚旅行回来,有点疲倦罢了。没什么事。"

"你的眼睛好像见过幽灵似的!"

"嗯哼。"我说。

"喂,下午有没有课?"

"德文课和宗教学。"

"可以溜掉不上吗?"

"德文课不可能。今天要考试。"

"几点结束?"

"两点。"

"那么，下课后和我出城一起喝酒如何？"

"白天下午两点钟喝酒？"

……

"偶尔有什么关系嘛。你的脸色呆得好厉害，跟我一起喝酒提提神吧？我也想陪你喝酒振作精神呀。不懂吗？只要直觉够好，即使什么也不知道也能通过大学考试的呀。我的直觉很好哦。从下面三个答案选一个对的之类，我一下子就猜中了。"

"我的直觉不如你的好，所以需要学习有系统的思考方式，养兵千日，用在一朝。"

"那些东西会有用处吗？"

"在处理某种事情上会比较容易吧！"我说。

"譬如怎样的情形？"

"譬如形而上的思考，或学习多种语言的时候。"

"那又怎样帮得上忙呢？"

"那就因人而异了。对某些人有用处，对某些人没有用处。不过，那些始终是训练而已，有无用处则是次要问题。就如我一开始所说的。"

"嗯哼。"阿绿似乎很佩服似的，牵住我的手继续走下坡路。"你很拿手向人解释哪。"

"是吗？"

"对呀。因我过去向许多人问过英语的假定句有何用处，从未有人这样清楚地向我说明，甚至英语老师也没有。人家对于我这个问题，不是表示搞不清楚就是生气，或者嘲笑我。谁也不肯好好告诉我。倘若那时有人像你这样好好解释给我听的话，说不定我会对假定句产生兴趣哪。"

"嗯哼。"我说。

"你有读过《资本论》那本书吗？"阿绿问。

"读过，当然没有全部看完，就跟大部分人一样。"

"你理解吗？"

"有些地方可以理解，有些不理解。若要正确地读懂《资本论》，就需要先学习一套思考系统了。当然整体来说，我想我大致上可以理解马克思主义的。"

"对于一名不太接触那方面书籍的大学新生，你想她会理解《资本论》吗？"

"那是不可能的。"我说。

"我刚进大学时，参加了民谣研究的社团。因为我想唱歌嘛。原来那里全是舞神弄鬼的冒牌货，现在想起来也不寒而栗。我一加入，他们就叫我读马克思。叫我回去先从第几页读到第几页，还有民谣必须跟社会和激进主义相关之类的演讲。没法子，我只好回家拼命读马克思。可是我根本读不懂，比假定句更难懂啊。我读了三页就放弃了。然后，在隔天的聚会上，我说我读了，可是一点也不懂。从此他们就当我是傻瓜，说我没有问题触觉，缺乏社会性。开玩笑！只是表示不能理解文章内容罢了，你觉不觉得他们太过分？"

"嗯哼。"我说。

"讨论时就更过分了。每个人都摆出很懂的表情，使用艰深语句说话。因为听不懂，我就问了，譬如所谓帝国主义式剥削是什么？跟东印度公司有何关系？所谓粉碎产学协同联盟，是指大学毕业后不准到公司就职吗？但是没有人向我解释，而且还生气了。你能相信这些吗？"

　　"相信。"

　　他们说："你连这些都不懂，算什么？你在想些什么过日子的呀？"于是就这样完了。可不是吗？我本来就不很聪明嘛。我是平民呀。不过，支撑这个世界的就是平民，被剥削的也不就是平民啰。向平民卖弄听不懂的词句叫什么革命？什么叫改善社会？我也想改善社会呀。若是有人真地被剥削，我也认为必须设法阻止呀，所以更加要问了，对不对？"

　　"对呀。"

　　"当时我就想，这些全是伪善欺骗之人。他们适当地卖弄堂皇的言词而自鸣得意，让新来的女生大表钦佩，其实心里只想着把手塞进女生裙内那回事，等到升上大四了，赶紧把头发剪短，准备毕业后进三菱公司、TBS电视台、IBM公司或富士银行做事，娶个从未读过马克思的漂亮太太，替孩子起个文雅又讲究的名字。什么叫粉碎产学协同联盟？我笑得眼泪都流出来啦。其他新生也很过分，大家其实都听不懂，却都装着很懂的表情无缘无故地傻笑。事后他们就对我说，你真傻，即便不懂，只要拼命点头称是就行了嘛。嘿，还有更气人的事，想不想听？"

　　"想。"

　　"某日，我们要出席一次半夜的政治集会，他们叫女生们每人做好二十个当宵夜用的饭团带来。开玩笑，那样岂不是彻底的性别歧视？不过，我也不想整天兴风作浪惹是生非，于是什么也不说，乖乖地做好二十个饭团，里头放了酸梅干，用紫菜包好。你知道他们事后怎么说吗？小林绿的饭团只有酸梅干，没加别的小菜咧。其他女孩的有鲑鱼、鳕鱼子，附带煎蛋哪。太混蛋了，我气得讲不出话来，高谈革命大业那伙人，居然为吃宵夜的饭团斤斤计较，算什么？有紫菜有梅干还不够上等吗？试想想印度那些饥饿的小孩。"

　　我笑了。"后来那个社团怎样了？"

　　"六月我就退出啦。因为我实在太气了。"阿绿说。"这些大学的家伙几乎都是伪善的人。大家都怕被人知道自己不懂什么而不得不战战兢兢地过日子。于是大家看同样的书，卖弄同样的台词，听约翰科特连的唱片，看帕索连尼的电影，一起受感动。难道这就是革命？"

　　"怎么说呢？我没实际见过革命，不敢表示意见。"

　　"如果这就叫做革命的话，我可不要什么革命了，否则我一定会因为饭团里只放酸梅干的理由被枪毙，你也一样，因为充分理解假定句的理由被枪毙。"

　　"可能的事。"我说。

　　"我有自知之明哦。我是平民。不管发不发生革命，平民只能在不像样的地方苟且偷生下去。革命是什么？只不过换过一个官府名称罢了。可是那些人根本不懂这些。他们只会卖弄无意义的高言大志。你见过税务局的官员吗？"

"没有。"

"我倒见过好几次。他们冒冒失失地闯进家里来逞威风说：'什么？只有一本账簿？你家生意做得不错嘛。这是真的经费？收据拿给我看，收据呢？'我们悄悄躲在屋角不敢作声，到了吃饭时间，叫人把上等的寿司送上门来。不过，我父亲从来不曾逃税哦。真的。他是那种旧脑筋的老派生意人嘛。尽管如此，那些税务员还在唠唠叨叨地发牢骚咧。说什么收入是不是太少了。开玩笑，收入少是因为赚不到钱呀。听到他们的话，真恨死了，我想大声斥责他们说，请你们到更有钱的人那里去好了。哎，倘若发生革命，你想税务员的态度会不会改变？"

"颇值得怀疑。"

"Yes!"我说。

"Yes!"阿绿也说。

"对了，我们要往哪里去？"我问。

"医院。家父入院了，今天一整天我都要陪他。今天轮到我。"

"你父亲？"我大吃一惊。"你父亲不是去了乌拉圭么？"

"那是谎话。"阿绿若无其事地说，"他老早就吵着要去乌拉圭，可是怎能去嘛。其实他连东京的郊外都去不了。"

"他的病情怎样？"

"坦白说一句，时间问题而已。"

我们默默无言地迈步往前。

"他的病和家母一样，所以我很清楚，脑瘤。你相信吗？家母在两年前死去。就是这种病。现在轮到家父了。"

星期日的关系，大学附属医院里闹哄哄的，挤满探病的客人和病情较轻的病人，弥漫着医院特有的味道。消毒药水、探病花束、棉被的气味混为一体，笼罩着整个医院，护士踏着咯噔咯噔的脚步声在室内走来走去。

阿绿的父亲躺在双人病房靠门的床上。他的睡姿令人想起负了重伤的小动物。全身无力地侧身横卧，插了针管的左腕无力地伸直，身体一动也不动。他是个瘦小的男人，看上去给人一种更瘦更小的印象。头上缠着绷带，苍白的手臂上有许多注射或吊水针孔的痕迹。他用半睁开的眼睛呆然望着空间的某一点，当我进去时，他稍微转动一下充血的红眼睛看看我们，看了十秒左右，又把柔弱的视线转回空间的某一点。

看到那样的眼睛，就能知道这人将不久于人世。在他身上几乎看不见生命力，只能找到一些生命的微弱痕迹。就像一间所有家具已被搬走的旧房子，只有等候解体的命运一样。干涸的嘴唇边上，长满杂草般的稀疏胡子。令我惊讶，一个如此失去生命活力的男人，居然还有胡子照常生长。

阿绿向另一个躺在靠窗床位的中年胖子说"午安"。对方似乎不能开口似的，仅仅微笑点头示意。他咳了两三声，喝了几口放在枕边的开水，然后蠕动着身体躺卧下来望窗外。窗外可以见到电灯柱和电线，此外什么也没有，天空里连云也看不见。

导读

　　本文选自于日本作家村上春树的长篇小说《挪威的森林》的第七章。

　　整部作品从汉堡机场一曲忧郁的《挪威的森林》开始，主人公渡边回忆了在二十岁读大学时纠缠于娴静腼腆且患有精神疾病的直子和开朗活泼野性未脱的小林绿之间的情感故事，展开了自我成长的过程。歌曲《挪威的森林》来自英国著名摇滚乐队——甲壳虫乐队，纵观全篇，这首歌曲将故事中基本人物的关系串联起来，同时也对小说的主题起到一定的升华作用。它是主人公渡边最喜欢的一首歌，与渡边有关的直子、阿绿、玲子对这首歌也情有独钟。作者为什么要选这支曲子呢？人物为什么如此钟情于这首曲子呢？主人公渡边是一个19岁在读的大学生，不怎么用功读书，有点迷茫颓废的年轻人，喜欢喝酒听音乐，是个和形形色色的女孩子厮混且玩世不恭的文学青年。阿绿、直子、玲子，也是和渡边一样的叛逆悲观，对于人生、爱情充满迷茫，但又不断地想探索属于自我的意义尝试走出迷惘。他们的经历折射出二十世纪六十年代日本青年所面临的精神危机。在二十世纪六十年代的日本，西方摇滚、爵士乐大行其道，深刻地影响着日本青年。摇滚代表着对一切传统束缚的反抗，它教给年轻人的是独立思考、保持自我、不要逆来顺受。

　　《挪威的森林》是一首歌也是一部小说，反映了在日本二十世纪六十年代社会转型期，随着经济快速发展，人们与日俱增的精神危机。《挪威的森林》象征着社会和人性的阴暗面和负能量在不断地膨胀，每个人都有属于自己的一片森林。作品给大家一个命题，面对社会的压力，面对青春期的困惑焦虑孤独，人该如何成长为一个真正适应社会的社会人，怎样变得成熟起来，如何完成自我救赎。书中特别写到另一个主角直子，渡边最钟爱的女子，每听到此曲她就觉得自己孤零零地迷失在又寒又冷的森林深处，这正是年轻人必经的彷徨、迷茫的人生成长的阶段。面对这样一片"森林"，直子始终没有走出来，她用一根绳子结束了自己的生命。男主角渡边多次想拯救在自我迷失中的直子，但有时甚至他自己也会迷失方向，是阿绿让他明白自己该选择什么样的生活、什么样的人，最终完成自我救赎。所以，《挪威的森林》表面上是一部青春恋爱小说，其实是对心灵的叩问与救赎，是对生死、爱情，对人性与孤独、性爱与生活进行的展示与探讨。这也是它被不同时代不同地域的人们追捧的原因。

　　对于一般的小说阅读需要从头开始，连贯发展的情节首先需要你了解故事的起因，但村上春树的作品有一个神奇之处，就是可以让你随时随地从任何一处读起，并迅速沉浸其中。因为村上春树的作品没有错综复杂的人物关系，也没有曲折多变的故事情节，它胜在韵味，所以读村上春树的作品应更注重体会文字的韵致和气氛。本文选择的第七章节描述了阿绿与渡边的一次交往过程。渡边是在一家小餐馆结识了阿绿，因为阿绿向他借了《戏剧史Ⅱ》的课堂笔记，以后二人便渐渐熟络起来。阿绿同内向的直子截然相反，十分清纯活泼。渡边一方面对多愁善感、性格忧郁的直子难以忘情，一方面又无法抗拒阿绿大胆的表白和迷人的活力。文中写渡边与阿绿初遇时曾形容阿绿"就像刚刚迎着春光蹦跳到世界上来的一头小鹿",她像照进渡边人生森林的一束耀眼的光芒。同是在灰暗的背景下成长,但阿绿生命中却充满阳光,担负着救赎渡边的使命。选文部分着重于对话描写,读者明显地感受到渡边的沉默阴沉、阿绿的滔滔不绝甚至喋喋不休,既反映了阿绿的阳光活泼,同时也暗示了人物内心偶尔出现的不被人理解的孤独。

思考练习题

1. 作品中人物阿绿是一个什么样的人物?结合课文分析其性格特征。
2. 结合作品分析作者为什么以一首摇滚乐名字为其小说作品命名。

第四单元　舞台魅影

影视戏剧文学的特点与欣赏

影视戏剧文学是指在影视拍摄与戏剧舞台表演过程中所采用的文学剧本，可以被称为电视文学或者电影文学，此类文学作品是对社会生活中的情感与思想的一种表达，旨在将观众的审美教育与感知唤醒。通常情况下，创作要以剧本为核心，演员的思路演绎很大程度需要剧本的支撑，是否能将戏剧表演出色也和剧本有很大关系，剧本也能作为单独的作品为人们欣赏阅读。影视文学与戏剧文学共同组成了影视戏剧文学，其中影视文学的表现形式极为多样，比如影视小说、剧本以及影视故事等；通过戏剧冲突可以将戏剧文学分为悲剧、喜剧以及正剧，根据表演形式又可将戏剧文学分为舞剧、歌剧以及话剧等。

一、影视戏剧文学的特点

影视戏剧文学与其他文学形式比起来，有三个显著的特征：

（一）表演性

在影视拍摄和演员表演中，剧本发挥了巨大的作用。"所谓的戏剧只能活在舞台，如果舞台消失，那它就是没有灵魂的躯壳"，这是俄国作家果戈理曾经说过的一句话。因此，剧本必须具有表演性，也就是要适合影视或舞台的表演，尤其是在戏剧文学剧本中，因为舞台演出的空间和时间是有限的，要求剧本中的人物、情节、时间、场景都要高度集中。一部戏剧中，不能涉及过多的人物，要对几个重要人物进行着重描写，要将人物的鲜明形象呈现给观众。对于剧本的内容也不能太过繁复，不能将剧本当作小说写，过度进行叙事。应该将重点矛盾和问题准确把握，再按照层次将问题逐一表现，在关键之处可以分配较重的笔墨，让主要人物全部处在问题争斗的漩涡中，要在尖锐的戏剧冲突中将人物的性格加以表现。剧本的创作并非一朝一夕，有时可能几个月、几年甚至是几十年才能创造出一个剧本，却要在短短几个小时里完成演绎，这里面既要有故事情节，又要展现矛盾，既要激化矛盾又要将矛盾解决，而这些都要在短短几个小时里完成。在电影或者小说中给人物提供广阔的故事背景以及故事素材，而剧本要做的就是努力的配合表演，将故事中不同的人物以及不同的场景联系起来，但是对于场景却不能随意改变。

（二）冲突性

尽管影视文学及戏剧文学在表现手法、体裁以及台词等方面有较大的差异，但戏剧的冲突性毋庸置疑。故事情节若想良性发展，则必须要有冲突作为基础，任何的影视与戏剧作品均不能摆脱冲突单独存在。诗歌以其所抒之情感染人，散文以其蕴含的思想启迪人、鼓舞人、感召人、塑造人，小说以其故事吸引人，戏剧以其矛盾冲突震撼人。没有冲突就没有戏剧。那什么是戏剧冲突呢？戏剧冲突是社会生活中的矛盾的反映。人是社会生活的主体与主宰，因而戏剧冲突主要表现剧中人与人之间的矛盾冲突以及人物性格自身的内在冲突。戏剧冲突不是生活矛盾的简单照搬，也不是任何生活矛盾都能构成戏剧冲突。戏剧冲突是剧作家对生活中的矛盾进行选择、提炼、集中概括和艺术加工的结果，是最足以展示人物性格、关系，反映社会生活本质，高度典型化了的矛盾冲突。它表现出来的，或是不同性格的人物之间的冲突，或是人物性格自身的内在冲突。戏剧冲突的紧张性和集中性，往往是由于必然性中的偶然性因素造成的。俗话说："无巧不成书。"这里所说的"巧"，指的就是必然性中的偶然性。戏剧家的创作，经常运用偶然性来形成戏剧冲突的集中和紧张，加强戏剧气氛，使情节跌宕曲折，引人入胜。但是，戏剧中的偶然性因素一定要符合真实的生活、人物的性格和事件发展的必然性，既要出人意料之外，又须入于情理之中。否则，不但不能使人相信，而且会失去它应有的教育意义。所谓"出人意料之外"，就是通过一些观众事先预料不到的偶然性的戏剧因素，使剧情的发展让人始料不及。所谓"入于情理之中"，就是无论戏剧冲突多么奇巧，但都是符合生活逻辑的，是合乎情理的。一出好的戏剧中偶然性的成功运用，往往可以省略许多枝节，推动剧情的发展，从情绪上紧紧地抓住观众，达成"山穷水复疑无路，柳暗花明又一村"的艺术境界。我们在这里强调戏剧冲突的紧张性和集中性，并不是说一出戏从头至尾都要有一种紧张的气氛，让观众的心一直都是悬着，这是不符合艺术欣赏规律的。紧张与集中只是相对而言的，根据情节发展的需要，该紧张时紧张，该舒缓时舒缓，这样才显得波澜起伏，才具有更大的艺术魅力。总之，戏剧冲突是影视戏剧文学的生命，是影视戏剧文学最本质的特点。阅读剧本时，认真地分析和研究戏剧冲突，对培养和提高我们作文的构思能力具有极其重要的意义。

（三）台词的动作性和个性化

台词便是影视戏剧表演中角色的语言部分，包括人物的对白、独白和唱词，是剧本塑造人物的基本手段。人物思想性格的塑造、矛盾冲突的展开、戏剧情节的变化都是通过人物的对话和动作来实现的。在影视戏剧中想要塑造丰满的人物形象，台词是最基本的要素。在剧中，要利用人物的动作和语言，将矛盾冲突的展开、感情上的塑造以及故事的发展逐一完成，没有台词，就没有人物冲突，更无法形成故事。因此，台词是影视戏剧文学的重要语言载体和表现形式，其思想主旨主要利用演员的动作及台词来实现，不能忽视。

剧本语言的个性化，是指每个剧中人物，在台上必须根据他的阶级地位、职业、年龄、经历、生活处境、思想感情、习惯爱好等，说出自己非说不可的话，就像老舍说的那样"剧作者则需在人物头一次开口，便显示出他的性格，闻其声知其人"。戏剧台词最忌一般化，不能张三李四，谁说都行。

富有动作性的语言，可揭示人物的外部形态和内心活动。戏剧的情节是由人物的一系列行动来显示的,人物的动作有外在的和内在的之分。所谓外在的动作是指人物外表的声容笑貌、神态举止;而内在的动作是指人物的内心活动、感情意向。在这两种动作中,内在的动作是主要的。人物的内心活动、感情意向是人物的声容笑貌、神态举止的依据,外在动作有内心活动作为依据,它才是有生命的,而不是孤立的、外加的。在影视戏剧文学中,这两种动作都要通过人物的语言来表现,而不能用叙述人的语言来表现。因此,剧本应该根据人物的性格赋予他富有动作表现力的语言,要力求做到"话中有戏"。在这里,关键在于通过人物的语言表现人物的矛盾冲突,有冲突才能有动作。每个人物只有处于一定的矛盾冲突之中,才能产生一系列的内心活动,才能由内心活动而导致一定的外部动作。所谓动作性语言就是"情节的行进",意思是说,动作性语言是人物行动过程中的语言,是内心活动化为语言,也是隐含着未来行动的语言,在语言中包含着情节的行进。影视戏剧文学通过富有潜台词的语言,揭示人物活动的目的和实质,反映丰富深刻的生活内容。什么是潜台词?潜台词是从外文翻译过来的、在表演艺术中常用的一个术语。简单说来,所谓潜台词就是指人物的台词除了表面上的意义外,它还包含更深一层的意义,而更深一层的意义才是人物所要表达的真意和实质。俗话说的"锣鼓听声、听话听音""话里有话""一语双关""弦外之音",就接近于这个意思。

二、欣赏影视戏剧文学时的注意要点

其一,对矛盾冲突进行把握。对影视戏剧文学的欣赏来说,这是最重要的一部分。在影视戏剧中,剧情得以推动和发展,很大程度上是由戏剧冲突实现的,在此基础上,人物形象的塑造也离不开矛盾冲突。所以,我们在欣赏影视戏剧作品时,一定要观察情节中的矛盾冲突是否科学合理,在整体故事布局上是否具有戏剧性和推动性。如果在故事的开头没有做好铺垫和准备,就很容易在矛盾出现时让观众觉得突兀甚至不能接受。所以在进行影视戏剧文学的欣赏时,注意上段的铺垫工作是否做到了,再看下半部分的发展有没有和上段相贯穿。

其二,了解剧本,熟悉剧情。阅读剧本时,只有被剧情深深吸引,才能将自己置身于剧本的世界中,心情也就能跟着故事情节的变化而变化,才能真正地感受到剧本带给我们的感染力和吸引力。但是若想达到这种境界,需要了解剧本,熟悉掌握剧情以及作者的经历和历史背景,只有这样才能够进一步明确剧本所表达的思想。

其三,将故事的情节发展把握好,对基本矛盾大致掌握。有很大一部分影视戏剧故事情节的开始以及高潮都是通过矛盾冲突进行下去的,有一些剧情的设计也是为了冲突做铺垫,希望能将矛盾冲突很好地突出,来引发观众的深刻思考。所以在欣赏影视戏剧时必须将故事情节分析到位,找出其中主要矛盾。随着故事情节的慢慢展开,矛盾冲突就会出现,这是我们了解剧本的关键因素。

其四,探索剧本语言,明确主要人物的性格思想。在对影视戏曲作品进行赏析时,要注意人物的语言风格,通过语言判断人物的核心性格,进而将矛盾冲突与主体思想分析出来。因为影视戏剧文学的语言本身就存在很强的简练性与表现性,所以对文学作品

的语言反复琢磨和品味，一定能帮助读者或者观众对作品有更加深刻的认识。因此，在影视戏剧欣赏的过程中，一定要对人物的重要语言加以注意，通过语言完成对人物想法及性格的把握。

其五，就是对影视表现手法的掌握，蒙太奇表现手法就经常在众多的影视戏剧文学作品中被利用。所谓的蒙太奇是将小部分画面拼凑成一个完整的画面，然后将其再次拼凑成更大的一个画面，最后予以整合，形成完整的影视作品。蒙太奇是影视艺术中的重要部分，能够称之为一类特殊语言，是影视作品中常用的手法。蒙太奇手法符合观众们理性与感性上的规律，也在视觉上被人们所接受，在将影视作品节奏感加强的基础上又让观众们觉得逻辑合理。

影视戏剧文学中文学特点较为鲜明，可是在欣赏的过程中就有较大的难度。这需要在欣赏作品时，先对剧本和情节进行一定的熟悉，对事件的发展方向进行一定了解，找出事件的主要矛盾冲突，在此基础上对作品的语言对话和表现手法加以揣摩，多方面进行分析，这样才能对影视戏剧文学有更加深刻的理解，才能让读者和观众对影视戏剧文学的欣赏不仅停留在表面，而是更好地对其内在美进行欣赏。

赵氏孤儿（节选）

纪君祥

纪君祥，一作纪天祥，大都（今北京）人，生卒年及生平事迹均不详。工曲，明·朱权《太和正音谱》评其为"如雪里梅花"。所作杂剧六种，现仅存《赵氏孤儿》一种。

《赵氏孤儿》是一部杰出的壮烈悲剧，自问世以来广为各戏曲剧种以及话剧改编演出，其中以京剧影响最大，久演不衰。它更是我国最早被翻译到国外的戏剧作品，1735年普雷马雷将其译成法文在巴黎出版，来年又被译为英文。法国著名文学家伏尔泰更于1755年据此改编了一部悲剧，名为《中国孤儿》。以后便陆续出现了意大利文、德文、俄文等多种版本的译文，并被列为中国十大悲剧之一。

第三折

（屠岸贾领卒子上，云）兀的不走了赵氏孤儿也！某已曾张挂榜文，限三日之内，不将孤儿出首[1]，即将普国内小儿，但是半岁以下、一月以上，都拘刷[2]到我帅府中，尽行诛戮。令人，门首觑者，若有首告之人，报复某家知道。（程婴上，云）自家程婴是也。昨日将我的孩儿送与公孙杵臼去了，我今日到屠岸贾跟前首告去来。令人，报复去：道有了赵氏孤儿也。（卒子云）你则在这里，等我报复去。（报科，云）报的元帅得知，有人来报赵氏孤儿有了也。（屠岸贾云）在那里？（卒子云）现在门首哩。（屠岸贾云）着他过来。（卒子云）着过来。（做见科。屠岸贾云）兀那厮，你是何人？（程婴云）小人是个草泽医士程婴。（屠岸贾云）赵氏孤儿今在何处？（程婴云）在吕太平庄上，公孙杵臼家藏着哩。（屠岸贾云）你怎生知道来？（程婴云）小人与公孙杵臼曾有一面之交。我去探望他，谁想卧房中锦绷绣褥上，躺着一个小孩儿。我想公孙杵臼年纪七十，从来没儿没女，这个是那里来的？我说道：这小的莫非是赵氏孤儿么？只见他登时变色，不能答应。以此知孤儿在公孙杵臼家里。（屠岸贾云）咄！你这匹夫！你怎瞒的过我？你和公孙杵臼往日无仇，近日无冤，你因何告他藏着赵氏孤儿？你敢是知情么，说的是，万事全休；说的不是，令人磨的剑快，先杀了这个匹夫者！（程婴云）告元帅暂息雷霆之怒，略罢虎狼之威，听小人诉说一遍咱。我小人与公孙杵臼原无仇隙，只因元帅传下榜文，要将普国内小儿拘刷到帅府，尽行杀坏。我一来为救普国内小儿之命；二来小人四旬有五，近生一子，尚未满月，元帅军令，不敢不献出来，可不小人也绝后了？我想有了赵氏孤儿，便不损坏一国生灵，连小人的孩儿也得无事，所以出首。（诗云）告大人暂停嗔怒，这便是首告缘故。虽然救普国生灵，其实怕程家绝户。（屠岸贾笑科，云）哦，是了。公孙杵臼原与赵盾一殿之臣，可知有这事来。令人，则今日点就本部下人马，同程婴到太平庄上，拿公孙杵臼走一遭去。（同下）（正末[3]公孙杵臼上，云）老夫公孙杵臼是也。想昨日与程婴商议救赵氏孤儿一事，今日他到屠岸贾府中首告去了。这早晚屠岸贾这厮必然来也呵。（唱）

【双调】【新水令】[4]我则见荡征尘飞过小溪桥，多管是损忠良贼徒来到。齐臻臻[5]摆着士卒，明晃晃列着枪刀。眼见的我死在今朝，更避甚痛笞掠[6]。

（屠岸贾同程婴领卒子上，云）来到这吕太平庄上也。令人，与我围了太平庄者。程婴，那里是公孙杵臼宅院？（程婴云）则这个便是。（屠岸贾云）拿过那老匹夫来！公孙杵臼，你知罪么？（正末云）我不知罪。（屠岸贾云）我知你个老匹夫和赵盾是一殿之臣，你怎敢掩藏着赵氏孤儿？（正末云）老元帅，我有熊心豹胆，怎敢掩藏着赵氏孤儿！（屠岸贾云）不打不招。令人，与我拣大棒子，着实打者！（卒子做打科）（正末唱）

【驻马听】想着我罢职辞朝，曾与赵盾名为刎颈交[7]。（云）这事是谁见来？（屠岸贾云）现有程婴首告着你哩。（正末唱）是那个昧情出告？原来这程婴舌是斩身刀！（云）你杀了赵家满门良贱三百余口，则剩下这孩儿，你又要伤他性命。（唱）你正是狂风偏纵扑天雕，严霜故打枯根草。不争把孤儿又杀坏了。可着他三百口冤仇甚人来报？

（屠岸贾云）老匹夫！你把孤儿藏在那里？快招出来，免受刑法！（正末云）我有甚么孤儿藏在那里，谁见来？（屠岸贾云）你不招？令人，与我采下去，着实打者！（做打科，屠岸贾云）这老匹夫赖肉顽皮，不肯招承，可恼，可恼！程婴，这原是你出首的，就着你替我行杖者！（程婴云）元帅，小人是个草泽医士，撮药尚然腕弱，怎生行的杖？（屠岸贾云）程婴，你不行杖，敢怕指攀出么？（程婴云）元帅，小人行杖便了。（做拿杖子科。屠岸贾云）程婴，我见你把棍子拣了又拣，只拣着那细棍子，敢怕打的他疼了，要指攀下你来？（程婴云）我就拿大棍子打者。（屠岸贾云）住者。你头里只拣着那细棍子打，如今你却拿起大棍子来，三两下打死了呵，你就做的个死无招对。（程婴云）着我拿细棍子又不是，拿大棍子又不是，好教我两下做人难也！（屠岸贾云）程婴，你只拿着那中等棍子打。公孙杵臼老匹夫，你可知道行杖的就是程婴么？（程婴行杖科，云）快招了者！（三科了）（正末云）哎哟！打了这一日，不似这几棍子打的我疼。是谁打我来？（屠岸贾云）是程婴打你来。（正末云）程婴，你划的[8]打我那！（程婴云）元帅，打的这老头儿兀的不胡说哩。（正末唱）

【雁儿落】是那一个实丕丕将着粗棍敲？打的来痛杀杀精皮掉。我和你狠程婴有甚的仇，却教我老公孙受这般虐？

（程婴云）快招了者！（正末云）我招，我招！（唱）

【得胜令】打的我无缝可能逃，有口屈成招。莫不是那孤儿他知道，故意的把咱家指定了？（程婴做慌科）（正末唱）我委实的难熬，尚兀自强着牙根儿闹。暗地里偷瞧，只见他早唬得腿脡儿摇。

（程婴云）你快招罢，省得打杀你。（正末云）有，有，有。（唱）

【水仙子】俺二人商议要救这小儿曹。（屠岸贾云）可知道指攀下来也。你说二人，一个是你了，那一个是谁？你实说将出来，我饶你的性命。（正末云）你要我说那一个？我说，我说。（唱）哎，一句话来到我舌尖上却咽了。（屠岸贾云）程婴，这桩事敢有你么？（程婴云）兀那老头儿，你休妄指平人！（正末云）程婴，你慌怎么？（唱）我怎生把你程婴道，似这般有上梢无下梢。（屠岸贾云）你头里说两个，你怎生这一会儿可说无了？（正末唱）只被你打的来不知一个颠倒。（屠岸贾云）你还不说，我就打死你个老匹夫！（正末唱）遮莫[9]便打的我皮都绽，肉尽销，休想我有半字儿攀着。

（卒子抱徕儿上科，云）元帅爷贺喜，土洞中搜出个赵氏孤儿来了也。（屠岸贾笑科，云）将那小的拿近前来，我亲自下手，剁做三段！兀那老匹夫，你道无有赵氏孤儿，这个是谁？（正末唱）

【川拨棹】你当日演神獒[10]，把忠臣来扑咬。逼的他走死荒郊，刎死钢刀，缢死裙腰，将三百口全家老小尽行诛剿，并没那半个儿剩落，还不厌你心苗[11]？

（屠岸贾云）我见了这孤儿，就不由我不恼也！（正末唱）

【七弟兄】我只见他左瞧、右瞧，怒咆哮，火不腾改变了狰狞貌，按狮蛮拽札起锦征袍，把龙泉扯离出沙鱼鞘[12]。

（屠岸贾怒云）我拔出这剑来，一剑，两剑，三剑。（程婴做惊疼科。屠岸贾云）

把这一个小业种剁了三剑,兀的不称了我平生所愿也!(正末唱)

【梅花酒】呀,见孩儿卧血泊,那一个哭哭号号,这一个怨怨焦焦,连我也战战摇摇。直恁般歹做作,只除是没天道。呀!想孩儿离褥草,到今日恰十朝,刀下处怎耽饶?空生长,枉劬劳[13],还说甚要防老!

【收江南】呀!兀的不是家富小儿骄。(程婴掩泪科)(正末唱)见程婴心似热油浇,泪珠儿不敢对人抛。背地里揾了,没来由割舍的亲生骨肉吃三刀。

(云)屠岸贾那贼,你试觑者,上有天哩,怎肯饶过的你?我死打什么不紧!(唱)

【鸳鸯煞】我七旬死后偏何老,这孩儿一岁死后偏何小。俺两个一处身亡,落的个万代名标。我嘱咐你个后死的程婴,休别了横亡的赵朔。畅道是光阴过去的疾,冤仇报复的早。将那厮万剐千刀,切莫要轻轻的素放了。

(正末撞科,云)我撞阶基,觅个死处。(下)(卒子报科,云)公孙杵臼撞阶基身死了也。(屠岸贾笑科,云)那老匹夫既然撞死,可也罢了。(又笑科,云)程婴,这一桩事多亏了你。若不是你呵,如何杀的赵氏孤儿?(程婴云)元帅,小人原与赵氏无仇,一来救普国内众生,二来小人跟前也有个孩儿,未曾满月,若不搜的那赵氏孤儿出来,我这孩儿也无活的人也。(屠岸贾云)程婴,你是我心腹之人,不如只在我家中做个门客,抬举你那孩儿成人长大,在你跟前习文,送在我跟前演武。我也年近五旬,尚无子嗣,就将你的孩儿与我做个义儿。我偌大年纪了,后来我的官位,也等你的孩儿讨个应袭[14],你意下如何?(程婴云)多谢元帅抬举。(屠岸贾诗云)则为朝纲中独显赵盾,不由我心中生忿。如今削除了这点萌芽,方才是永无后衅。(同下)

 注释

[1] 出首:检举告发或自首投案。

[2] 拘刷:拘捕,拘查。

[3] 正末:指男主角。

[4] 【双调】:宫调名。元杂剧的每一折用一套曲子,曲子可多可少,但需同一宫调。在第一支曲子前标出宫调的名称,最后一支曲子一般用"煞"或"尾"作为套曲的结束。【新水令】:曲牌名。

[5] 齐臻臻:整齐的样子。

[6] 笞(chī)掠:用鞭、杖重打。

[7] 刎颈交:同生死共患难的朋友。

[8] 刬(chǎn)的:怎的,怎么,表示反诘语气。

[9] 遮莫:尽管、任凭。

[10] 神獒:高大的猛犬。《尔雅》:"狗四尺为獒。"

[11] 厌:满足。

[12] 龙泉:指宝剑。

[13] 劬（qú）劳：劳苦，劳累。

[14] 应袭：即荫袭。

导读

《赵氏孤儿》是纪君祥从《左传》《国语》《史记》等史籍中取材，并据历代流传的程婴保护赵氏孤儿的故事，进行加工创造的一部杰出的壮烈悲剧。剧情梗概是：春秋时晋国忠直刚正的上卿赵盾遭奸诈凶残的大将屠岸贾（gǔ）诬陷，全家三百余口皆被诛杀，只有一个不到半岁的孙子被门客程婴救出，即赵氏孤儿。在救护孤儿的过程中，一些忠义之士献出了生命。为保全赵氏孤儿与全国的幼儿，程婴与公孙杵臼定计，程献出亲身幼子，公孙献出古稀之命。二十年后，孤儿长大成人，程婴将赵家冤案始末绘成图卷，对其讲明。赵氏孤儿遂擒杀屠岸贾，大报冤仇。作者肯定了为正义而自我牺牲和向邪恶势力复仇的精神。

本课节选的是《赵氏孤儿》第三折（元杂剧结构一般为一楔四折，本剧即如此），围绕"搜孤"与"救孤"展开情节，扣人心弦。剧中主要人物程婴、公孙杵臼与屠岸贾正面交锋，冲突一阵紧似一阵，悬念不断，惊心怵目。见义勇为的公孙杵臼与舍己救人的程婴订下巧计，骗过阴险狠毒的屠岸贾，保住了赵氏孤儿的性命，程婴之子被残杀，公孙杵臼撞阶而死。三个人物形象在激烈尖锐的戏剧冲突中展现得异常鲜明。程婴、公孙杵臼的大义凛然不仅仅是出于知遇之恩和为了报仇，更是出于对邪恶的深恶痛绝和对锄奸的殷切期望。戏剧创作，如果单纯追求紧张曲折，并不算十分困难，难能可贵的是在戏剧冲突波澜起伏展开的同时，要使人物个性突出，令人信服，《赵氏孤儿》无疑是典范之一。无怪乎十八世纪的英国剧作家赫察特于改编纪君祥的《赵氏孤儿》时在献辞中赞道："其中有些合情合理的东西，就是欧洲最有名的戏剧也比不上。"

思考练习题

1. 阅读全剧，了解该剧的具体内容。
2. 如何理解该剧的主题。
3. 简析程婴这一戏剧人物的性格特征。
4. 该剧的悲剧性是如何体现的？

牡丹亭（节选）

汤显祖

汤显祖（1550—1616），明代著名戏剧家，字义仍，号海若，自署清远道人，江西临川（今江西抚州市）人。他出身书香门第，少年时就以才气闻名。因其生性耿直，不愿附庸权贵,故其仕途坎坷。明神宗万历二十六年(1598年),辞官归隐故里。先后创作了《牡丹亭》(1598年)、《南柯记》(1600年)、《邯郸记》(1601年),连同以前所写的《紫钗记》,合称为"临川四梦"。其中不朽剧作《牡丹亭》,是我国古代戏剧史上最伟大的作品之一。此剧不仅有高度的艺术性,而且有深刻的思想性,自其问世之日,即轰动了文坛剧场。四百年来,《牡丹亭》一剧不仅已成为古典文学和戏剧的经典作品,而且其中的一些精彩折子,至今还在戏曲舞台上传演不绝,仍具有极大的艺术感染力。

汤显祖一生写了多部戏剧作品,《牡丹亭》是他最为得意的一部。此剧讲述了杜丽娘与柳梦梅这对青年男女之间的爱情故事。作者通过曲折离奇的情节,优美动人的曲词,以其巨大的艺术感染力,深深地打动着每一个读者的心。

第十出:游园

【商调引子】【绕池游】[1](旦上)梦回莺啭,乱煞年光遍[2]。人立小庭深院。(贴)炷尽沉烟,抛残绣线,恁今春关情似去年?[3]

〔乌夜啼〕[4](旦)晓来望断梅关,宿妆残[5]。(贴)你侧着宜春髻子恰凭阑[6]。(旦)"翦不断,理还乱,闷无端"[7]。(贴)已分付催花莺燕借春看。(旦)春香,可曾叫人扫除花径?(贴)吩咐了。(旦)取镜台衣服来。(贴取镜台衣服上)"云髻罢梳还对镜,罗衣欲换更添香。"[8]镜台衣服在此。(旦)好天气也!

【步步娇】袅晴丝吹来闲庭院,摇漾春如线[9]。停半晌,整花钿[10],没揣菱花[11],偷人半面[12],迤逗的彩云偏[13]。(行介)[14]步香闺怎便把全身现!

(贴)今日穿插的好[15]。

【醉扶归】(旦)你道翠生生出落的裙衫儿茜[16],亮晶晶花簪八宝填[17],可知我常一生儿爱好是天然[18]。恰三春好处无人见[19],不提防沉鱼落雁鸟惊喧[20],则怕的羞花闭月花愁颤[21]。

(贴)早茶时了,请行。(行介)你看:画廊金粉半零星,池馆苍苔一片青。踏草怕泥新绣袜[22],惜花疼煞小金铃[23]。(旦)不到园林,怎知春色如许[24]!

【皂罗袍】原来姹紫嫣红开遍[25],似这般都付与断井颓垣[26]。良辰美景奈何天,赏心乐事谁家院[27]！恁般景致，我老爷和奶奶再不提起。（合）朝飞暮卷，云霞翠轩；雨丝风片，烟波画船[28]，锦屏人忒看的这韶光贱[29]！

（贴）是花都放了[30]，那牡丹还早。

【好姐姐】（旦）遍青山啼红了杜鹃[31]，荼蘪外烟丝醉软[32]。春香呵，牡丹虽好，他春归怎占的先[33]！（贴）成对儿莺燕呵。（合）闲凝眄，生生燕语明如翦[34]，呖呖莺歌溜的圆[35]。

（旦）去罢。（贴）这园子，委是观之不足也[36]。（旦）提他怎的？（行介）

【隔尾】观之不足由他缱[37]，便赏遍了十二亭台是枉然。到不如兴尽回家闲时遣。（作到介）（贴）开我西阁门，展我东阁床[38]。瓶插映山紫[39]，炉添沉水香。小姐，你歇息片时，俺瞧老夫人去也。（下）

 注释

[1] 【商调引子】：商调是宫调名，相当于现代音乐中的D调式。引子是南曲中专用的曲调（北曲无引子），凡角色上场，一般先唱引子。【绕池游】：引子的曲牌名。

[2] 旦：传统戏曲中的角色，扮演女性人物。在传奇中扮演女主角的演员称为"旦"。这里指演杜丽娘的演员。上：上场。梦回莺啭（zhuàn）：梦中醒来听得黄莺婉转的叫声。啭：鸟婉转的叫声。乱煞年光遍：到处弥漫着扰乱人心的春光。

[3] 贴："贴旦"的简称，扮演剧中次要的角色。这里指扮演丫头春香的演员。炷（zhù）尽沉烟：沉水香燃烧完了。炷：焚烧。沉烟：沉香燃烧的烟。沉香是熏用的香料，下文的"炉添沉水香"中的"沉水香"，也指沉香。抛残绣线：抛弃了绣剩的丝线。恁（nèn）今春关情似去年：为什么对今年春光的依恋胜似去年？恁：凭，为什么。关情：牵动人心的依恋情怀。似：胜似，超过。

[4] 〔乌夜啼〕：词牌名。明清传奇有时说白中也采用诗词的形式，交替吟诵。

[5] 望断：望尽。梅关：即大庾岭，在本剧故事发生地点江西省南安府（大庾）的南面。宿残妆：隔夜的妆粉还残留在脸上。这里指杜丽娘早晨懒于梳洗。

[6] "侧着"句：侧着头正好凭栏远望。宜春髻子：相传立春那天，妇女剪彩绸作燕子状，上贴"宜春"二字，戴在髻上。

[7] "剪不断，理还乱"：借用南唐后主李煜词《乌夜啼》中的佳句，来比喻杜丽娘空虚、落寞、无聊的苦闷心情。"闷无端"：借用李煜《相见欢》，形容少女在春天的烦闷心情。无端：不知由来。

[8] "云髻"句：引唐代薛逢《宫词》诗。云髻：指妇女的发髻卷曲如云。更添香：重新添些香料。

[9] 袅晴丝：游丝摇曳飘荡。袅：摇曳飘荡。晴丝：即游丝，飞丝，也即后文所说的烟丝，虫类所吐的丝缕，常在空中飘游。在春天晴朗的日子最易看见。摇漾：摇摆荡漾。

[10] 半晌（shǎng）：片刻。花钿（diàn）：妇女两鬓边的装饰物。

[11] 没揣：蓦然，没有料到。菱花：镜子。古时铜镜背面多雕有菱花图案，故有此称。

[12] 偷人半面：偷偷地照着了自己的面孔的一半。

[13] 迤逗（yǐdòu）：引惹，挑逗；彩云，美丽的发卷的代称。全句意为，想不到镜子（拟人化）偷偷地照见了她，害得她羞答答地把发卷也弄歪了。写出了一个少女的含情脉脉的微妙心理，她连看见镜子里自己的影子也有些不好意思。

[14] 行介：表演行走的动作。介：剧本中指示角色表演动作时的用语。

[15] 穿插：穿戴。穿：穿衣。插：装饰。

[16] 翠生生：彩色鲜艳。出落的：显出，衬托出。茜（qiàn）：艳红色。

[17] 艳晶晶：光彩夺目的样子。花簪八宝填：镶嵌着多种珍宝的簪子。

[18] 爱好：爱美。天然：天性使然。现在浙江还有这样的方言。

[19] 三春好处：美丽的春光。这里比喻自己的青春美貌。

[20] 不提防：没料到。沉鱼落雁：形容女人异常美丽。鱼儿见了她，自愧不如而往深处游去，雁儿贪看她的美色而停落下来。

[21] 羞花闭月：使花感到羞愧，使月亮躲藏起来。形容女子异常美丽。

[22] 泥：玷污，这里作动词用。

[23] 惜花疼煞小金铃：形容非常爱惜花草。《开元天宝遗事》记载：唐天宝初年，宁王为了护花，便在花园拉上红绳，密系金铃，每当乌鹊在花园上方徘徊，则令园吏拉系铃的绳子来驱赶。作者引用此典故，是说因为拉绳次数多了，连小金铃都感到痛了。这是夸张的描写。

[24] 如许：如此。

[25] 姹紫嫣红：花色鲜艳、美丽。

[26] 断井颓垣：形容庭院破败。断井：枯竭的井。颓垣：倒塌的墙。

[27] "良辰"句：大好时光，绚丽景色，却无奈苍天；赏心悦目，欢乐好事，又降落谁家！写杜丽娘面对美好景色的感叹。语出谢灵运《拟魏太子邺中集诗序》："天下良辰、美景、赏心、乐事，四者难并。"

[28] "朝飞"句：写杜丽娘对广阔春景的向往。朝飞暮卷：借唐代王勃《滕王阁诗》："画栋朝飞南浦云，朱帘暮卷西山雨"之意，来形容楼阁壮丽。云霞翠轩：云彩与霞光辉映着华丽的亭台楼阁。雨丝风片：细雨微风。烟波画船：在烟雾弥漫的水面上游着装饰如画的游船。

[29] 锦屏人：幽居深闺的女子。忒（tè）：太。韶光：美好的春光。

[30] 是：凡是，所有的。

[31] 啼红了杜鹃：开遍了红色的杜鹃花。传说杜鹃鸟啼血，杜鹃花是由杜鹃鸟悲鸣而产生的。

[32] 荼蘼（túmí）：花名，晚春时开放。荼蘼花开预示花季即将结束。烟丝：游丝。醉软：娇柔无力之貌。

[33] "牡丹"句：牡丹花虽然开得美丽动人，但它在春暮之时开放，怎么能占得百花开放之先呢？这里暗示杜丽娘对青春被耽误的伤感。

[34] 凝眄（miàn）：注视。眄：斜视。生生燕语明如剪：燕子的叫声如同剪刀一样明快动人。

[35] 呖呖：形容莺的叫声清脆。溜的圆：叫声圆润婉转。

[36] 委是：实在是。观之不足：看不厌。

[37] 缱（qiǎn）：留恋、牵挂。

[38] 开我西阁门，展我东阁床：改用《木兰诗》"开我东阁门，坐我西阁床"句。

[39] 映山紫：映山红（杜鹃花）的一种。

 导读

《牡丹亭》即《还魂记》，也称《还魂梦》或《牡丹亭梦》。它是汤显祖的代表作，也是我国浪漫主义戏曲的代表作，讲述了南安太守杜宝之女杜丽娘为追求爱情因梦而死，都又死而复生，历经波折与书生柳梦梅终成眷属的故事。全剧共五十五出，本文为第十出《惊梦》中的前半段"游园"部分。

《惊梦·游园》中人物形象鲜明。杜丽娘是南安太守杜宝的独生女儿，从小就受到严格的封建家庭教育，本来是个十分温顺的少女，然而青春的萌动，精神生活的空虚，使她感到苦闷。第一次偷偷地来到后花园，那盛开的百花，成对儿的莺燕，纷至沓来，打开了这个长在深闺里的少女的心扉。【绕池游】【步步娇】【醉扶归】三曲，着重描写了杜丽娘游园前的心情，她向往自然，热爱青春，表现了初出绣房少女的娇羞。在大好春光的感召之下，她的青春觉醒了。她悲叹青春的虚度，她不满自己的处境，却找不到这种痛苦的根源；她憧憬着美好的爱情，却不知如何寻找。只有把自己的理想寄托于梦里出现的书生。这场戏，是对自然、青春和爱情的礼赞。

这出戏在艺术上很有特色。首先，人物形象个性鲜明。主人公杜丽娘的身上体现着对"情"的要求与"礼"的约束的矛盾冲突。她的为情而死，是受礼教的压抑和摧残的结果；她的死而复生，则是由于执着于"情"，以冥间的"自由之身"不屈不挠地追求爱情的实现，表现出一个勇敢坚决的女性为获得自由的斗争精神。杜丽娘的形象，成为人们冲破封建束缚、渴望个性自由的艺术象征。其次，心理刻画细腻生动。《游园》的六支曲子，以杜丽娘内心情感发展的自然顺序为经，以杜丽娘寂寞生活与明媚的春光间的强烈对比为纬，在二者艺术的交汇中，展示她微妙、复杂的内心世界，心理刻画细腻生动。再次，寓情于景，情景交融。《游园》将春景与春情结合得天衣无缝，含蓄委婉，常常"意在言外，使人思而得之"（魏庆之《诗人玉屑》），体现出借景抒情的明显特点。最后，该剧在语言上表现出典雅清丽的突出特色，并具有本色相兼的风格，曲文典雅，富有情采，重内容而不死守格律，"参错丽语，境往神来"（王骥德《曲律·杂论》），绮丽缤纷而不失含蓄蕴藉。

思考练习题

1. 本出戏表达了怎样的主题?
2. 杜丽娘对春光、青春的赞美和憧憬表现了她怎样的内心世界?有什么社会意义?
3. 解释下列句子中加点的字词:
   (1) 袅晴丝吹来闲庭院,摇漾春如线
   (2) 踏草怕泥新绣袜,惜花疼煞小金铃
   (3) 锦屏人忒看的这韶光贱
   (4) 是花都放了,那牡丹还早
   (5) 这园子,委是观之不足也

日出(节选)

曹禺

曹禺(1910—1996),原名万家宝,祖籍湖北潜江,生于天津一个"曾经阔绰过、后来又没落了"的官僚家庭。自幼喜读中国古典文学名著,并观赏了大量京剧及地方戏曲。在南开中学求学时又阅读了许多西方戏剧作品,参加了南开新剧团,并登台演出。1928年高中毕业后,先入学南开大学政治系,后转学清华大学西洋文学系。1933年大学毕业时,完成了处女作《雷雨》。这是一部中国话剧史上真实而深刻的现实主义杰作,对后来的话剧创作产生了巨大的影响。1935年底《日出》问世,与《雷雨》相比,主题思想又有了进展,题材范围也大为扩展。1937年写出了一部以农村为背景的剧本《原野》。抗日战争爆发后,他怀着爱国热忱自觉地以剧作为抗战服务,创作了《蜕变》《北京人》,显示出他更臻圆熟的艺术功力。他还成功地将巴金的小说《家》改编为话剧剧本。新中国成立后,他先后任职中国戏剧家协会副主席、主席,还创作了《明朗的天》《胆剑篇》《王昭君》等剧作。曹禺的剧作反映社会生活比较广阔,尤其擅长描写封建家庭和知识分子,对旧势力的腐朽、旧社会的黑暗、旧家庭的没落做了透彻的揭露。他的剧作以塑造人物为中心,人物形象"像活人一样为人蔑视、憎恨和喜爱"。他善于驾驭戏剧的结构和语言,剧情集中而紧张,尖锐而复杂;语言准确而凝炼,鲜明而抒情。曹禺的剧作,标志着中国二十世纪话剧文学的成熟。

第二幕

[黄省三由中门进。]

黄省三 (胆小地)李……李先生。

李石清　怎么？（吃了一惊）是你！

黄省三　是，是，李先生。

李石清　又是你，谁叫你到这儿来找我的？

黄省三　（无力地）饿，家里的孩子大人没有饭吃。

李石清　（冷冷地）你到这儿就有饭吃么？这是旅馆，不是粥厂。

黄省三　李，李先生，可当的都当干净了。我实在没有法子，不然，我决不敢再找到这儿来麻烦您。

李石清　（烦恶地）哧，我跟你是亲戚？是老朋友？或者我欠你的，我从前占过你的便宜？你这一趟一趟地，我走哪儿你跟哪儿，你这算怎么回事？

黄省三　（苦笑，很凄凉地）您说哪儿的话，我都配不上。李先生，我在银行里一个月才用您十三块来钱，我这儿实在是无亲无故，您辞了我之后，我到哪儿找事去？银行现在不要我，等于不叫我活着。

李石清　（烦厌地）照你这么说，银行就不能辞人啦。银行用了你，就算给你保了险，你一辈子就可以吃上银行啦，嗯？

黄省三（又卷弄他的围巾）不，不，不是，李先生，我……我，我知道银行待我不错，我不是不领情。可是……您是没有瞅见我家里那一堆孩子，活蹦乱跳的孩子，我得每天找东西给他们吃。银行辞了我，没有进款，没有米，他们都饿得直叫。并且房钱有一个半月没有付，眼看着就没有房子住。（嗫嚅地）李先生，您没有瞅见我那一堆孩子，我实在没有路走，我只好对他们——哭。

李石清　可是谁叫你们一大堆一大堆养呢？

黄省三　李先生，我在银行没做过一件错事。我总天亮就去上班，夜晚才回来，我一天干到晚，李先生——

李石清　（不耐烦）得了，得了，我知道你是个好人，你是安分守己的。可是难道不知道现在市面萧条，经济恐慌？我跟你说过多少遍，银行要裁员减薪，我并不是没有预先警告你！

黄省三　（踌躇地）李先生，银行现在不是还盖着大楼，银行里面还添人，添了新人。

李石清　那你管不着！那是银行的政策，要繁荣市面。至于裁了你，又添了新人，我想你做了这些年的事，你难道这点世故还不明白？

黄省三　我……我明白，李先生。（很凄楚地）我知道我身后面没有人挺住腰。

李石清　那就得了。

黄省三　不过我当初想，上天不负苦心人，苦干也许能补救我这个缺点。

李石清　所以银行才留你四五年，不然你会等到现在？

黄省三　（乞求）可是，李先生，我求求您，您行行好。我求您跟潘经理说说，只求他老人家再让我回去。就是再累一点，再加点工作，就是累死我，我也心甘情愿的。

李石清　你这个人真麻烦。经理会管你这样的事？你们这样的人，就是这点毛病。

总把自己看得太重，换句话，就是太自私。你想潘经理这样忙，会管你这样的小事，不过，奇怪，你干了三四年，就一点存蓄也没有？

黄省三　（苦笑）存蓄？一个月十三块来钱，养一大家子人？存蓄？

李石清　我不是说你的薪水。从薪水里，自然是挤不出油水来。可是——在别的地方，你难道没有得到一点的好处？

黄省三　没有，我做事凭心，李先生。

李石清　我说——你没有从笔墨纸张里找出点好处？

黄省三　天地良心，我没有，您可以问庶务刘去。

李石清　哼，你这个傻子，这时候你还讲良心！怪不得你现在这么可怜了。好吧，你走吧。

黄省三　（着慌）可是，李先生——

李石清　有机会，再说吧。（挥挥手）现在是毫无办法。你走吧。

黄省三　李先生，您不能——

李石清　并且，我告诉你，你以后再要狗似地老跟着我，我到哪儿，你到哪儿，我就不跟你这么客气了。

黄省三　李先生，那么，事还是一点办法也没有？

李石清　快走吧！回头，一大堆太太小姐们进来，看到你跑到这儿找我，这算是怎么回事？

黄省三　好啦！（泪汪汪的，低下头）李先生，真对不起您老人家。（苦笑）一趟一趟地来麻烦您，我走啦。

李石清　你看你这个麻烦劲儿，走就走得啦。

黄省三　（长长地叹一口气走了两步，忽然跑回来，沉痛地）可是，您叫我到哪儿去？您叫我到哪儿去？我没有家，我拉下脸跟你说吧，我的女人都跟我散了，没有饭吃，她一个人受不了这样的苦，她跟人跑了。家里有三个孩子，等着我要饭吃。我现在口袋里只有两毛钱，我身上又有病，（咳嗽）我整天地咳嗽！李先生，您叫我回到哪儿去？您叫我回到哪儿去？

李石清　（可怜他，但又厌恶他的软弱）你愿意上哪儿去，就上哪儿去吧。我跟你讲，我不是不想周济你，但是这个善门不能开，我不能为你先开了例。

黄省三　我没有求您周济我，我只求您赏给我点事情做。我为着我这群孩子，我得活着！

李石清　（想了想，翻着白眼）其实，事情很多，就看你愿意不愿意做。

黄省三　（燃着了一线希望）真的？

李石清　第一，你可以出去拉洋车去。

黄省三　（失望）我……我拉不动，（咳嗽）您知道我有病。医生说我这边的肺已经（咳）——靠不住了。

李石清　哦，那你还可以到街上要——

黄省三　（脸红，不安）李先生，我也是个念过书的人，我实在有点——

李石清　你还有点叫不出口，是么？那么你还有一条路走，这条路最容易，最痛快，——你可以到人家家里去（看见黄的嘴喃喃着）——对，你猜的对。

黄省三　哦，您说，（嘴唇颤动）您说，要我去——（只见唇动，听不见声音）

李石清　你大声说出来，这怕什么？"偷！""偷！"这有什么做不得，有钱的人的钱可以从人家手里大把地抢，你没有胆子，你怎么不能偷？

黄省三　李先生，真地我急的时候也这么想过。

李石清　哦，你也想过去偷？黄省三（惧怕地）可是，我怕，我怕，我下不了手。

李石清　（愤慨地）怎么你连偷的胆量都没有，那你叫我怎么办？你既没有好亲戚，又没有好朋友，又没有了不得的本领。好啦，叫你要饭，你要顾脸，你不肯做；叫你拉洋车，你没有力气，你不能做；叫你偷，你又胆小，你不敢做。你满肚子的天地良心，仁义道德，你只想凭着老实安分，养活你的妻儿老小，可是你连自己一个老婆都养不住，你简直就是个大废物，你还配养一大堆孩子！我告诉你，这个世界不是替你这样的人预备的。（指窗外）你看见窗户外面那所高楼么？那是新华百货公司十三层高楼，我看你走这一条路是最稳当的。

黄省三　（不明白）怎么走，李先生？

李石清　（走到黄面前）怎么走？（魔鬼般地狞笑着）我告诉你，你一层一层地爬上去，到了顶高的一层，你可以迈过栏杆，站在边上。你只再向空、向外多走一步，那时候你也许有点心跳，但是你只要过一秒钟，就一秒钟，你就再也不可怜了，你再也不愁吃，不愁穿了。——

黄省三　（呆若木鸡，低得几乎听不见的声音）李先生，您说顶好我"自——"（忽然爆发地悲声）不，不，我不能死，李先生，我要活着！我为着我的孩子们，为我那没了妈的孩子们我得活着！我的望望，我的小云，我的——哦，这些事，我想过。可是，李先生，您得叫我活着！（拉着李的手）您得帮帮我，帮我一下！我不能死，活着再苦我也死不得，拚命我也得活下去啊！（咳嗽）

[左门大开]。里面有顾八奶奶、胡四、张乔治等的笑声。潘月亭露出半身，面向里面，说："你们先打着。我就来。"

李石清　（甩开黄的手）你放开我。有人进来，不要这样没规矩。

[黄只得立起，倚着墙，潘进。]

潘月亭　啊？

黄省三　经理！

潘月亭　石清，这是谁？他是干什么的？

黄省三　经理，我姓黄，我是大丰的书记。

李石清　他是这次被裁的书记。

潘月亭　你怎么跑到这里来，（对李）谁叫他进来的？

李石清　不知道他怎么找进来的。

黄省三　（走到潘面前，哀痛地）经理，您行行好，您要裁人也不能裁我，我有三个小孩子，我不能没有事。经理，我给您跪下，您得叫我活下去。

潘月亭　岂有此理！这个家伙，怎么能跑到这儿来找我求事。（厉声）滚开！

黄省三　可是，经理，——

李石清　起来！起来！走！走！走！（把他一推倒在地上）你要再这样麻烦，我就叫人把你打出去。

[黄望望李，又望望潘。]

潘月亭　滚，滚，快滚！真岂有此理！

黄省三　好，我起来，我起来，你们不用打我！（慢慢立起来）那么，你们不让我再活下去了！你！（指潘）你！（指李）你们两个说什么也不叫我再活下去了。（疯狂似地又哭又笑地抽咽起来）哦，我太冤了。你们好狠的心哪！你们给我一个月不过十三块来钱，可是你们左扣右扣的，一个月我实在领下的才十块二毛五。我为着这辛辛苦苦的十块二毛五，我整天地写，整天给你们伏在书桌上写；我抬不起头，喘不出一口气地写；我从早到晚地写；我背上出着冷汗，眼睛发着花，还在写；刮风下雨，我跑到银行也来写！（做势）五年哪！我的潘经理！五年的工夫，你看看，这是我！（两手捶着胸）几根骨头，一个快死的人！我告诉你们，我的左肺已经坏了，哦，医生说都烂了！（尖锐的声音，不顾一切地）我跟你说，我是快死的人，我为着我的可怜的孩子，跪着来求你们。叫我还能够给你们写，写，写，——再给我一碗饭吃。把我这个不值钱的命再换几个十块二毛五。可是你们不答应我！你们不答应我！你们自己要弄钱，你们要裁员，你们一定要裁我！（更沉痛地）可是你们要这十块二毛五干什么呀！我不是白拿你们的钱，我是拿命跟你们换哪！（苦笑）并且我也拿不了你们几个十块二毛五，我就会死的。（愤恨地）你们真是没有良心哪，你们这样对待我，——是贼，是强盗，是鬼呀！你们的心简直比禽兽还不如——

潘月亭　这个混蛋，还不给我滚出去！

黄省三　（哭着）我现在不怕你们啦！我不怕你们啦！（抓着潘的衣服）我太冤了，我非要杀了——

潘月亭　（很敏捷地对着黄的胸口一拳）什么！（黄立刻倒在地下）

[半晌。]

李石清　经理，他说他要杀他自己——他这样的人是不会动手害人的。

潘月亭　（擦擦手）没有关系，他这是晕过去了。福升！福升！

[福升上。]

潘月亭　把他拉下去。放在别的屋子里，叫金八爷的人跟他拍拍捏捏，等他缓过来，拿三块钱给他，叫他滚蛋！

王福升　是！

[福升把黄拖下去。]

 **导读**

《日出》是曹禺继《雷雨》之后的又一名剧。作者在剧本的正文前题上了老子《道德经》中的一段话："天之道损有余而补不足，人之道则不然，损不足以奉有余。"在这一剧本中，作者的视线已从《雷雨》中的家庭伸展到社会，没有了《雷雨》中神秘主义的色彩，更多的是对于不公平的社会和"荒淫无耻、丢弃了太阳的人们"的暴露与愤激。《日出》为四幕剧，它真实地反映了旧中国大都市的黑暗一角。它通过豪华的高级旅馆和阴暗的三等妓院这两个社会的窗口，通过对主人公——交际花陈白露及其周围的人的生活的描写，揭露了二十世纪三十年代半封建半殖民地旧中国都市上层阶级的荒淫无耻，描绘了社会下层的被侮辱被损害者的悲惨与苦难。它没有曲折的情节，却生动地塑造了一群生活在黑暗里的人物。

本文节选的是第二幕中的一部分，着重刻画了大丰银行两个职员的不同命运及他们之间的冲突。大丰银行的经理潘月亭，依靠投机公债与欺骗发财，为人狡诈凶狠，克扣工人工资，毒打职员，生活腐朽糜烂，是这个社会中的"有余者"。黄省三，作者说他是一个非常神经质而胆小的人。他本是大丰银行的小职员，专门从事抄写工作，现已被辞退而失业，是社会的"不足者"，为了每月微薄的工资累得抬不起头、喘不过气来。失业后，他哀求无门，反遭辱骂毒打，最后走投无路，被逼得全家服毒自杀。李石清则是个由"不足者"努力挤上了"有余者"地位的人——从小职员、经理秘书刚刚提升为银行襄理（相当于经理助理），为了向上爬，他费尽心机、不择手段。作者说他有一个"讨厌而又可怜的性格"：对上，他忍声吞气、谄媚逢迎，心里又恨他们；对下，他凶狠自负，鄙视他们"没有本事"。只有在夫人面前，他才吐露真情："我要起来，我要翻过身来。我要硬成一块石头，我要不讲一点人情。我以后不可怜人，不同情人；我只有自私，我要报仇。"当黄省三哀求他时他说："叫你要饭，你要脸，你不肯做；叫你拉洋车，你没力气，你不能做；叫你偷，你又胆小，你不敢做。你满肚子的天地良心、仁义道德……你简直就是个大废物……这个世界不是替你这样的人预备的。""你一层层地爬上去，到了顶高的一层，……向外多走一步……你再也不愁吃，不愁穿了。"他对黄省三说的这些狠毒绝情的台词，是"有余者"对"不足者"的残害，是社会逼迫的结果，然而这些台词在狠毒中又有难言的隐痛。作者通过写黄省三和李石清的矛盾冲突，显然表现了批判"损不足以奉有余"的"人之道"，批判了使黄省三走投无路、使李石清不得不变成石头的社会。

本文通过人物的对话来刻画人物性格，展示矛盾冲突。剧情在波浪起伏中趋向高潮，人物对话的动作性及其中包含的耐人寻味的潜台词也表现了该剧的艺术性。

 **思考练习题**

1. 《日出》节选中李石清与黄省三的矛盾冲突对表现作品主题有何作用？试加以分析。

2. 分角色朗读选文的台词，体会角色的个性特点。
3. 试比较一下《日出》与《雷雨》在人物塑造与剧情结构上的异同点。

欢乐颂（节选）

袁子弹

该剧改编自阿耐的同名小说，讲述了同住在欢乐颂小区 22 楼的五个来自不同家庭、性格迥异的女孩们，从陌生到熟悉再到互相体谅、互相帮助、共同成长的故事。阿耐，女，1990 年弃政从商，现为浙江某著名民营企业高管，著名财经作家。袁子弹，女，湖南邵阳人，毕业于武汉大学中文系，80 后编剧才女，以其无可比拟的艺术才华和创作激情，先后创作了大量舞台剧，在湖南省内荣获多项荣誉，是中国艺术界一颗冉冉升起的新星。

第一集

1. 上海外景

旁白：欢乐颂小区交付于五年前，设施良好，交通便利。一个月前，19 号楼的 2001 和 2203 突然凑在一起装修，合租在 2202 的三个女孩不堪其扰，每天早出晚归才能避开噪音。

一个美女的脸部特写

旁白：樊胜美，三十岁，外企资深 HR，精于人情世故，为人仗义，一心想嫁个有钱人，但是喜欢她的没钱，有钱的又瞧不上她。

樊胜美：（对着镜子）我有料，我有品，你值得拥有。

樊胜美推开门出来，来到邱莹莹和关雎尔近旁。

樊胜美：哎，你们干嘛呢。
邱莹莹：（正在吃东西）樊姐你看，2201装了监控。
关雎尔：它的摄像头还能这样来回动。
樊胜美：装个摄像头，防贼呢？这里面住的什么人？
关雎尔：我听小郑说了，说这里面的人搬过来好几天了，就是没见着人影。
邱莹莹：我只看到保洁阿姨进出，根本没看到人影，这么看来这个人很古怪，一定不好相处。
樊胜美：管他呢，我听小郑说，2203也要入住了，但愿是个高富帅。
邱莹莹：（激动地）高富帅！樊姐，今天打扮这么漂亮，又去约会啊。
樊胜美：不许叫我樊姐。
邱莹莹、关雎尔：小美美眉——
樊胜美：（笑）行啦，姐姐要撤了，预祝我相亲成功吧。
邱莹莹、关雎尔：加油、加油，加油小美美眉！
两人走了几步送樊胜美到电梯口。
樊胜美：拜拜。

2. 2202
邱莹莹在自己的房间里。
邱莹莹：我以为每天叫醒我的不是闹铃，而是梦想，没想到却是隔壁的装修声，这下好了，再也不用听到隔壁的噪音了。
关雎尔：邱莹莹，咱们出去庆祝一下吧，咱们两个人一人一杯奶茶，再来一盒甜甜圈怎么样啊？
邱莹莹：咱们再来一盒小笼包！
关雎尔：好呀！

3. 店里
蒸笼里只剩一个小笼包。
关雎尔伸了伸筷子停了下来，邱莹莹跃跃欲试。
邱莹莹：关关，你有没有发现，咱们现在比上学的时候还穷，我一个月四千块钱的工资，租房子，还有基本的吃喝拉撒，还有交通，这样一算下来工资卡基本为负数了，要不是我爸每个月给我接济，我每天下班都不敢出去。
画面出现邱莹莹挤地铁、吃饭等日常情景。
旁白：邱莹莹，23岁，来自小城市的平凡姑娘，职场新人，直爽单纯，做事莽撞，凡事拎不清的她常让自己陷入窘境……
关关：我现在衣服都不敢买了，进商场纯属观光客，主要这工作了吧，还有点不太好意思跟爸妈要钱了。
画面出现关关在办公室抱着一沓厚厚的资料穿梭，努力工作的样子。
旁白：关雎尔，22岁，500强企业实习生，家境良好的乖乖女……

邱莹莹：可是你跟我不一样，你的公司是排名前几位的外企，只要你好好干，将来肯定不一样，不像我只能期望着自己早点通过注册会计师考试了。

关关：我们这批进公司的都是名校毕业，我真怕像我这种排不上号学校出来的，回头再给淘汰出去。

邱莹莹：别担心了，你肯定没问题。

邱莹莹举起奶茶。

邱莹莹：干杯。

两人干杯。

两人：加油！

4. 过街天桥

两人从电梯上来。

关关：我最近老感觉自己吃不饱，每天都快累死了。

邱莹莹：我也感觉我瘦了，你说我要不要回老家啊，呆在上海到底有没有前途啊，你说我一年不吃不喝地努力工作，才能买两平米的房，而且都是偏僻的地方，可是如果我回家考个公务员，就活的不用这么斤斤计较了。

关关：要不你考考试试？

邱莹莹：别提啦，我一说要回家，我爸就跟疯了一样要死要活的。说什么回家的孩子都是没有前途的，要我在上海好好混，这不，刚给我打了五千块钱。其实说实话啊，我都长这么大了，还管家里伸手要钱，心里特别难受，可是我没法拒绝，我就怕我这样要着要着就变成理所当然的了。

关关：我也是，我妈今天刚跟我说，说给我买了几件秋装，我都没敢吱声。莹莹你也别太难过了，等你通过了注会考试就不一样了，到时候月薪起码翻倍。

邱莹莹：你以为注会考试那么容易啊，就我这智商，肯定没戏的。

邱莹莹笑笑，关关握住她的手，两人相视而笑。

5. 地下车库

曲筱绡的父母开车从车库停下，三人走下车。

曲父：筱绡啊，父母又不是没有给你准备房子，为什么非要住在这儿啊？你看看这个车库黑咕隆咚的，你看停的都是什么车啊这是？

曲筱绡：爸，这可都是好车，你看那，法拉利啊，宝马啊，你看这辆保时捷911，呦，这可是限量版，我在美国都没看到过几辆，居然在这个小区看到一辆。

曲妈：筱绡，筱绡，往哪走咱们？

筱绡：就这，19号楼。

曲妈招呼身后拎包的人们。

曲妈：这边。

6. 楼道里

邱莹莹和关关进门，走到电梯前。

邱莹莹：关关，说真的，我好羡慕咱们隔壁啊，咱们什么时候才能买到这里的房啊？

关关：是啊，这小区环境这么好，离地铁又近，大小、格局又好，要是能在这买套房子简直就跟做梦一样。

电梯来了，两人上去。

曲父：这小区环境不好，绿化太少了，楼与楼之间的距离太近了，跟鸽子楼似的，这是人住的地方吗？这是什么电梯，这才几个人就挤成这个样子，离爸爸给你准备的别墅差远了，这又是办公楼，又是出租房。

关关和邱莹莹对视了一眼。

曲母：好啦，女儿愿意住这儿有什么办法，就让她先住这儿，万一不行再搬家。

曲父：话是那么说，但也不能委屈了咱们女儿啊，就算住公寓楼，也得选个档次高一点的是不是，新楼盘那么多，是不是，哪个不比这个好？

曲母：到了，到了啊。

电梯门开了，关关和莹莹走下电梯。

7. 2202 房间

邱莹莹和关关走进房间，莹莹把手中的东西放下。

莹莹：我真受不了了，说什么我们小区不是人住的地方，那我们是什么？我们是苍蝇啊，我们是耗子啊？

关关：就是啊，这 2203 看样子是来了一个白富美，这有钱人跟咱们就是不一样，这多好的房子啊，被她爸妈说的有多委屈似的，这 2201 来了个这，这 2203 把摄像头都给装上了，也不知道防谁？

莹莹：要不然就别来住，要不就别说那么多，我们 22 楼一来就来两个奇葩。

有人敲门。

关关：你又在网上买东西了？

莹莹：不可能，支付宝的钱都没有了。

莹莹打开门看到曲筱绡站在门外，愣了一下。

曲筱绡：怎么，不认识我啦？我是 2203 的住户啊，刚一个电梯上来的。

莹莹：你有什么事吗？

曲筱绡：没什么事啊，被我爸爸念叨烦了过来打声招呼。

画面切入曲筱绡奢靡的日常生活。

旁白：曲筱绡，24 岁，海归，古灵精怪，肆意洒脱，从小在复杂的家庭关系中长大，看似玩世不恭，实则真实善良，让人又爱又恨，是一朵带刺的玫瑰花。

画面切回现实。

曲筱绡：我是曲筱绡，以后我们就是邻居了，多多关照哦。

莹莹：我是邱莹莹，她是关雎尔，你有什么事尽管找我们。这么晚搬家是不是没吃饭啊，我们这里有甜甜圈和奶茶你要吃吗？

曲筱绡：不用了，我都吃过了。对了，这是送给你们的，我从国外带回来的，就算是见面礼吧。

莹莹接过巧克力。

莹莹：谢谢啊。

曲筱绡：坐了一天飞机好累啊，今天就不打扰你们啦，有时间我们好好说话啊。

莹莹：嗯嗯。

曲筱绡离开。

两人：拜拜，拜拜，早点休息啊。

关关把门关上，两人打开巧克力。

莹莹：这巧克力看起来好好吃啊，这让咱们的甜甜圈情何以堪！

莹莹扔掉了甜甜圈。

关关扫码巧克力。

莹莹：大师级巧克力，太够意思了！

莹莹吃了一口，表情就僵住了，一副被感动到了的样子。

莹莹：好好吃啊，关关，你说咱们邻居是干什么的啊，她那套衣服虽然看上去很普通，但穿在她身上好看死了！

关关：衣服的牌子我没看出来，但我认出她包包上的毛球了，芬迪的，我妈也有一个，老贵了！

莹莹：我现在对咱们邻居是羡慕嫉妒就是没有恨，一盒巧克力就把我收买了，我也太没节操了。

关关：可不是吗，我这听到他们说那些话心理挺不高兴的，但是看到筱绡这么热情地跟咱们打招呼，我顿时就不生气了，而且还有这么好吃的巧克力。

两人继续享受地吃巧克力。

8. 2203 曲筱绡家

曲父还是在挑剔房子的毛病。

曲父：（一边在房子里转悠，一边挑剔）哎呦就这一间啊，这也太小了吧，这结构也不好，哎呦，这家具也太简单了。

曲母在一旁帮助曲筱绡收拾东西。

曲父：筱绡，爸爸都把别墅给你收拾好了，要不你回家去住也可以啊，那么大的房子就我和你妈，怪冷清的。

筱绡：爸爸（把爸爸拉到沙发上），这房子哪有你说的这么不好啊，我一个人住这么大的房子完全够住啊，再说了，哪有像我这么大的孩子还跟父母住在一起啊，我是出来工作的，就得自己养活自己，对吧！

曲父：（点头）嗯。

筱绡：我这么大了，还得靠着你和我妈买别墅啊，那不是打我自己嘴吗？

曲父：有志气好，可是爸爸舍不得你这个宝贝女儿吃苦啊。

筱绡：人家哪有这么娇气啊，俗话说的好，有多大本事就享多大福，（曲母听不过去哼了一声，转身去收拾东西，筱绡看了她一眼继续说）我现在买得起这儿，我就住在这儿，等以后多赚了钱，我再换别的房子，好吗？

曲父：我知道你想证明自己，可是证明自己也不应该自找苦吃啊。

筱绡：不要，我现在这个岁数就应该自找苦吃，吃得苦中苦，方为人上人。爸爸，你明天不是还要开会呢嘛，您让刘叔叔先送你回去吧。

曲母无奈地看了她一眼。

9. 2202 关关家

桌上的巧克力已经被吃完了，空空如也。

关关：怎么办啊，怎么也没给樊姐留一个。

莹莹把最后一颗吞进嘴里。

关关：我赶紧毁尸灭迹，不让她看见，

关关赶紧收拾东西，把盒子藏在自己房间。

10. 2201 筱绡家

曲筱绡连忙把爸妈往外赶，

曲筱绡：好啦，好啦，放心吧啊，走了，走了，走了。

曲母：你先下去等我会，我再和女儿再说几句话。

曲筱绡不开心地挤了一下眼睛。

曲父：那你快点啊。女儿早点休息啊。

两人互道再见。曲父离开。

筱绡：啥事啊？

曲母：你是回来帮忙的，还是回来拖后腿的？

筱绡：当然是回来帮忙的啊，不是你教唆的让我回来争家产的吗？

曲母：你还知道我是叫你回来争家产的啊？（曲母把包丢在桌子上）你爸给他前妻和儿子买了豪车，买别墅，手下两个公司，几百万的收益，全都交给你哥了，妈妈费了好大的功夫才说服你爸给你买别墅，你倒好，偏要跑过来住公寓！你唱的哪一出啊？

筱绡：这你就不知道了吧，我这叫战略，知不知道？苦肉计懂不懂，欲扬先抑你懂不懂啊？

曲母：我不懂你那么多，我就知道我们家产就这么多，你再这样欲扬先抑下去，那就全成了你哥的了。

筱绡：我问你，是车子房子值钱，还是家里的公司值钱？

曲母：当然是公司。

筱绡：这车子房子不过是鸡蛋，公司才是生蛋的金母鸡，想当年我爸爸净身出户，家里的家产是你和我爸爸一起挣出来的，车子房子我无所谓，但公司不能让给他。我住在这里就是让他觉得亏欠了我，想一门心思地补偿我。我瞄准的是公司老总的位置。

曲母：这招管用吗？

筱绡：管不管用过段时间不就知道了吗？对了，把你的副卡给我，买房子的钱我得还给人家姚滨。

曲母：你不是说这是你自己挣得吗？

筱绡：（噗嗤笑了）这话你也信，这是说给我老爸听的好吗？要没点底子他敢放心把公司交给我吗？我现在是刻苦上进的好青年一枚，你可千万别把我戳穿了，知道吗？

曲母笑着看着她。

11. 2202邱莹莹家

樊胜美打开门进来。

樊胜美：侬回来啦！

邱莹莹跑出来。

邱莹莹：樊姐，看样子有戏啊。

樊胜美：没戏。还说什么精英，其实就是一个小公务员，要求还挺多还厚着脸皮跟我说，你能不能跟我一起按揭买房？脑子瓦特了吧！

邱莹莹：说不定是潜力股呢。

樊胜美：都快四十了还潜力股，这隐藏的也太深了，照这速度下去没准五十岁还潜着呢，谁买入谁套牢，一准能炒成股东。

邱莹莹：长得帅吗？

樊胜美：帅！真帅，一米八几大高个，腰以下全是腿。

邱莹莹：我喜欢。

樊胜美：有什么用啊？是能当饭吃，还是能当菜吃，还是能出去赚钱啊，也就骗骗你们这些小姑娘还行。姐这大好时光都浪费在绣花枕头上了，好男人啊，都跟姐捉迷藏呢。

樊胜美关上了门，邱莹莹被关在外面，愣了一下，想到了什么跑去关关房间。

邱莹莹：关关，关关，你敢去相亲吗？

关关在看电脑，没理她。

邱莹莹走进来，继续说：反正我是不敢，我没有樊姐的勇气和泼辣，要是我对面坐了一个男的，对我问东问西，我觉得我就能马上去死！

关关：我也不知道啊。

邱莹莹：不过我妈说了，如果我再不带一个男朋友回家，她的脸都要被我丢尽了，我觉得我也要去相亲了。

关关：我是没时间了，先保住工作要紧。

樊胜美：小邱，关关，你们说我是不是该降低一下标准，比如说，一辆小破车，就像咱们隔壁那个两居室。

邱莹莹：2203肯定不行，首先性别不达标。

樊胜美：女的呀？

邱莹莹：而且是个超级白富美，我在她面前一站就跟凤凰面前的草鸡似的，也就樊姐你能跟她比一比。

樊胜美：我怎么跟人家比呀，人家有房有车我有什么呀，我就一堆破衣服，大龄剩女不配谈恋爱，只配找对象。

邱莹莹：樊姐你怎么了？

樊胜美：不许叫我姐！

邱莹莹：（笑着）小美美眉。

樊胜美：mua~

邱莹莹：mua~

邱莹莹离开，自语：看来又受刺激了。

12. 楼道里

音乐声音巨大，传遍了每个角落。

13. 2202房间

关关、莹莹和樊胜美都受到了噪音的干扰，从房间里走出来。

樊胜美：什么情况啊？

关关：怎么回事啊？

邱莹莹：我去看看。

邱莹莹打开门，看到2203好多人在开party。

邱莹莹回来：2203在开party。

三人面面相觑。

14. 2201房间

众人在音乐中狂欢。

姚滨在曲筱绡身边。

姚滨：别看这小区不行，装修花了不少钱呢，光这灯就贵着呢，跟这窗帘都是配套的啊。

曲筱绡：（喝着酒，不经意的）谢了啊。

姚滨站起来，拿起话筒：来来来，都安静点，我来说两句啊，我们都举起酒杯来，我们欢迎筱绡回国！

众人举杯。

15. 2202

三个无奈地在音乐声中站着。

樊胜美：哎，十点钟必须要上床，十一点必须进入深度睡眠，要不然我这皮肤就不行了！

关关：我更惨，我还得回客户邮件呢。这音乐咣咣一震，26个字母全在我眼前飞，我什么都翻译不明白了！

莹莹：那，要不然我去说说？

两人有了些许期待。

关关：嗯（点头）。

莹莹：行，我去！

莹莹出门。

16. 2201 门口

莹莹敲门再三，终于有人开门。

姚滨开门。

邱莹莹：你好，我是隔壁 2202 的，你们能不能小点声。

姚滨：你说什么？

邱莹莹：你们能不能小点声。

姚滨：哦。

姚滨转身。

姚滨：都小点声啊，邻居不愿意了。

姚滨关上门。邱莹莹一个人被关在门外。

邱莹莹在门外等着，里面音乐声依然不减。

邱莹莹愣愣地转过身往回走，竟然随着节奏摇摆了起来。

17. 2202 房间内

曲筱绡坐在沙发上吃着零食。

朋友甲：筱绡你动作也太慢了，我们都快等睡着了。

筱绡：还不是怪我爸妈，横竖看这小区不顺眼，唠叨半天才走。

朋友乙：筱绡，你找的这是什么地儿啊，你看你那个败家哥哥都有别墅了，你怎么被发配到这里来了？

筱绡：什么发配啊？

筱绡站在沙发上，对众人喊话。

筱绡：大家静一静啊！我有话要说，都过来过来。（众人围过来）麦克风给我。首先呢，感谢姚滨给我准备的房子（手搂着姚滨的脖子），感谢岚岚给我装修，感谢大家给我办 party，谢谢大家！

筱绡对众人鞠了个躬。

姚滨：（众人一起）应该的，应该的。

筱绡：现在我要庄严地宣布，（欢乐、大声的）曲筱绡回来啦！大家知道我这次回来的目的是跟我的败家哥哥争家产的，我爸爸跟他的前妻离婚是净身出户，娶了我妈，辛辛苦苦攒下现在的家产，跟曲连杰没有关系，我绝不会把曲家的家业交到曲连杰手里，从今以后，但凡提供曲连杰信息的，一律有奖！

18. 2202 房间里

三个人坐在沙发上，一脸愁苦，樊胜美脸上还敷着面膜。

关关：怎么一点效果也没有啊？

樊胜美猛地坐正，对着关关伸出手。

樊胜美：手机！

关关拿来手机交到樊胜美手上。

樊胜美：喂，物业吗，我是2202的租户，2201在开party，我们明天还要上班。业主？业主怎么了？业主也不能扰邻啊，好吧，谢谢啊。

樊胜美挂了电话。

邱莹莹：怎么样？

樊胜美：说上来看看，关键时刻就看出业主和租户的区别了。

邱莹莹：吵得我脑袋都晕死了。

关关：我本来觉就不够睡，一会还要加班呢，怎么能起得来呢？

19. 2202门口

物业的人敲开了2202的门，一个黄裙子女生开了门。

某女：你找谁？

物业：我们是物业的，找这里的业主。

某女：筱绡！找你的！

筱绡欢乐地跑过来。

物业：小姐，我们是小区的物业，您刚刚搬过来，庆祝庆祝也是应该的，我们也理解，可是你看现在都这么晚了，您这样会吵到其他邻居的。

筱绡：现在十点五十，我们再过十分钟啊。

物业：我们也是接到其他邻居的举报……

筱绡：好的，好的……再见，再见啊。

众人把物业赶出去，关上了门。

姚滨：你这邻居够事的啊。

筱绡：好了大家，咱们再玩十分钟，想撤的撤，不想撤的咱们去外滩，地方你们挑，单我来买！

这时，又有人敲门，姚滨开门，来的是警察。

警察：警察，把音乐关了！

姚滨：怎么了，警察叔叔？

警察：我们接到举报，说你们严重扰民，如果你们仍不停止，我们将依照相关条例进行惩罚！

姚滨：我们这马上就撤了。还有几分钟还麻烦您跑一趟。

某女：就是啊，警察叔叔，我们这儿都是遵纪守法的好公民。

曲筱绡坐在吧台边一脸不高兴。

警察：这是第一次给你个警告。

众人：没有下一次，没有下一次。

警察：抓紧时间散吧。

众人答应。

众人：您慢走啊，再见！

大家把门关上。

姚滨：这邻居行啊，好好的 party，喀嚓！

某女：就是，这也太过分了！这才几点啊？

曲筱绡放下手里的东西，摘了项链，走下吧台，往门外走。

姚滨等人要拦她。

姚滨：干嘛，干嘛啊？

曲筱绡走出门，径直来到 2202 门口，用力地敲门。

关关给她开了门。

曲筱绡：是不是你们报的警？

关关：什么报警？

曲筱绡：一次两次三次，我不是跟物业说了吗，十分钟，再过十分钟我们就结束了。干嘛啊，我们都是邻居，闹得这么僵有意思吗？

莹莹：干什么呀，说话就说话，干嘛这么凶啊，你们吵吵闹闹一晚上了，我们就跟物业说了一声，干嘛这么凶巴巴的啊。

这时，2203 的门打开了，安迪走出来。

安迪：是我报的警。

筱绡：你谁啊你？

安迪：你不需要知道我是谁，你只需要知道我是 2203 的业主，我查过中国上海的噪音扰民标准，晚上十点到第二天早上七点超过五十五分贝都是扰民，如果是深夜超过十五分贝就是扰民。我用苹果自带的分贝测试软件测过你房间的音乐已经超过七十分贝，我报警很合理，当然，如果你还有疑义，可以联系我的律师，I want to sleep, I don't want to tell you again.如果还有下一次，我不会像今天一样等十五分钟再报警，我会立即报警，而且向你索赔。

众人惊呆了。

曲筱绡：我靠。

23. 公园

安迪在公园跑步，一边给谭宗明打电话。

安迪：老谭，我要换房子。

谭宗明：你一大早给我打电话就说这个事？我可是按照你的要求找的。

安迪：房子还行就是邻居太烂，这帮小女生闹腾得很。

谭宗明：行，你说换就换，本来也就是临时给你找个落脚点，既然这样那干脆以公司的名义给你在江边买一套房子，也算是投资。

安迪：行，环境安静一点，人不要太多，距离公司不能太远，二十分钟车程。

谭宗明：行。

24. 2202 房间

樊胜美起床。

樊胜美：昨天睡太晚，今天都不能美美的了。

莹莹：还以为小曲是个好人呢，没想到玩得这么疯。要不是昨天 2201 报警，估计一两点都停不下来呢。

关关：这 2201 也够吓人的，这才来几天啊，就又装摄像头又报警的，我看比小曲好不到哪里去。

樊胜美：她们两个啊，一个是混世魔王，一个冷冰冰拒人于千里之外，要我说啊，这两个都不是什么省油的灯。

28. 2202 房间

樊胜美洗完澡正在化妆。

樊胜美：小邱，门开着吧，刚洗完澡通通气。

邱莹莹：樊姐，打扮这么漂亮干嘛呀？

樊胜美：今天有一酒吧开业，我一朋友请我去他们开业酒会。我穿什么啊？

邱莹莹：穿你十点在唯品会上抢的那一件。

樊胜美拿出衣服。

邱莹莹：高端大气上档次。

樊胜美：低调奢华有内涵。

邱莹莹：bingo!

樊胜美：姐姐我要换衣服了。

这时，曲筱绡也从房间走出来，看到 2202 房间门开着。

樊胜美：（已经换好衣服）怎么样？

邱莹莹：实在是太美了樊姐，今天晚上一定将你的男伴收入囊中！

樊胜美：那哪行啊，男伴啊早就有老婆了！

邱莹莹：男伴有老婆了？那你怎么敢去啊，你不怕他老婆杀过来啊？

樊胜美；他们那种人可不在乎，酒吧开业去得可都是方方面面的人尖，姐姐我是去掐尖的。

曲筱绡走进来。

曲筱绡：小邱，你也要去酒吧？

邱莹莹：小曲，你误会啦，不是我去，是樊姐要去。

两人对视，筱绡盯着樊胜美的包看了几眼。

邱莹莹：这是你包啊，好漂亮啊。

曲筱绡：我从国外买的，比国内便宜多了。

樊胜美偷偷换了一个包。

邱莹莹：怪不得了。嗨，我都忘了介绍了。这个是小曲，咱们的新邻居，那个是樊姐，樊胜美，是一家外企的 HR，什么都懂，可厉害了。

樊胜美：你好小曲。

曲筱绡：樊姐？你也要去酒吧吗，那正好，一起去吧，我有辆小破车。

樊胜美：不用了，我有人接，这就是我一直不开车的原因。

曲筱绡：哦，那我先走了，咱们去 mint 酒吧让人掐去了。

樊胜美看着曲筱绡离开。

樊胜美：瘦的跟个人干似的，穿什么大牌都没有女人味。

邱莹莹看着樊胜美酸酸的样子忍不住笑了。

29．车库

曲筱绡看到保时捷911开回来，躲在一边看着。

曲筱绡：哇塞，姑奶奶今天直击现场啊，历来百万名车旁边无丑女。

安迪走下来。

曲筱绡：我去，是她？！

第二集

1．车库

筱绡躲在一旁发现豪车车主是安迪。

筱绡：我去，是她，也是，气焰这么嚣张，不是情妇就是小三。

筱绡上前拍下车牌号，给姚滨打电话。

筱绡：姚滨，姚滨，我在我们地下车库里看到一辆保时捷911，你猜车主是谁？报警那女的，快帮我查一下这女的到底什么来头，越快越好。

2．2202房间

邱莹莹：白主管？她跟我上一个课？

对方：嗯。

邱莹莹：真的假的？

对方：我骗你干嘛，他亲口跟我说的。

邱莹莹：我不跟你说了，我去选衣服去了。

关关疲惫地回来。

关关：说是让我周末早点回来，其实还有两个越洋会议要开。

邱莹莹：赚着员工的钱，操着老板的心。就跟你们老板说网络死翘翘了。

关关：你信不信我们老板能在一分钟内给出一百种解决办法，条件好的去星巴克，条件差点去网吧，实在不想花钱你就抱着你的电脑满小区转悠蹭网。我还是老老实实工作吧，这次实习结束，我如果考评不佳的话，就会被刷下去，可是我太绝望了。

邱莹莹：关雎尔，我以一个早你一年毕业的师姐的身份告诫你，趁着年轻记忆好，多考几个证傍身。你每天拼死拼活工作，难道能写在履历上吗，你总不能写每天工作十六小时吧？这完全不可能的。

关关：还有十分钟，我得提前五分钟连上线，不跟你说了啊。

3．酒吧

酒吧气氛火热，觥筹交错。筱绡在疯狂玩耍，被姚滨找到。

姚滨：筱绡。

曲筱绡：怎么样，查到了吗

姚滨：肯定查到了啊，自己看。

曲筱绡：谭宗明？什么人？

姚滨：大鳄，懂吗？离你我都很遥远的大鳄，背景人士。

曲筱绡：哇塞，这么劲爆啊，怪不得我那邻居脾气这么大，这男的够豪气的啊。

姚滨：她要真是谭宗明的人，保时捷算什么啊，他动个眉毛，上海就不知道多少家企业要倒闭了。哎，跟你说别惹这种人啊，跟他比起来，咱们这种小钱算什么啊。

曲筱绡：拜托，是她报警抓我，不是我报警抓她，懒得理她，我跟我哥斗还来不及呢，没工夫搭理这种小三小四的。

曲筱绡看见樊胜美被冷落在一旁。

樊胜美起身去了洗手间。

樊胜美：（一脸不爽）什么玩意，约我出来还带那么几个女的，还精英呢，整个一流氓。

樊胜美电话响了。

樊胜美：（变脸微笑）喂，陆总，我也在玩着呢，不用管我不用管我。

曲筱绡走过来。

曲筱绡：今天晚上没什么意思，都是圈内人，谁都认识谁，不会有什么惊喜的。

樊胜美：我觉得挺有意思的，今天晚上的DJ就挺好的。

曲筱绡：得了吧，这个场合只认衣服不认人，美女是拿来调戏的。

樊胜美：那美女你呢？

曲筱绡：我今天不是女人啊，我是来认识人的。樊姐，你身边那个男人，身边都是鲜嫩的小美眉，估计是顾不上你了，你如果想走的话我帮你安排，不会让你走得太落单的。

樊胜美：第一，请不要叫我姐；第二，我跟他只是普通朋友；第三，我还没玩尽兴呢，玩尽兴了我自己会走的。

曲筱绡：这大姐被人冷落成这样，我好心帮她，她还跟我摆谱！

4. 2202房间

关关在房间里苦逼加班。

莹莹跑过来。

莹莹：关关，关关，你帮我看看这两件衣服那件更好看啊，这件还是这件？

关关：你不是去上注会课吗，穿这么漂亮干嘛？

莹莹：明天跟我一起上课的有我们公司财务部的白主管，白帅哥也跟我们一起上课，我想穿得漂漂亮亮地去吸引他！

关关：我感觉这套比较好看一点，比较职业、成熟。这套就有点太可爱了，比较幼稚。哎，我不跟你说了，他们又上线了。

莹莹：工作需要成熟，谈恋爱吸引男生也需要成熟吗？关关，我觉得我还得让樊姐参考一下，这样，我把这两件衣服挂在门口，请她回来帮我参考一下，你跟她说一声哦，我先去睡觉了啊。

关关继续工作。

樊胜美回来。

关关：你想不想吃宵夜，我请你啊。

樊胜美看到门口的衣服，

樊胜美：这是干什么呢？

关关：莹莹她喜欢那个白主管，说是明天跟他一起上注会课。然后呢，莹莹就不知道穿哪套衣服能吸引他的注意力，想请樊姐给她拿个主意？

樊胜美：给她挑衣服啊？

关关：嗯。

樊胜美拿着衣服看，手机忽然响了。

关关：可能是莹莹试衣服的时候不小心把手机落在里面了。

樊胜美拿出手机要看。

关关：樊姐，这是莹莹的手机。

樊胜美：白主管的短信，"小邱，明天我顺路接你，请短信我地址。"顺路？你说连地址都不知道怎么能说顺路呢？这男人吊膀子都不动脑子了。

关关：原来这两个人是郎情妾意啊，要是小邱刚才看到这条短信肯定高兴死了。

樊胜美：关关，姐姐教你几个做人的道理，如果心诚，邀请短信就应该提前发出，给女孩思考和矜持的时间。其次，如果不帅的白主管发这条短信会不会被认为是性骚扰呢？那请一视同仁，再帅的白主管发这条短信都是性骚扰。哪家公司都不允许办公室恋情，如果被发现，倒霉的肯定是小邱这种最底层的小员工。

关关：可如果他们是真心相爱呢，未来有什么问题都可以努力克服啊。

樊胜美：未来已经在那里摆着了，要么就是小邱辞职，要么就是白帅哥辞职。

关关：樊姐，你怎么删了啊。

樊胜美：小邱履历浅，找工作难，不能辞职。白主管呢？刚当上主管，连会计证都没有，绝对不可能离开公司。那么最终辞职的会是谁？还是小邱！关关，请相信我，我做了这么多年人事，我们这些外地女孩，工作才是唯一的依靠，绝对不能在没出息的男生身上冒险。

樊胜美进门换了个衣服，推开门又看到关关站在外面。

关关：樊姐，我知道你说的有道理，可我总觉得就这么把短信删了不太好。

樊胜美：我这么做都是为了小邱好，你和小邱还年轻，千万不要把时光浪费在不合适的人身上，到时候，后悔的只能是你自己。

关关：樊姐，我还是写张纸条，让莹莹自己选择吧，不过我会把你的意见转达给她的，而且我会注明那条短信是我不小心误删的。

樊胜美：哎呀，这年轻的时候天高地宽，难免会为爱冲动做出一些不计后果的事情，但是等你反应过来才知道自己已经老大不小了，摆在你面前的机会所剩无几，到那时候怎么办？吃后悔药吗？哪里有啊。行了，行了，你留条吧，留吧留吧，但是一定要把话说通透，不要让爱情蒙蔽了她的眼睛。

关关：樊姐，你真好。

樊胜美：我好吗？

关关点头。

樊胜美：千万不要发好人卡给我。

（夜跳日。）

莹莹一声尖叫开门出来，手足无措。

樊胜美：怎么了，你有病啊？

莹莹：樊姐，白主管给我发短信了，他说他顺路接我，今天一起去上班。我先进去了。

莹莹开心地跳回房间。

7. 电梯口

曲筱绡：跟你们说一个爆炸性消息。

莹莹：什么消息？

曲筱绡：那天报警的那个女的，还记得吗？

莹莹：那么拉风，想不记得都难。

筱绡：昨天我在地库里看到她啦，开了辆保时捷911，还是顶配。我托我朋友一查，车子果然不在她名下，车主是个商业大鳄，这里面有什么猫腻知道吗？

莹莹：什么猫腻？

筱绡：这你都不知道，你傻啊你啊，男的免费把车子拿给你开？这女的十有八九就是小三，要不然也不会这么嚣张，还敢报警？

电梯来了，安迪就在里面。

8. 电梯里

五人尴尬，曲筱绡挤兑安迪。

筱绡：别装了，你刚才听到我说你了是吧！你还挺理直气壮的，可惜啊，天底下没有不透风的墙，你以为某些人把你藏在这里就没人知道你的底细了？谭宗明你认识吗？

安迪：你认识老谭？

筱绡：你认识老谭？我曲筱绡平生最讨厌小三小四的，前几天报警的时候不是还挺嚣张的吗？装作一副社会精英的样子，却被人揭穿了，要是我，我也心虚，我也理亏。

电梯忽然出现故障停了下来。

筱绡：什么破电梯。

樊胜美：都说是破电梯了，出点事情很正常。

樊胜美打电话给物业。

樊胜美：物业吗，我是2202的樊胜美，我和我的两个室友被困在电梯里了，还有2201和2203的两个业主曲筱绡和（看向安迪）安迪。

物业：好，请你们耐心等待，我马上联系维修电梯的工人过来。

关关：我刚才买了点吃的，要不咱们吃点好吃的吧。

莹莹：我看行。

莹莹马上开始吃东西。

莹莹：有我最喜欢吃的。

关关：你不是刚跟白主管吃完饭吗，怎么又饿了？

莹莹：刚才就顾着看白主管了，什么都没吃进去。

筱绡：哎呀，人家都说恋爱中的女生智商为负，现在看来果不其然啊。

莹莹：那你智商为正，能让咱们都出去吗？与其半懂不懂地瞎操心，不如省省心吃吃喝喝省体力。

樊胜美：你就吃吃喝喝省体力吧。

关关递给安迪一杯酸奶。

安迪：谢谢，我只喝水。

樊胜美：我买了水。

安迪摇摇头。

筱绡：人家不要。

10. 楼梯里

邱莹莹讲恐怖故事。

邱莹莹：你们知道吗？死亡率最高的死法里面就是电梯死亡。前一段时间，微博上有，那照片，有一个女孩，她玩手机，没看电梯，结果电梯门开了，但是电梯没到，结果她一脚踩下去，你猜怎么着，死了！活活从十几米的地方摔下去了，想想都疼！还有，就是发生在我们身边的，我们隔壁小区的，一群人上了电梯，结果电梯门哐当一声，等人们发现后把电梯门撬开的时候，里面……

关关：行行，莹莹你别说了，刚才还好好的，你这一说我汗毛都竖起来了。

莹莹：这有什么可怕的，最可怕的我还没说呢，你们知道那事吗？就国外那女孩，那国外女孩在酒店里，监控录像显示她背后有个人在追她，但那个人一直没有出现！她进电梯以后吧，那电梯门它死活关不上！然后那女孩就探出头往外看，她再回来就发现背后好像有人抓着她，那女孩就像幽灵一样，这样，两手来回比划……

筱绡：邱莹莹你脑子进水了吧，这个时候哪有自己吓自己的。

邱莹莹：呸呸呸，不会灵验的，再说了我都想好了，只要电梯下落的时候，你们都听我的，咱们大家一起跳！

邱莹莹努力跳了一下，电梯停电了，急速下坠，众人惊恐地尖叫起来。

邱莹莹：微博的视频跟这个一模一样，灯光忽明忽暗的，电梯门一下就关上了……

筱绡：（喊）你闭嘴！

邱莹莹：我是想闭嘴，可是我闭嘴的话更紧张，我必须得说话，我不想死，白主管才刚刚约我上下班，我不想死，我们连手都没牵过呢！

众人惊恐，大喊：有没有人，有人吗，救命啊！

筱绡敲电梯门。

安迪：不能拍电梯门，你这样敲电梯门，电梯会因为震动随时下降。

安迪按下每一层楼的按键。

安迪：我们现在在 16 楼，必须把下面每一层楼都按下，这样就算电梯急速下滑，电梯也可能因为紧急制动而停下来，我们就会有 16 次获救的机会。你们听我说，电梯里本来就缺少氧气，所以不要再说话了，保持体力，平稳呼吸。把鞋脱掉，双腿微微弯曲，头和背部贴紧厢壁，就算是电梯急速下坠，我们都能减少对人体造成的伤害。

14. 电梯里

电梯开始晃动。

几个人手拉手互相鼓励。

电梯晃动着往上升。

筱绡想要牵安迪的手。

筱绡：装什么装，大家都害怕，你难道不害怕吗？

两人牵住了手。

邱莹莹：他们说的什么手盘什么车是什么啊？靠不靠谱啊，要是没拉住的话，一下子，一下子……

筱绡：啪叽一下掉下去了是吗？闭上你的乌鸦嘴吧。

樊胜美：哎，你们没发现吗，咱们把手牵在一起就不那么害怕了啊。

安迪：算起来，我们处在十六层和十七层中间，我们现在层高是两米八，我们现在需要上升二十公分，差不多七次，这样的话差不多七分钟我们就可以获救了。

邱莹莹：怎么算的啊，我现在满脑子都是浆糊……

电梯一次次震动，众人期待又不安的站着，手紧紧地牵在一起。

电梯终于到了十七层，门终于开了。众人虚弱地从里面出来。

筱绡站起来，看了坐在地上的安迪一眼。

筱绡：你没事吧？

安迪：你能把那瓶水给我吗？

15. 电梯外

樊胜美斥责物业。

樊胜美：小王，你也看见了，这电梯已经出了这么多次问题，你们倒是修啊，今天要不是我们几个命大，整个 22 楼的人都没了，你付得起这个责任吗？我们这里面还有业主呢，你知道吗！是不是小曲？！

曲筱绡：是啊，这么危险你让我怎么住啊，再出现这种问题，我可是要找物业投诉的。

众住户七嘴八舌围着物业。

安迪悄悄离开。

16. 楼梯处

几个人对视，气氛和缓，露出笑容。

导读

《欢乐颂》中编剧设定的人物角色是非常丰富的，不让其以单一线条发展，每个主角都无所谓绝对的好与坏。正因为如此，观众对于角色的喜爱度，也常在喜欢和讨厌之间波动。剧中几位女主角遇到的情感困惑和残酷职场，正是无数普通人正在感受的，剧中人的酸甜苦辣总能与观剧者的内心契合共鸣。在爱情方面，安迪的疑惧、樊胜美的心机、曲筱绡的奔放、邱莹莹的痴纯、关雎尔的懵懂，各有千秋，却又真切有质感；在职业方面，现代企业各层级群体的工作生活状态被描摹得纤毫毕致，真实地铺陈出一幅当代职场多元化图景的横断面，不同观众均可从中镜鉴自我、各归其位。剧中，虽然情场和职场这两条线索同时并行，却未出现"两张皮"式的疏离，而是双线互渗、彼此深糅，圆润饱满的角色性格、隐秘微妙的感情纠葛，立体化地折射出都市众生相中最有代表性的生存样态。

成功的影视剧，不仅能承接时代议题，还可以设置话题，引发思考。《欢乐颂》里的5位女孩，其生活方式、思维意识、对资源的掌握与运用，始终带着成长环境的局限，需要通过艰苦奋斗获得财富和地位的满足。即便是社交，也依然如此。正如经济学上的"了不起的盖茨比曲线"：经济的差距会产生较差的社会流动性，影视剧恰恰是这些理论的感性展现。即便如此，作品依然提供了具有包容性的环境。5位出生背景、成长经历完全不同的女孩子机缘巧合凑到了一起，不乏合租的欢乐，磨合并在一定程度上超越了差距，隐约体现的是平等的价值追求。既有对现实的模仿，又有价值的超越，作品才会具有丰富的解读意义。

《欢乐颂》既是婚恋指南，教人辨识各色男人，更教人遵从内心去爱；也是职场宝典，既有江湖规矩也有生存指南。通过安迪、曲筱绡这些精英们如何处理自己的平常际遇，樊胜美、关雎尔、邱莹莹这些普通职场搏位者又是如何在奋斗的路上不失去本质之美，一步一步、一天一天地诠释了几种女性改变命运途径的艰辛与技巧，闪耀着处世智慧。

《欢乐颂》的难能可贵之处就在于，始终传递着与时俱进、积极向上的价值观——剧中从不回避五个女性各自的缺点，在生活、职场和爱情中犯的错误。但同时，不管家境如何，资质如何，处境如何，她们又都在努力工作、积极生活、互相友爱着，在不断变得更好，展示着女性命运、情感、行为方式、思维习惯在21世纪中国大发展的大气候中的成长轨迹。

思考练习题

1. 分析剧中人物"五美"的性格及追求。
2. 品读该剧如何在戏剧冲突中进行人性塑造。
3. 品味该剧经典台词。

哈姆莱特（节选）

[英] 莎士比亚

威廉·莎士比亚（1564—1616），英国著名戏剧家和诗人，欧洲文艺复兴时期文学领域中最杰出代表。莎士比亚的文学创作很丰富，他一生写过两首长诗、154首十四行诗和37部戏剧。莎士比亚的主要成就是戏剧。他的戏剧创作大致分为三个时期：早期（1590—1600），以历史剧和喜剧为主，如《亨利四世》《威尼斯商人》。这些剧作表达了新兴资产阶级反对封建诸侯割据、拥护中央集权君主专制的政治思想，歌颂了追求个性解放、爱情自由的生活理想，洋溢着坚定乐观的人文主义信念和欢快活泼的浪漫主义情调。中期（1601—1607），以悲剧为主，《哈姆莱特》《奥赛罗》《李尔王》《麦克白》是莎士比亚中期创作的"四大悲剧"。这个时期的创作，莎士比亚在思想上揭露和批判的力量大大加强，不仅揭露了封建贵族的野蛮残暴和腐化堕落，而且批判了资产阶级的个人主义和唯利是图，风格上带着一层浓厚的悲愤沉郁的色彩。后期（1608—1612）以传奇剧为主，如《暴风雨》。这个时期的创作虽然对黑暗现实仍有所揭露，但在态度上以宽容、和平代替了批判和抗议，宣扬道德感化，倡导改恶从善。

第三幕

第一场　城堡中一室

（国王、王后、波洛涅斯、奥菲利亚、罗森格兰兹及吉尔登斯吞上。）

国王　你们不能用迂回婉转的方法，探出他为什么这样神魂颠倒，让紊乱而危险的疯狂困扰他的安静生活吗？

罗森格兰兹　他承认他自己有些神经迷惘，可是绝口不肯说为了什么缘故。

吉尔登斯吞　他也不肯虚心接受我们的探问；当我们想要引导他吐露他自己的一些真相的时候，他总是用假作痴呆的神气故意回避。

王后　他对待你们还客气吗？

罗森格兰兹　很有礼貌。

吉尔登斯吞　可是不大自然。

罗森格兰兹　他很吝啬自己的话，可是我们问他话的时候，他回答起来却是毫无拘束。

王后　你们有没有劝诱他找些什么消遣？

罗森格兰兹　娘娘，我们来的时候，刚巧有一班戏子也要到这儿来，给我们赶过了；我们把这消息告诉了他，他听了好像很高兴。现在他们已经到了宫里，我想他已经吩咐他们今晚为他演出了。

波洛涅斯　一点不错，他还叫我来请两位陛下同去看看他们演得怎样哩。

国王　那好极了；我非常高兴听见他在这方面感到兴趣。请你们两位还要更进一步鼓起他的兴味，把他的心思移转到这种娱乐上面。

罗森格兰兹　是，陛下。（罗林格兰兹、吉尔登斯吞同下。）

国王　亲爱的乔特鲁德，你也暂时离开我们；因为我们已经暗中差人去唤哈姆莱特到这儿来，让他和奥菲利娅见见面，就像他们偶然相遇一般。她的父亲跟我两人将要权充一下密探，躲在可以看见他们，却不能被他们看见的地方，注意他们会面的情形，从他的行为上判断他的疯病究竟是不是因为恋爱上的苦闷。

王后　我愿意服从您的意旨。奥菲利娅，但愿你的美貌果然是哈姆莱特疯狂的原因；更愿你的美德能够帮助他恢复原状，使你们两人都能安享尊荣。

奥菲利娅　娘娘，但愿如此。（王后下。）

波洛涅斯　奥菲利娅，你在这儿走走。陛下，我们就去躲起来吧。（向奥菲利娅）你拿这本书去读，他看见你这样用功，就不会疑心你为什么一个人在这儿了。人们往往用至诚的外表和虔敬的行动，掩饰一颗魔鬼般的内心，这样的例子是太多了。

国王　（旁白）啊，这句话是太真实了！它在我的良心上抽了多么重的一鞭！涂脂抹粉的娼妇的脸，还不及掩藏在虚伪的言辞后面的我的行为更为丑恶。难堪的重负啊！

波洛涅斯　我听见他来了；我们退下去吧，陛下。（国王及波洛涅斯下。）

（哈姆莱特上。）

哈姆莱特　生存还是毁灭，这是一个值得考虑的问题：默默忍受命运的暴虐的毒箭，或是挺身反抗人世的无涯的苦难，通过斗争把它们扫清，这两种行为，哪一种更高贵？死了，睡着了，什么都完了；要是在这一种睡眠之中，我们心头的创痛，以及其他无数血肉之躯所不能避免的打击，都可以从此消失，那正是我们求之不得的结局。死了，睡着了，睡着了也许还会做梦；嗯，阻碍就在这儿：因为当我们摆脱了这一具腐朽的皮囊以后，在那死的睡眠里，究竟将要做些什么梦，那不能不使我们踌躇顾虑。人们甘心久困于患难之中，也就是为了这个缘故；谁愿意忍受人世的鞭挞和讥嘲、压迫者的凌辱、傲慢者的冷眼、被轻蔑的爱情的惨痛、法律的迁延、官吏的横暴和费尽辛勤所换来的小人的鄙视，要是他只要用一柄小小的刀子，就可以清算他自己的一生？谁愿意负着这样的重担，在烦劳的生命的压迫下呻吟流汗，倘不是因为惧怕不可知的死后，惧怕那从来不曾有一个旅人回来过的神秘之国，是它迷惑了我们意志，使我们宁愿忍受目前的磨折，不敢向我们所不知道的痛苦飞去？这样，重重的顾虑使我们全变成了懦夫，决心的赤热的光彩，被审慎的思维盖上了一层灰色，伟大的事业在这一种考虑之下，也会逆流而退，失去了行动的意义。且慢！美丽的奥菲利娅！女神，在你的祈祷之中，不要忘记替我忏悔我的罪孽。

奥菲利娅　我的好殿下，您这许多天来贵体安好吗？

哈姆莱特　谢谢你，很好，很好，很好。

奥菲利娅　殿下，我有几件您送给我的纪念品，我早就想把它们还给您；请您现在收回去吧。

哈姆莱特　不，我不要；我从来没有给你什么东西。

奥菲利娅　殿下，我记得很清楚您把它们送给我，那时候您还向我说了许多甜言蜜语，使这些东西格外显得贵重；现在它们的芳香已经消散，请您拿回去吧，因为在有骨气的人看来，送礼的人要是变了心，礼物虽贵，也会失去了价值。拿去吧，殿下。

哈姆莱特　哈哈！你贞洁吗？

奥菲利娅　殿下！

哈姆莱特　你美丽吗？

奥菲利娅　殿下是什么意思？

哈姆莱特　要是你既贞洁又美丽，那么你的贞洁应该断绝跟你的美丽来往。

奥菲利娅　殿下，难道美丽除了贞洁以外，还有什么更好的伴侣吗？

哈姆莱特　嗯，真的；因为美丽可以使贞洁变成淫荡，贞洁却未必能使美丽受它自己的感化；这句话从前像是怪诞之谈，可是现在时间已经把它证实了。我的确曾经爱过你。

奥菲利娅　真的，殿下，您曾经使我相信您爱我。

哈姆莱特　你当初就不应该相信我，因为美德不能熏陶我们罪恶的本性；我没有爱过你。

奥菲利娅　那么我真是受了骗了。

哈姆莱特　进尼姑庵去吧；为什么你要生一群罪人出来呢？我自己还不算是一个顶坏的人；可是我可以指出我的许多过失，一个人有了那些过失，他的母亲还是不要生下他来得好。我很骄傲，有仇必报，富于野心，我的罪恶是那么多，连我的思想也容纳不下，我的想像也不能给它们形象，甚至于我都没有充分的时间可以把它们实行出来。像我这样的家伙，匍匐于天地之间，有什么用处呢？我们都是些十足的坏人；一个也不要相信我们；进尼姑庵去吧。你的父亲呢？

奥菲利娅　在家里，殿下。

哈姆莱特　把他关起来，让他只好在家里发发傻劲。再会！

奥菲利娅　哎哟，天哪！救救他。

哈姆莱特　要是你一定要嫁人，我就把这一个咒诅送给你做嫁妆：尽管你像冰一样坚贞，像雪一样纯洁，你还是逃不过谗人的诽谤。进尼姑庵吧，去；再会！或者要是你必须嫁人的话，就嫁给一个傻瓜吧；因为聪明人都明白你们会叫他们变成怎样怪物。进尼姑庵去吧，去，越快越好，再会！

奥菲利娅　天上的神明啊，让他清醒过来吧！

哈姆莱特　我也知道你们会怎样涂脂抹粉；上帝给了你们一张脸，你们又替自己另外造了一张。你们烟行媚视，淫声浪气，替上帝造下的生物乱取名字，卖弄你们不懂事的风骚。算了吧，我再也不敢领教了；它已经使我发了狂。我说，我们以后再不要结什么婚了，已经结过婚的，除了一个人以外，都可以让他们活下去；没有结婚的不准再结婚，进尼姑庵去吧，去。（下。）

奥菲利娅　啊，一颗多么高贵的心是这样陨落了！朝臣的眼睛、学者的辩舌、军人的利剑、国家所瞩望的一朵娇花；时流的明镜、人伦的雅范、举世注目的中心，这样无可挽回地陨落了！我是一切妇女中间最伤心而不幸的，我曾经从他音乐一般的盟誓中吮吸芬芳的甘蜜，现在却眼看着他的高贵无上的理智，像一串美妙的银铃失去了谐和的音调，无比的青春美貌，在疯狂中凋谢！啊！我好苦，谁料过去的繁华，变作今朝的泥土！

（国王及波洛涅斯重上。）

国王　恋爱？他的精神错乱不像是为了恋爱；他说的话虽然有些颠倒，也不像是疯狂。他有些什么心事盘踞在他的灵魂里，我怕它也许会产生危险的结果。为了防止万一，我已经当机立断，决定了一个办法：他必须立刻到英国去，向他们追索延宕未纳的贡物；也许他到海外各国游历一趟以后，时时变换的环境，可以替他排解去这一桩使他神思恍惚的心事。你看怎么样？

波洛涅斯　那很好；可是我相信他的烦闷的根本原因，还是为了恋爱上的失意。啊，奥菲利娅！你不用告诉我们哈姆莱特殿下说些什么话；我们全都听见了。陛下，照您的意思办吧；可是您要是认为可以的话，不妨在戏剧终场以后，让他的母后独自一个人跟他在一起，恳求他向她吐露他的心事；她必须很坦白地跟他谈谈，我就找一个所在听他们说些什么。要是她也探听不出他的秘密来，您就叫他到英国去，或者凭着您的高见，把他关禁在一个适当的地方。

国王　就这样吧；大人物的疯狂是不能听其自然的。（同下。）

导读

莎士比亚悲剧主要写理想与现实之间的矛盾冲突以及理想的毁灭，《哈姆莱特》是这方面的代表作。该剧写哈姆莱特为父报仇，并担负起改造颠倒混乱时代的重任，同以叔叔克劳狄斯为首的罪恶势力进行了殊死的斗争，最后虽杀死了克劳狄斯，也毁灭了自己，未能完成"重整乾坤"的大业。

这里所节选的是第三幕第一场戏。克劳狄斯要求大臣波洛涅斯安排他的女儿奥菲利娅去刺探哈姆莱特，试探其疯癫的行为。哈姆莱特在奥菲利娅面前胡言乱语，并跟奥菲利娅断绝了亲情。这种装疯卖傻的行为是他复仇的一个主要过程。在知道父亲死于谋杀后，他本应该以最快捷的方式去复仇，但他没有这样做，而是想到装疯。此后接连几场，他都处于装疯之中，他的复仇计划因此拖延了。装疯引起了克劳狄斯的警觉。装疯这一行为表现出哈姆莱特在斗争上还不成熟。

哈姆莱特的内心关于"生存"还是"毁灭"的思考带着极重的悲剧色彩。他像一个思想家一样思考了许多哲学的问题，他提出的问题很深刻，但他解答不了。因此他处于内心的痛苦与矛盾中，精神变得非常忧郁，甚至想到自杀。他意识到自己内心的重重顾虑与太过审慎的思维会使复仇延宕，但他无力克服自己的性格弱点，改变这种欲进不能的状况。所以，不论从他装疯的行为来看还是从他难以解决的思想矛盾来看，他始终处于一种激烈的内心矛盾冲突之中,难免会以悲剧为结局。

哈姆莱特复仇的悲剧有其主观上的原因,更有其客观的历史必然性。哈姆莱特的复仇不是单纯的个人复仇,而是时代赋予人文主义者的不可推卸的历史使命,所以他的复仇更艰巨、复杂。作为光明与时代进步代表的哈姆莱特,他有着先进的思想与远大的抱负,但他缺乏生活知识和斗争经验,他的复仇始终处于被动地位。以克劳狄斯为首的强大的黑暗势力,是哈姆莱特改革征途上不可逾越的障碍。克劳狄斯作为封建王朝的一个国王,本身就具有封建统治阶级的权威及没落腐朽的属性,同时,他又具有原始资本积累时期资产阶级阴谋家、野心家的特质,他是现实社会和邪恶势力的总代表。在他周围聚集了种种罪恶力量,如圆滑世故、奸诈谄媚的大臣波洛涅斯,如出卖朋友、攫取私利的同学罗森格兰兹和吉尔登斯吞,还有刚愎自用、狭隘自私的雷欧提斯。

面对强大的恶势力,哈姆莱特单枪匹马,孤军奋战。这除了表现出作为人文主义者的哈姆莱特自身的弱点之外,还反映出了当时人们对人文主义缺乏理解与支持,例如奥菲利娅就不能体察哈姆莱特内心深处的忧虑与痛苦,相反却成了克劳狄斯的帮手。

人文主义者本身的主观幻想和脱离人民的局限,决定了他们不可避免的悲剧命运。哈姆莱特的复仇悲剧既是时代的悲剧,也是人文主义者的悲剧。

思考练习题

1. 《哈姆莱特》的主要矛盾冲突是什么?
2. 为什么说哈姆莱特的形象是人文主义者的典型形象?
3. 哈姆莱特在"生存还是毁灭"这段独白中都提出了哪些深刻的问题?表现了怎样的内心世界?

泰坦尼克号(节选)

[美国]詹姆斯·卡梅隆

詹姆斯·卡梅隆,1954年8月16日出生于加拿大安大略省,好莱坞电影导演、编剧。1981年,执导首部电影《食人鱼2:繁殖》。1984年,因自编自导科幻电影《终结者》成名。1986年,自编自导电影《异形2》。1991年,凭借电影《终结者2》获得第18届土星奖最佳导演奖以及最佳编剧奖。1994年,执导电影《真实的谎言》。1997年,他执导的电影《泰坦尼克号》取得了18.4亿美元的票房,打破全球影史票房纪录,该片在第70届奥斯卡金像奖上获得了包括最佳影片在内的11个奖项,詹姆斯·卡梅隆亦凭借该片获得了奥斯卡奖最佳导演奖。2005年,他被英国杂志《Empire》评为"世界最伟大的20位导演之一"。2009年12月,他执导的科幻电影《阿凡达》上映,该片全球总票房超过 27 亿美元,再次打破了由他自己保持的全球影史票房纪录。2010 年,入选《时代周刊》评出的"全球最具影响力人物";同年他获得美国视觉效果工会奖终身成就奖。2011 年,获得美国制片人工会奖里程碑奖。

一

95. 内景·驾驶台/海图室·白天

哈罗德·布赖德,二十一岁。年轻的无线电操作员硬挤进去,绕开安德鲁斯的参观团,把一份无线电报交给史密斯船长。

布赖德:又一个冰山警告,先生。这次是从波罗的海号发来的。

史密斯:谢谢你,斯帕克斯。

史密斯看了一眼这份电报,无动于衷地把它放进口袋。他向罗斯及那伙人点点头,表示可以放心。

史密斯:不用担心,在这种季节里是相当正常的。事实上,我们在加速前进,我刚下命令,把所有的锅炉全都点上。

在示意这伙人向门口走去之前,安德鲁斯略略皱眉头。他们出门时,正好二副查尔斯·赫伯特·莱托拉从海图室出来,在大副默多克身边止步。

莱托拉:我们找过那些给监视哨用的双筒望远镜了吗?

大副默多克:从南安普顿启航之后,从来没有见到过。(切)

96. 外景·船甲板/右舷边·白天

安德鲁斯和这伙人从驾驶台沿着船甲板走回来。

罗斯:安德鲁斯先生,我心里计算过,从救生艇的数目来测定你提到的性能……请原谅,看上去不足以容下全体旅客。

安德鲁斯:实际上,大约能容纳一半。罗斯,你全都注意到了,是吗?其实。我放上的这些新型吊艇架,它们在这里还能多容纳一排救生艇。(他指向甲板)可是曾经被认为……某些人认为……这个甲板过于拥挤,所以我被驳回了。

卡尔(拍拍一条救生艇的边缘):竟在一艘不会沉的轮船上浪费那么大的甲板空间!

安德鲁斯:香香甜甜地睡吧,年轻的罗斯。我给你建造了一艘优质船,结实而且可靠。

当他们走过 7 号救生艇时,一名男子从栏杆旁转身,随着这伙人走。他是杰克,他轻轻拍罗斯的胳膊,她转身,倒吸一口气。他做了个手势,她摆脱掉这伙人,走向一扇杰克为她扶住的门。他们溜进……(切)

97. 内景·健身房·白天

杰克在她身后关上门,透过有花纹的玻璃窗看右舷栏杆,那个健身房教练正在那里和一个蹬自行车的妇女聊天。罗斯与杰克单独在房间里。

罗斯:杰克,这是不可能的。我不能见你。

他扶住她的肩。

杰克：罗斯，这对你不是一件轻松的事……你甚至是个被宠坏了的小家伙，可是除此之外，你是个坚强的人，心地纯洁，你是我从来没有见到过的最令人叹绝、令人惊奇的姑娘，而且……

罗斯：杰克，我……

杰克：不，等会儿，让我把话说出来。你是令人难以置信的……我知道我没有什么可以奉献给你，罗斯。我知道这点。可是现在我被卷进去了。你跳，我就跟着跳。记得吗？我不能走开而不顾你是否平安无事。

罗斯感到热泪盈眶。杰克如此坦白、真诚……不像任何一个她结交过的人。

罗斯：你把事情看得非常严重。我会没事的。真的。

杰克：我不这样认为。他们把你装进一只玻璃瓶，像某些蝴蝶那样，如果你不冲出来就会死去，也许不是马上，因为你是坚强的。可是迟早你内心的火焰会熄灭的。

罗斯：不能靠你来救我，杰克。

杰克：没错，只有你能救自己。

罗斯：我必须回去了，他们会惦记我的。求你了，杰克，为了我们俩，请不要麻烦我。（切）

98. 内景·头等舱休息室·白天

这是船上最精美绝伦的房间，是按路易十五凡尔赛的风格建造的。罗斯坐在一张长沙发上，周围拥簇着一群妇女。鲁思·罗瑟斯女伯爵和达夫·戈登夫人正在喝茶。当邻座的对话流淌而过时，罗斯像座雕塑似的噤声静坐。

鲁思：当然，那些请柬不得不两次退回给印刷商。还有伴娘的衣裙！让我告诉你们吧，那曾经是个多么漫长……

鲁思继续说下去的时候，镜头徐徐跟拍罗斯。

反打镜头，罗斯的视点：一位母亲和女儿在桌前喝茶。那个四岁大的女儿戴着白手套，文雅地取了一片甜点心。那位母亲纠正她的姿态和她拿茶杯的样子。那个小女孩非常努力地去取悦于人，她的表情严肃。那是罗斯在那个年龄时的一瞥，我们看见那种冷酷无情的调教……要成为爱德华七世时代艺妓的痛楚。

拍摄罗斯。她平静而深思熟虑地刻意把她的茶杯打翻，把茶泼到衣服上。

罗斯：噢，瞧我干了些什么呀。（切）

99. 外景·泰坦尼克号·白天

泰坦尼克号在薄暮中向我们驶来，好像被一支巨大火炬的余烬照亮。当这艘轮船隐隐呈现并占满画面时，镜头推向船头。杰克在那儿，就在船头栏杆的尽头，他最喜欢的地方。他合上双眼，让习习凉风清理他的思绪。

杰克听到她的声音，在他后面。

罗斯：你好，杰克。

他转过身去，她站在那里。

罗斯：我改变主意了。

他对她微笑,他的眼睛被她陶醉了。她的脸庞被凉风吹得通红,她的眼睛炯炯有神。她的头发在风中翻飞,铺了满脸。

罗斯:法布里齐奥说你可能在……

杰克:嘘……到这儿来。

他双手搂住她的腰。好像他要吻她。

杰克:闭上眼睛。

她照办,他把她转到轮船航行的方向。他温柔地把她靠在栏杆上,就站在他前面。然后他拉起她的双手,把它们举起来,直到她的双臂向两边展开。罗斯随着他,当他放开她的手时,她的胳臂仍停留在上面……像一对翅膀。

杰克:好了,睁开眼睛吧。

罗斯喘不过气。她眼前除了海水以外什么都看不到。好像他们脚底下也根本没有船,只有他们两个人的炽烈情怀。大西洋向泰坦尼克号——这只在苍茫天空下的被浇铸成的铜壳展开。那里只有风,还有50英尺下水的嘶嘶声。

罗斯:我飞起来了!

她探身向前俯。他双手放在她的腰上,把她扶稳。

杰克(柔和地唱):约瑟芬上了我的飞机……

罗斯闭上眼睛,感到自己身轻如燕地飘浮在大海上空。她欢笑,如入梦境,她往后靠,温柔地倚在他的胸膛上。他略略靠前,紧贴着她。

杰克和这艘船似乎都进入一股有力和乐观向上的推动力,鼓舞她、激励她向一个奇妙的旅途前进,向上翱翔,进入一个没有惊恐的夜晚。

二

260. 外景·船尾

拍摄船尾楼甲板。杰克和罗斯在船的倾斜度增大时努力到达船尾。数百名旅客贴在甲板上任何固定的东西上,跪在拜尔斯神父周围,他提高声音祈祷。他们在祈祷、哭泣,或者只不过是空瞪着茫然的眼睛。他们的脑子因害怕而麻木了。

挣脱开紧握的手,杰克使劲把罗斯拖过甲板,到了船尾。

杰克:来吧,罗斯。咱们不能指望上帝替我们包办一切。

他们推开祈祷的人挤向前面。一个在前头的男人没站住脚,向他们滑过去。杰克扶了他一把。

261. 螺旋桨伸出水面20英尺,以更快的速度上升。

262. 杰克和罗斯已挤到船尾栏杆,正好在旗杆座旁。他们抓住栏杆,挤进人群,这恰好是杰克把罗斯拉回到船上来的地方,只不过隔了两晚……却恍如隔世。

在嚎啕大哭和哀啼声中,拜尔斯神父的声音继续,因激动而沙哑——

拜尔斯神父:……我见到新天堂和一片新的土地。以前的蓝天和土地已经死去,大海也不复存在……

灯在闪，预示要灭。当船尾升上星光闪耀的夜空时，罗斯紧抓住杰克。

拜尔斯神父：我也看见一个新的耶路撒冷，这个神圣的城市从上帝的天堂下来，漂亮得像是新娘准备迎接她的丈夫。我听见从宝座上发出响亮的铃声，这是上帝在人间的住所。他将与他们在一起，他们是他的人民，他是他们的上帝，永远与他们同在……

罗斯凝视劫数难逃的船。他们旁边是代尔一家，他们平静地紧挨在一起。赫尔盖瞥了船一眼，她的眼睛蕴藏着无限悲伤。

罗斯看到她身旁有一位年轻的母亲，紧紧抱住五岁的儿子，他吓哭了。

母亲：嘘，别哭。很快就会过去的，宝贝。很快会过去的。

拜尔斯神父：他将擦去他们眼中的泪水。那里再也没有死亡或伤痛，大声呼叫或痛苦，因为先前的世界已经消逝……（切）

263. 内景·轮船·不同场景

船继续倾斜，一切没有栓紧的东西都在移动。

餐具室的碗碟柜被冲开了，成吨成吨的瓷器散落在地上。一架钢琴滑过地板，撞入一面墙。家具在吸烟室的地板上打滚。

264. 拍摄A层甲板散步场地

旅客们扶不住，滑到木头甲板上，像乘着雪橇跑，碰到海水之前滑行数百英尺。罗斯的女仆特鲁迪·博尔特在栏杆上挣扎时滑倒，又尖叫着滑了出去。

265. 拍摄船尾

螺旋桨已冒出水面100英尺并在继续上升。心慌意乱的人们从船尾楼甲板的栏杆往下跳，尖声叫喊着，落入水中。一个男子从船尾楼甲板掉了下去，碰在右舷螺旋桨的铜冲头上，发出令人胆寒的噼啪声。

266. 在水里游的人抬头看见船尾像整块石料那样耸立在他们头顶上，螺旋桨顶着星星升起来，120英尺。

267. 拍摄船尾栏杆

一个男子往下跳。从他的视点拍，我们似乎永远往下掉，正好经过那枚大螺丝。海水往上翻腾。（切）

268. 外景·泰坦尼克号·6号救生艇

镜头缓慢推，拍摄罗斯，此时，轮船死亡的声音和人们高声尖叫声漂过海面。

269. 反打镜头/她的视点

画面扩大，我们看见泰坦尼克号的景象，它的灯光闪烁，反照在平静的水面上。它的船尾高高翘在空中，有45度以上。螺旋桨越出水面150英尺，一千多旅客紧紧抓住甲板，从远处看像是一群蜜蜂。

这个景象令人触目惊心，不敢置信，也是不可思议的。罗斯定睛凝视，不能把它放进画框，它也不成任何比例。

莫利·布朗：上帝是全能的。

巨大轮船的灯光摆曳。（切）

270. 内景·机器房

黑暗中，轮机长贝尔攀在主要制动控制板的一根管子上。他周围有人利用电动手扶喷灯爬过倾斜了的大机器。管子破裂是一场恶梦，海水四处喷射，机器的"咔啦"声威胁人们，它可能从底座崩裂。

四处泼溅的海水打在制动控制板上，可是贝尔不会离开他的管子。"咔啦！"制动器反冲。他再次把它敲回去……轰！一股强烈的光！有什么东西熔化了。屋子里充满了炫光和梦魇似的光。

271. 外景·泰坦尼克号

广角，全船的灯都熄灭了。泰坦尼克号在星光背景中变成一个庞大的黑色剪影。

在C号折叠艇上，布鲁斯·伊斯梅背对着轮船，不能望着这艘巨轮死去。他因自责而紧张，他的脑子里想的事太多太多。他可以不看，但是他挡不住人们和机器死亡的声音。

水面传来一个响亮的噼啪爆炸声。（切）

272. 外景·轮船甲板

第三个烟囱附近，一个男人攫住轮船栏杆。当甲板就在他两腿之间裂开时，他低头看。随着钢板断裂的霹雳声，出现了一个咧着大嘴的断层。

洛夫乔伊死死抓住官员餐厅顶上的栏杆。当船的结构就在他眼前散架时，他惊恐地瞪着。他目瞪口呆地向下直接看到船的内部，此时，一阵激烈的隆隆震荡声，好像是炮声。人们纷纷跌进更宽的裂口，像玩具娃娃似的。

固定在烟囱上的锚链散开并在甲板上噼啪响，像鞭子似的把吊杆和排气风扇都扫光。一个男子被飞舞的锚链击中，并被甩出画面。另一根锚链打到靠近洛夫乔伊的栏杆上，栏杆断了。他翻身掉进了一个凹凸不平的金属坑里。

火焰、爆炸和火花照亮了咧着大嘴的断层，此时船壳往下裂，透过九层甲板直捣龙骨。海水倾进敞开的伤口。（切）

273. 内景·机房

这是个咆哮的黑色地狱。当大型机器纷纷在他们身边断裂时，男人们尖声呼叫，钢架子像太妃糖似地拧起来。当海水和泡沫漩涡在机器中呼啸着竞相穿行时，他们的手电筒发出亮光。他们想爬出去，但都被吓呆了。（切）

274. 外景·泰坦尼克号·晚上

船尾和靠近船尾部分差不多有400英尺长，往后跌进水里。船尾楼甲板上的人都尖声叫起来，因为他们感到是他们自己骤然跌落。这个声音一浪高过一浪，就像在垒球比赛得分时看台上球迷的欢叫声。

正在船尾下面游的几个不走运的人也急叫起来，因为他们看到龙骨像上帝的靴跟一样向他们倒下去。硕大的船尾部分往后倒到接近水平状态，又雷鸣般沉入海里，推出大量被挤出地盘的海水恶浪。

杰克和罗斯拚命抓住船尾栏杆。他们感到轮船似乎平安无事了。有几个祈祷的人以为这是灵魂得到拯救。

几个人：我们得救啦！

杰克望着罗斯，沮丧地摇摇头。

现在，可怕的机器已筋疲力竭。被淹没的船头的巨大重量坠下来，那个有浮力的船尾很快翘起来，当扇形的尾端再次拱起来时，他们感到突然升起。所有人抓住凳子、栏杆、通风设备……一切可以避免滑倒的东西。

船尾上升，再上升，超过45°，超过60°。

人们开始掉下来，滑跤、跌倒。他们滑下甲板，尖声叫嚷，又什么都抓不到，他们随手扭住别人，又把他们拖了下去。前面栏杆上堆起一摞人，代尔全家挨个儿掉了下去。

杰克：我们必须走开！

他爬过船尾栏杆，又伸手回去帮罗斯。她害怕挪动。他抓住她的手。

杰克：来吧！我抓住你了！

杰克把她提过栏杆。这就是两天前他拉她越过栏杆的同一个地方，只是方向相反。她爬了过去，适逢栏杆处在水平状态，同时甲板是垂直的。杰克使劲拉牢她。

眼下，船尾在空中直立着……像一尊隆隆响的黑色石块，背靠星星站着。它挂在那儿像一个长长的装饰音，它的浮力稳定。

罗斯倚在栏杆上，瞧着船尾底部十五层楼以下的涛涛海浪。

他们左近的人没有跨过栏杆，而是悬在栏杆上，他们的腿在大距离落差里悬荡。他们相继掉下去，骤然跌到船尾楼甲板的垂直面上。其中有几个可怕地弹起来，离开了甲板和通风设备。

杰克和罗斯并排躺在船壳的直立面上，抓住栏杆，现在它处于水平位置。他们脚下就是用来装饰船尾的金色字母："泰坦尼克号"。

乔京（点头打招呼）：晚上好。

当船尾灌满水后，最后无情的冲击开始了。低头看，离水面100英尺，我们和杰克及罗斯像是在电梯上似的直线往下掉。

杰克（说得很快）：在我们进水之前，吸一大口气，好好憋住它，船会把我们吸下去，蹬水，不停地蹬，不要松开我的手。我们能成功，罗斯，相信我好了。

她瞪眼望着朝他们迎过来的海水，更使劲地抓住他的手。

罗斯：我相信你。

在他们下面，船尾楼甲板已无影无踪。冲击加快了速度……翻滚的水面吞没了入坞驾驶台，然后匆匆沉下最后30英尺。

278. 俯拍

我们看见船尾沉入奔腾翻飞的海洋。"泰坦尼克号"的名字失踪了。杰克和罗斯的渺小身影也在水中消失了。

曾经有船呆过的地方现在空空荡荡，只有黑色的海洋。

 **导读**

　　电影《泰坦尼克号》是极为成功的制作精良的商业电影。影片以1912年泰坦尼克号邮轮在其处女启航时触礁冰山而沉没的事件为背景，讲述了处于不同阶层的两个人穷画家杰克和贵族女罗斯抛弃世俗的偏见坠入爱河，最终杰克把生命的机会让给了罗斯的感人故事。

　　故事是以回忆的形式写成的，老年罗斯来到泰坦尼克号的打捞现场，观看打捞的情况，于是回忆了1912年4月自己在船上的难忘经历：贵族小姐罗斯与未婚夫卡尔登上了豪华的泰坦尼克号轮船，他们正准备去美国。平民小伙子杰克靠赌博赢来一张三等船舱的船票，在开船前五分钟赶到，乘船去美国。轮船载着两千多名乘客在大海上航行。由于罗斯对卡尔毫无感情，并厌倦了贵族阶层虚伪、沉闷、无聊的生活，正要投海自杀时，却被平民小伙子杰克冒死救起，于是两人逐渐产生爱情。当罗斯正感受着生的美好的时候，海难发生了。该片选取了一个举世闻名的悲剧事件，并把爱与恨、善与恶这两对永恒的主题结合在一起。一个个镜头切换，叙述了杰克和罗斯生死诀别的动人情景，也叙述了在灾难面前一些勇敢的人设法救人的高尚行为。面临生死，每一个人的灵魂都会真实地显露出来。故事情节一波未平，一波又起，刚刚获得了爱情，马上又要永别，观众的情绪得到超级限的煽动，不假思索地跟着剧情跑。

 **思考练习题**

　　1. 泰坦尼克号的沉没又一次震撼着20世纪末的人类心灵。为什么在这个世纪之交的时代，这种震撼会重新成为流行风气呢？请结合影片谈谈自己的看法。

　　2. 面临生死的考验，杰克是怎样的人？罗斯是怎样的人？我们应该怎样对待生死？

　　3. 如果说塑造人物形象，语言描写是重要手段，但是在该电影剧本中对环境的刻画也是非常成功的。找出这些环境描写的语句并分析其作用。

任务一　太原碑林公园汉文字文化实践

任务二　晋祠古诗词及楹联赏析实践

任务三　傅山纪念馆文学实践

任务四　清徐罗贯中纪念馆《三国演义》文学实践

任务五　乔家大院晋商文学实践

任务六　运城普救寺《西厢记》文学实践

任务七　盂县藏山《赵氏孤儿》文学实践

第三篇　文学实践

人类社会的每一次跃进，人类文明的每一次升华，无不镌刻着文化进步的烙印。

山西是黄河流域文化的中心，华夏文明的重要发祥地。深厚的历史文化积淀，造就了三晋大地上不胜枚举的名山、名刹、名人以及名城，也造就了我们这方黄土地为世人公认的独特魅力。

生活在这片土地上的人民，诚实守信、勤劳朴实，有强烈的忧患意识，自古多慷慨悲壮之士。自然环境和社会结构这两大因素的反复交流与提升中，在这巍巍太行与浩浩黄河间，逐渐汇聚成一个富有浓郁地域特色的文化氛围：佛教文化、道教文化、关公文化、帝王文化、民间工艺文化、建筑文化、晋商文化、戏曲文化、歌舞文化、红色文化等等。

近年来，经过不断研究和认知的提高，有学者提出，三晋文化存在四大特色：民族融合、兼容并包、地域差异、黜华尚实。也有学者概括其精华所在：顺时应变的革新精神和兼容并蓄的开放态势，在与外来文化交流时具有一定的渗透性和适应性。

为传承三晋古老文明，致力于山西省经济转型与实现跨越发展，我们设计了如下七个方面的三晋文化实践任务。

任务一　太原碑林公园汉文字文化实践

太原碑林公园，坐落于山西太原汾河东岸，劲松路西，北起康乐街，南至双塔西街，占地面积 13728 平方米，布局为南、北两园，北园为"傅山碑林"，南园为"三晋碑林"，分别开园于 1990 年和 1995 年，是山西省"八五"期间的重点文化设施，迄今收藏碑石 418 通，是我国第一座气势宏阔、古朴典雅的大型个人书法碑林，也是中国传统文化生命力的一个缩影，2001 年被国家旅游局评为首批国家 AA 级旅游景区。

【品味书法艺术真谛的园地】

中国的书法艺术，源远流长，它以独特的风格和丰富多彩的形式光耀于世界艺术之林。书法艺术是中华民族四大国粹之一，是几千年来中华民族历史与文化的写照，是最具有民族特色的一门古老艺术。碑林公园中保存的碑刻文字凝聚着明清时期 181 位文学艺术大师的心血和才华，具有巨大的书法艺术价值、观赏价值和文化交流价值。从书法方面有篆、隶、行、草、真多种书体，各具风采，令人赞叹不已。

碑林公园则是一处绝好的书法碑林旅游胜地。走进这里，你可以品味到祖国传统书法艺术的真谛。傅山碑林坐落于公园北部，是我国第一个气势宏阔的大型个人书法碑林，他的主人即是傅山先生。

傅山是我国明末清初杰出的思想家、伟大的爱国者、著名的医学家和书画艺术大师。公园北园收集并陈列了傅山先生各类书法作品 222 幅，真、草、隶、篆、行无一不精。傅山的书法，从晋、唐入手，上溯篆籀，博采众长，融会贯通，海纳百川，自成一格。他的书法成就在于既有书法理论，又有书法实践，都是其整个学术成就的一个重要组成部分，在中国书法史上占据极其重要的历史地位。园中件件作品，无一不清晰地记录着傅山高尚的人品，精湛的书法以及他超凡的文化底蕴。傅山碑林，翰墨芳香，令人神清意爽，从中我们会感悟到先生博大宏深的学养和光明俊洁的人格，体味到祖国书法文化的魅力。

【漫步"三晋碑林"，领略楹联诗韵】

碑林公园的南园陈列的是明清时期诸多著名书画艺术大师不同风格的代表作品，形式多以楹联为主，从内容到形式都具体地诠释了明清沉滞与反叛、独特与尚奇的风尚。其中有大器晚成的长寿书法家文征明，狂狷不羁的反理性代表徐渭，清奇冷隽、恬淡高洁的八大山人，峭厉方劲、不谐流俗的黄道周，淡墨探花王文治，以漆书著称的金农，"六分半书"郑板桥，以金石、书画兀立于世的一代巨匠吴昌硕等书法大家的作品，折射出明清时期的历史文化，同时演绎了整个明清书法史。

实践要求

1. 亲临"太原碑林公园"，身临其境体味太原碑林公园汉文字的魅力及三晋文化的精髓。

2. 利用影像资料，感知太原碑林公园汉文字的魅力及三晋文化的精髓。

3. 讨论如何传承三晋文化并为其注入新的活力。

任务二　晋祠古诗词及楹联赏析实践

楹联匾额是一种特殊的文学艺术形式，它把中国传统文化中的辞赋诗文、书法雕刻和古建园林艺术融为一体，成为一种具有中国气派和东方风韵的艺术品。一副优秀的楹联每每使江山添姿，名胜增色，古迹因它而广为传扬，园林因它而更为秀逸。

晋祠是全国重点文物保护单位，素有"山西小江南"之美誉，具有江南园林的特色。其总体布局灵活多变，建筑空间和自然景色融为一体。洞亭桥榭，殿阁倒影，树影婆娑，泉水流淌，穿行其间，再加上副副匾联点缀其中，真是美不胜收。晋祠保存了从宋代以来的楹联匾额 200 余副，文字大多为名家手笔。或叙事绘景，寓意深长；或书法遒劲，古朴典雅。游客在饱赏晋祠山水文物古迹之后，可以领略其深邃的哲理，欣赏其优美的文字和精湛的书法艺术，从中获得一番艺术的享受。

且不说那些名人大家之作，单看其中的佚名楹联，也颇为脍炙人口、值得咀嚼。

晋祠难老泉联一："昼夜不舍；天地同流。"——此联题于难老泉边的难老亭。上联借孔子《论语·子罕》名言"逝者如斯夫，不舍昼夜"，含蓄地点出了泉水的活力在于永不停息。下联摘自《孟子·尽心上》："上下与天地同流"，妙用"移就格"，着一"流"字，把宇宙的运转和泉水的流动联系起来，意味着自然永恒，泉水日新。不仅切"难老"之题，而且予人以启发，大自然如此，人虽生命有限，亦应自强不息，以延缓衰老的到来。联语言约意丰，寓警策于平易之语中，堪称佳构。

难老泉亭联二："泉出乎地，地久泉俱久；水生乎天，天长水也长。"——该联巧妙的首嵌、尾嵌乃为"泉水久长"，饶有兴趣。

朝阳洞联云："朝岚烟水连空翠，暮苑松云拂洞寒。"胜瀛楼下层东楹联"风声既过泉声和，山色初明水色新。"——两联皆对仗工整，文辞典丽，真切生动地描绘了晋祠的水光山色，读来如览画卷，清心爽意。

圣母殿前廊联为"水号灵源，万顷田畴沾需泽；祠封广惠，一方黎庶沐神庥。"台骀庙神龛联是"能业其官，障泽宣汾昭亘古；永垂厥德，平风静浪到于今。"——两联是典型的颂神庙堂式联语，一赞圣母，一赞汾水之神台骀，措辞古雅堂皇，高声诵读或心中默念，无不令人肃然起敬。

文昌阁联一："衍文教於薇坦，功能垂世；掌魁名於紫阁，德可配天。"联二："半月星显连八座；五云呈瑞近三台。"联三："六经大阐河汾化；九曲同临乐育天。"——或通俗晓畅，或略带馆阁之气，但三联用词都端庄严肃，重在颂扬文昌帝君功德、文教之盛，然人杰与地灵似不可分，九曲黄河及两旁山水之美景自然映现。

圣母殿联曰："灵泉浩浩，万顷琉璃穷地脉；圣水溶溶，九涯珠玉荡天光。"——上联描写灵泉的景色，灵泉浩浩荡荡，碧波奔涌，直到地势的尽头。"灵泉"，指圣母殿两侧的"难老泉"和"善利泉"，它们是晋水的源头。"琉璃"，比喻碧波。（杜甫《美陂行》："琉璃汗漫泛舟入。"）"穷地脉"，穷是尽的意思，地脉指地形或地势。下联描写圣水的景色,圣水宽广辽阔,晶莹闪烁的水面,反映着天体的光辉。"圣水"指圣母殿前鱼沼方池中的泉水。"珠玉",形容水如珠玉晶莹闪烁。"天光",即天光云影。联语以工整对仗的联式,集中描写了晋祠中最富有灵气的水,让读者从"万顷琉璃"和"穷地脉"的夸张描写中去欣赏泉水的汹涌,然后从"九涯珠玉"的比喻中去领略波光映天的晋水之源,上下联突出了晋祠的水"圣"泉"灵"。

傅山题晋祠云陶洞:"日上山红,赤县灵金三剑动;月来水白,真人心印一珠明。"——此联首字分嵌"日""月"二字,合为"明",作者反清复明的思想,处处显露。

晋祠待凤轩联曰:"桐叶自当年剪得;凤凰于何时飞来。"——待凤轩的由来是清初乡士根据唐朝宰相牛僧孺晋祠诗"洞名独占朝阳号,应是梧桐待凤轩"而名,所以后人在晋祠又栽梧桐树,又盖待凤轩。凤者,中华吉祥物,表示三晋父老的美好愿望和无限期待。

胜瀛楼有一块罕见的回文诗碣,游晋祠读此诗文,可增雅兴,其诗如下:
停骖喜径度香风,迭迭云山四望同。亭列殿严分大小,路开桥驾各西东。
灵祠古柏苍岩耸,异境清泉碧海通。形胜览碑高拂袖,冥冥润物显奇功。
倒读时即成:
功奇显物润冥冥,袖拂高碑览胜形,通海碧泉清境异,耸岩苍柏古祠灵。
东西各驾桥开路,小大分严殿列亭,同望四山云迭迭,风香度径喜骖停。

古老而神奇的晋祠,有说不尽的话题,讲不完的故事,采不尽的灵气,解不完的蕴涵。愿晋祠的山光水色给您留下难忘的印象,愿三晋大地上这颗璀璨的明珠更加光耀夺目。

实践要求

1. 亲临晋祠公园,身临其境体味晋祠古诗词及楹联的魅力。
2. 利用影像资料,感知晋祠古诗词及楹联的魅力。
3. 撰写实践报告。

任务三 傅山纪念馆文学实践

明末清初之际,地处山西腹地的太原府,出了一位博艺多才、重气节、有思想、有抱负的著名人物。他的事迹生平,不见于正史记载,甚至连专门记载地方历史陈迹的县志、府志,也只见廖廖数语。然而他的声誉和影响却是相当之大,相当之深,毫不夸张地说,在太原地区乃至三晋大地几乎是家喻户晓,妇孺皆知,颇受人民群众拥戴。在整个山西乃至于全国也称得上声名遐迩,彪柄于后。他就是明清之际的志士仁人——傅山,傅青主。

【生平思想】

从传说中的祖先炎、黄二帝，到 20 世纪新中国的缔造者们，从春秋战国时代空前活跃的百家争鸣，到当今现代思想、文化、科技熏陶下的一代风流——在漫长悠久而又光辉灿烂的中华民族文明史上，曾经在各个领域中涌现过多少杰出的人物，创造出多少丰硕的成果！他们就像绵延起伏的山脉上那一座又一座高峰，给屹立在世界东方的中华民族增添了无限风光！而生活在 17 世纪的傅山，就是这些高峰中的一座。

傅山，明清之际思想家，初名鼎臣，改名山；原字青竹，后改青主。中国人的名字，往往带有时代色彩，并且寄寓着父母或者本人的理想与情操。如果说"鼎臣"这个名字具有浓厚的封建政治理想和传统礼教色彩，那么改名为"山"，就较为符合傅山的思想性格特点——用傅山的老师袁继咸的评语说，就是一种"山林气"，而改字"青主"，则更加突出了傅山自强不息、超凡脱俗的创造精神。傅山有两句诗就是"青主"的注脚："既是为山平不得，我来添尔一峰青！"（《青羊庵三首》）从他一生的实践、创造和成就来看，可以毫不夸张地说，他确实称得上当时中国思想文化界中一座拔地凌空、多姿多彩的奇峰！

傅山生于明万历三十五年（1607 年），卒于清康熙二十三年（公元 1684 年），跨越了两个朝代，顽强地生活了 78 年。他生活在怎样一个时代，这个时代又是怎样一种生活呢？"荡荡乾坤病，戈戈肺腑收"（《病发示眉仁》），这两句诗是傅山自己一生的切身感受，它形象而概括地描绘了一个矛盾交织、激烈动荡、天崩地裂的时代和一个清醒的知识分子因此而撕心裂肺的痛苦的灵魂！傅山的前半生，是统治中国近 300 年的明王朝最后的 37 年。在中原和西南地区，农民与地主阶级的矛盾激化，农民起义的烽火燃遍了全国。在东北，民族斗争愈演愈烈，民族战争连年不断。在明王朝内部，阉党和东林党之间在党争中互相消长，此起彼伏。而作为封建社会上层建筑的思想文化界，充斥着性理的空谈、复古的迂论、陈腐的八股和柔媚的艺术作风。在傅山 38 岁这一年，即公元 1644 年，发生了中国历史上的大事件——甲申之变，先是李自成农民起义军的旗帜插上了北京城头，崇祯皇帝吊死在万寿山；后是满清的铁骑跨过了山海关，旋即踏遍中原。这对傅山来说，不啻是天崩地裂——虽然也在预料之中。"三十八岁尽可死，栖栖不死复何年！"（《甲申集·甲申守岁》）以甲申为转折点，傅山的后半生，又赶上清王朝统治中国近 300 年的最初 40 年，清军野蛮的镇压、屠杀和掠夺，汉族人民普遍地反抗，抗清义军的顽强战斗，南明王朝的苟延残喘，以及清廷对汉族知识分子的思想统治、文字狱和笼络收买……这又是一段血腥而动荡的历史！**大矛盾，大动荡，包含着血与泪的大痛苦，却也孕育和锤炼着大人才！**就在这样一个时代，在思想文化界产生了顾炎武、黄宗羲、王夫之、傅山、李禺页、颜元、屈大均、吕留良、潘格平等一大批杰出人才，他们虽然各具特色，但都关心民间疾苦和民族兴亡，不同程度地具有初步民主思想和唯物主义哲学倾向，掀起了 17 世纪后半期的一股进步思潮，可以说形成了继战国时代百家争鸣之后的又一次思想解放的活跃局面。其中傅山与顾、黄、王、李、颜，被梁启超并称为"清初六大师"，这是仅就学术成就和思想影响而言。如果从思想解放的程度、学术领域的宽广、艺术创作的成就、医道医术的造诣等多方面看，傅山更是"横看成岭侧成峰"，多才多艺，多所建树，气象万千，光彩夺目，确非其他人可企及。

在政治和社会舞台上，傅山一生有三件大事：**早年**，曾作为山西学生的领袖，为昭雪平反袁继咸冤案，反对腐朽的宦党和黑暗的暴政，领导全省诸生进京请愿，持续半年，成为中国近代早期学生运动的先声。**中年**，曾从事秘密反清活动 20 余年，在 49 岁时被捕下狱，一年有余，几经严讯，备极拷掠，抗词不屈，绝食九日，抱定必死的决心，坚持斗争，终于获释。**晚年**，他主要从事著述，曾先后接待或拜访了昆山顾炎武、容城孙逢奇、富平李因笃、周至李禺页、和川戴务旃、彭城阎尔梅、番禺屈大均等一大批在野的文人、学者，以及当时尚未仕清的秀水朱彝尊、新城王士禛、太原阎若璩，实际上成为在野的思想文化界的领袖和代表之一，并以 73 岁的高龄，绝食七日，坚持斗争，拒绝参加清廷为笼络汉族知识分子所举办的博学鸿词科考试，拒绝做清朝的官。这些壮举在他所处的时代确实够得上特立独行，在当时的知识分子中是最为突出的。

在思想学术方面，傅山不仅堪与顾、黄、王并驾齐驱，而且比他们思想更解放，在反对以道统自居的理学说教、冲破儒家传统思想束缚方面，战斗精神和独创性更强。他博览经史子集，参研佛经道经，开创诸子学，精通音韵学与名学（逻辑学），擅长金石遗文之学，确实无愧于同时代人的这种评价："学究天人，道兼仙释"（《柳崖外编》），"博极群书，时称学海"（郭撰《傅山传》）。

在文学艺术方面，傅山的诗文思想性、现实性极强，写作不拘成法，任性直率，古奥老拙，慷慨苍凉，奇思逸趣，形成了独特的艺术风格；书法草楷篆隶，无不精工，豪迈不羁，独辟蹊径，名满天下，当时评价"在王铎之上"（戴廷木式《与张尔公书》）；绘画古雅入神，写意曲尽其妙，《图绘宝鉴》评论说："其才品海内无匹，人不能尽识也。"

【书法成就】

傅山本是一个忠厚老实的学问人，淡于名利，勤于读书。他的书法初学赵孟頫、董其昌，几乎可以乱真。他的《上兰五龙洞场圃记》为崇祯十四年（公元 1641）作，与宋人风范毫无二致。宋代文人喜欢用生辟的字眼和典故，傅山也是如此。他学富五车，积学深厚，又颇具个性，加之书法界有了张瑞图、黄道周、王铎和倪元璐等诸名家的影响，傅山的书法更是具有一种奇特的怪味。当然最主要的还是他的人生观和审美观起了决定性的作用。他对颜真卿的人品书品推崇备至，简直是五体投地。他写大字喜用颜体，如《集古梅花诗》，就是写小楷也用颜体，如《逍遥游》。邓散木《临池偶得》中说："傅山的小楷最精，极为古拙，然不多作，一般多以草书应人求索，但他的草书也没有一点尘俗气，外表飘逸内涵倔强，正象他的为人。"他的颜体写得非常好，流传至今的颜体大字楹联和榜书多件，皆端庄遒劲，刚健有力。傅山在书法艺术理论上是有贡献的。他所提出的"四宁四毋"理论极其精辟，对整个艺术范畴有着普遍意义和深远影响。

"宁拙毋巧，宁丑毋媚，宁支离毋轻滑，宁真率毋安排"，足以影响中国书学领域。作书宁可追求古拙而不能追求华巧，应追求一种大巧若拙、含而不露的艺术境界；宁可写得丑甚些或粗头乱服，也不能有取悦于人、奴颜婢膝之态，寻求内在的美；宁可追求松散参差、崩崖老树，也不能有轻佻浮滑，自然潇疏之趣，远胜品性轻浮之相；宁信笔直书、无需顾虑，也不要描眉画鬓，装饰点缀，有搔首弄姿之嫌。

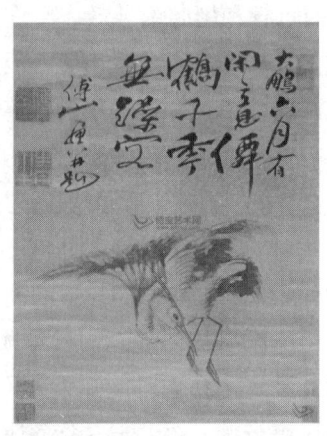

傅山的理论大有针砭时风、力挽狂澜之用意。可谓振聋发聩之洪钟，与他同时代的文人学者相比，有很大不同。在他的诗文中没有丝毫替圣人立言，为统治者出谋献策的意思。反之，他自称道士、侨民，在反清复明已无希望的情况下，却期待着世道人心有所突变。他给自己起了个别号"观化翁"。既然清朝的统治已经巩固，世风人心正在越变越坏，于是就希望迅速地坏下去，物极必反之后就会突变。他对战国诸子都有深入的研究，认为古代的学术文化能够激励炎黄子孙奋发起来。他愿做可以攻玉的他山之石，并盼望着民族的真正觉醒，从根本上铲除暴政。

【后人纪念】

傅山纪念馆位于山西太原晋祠博物馆内胜瀛楼的西南侧，是坐南向北的一座清代建筑的四合院，其总占地面积553.5平方米，整个馆址东西宽20.7米，南北深27米，馆内为二十世纪五六十年代的构形与装饰，内有南屋五楹，东西配房各三间，前开屏门，别成院落，东北隅辟小门，东出别构小院。馆内四周连通，布展灵活方便，为回廊式的展厅，雕刻精致，油饰彩绘，雅致怡人。纪念馆是永久性陈列展览与收藏傅山书画精品、文献资料及对外文化交流，举行各种活动的重要场所。

 实践要求

1．亲临傅山纪念馆，身临其境体味傅山思想学术的魅力。
2．利用影像资料，感知傅山思想学术的魅力。
3．以《傅山留给我们的……》为题抒写实践感受。

任务四　清徐罗贯中纪念馆《三国演义》文学实践

600多年前，文坛巨匠罗贯中穿越历史的时空，用一部演义小说，写尽了三国兴衰成败。600多年后，在罗贯中故里的清徐县，为纪念罗贯中和促进当地旅游经济发展而修建了罗贯中纪念馆。罗贯中是历史留给清徐的无形资产和宝贵的历史文化遗产。

【清徐罗贯中纪念馆】

中隐山麓清泉湖畔的"罗贯中纪念馆"，是纪念罗贯中的海内孤馆，品读《三国演义》的读书人，怎能不来？

【基本概况】

罗贯中纪念馆是由清徐罗氏第二十一代传人罗二栋先生融资，于2000年建成的。纪念馆坐落在风景秀丽的中隐山麓，清泉湖畔，与清徐三国城在一条中轴线上。占地四千五百平方米，青砖碧瓦，雕梁画栋，为仿明清时代的园林式建筑风格。主要建筑由山门、罗贯中石雕站像、主殿、厢房、曲廊、方亭、碧池、花园、玉带桥、九龙壁、麒麟吐玉书影壁等组成。院内种有松柏、竹林、绿篱、花坛、草坪等树木花卉，整体风格集古建筑风韵与现代园林艺术为一体，富丽而不失典雅，华丽而不失清幽，文华情趣，精雅别致，竹韵松风，花红草绿，匾额楹联无不清雅怡人，是一处求知探学、休生养性的幽雅之地。

【山门建筑】

徐徐轻推纪念馆正面的铜锁门,大门吱吱呀呀地敞开,仿佛叩开一扇文化历史的门。罗贯中纪念馆山门为仿古歇山式建筑,门前有一对青雕石狮,门上悬挂有当代文化名人冯其庸先生手书的"罗贯中纪念馆"匾额,山门前广场对面是一座金碧辉煌的五彩影壁,上嵌麒麟吐玉书琉璃浮雕。

步入山门,首先映入眼帘的是花岗石雕罗贯中竖像。身高四米,其神态庄重深沉,两目炯炯凝视远方,气宇轩昂,栩栩如生。雕像台基高五米,三层汉白玉雕栏,基座上刻着"文坛巨擘,功在两奇书。探迹穷幽隐,深渊可得珠。"罗贯中手捧一卷《三国》,目光炯炯,烽火连天的硝烟似在他的指间升腾。这尊塑像极是传神,让人肃然。据说只要在前久待一会儿,便能揽身几分书卷气。

大院中轴线有一塘碧水,清澈见底,鱼嬉其中。横跨碧池有一彩虹玉带桥,汉白玉栏杆上雕有八对石狮,形神各异,憨态可掬。庭院东西各有三间厢房,西厢房为中国罗贯中与《三国演义》研究资料中心,内存各种罗贯中著作的版本以及各种有关书籍、论文资料,东厢房为罗贯中研究会办公及接待宾客所用,也是文人墨客品茗奕棋、撰文寻雅之所在。

【院内正厅】

院内正厅为罗贯中纪念馆殿堂,其殿五楹,进深三间,明柱斗拱,彩绘飞梁,殿门上正中悬挂有《文昭六合》金字横额，殿内正中是著名画家马泉所作罗贯中画像，墙壁上面是岳飞书写的诸葛亮《出师表》影印件，殿堂内展品、文物琳琅满目，主要是有关罗贯中籍贯、生平的考证资料，全国各地专家学者的研究论文，清徐罗氏家族繁衍发展史料，以及《罗氏家谱》、碑石、匾额等实物。

【其他建筑】

走出纪念馆后山门，在正殿后壁上有高三米八、长十四米的彩色琉璃九龙壁浮雕，奔腾在云雾波涛中的九条蛟龙，造型古朴，体态雄健，形象生动，五彩斑斓，栩栩如生，蔚为壮观。

【社会影响】

清徐罗贯中纪念馆，以优美的环境和深厚的文化内涵，成为人们缅怀古人、旅游观光的清雅胜境。

【罗贯中其人】

罗贯中（约1330—约1400），汉族，山西太原（清徐县）人（另有山西祁县、清源人、山东东原人说）。名本，字贯中，号湖海散人。他是元末明初著名小说家、戏曲家，是中国章回小说的鼻祖。

罗贯中生于元末明初的封建王朝时代。作为与"倡优""妓艺"为伍的戏曲平话作家，当时被视为勾栏瓦舍的下九流，正史不可能为他写经作传。唯一可以看到的是一位明代无名氏编著的一本小册子《录鬼簿续编》，上写："罗贯中，祖籍山西太原人，号湖海散人。与人寡合，乐府隐语，极为清新。与余为忘年交，遭时多故，天各一方。至正甲辰复会，别来又六十余年，竟不知其所终。"

罗贯中一生著作颇丰，主要作品有：剧本《赵太祖龙虎风云会》《忠正孝子连环谏》《三平章死哭蜚虎子》；小说《隋唐两朝志传》《残唐五代史演义》《三遂平妖传》《粉妆楼》，代表作为《三国演义》《隋唐两朝志传》等。

【《三国演义》简介】

《三国演义》，全称《三国志通俗演义》，罗贯中在长期民间传说、民间艺人创作的话本、戏曲的基础上，依据陈寿写的《三国志》和裴松之注的正史材料，再加上他自己的才学和经验，写成了影响巨大的《三国志通俗演义》。

《三国演义》讲的历史故事是东汉末年，从公元一八四年黄巾起义开始，到二八〇年司马氏统一中国为止。《三国演义》在描写近一百年的历史故事中不但揭露了封建帝王阶级对农民起义的残酷镇压，而且揭露了他们之间各种政治、军事和外交的激烈斗争。

同时，也反映了当时人民遭受的种种苦难，以及他们反对分裂，要求统一的愿望。

【主题思想】

《三国演义》在描写各封建统治集团的斗争中，全书贯穿了"弘扬正义，贬斥邪恶，拥倡仁德，崇尚智慧"的主题，这十六字，既是整部作品思想之精华，也是其数百年来经久不衰的巨大精神魅力之所在。

"弘扬正义、贬斥邪恶"是《三国演义》原著主要的思想。在小说中，刘备为帝室之胄，所行乃为绍续正统、兴复汉室，因而作者是将刘备集团作为正义一方来写的，书中到处洋溢着对刘备及其集团中主要人物的拥戴和颂扬，将许多优良品质都赋予刘备集团中人。曹操有篡窃之心，挟天子以令诸侯，"名为汉相，实为汉贼"，其子曹丕果篡汉位，因而曹魏集团是被作为"邪恶"一方来讲叙的，书中也到处充满着对曹操及其集团中人的丑化与贬斥。至于书中的孙吴集团，则往往是在其与曹操集团对立时，便被描写为正义；而在其与刘蜀集团抗衡时，则又被刻画为非正义的一方。就其书中所着意刻画的典型人物来说，刘备被塑造成了"仁德"的化身，关羽被塑造成了"忠义"的化身，诸葛亮被塑造成"智慧"的化身，而曹操、司马氏父子则被描绘成了"奸佞邪恶"的化身。即使在表现"智慧"方面，诸葛亮、姜维的智慧也被描写为正义凛然的"大智"，而曹操、司马懿、邓艾、钟会的智谋则都被描写成了奸邪不正的"小智"。对于周瑜，其在赤壁之战前后与曹操为敌时，被描写为代表正义的"大智"；而在以诸葛亮、刘备为对手时则被描写为器量狭小、略逊一筹的"小智"了。全书自始至终，作者匠心独运地调动一切手段来维护和完善正义、仁德的刘蜀一方，同时也极尽其致地刻画和贬斥奸佞邪恶的曹魏集团一方。从其良苦用心我们不难看出，作者这样做的目的正是在不遗余力地贯彻其创作主旨：弘扬正义，贬斥邪恶，以达其在人间树立正气之目的。尽管这个"正义"和"邪恶"是以当时的伦理道德标准来衡量的。

"拥倡仁德"是小说《三国演义》主旨的重要组成部分。在小说中，刘备被着意刻画为宽厚仁德之君。从"桃园三结义"到怒辞安喜尉；从陶恭祖三让徐州到刘景升再让荆州；从"携民渡江"到义取西川等等，无不着意刻画刘备的宽厚、仁慈，不难看出作者拥护和提倡仁德的思想倾向。而对于曹操，作者则着意从相反的方面，塑造他的残暴。如冤杀吕伯奢，屈讨陶恭祖，残害吉太医，横槊刺刘馥，以及欺献帝、诛妃后、害华佗、伐神树等等，均将曹操残忍、狠毒、奸诈、暴戾的形象刻画得淋漓尽致，其中充满了作者对曹操残暴行为的憎恨与贬斥，并以曹操的残暴来反衬刘备的仁德，从而凸显了作者拥护和倡行仁德的思想倾向和创作主旨。

"崇尚智慧"亦是小说《三国演义》创作主旨的重要组成部分。全书自始至终几乎无时无处不存在着智慧的闪光，书中所用笔墨最多的便是斗智用计。其所倾尽心血刻画的诸葛亮，成了"智慧"的化身。在书中的皇帝与臣子之间，臣子与将帅之间，臣子与臣子之间，将帅与将帅之间，朋友与朋友之间，朋友与敌人之间，敌人与敌人之间，甚至连父子、母女、兄弟、兄妹、夫妻、主仆等之间，几乎无不是在斗智的战场上角逐。

书中设计了无数的阳谋、阴谋、圈套、陷阱和是是非非，描写了大小数百场战争，几乎无一不是出神入化、精妙绝伦、令人叹为观止的斗智之局。宫廷内、幕府中、帷幄里、战场上、往来间、交驰时，各色人等几乎无不在为斗智取胜而忙碌。全书共一百二十回，从第一回至最后一回，没有一回不是在写斗智，完全可以说是一幅闪耀着智慧光辉的壮丽画卷，其作者崇尚智慧的创作意图是不言自明的。

【文学影响】

《三国演义》开创了历史小说的先河，为如何写作历史小说，提供了"七分事实，三分虚构"的基本经验。《三国演义》中的历史事件和人物，大都是真实的。黄巾起义、董卓之乱、官渡、赤壁之战等，在历史上，确有其事。汉末天下大乱，群雄并起，董卓、曹操、袁绍、刘表、刘备、孙权以及关羽、张飞、诸葛亮等，在历史上，也确有其人。这就是"七分事实"。历史小说的创作，在涉及历史之时，原则上要符合历史的真实，不可杜撰或捏造。否则，就不是历史小说了。但另一方面，《三国演义》又不等于三国历史，它毕竟是一部小说。所以，其中不少内容和情节是作虚构的、夸张的。不但历史上不存在"吴国太佛寺看新郎""献密计黄盖受刑"和"七星坛诸葛亮祭风"等事件，而且就是对历史人物如刘备、曹操、诸葛亮、关羽和张飞等，也不是从《三国志》里照搬到《三国演义》中来，而是作者依据尊刘贬曹的思想给予加工改造，有的加以美化、神化，有的加以丑化。《三国演义》中的这些人物，已是艺术的典型，这就是"三分虚构"。

【军事意义】

《三国演义》提供了不少战争经验和各种军事科学知识。《三国演义》中战争描写的特点和成就，可以概括为六个字：丰富、深刻、生动。丰富，是指它写出了战争的多姿多彩，每次战争，各有特点，互不雷同；深刻，是指它通过真实的艺术描写，反映出了战争的客观规律，可以给我们以深刻的思想启示；生动，是指它的描写具体、形象，有声有色，特别是通过战争的描写塑造了一系列性格鲜明、栩栩如生的人物形象。

据统计，《三国演义》全书写了大大小小四十多次战争，但每次战争不论是大的战役还是规模较小的战斗，作者写来都是各具面貌，各有特色，一点也不雷同。最突出的是书中关于三大战役的描写。三大战役是指：官渡之战（第三十回）、赤壁之战（第四十三回到第五十回）、夷陵之战（第八十一回到第八十四回）。这三次大的战役，都影响到三国时期的整个历史进程，同时又在全书的艺术构思和艺术结构中占有很重要的位置，作者是很用心地写出来的，所以具有很高的典型意义。

官渡之战是在曹操与袁绍之间进行的，结果是袁绍大败，曹操平定了北方，大大地扩张了自己的势力；赤壁之战是孙权和刘备结成联盟，在赤壁打败了挥师南下、锐不可挡的曹操，使他不能统一天下，结果是形成了三国鼎立的局面；夷陵之战是刘备伐吴，急于要替关羽报仇，结果是大败，从此走向了衰亡。这三次大的战役，有其相似之处：

都是以弱对强，都用了火攻，结果都是强弱转化，弱者战胜了强者。但作者写来却毫不雷同，而是各具特色，显得丰富多彩。这是因为作者具体地写出了三次战役交战双方不同的特点，所处的不同的环境条件，所面临的不同矛盾，以及不同的强和弱的转化过程。

《三国演义》写战争写得很深刻，主要表现在它并不是停留在两军对垒、两阵对圆、两将交锋等程式化、简单化的描写上，而是从多方面复杂的矛盾斗争来展现战争的发展进程，将军事斗争、政治斗争乃至外交斗争结合起来描写。《三国演义》写战争不完全是一种军事力量（如兵力、粮草等）的较量，而是更着重于表现指挥员的战略、战术指导思想是否正确，突出了战争中人的主观作用，将斗武、斗智和斗勇结合起来。特别是斗智，也就是谋略的运用，在战争的胜负中起了很重要的作用。尤其是对于像官渡之战、赤壁之战和夷陵之战这样规模宏大的战役，作者总是对各次战争特定的环境、条件，双方的战略布署、战术运用、力量对比、矛盾转化等，都做了具体生动的描写，深刻地揭示出战争中矛盾转化的过程和胜败的原因。因此，不必等到作者写出最后的结果，读者就能从小说对战争进程的真实描写中，判断出谁胜谁负，而且了解到为什么胜和为什么负的原因。

描写战争很生动，突出的例子是第五回的《温酒斩华雄》。写战斗本身，只用了六十三个字："出帐提刀，飞身上马。众诸侯听得关外鼓声大振，喊声大举，如天摧地塌，岳撼山崩，众皆失惊。正欲探听，鸾铃响处，马到军中，云长提华雄之头，掷于地上，其酒尚温。"写得是何等的精练，何等的巧妙，又是何等的出色！直接写这场战斗的，连一个字也没有。但读者从帐外天摧地塌、岳撼山崩的鼓声、喊声，从众诸侯闻声失色的表情，接着又看到了得胜而归的关羽将华雄之头掷于地上，关羽的英勇善战，战斗的紧张激烈，就全都在读者的想像之中了。聪明的艺术高手，是充分相信并且会运用各种方法去充分调动读者的艺术想像力的，同时，在不该浪费笔墨的地方也是不肯多写一个字的。这里特别值得玩味的是"其酒尚温"的那个"温"字。这个"温"字真的是画龙点睛之笔。"温"字说明时间之短，那样一个令众诸侯闻风丧胆的华雄，关羽不费吹灰之力就战胜了他，关羽是一个什么样的英雄人物，那还用说吗？读到这里，读者才领悟到，作者花那么多笔墨去写华雄，其实都是在写关羽；也才领悟到，在艺术表现中，恰当地运用对比、映衬、烘托、渲染等艺术手法是能收到事半功倍的艺术效果的。

《三国演义》中，有关政治、外交、思想、道德等方面的内容，也是极为丰富的，读者从中也将获益匪浅。

罗贯中是一个心理学家、军事家、智谋家，还是人才学的专家和公关的专家，他远远地超过了一般作家的智慧，这些智慧都表现在他的文学巨著《三国演义》里了。这一本书可以说是一本包揽百科的非常丰富的教科书，厂家可以看它，企业家可以看它，搞政治当领导的也可以看它，学者更可以研究它，它给人的东西太多了。这就是他超人所在的地方。（山西太原市文联主席　梁枫）

实践要求

1. 亲临清徐罗贯中纪念馆，身临其境体味罗贯中《三国演义》的文学魅力。
2. 利用影像资料，感知罗贯中《三国演义》的文学魅力。
3. 背诵《三国演义》篇首词《临江仙》（作者：明·杨慎）。
滚滚长江东逝水，浪花淘尽英雄。是非成败转头空，青山依旧在，几度夕阳红。
白发渔樵江渚上，惯看秋月春风。一壶浊酒喜相逢，古今多少事，都付笑谈中。
4. 讲述《三国演义》中精彩片段。

任务五　乔家大院晋商文学实践

乔家大院位于山西省祁县乔家堡村，北距太原54公里，南距东观镇仅2公里。它又名在中堂，是清代全国著名的商业金融资本家乔致庸的宅第。始建于清代乾隆年间，之后曾有两次增修，一次扩建，经过几代人的不断努力，于民国初年建成了一座宏伟的建筑群体，并集中体现了我国清代北方民居的独特风格。2006年2月13日以乔致庸人物为背景，由胡玫导演，朱秀海编剧，陈建斌和蒋勤勤主演的45集电视连续剧《乔家大院》在中央电视台一套黄金档开播。拥有独家出版权的上海辞书出版社也推出了《乔家大院》同名长篇历史小说。

【建筑特色】

山西，素以地上文物之丰、地下能源之巨著称。而今，又以大量传统民居建筑艺术的不断发现而令世人瞩目。这些精致无比、保存完好的宅院，以它们永远的真实，期待着我们对三晋文明史的阐释，期待着我们对晋商辉煌史的解读。

中华民族的智慧和耐劳精神，创造了巍峨的城墙、庄严的宫殿、秀美的园林，也创造了形形色色的宅院。这些宅院都有自己独特鲜活的生命。著名建筑专家郑孝燮说"北京有故宫，西安有兵马俑，祁县有民宅千处。"中国历史文化名城——祁县的民居，集宋、元、明、清之法式，汇江南河北之大成，其中最为出名的就是乔家大院。

乔家大院位于山西祁县乔家堡村。大院为全封闭式的城堡式建筑群，建筑面积为4175平方米，分6个大院，20个小院，313间房屋。大院三面临街，不与周围民居相连。外围是封闭的砖墙，高10米有余，上层是女墙式的垛口，还有更楼、眺阁点缀其间，显得气势宏伟，威严高大。大门坐西朝东，上有高大的顶楼，中间城门洞式的门道，大门对面是砖雕百寿图照壁。大门以里，是一条石铺的东西走向的甬道，甬道两侧靠墙有护墙围台，甬道尽头是祖先祠堂，与大门遥遥相对，为庙堂式结构。北面三个大院，都是芜廊出檐大门，暗棂暗柱，三大开间，车轿出入绰绰有余，门外侧有栓马柱和上马石，从东往西数，依次为老院、西北院、书房院。布所有院落都是正偏结构，正院主人居住，偏院则是客房佣人住室及灶房。在建筑上偏院较为低矮，房顶结构也大不相同，正院都为瓦房出檐，偏院则为方砖铺顶的平房，既表现了伦理上的尊卑有序，又显示了建筑上的层次感。大院有主楼四座，门楼、更楼、眺阁六座。各院房顶有走道相通，便于夜间巡更护院。综观全院布局严谨，设计精巧，俯视成"囍"字形，建筑考究，砖瓦磨合，精工细做，斗拱飞檐，彩饰金装，砖石木雕，工艺精湛，充分显示了我国劳动人民高超的建筑工艺水平，被专家学者誉之为"北方民居建筑史上一颗璀璨的明珠"，因此素有"皇家有故宫，民宅看乔家"之说，名扬三晋，誉满海内外。

【历史影响】

乔家大院是清代赫赫有名的商业金融资本家乔致庸的宅院，原名"在中堂"，于一九六五年被列为省级文物保护单位，一九八五年在此筹建民俗博物馆，一九八六年十一月一日正式对外开放。曾有三十多个影视剧组在此处先后拍摄过，如《大红灯笼高高挂》《昌晋源票号》等电影电视剧。从而取得了一定的社会效益和经济效益，同时也获得了各级主管部门的大力支持和好评，一九九零年获国家级文物先进单位称号和省级文物系统文明单位称号，一九九五年被评为山西省十佳旅游景点之一，并被省政府命名为爱国主义教育基地。

【晋商文化精髓】

  山西晋中地区历史上以物阜天成、人杰地灵而著称，在中国近代经济发展史上，驰骋华夏的晋商令国人瞩目，以平遥、太谷、祁县为代表的商贸金融前驱，举商贸大业，夺金融之声，票号汇天下，称雄数百年，创造了亘古未有的世纪性繁荣。晋商是中国最早的商人，其历史可远溯到春秋战国时期。明清两代是晋商的鼎盛时期，晋商成为中国十大商帮之首。在中国商界称雄达500年之久，"生意兴隆通四海，财源茂盛达三江"，是他们的自我写照。他们的成功，令人注目。他们是如何取得成功的，是一个很值得研究的课题。我们知道，每一种社会实践活动都有一种特殊的精神作为其灵魂，这种内在的灵魂是实践活动中最活跃的能动力量，而从事这一活动的人就是这一特殊精神的创造者和实践者。明清山西商人的成功，就在于他们是在一定的历史条件下自觉和不自觉地发扬了一种特殊精神，它包括进取精神、敬业精神、群体精神，我们可以把它归之为"晋商精神"。这种精神也贯穿到晋商的经营意识、组织管理和心智素养之中，可谓晋商之魂。

  晋商文化在我国商业思想文化史上产生了强大的吸引力、凝聚力和创造力。其精髓主要表现在七个方面：

  一、诚信义利的价值观念。山西人受孔孟之道影响，崇尚信义，在其重商立业的创业思想指导下，在"义"和"利"的问题上，有其独特的理解和行为规范，主张"君子爱财，取之有道"。著名晋商乔致庸认为：经商第一是守信，第二是讲义，第三才是取利。古代中国，几乎每个城市都有孔庙、关庙，很多关庙由山西商人所建。关庙作为祀奉关云长的地方，之所以被山西人百般信崇，均在于"信""义"二字。

  二、博大宽厚的经营胸怀。博大宽厚是晋商文化的底蕴所在和晋商群体赖以兴旺发展的精神支柱。胸怀宽广，眼光远大，使晋商具有在商海中游刃自如，审时度势，洞察机遇的锐利眼光；敏于观察商情，捕捉战机，采取主动，适机而上，使晋商具有乘胜获取战果的机智头脑；宽厚待人，以义取财，以利厚人，增强友谊，使晋商具有在化解业务纠纷和协调师徒关系方面展现的大家风度。

  三、兼容并蓄的经营气度。表现在经营管理上既能与人宽容共处，和平共事，又能让利经营，薄利取信。

四、同舟共济的协调思想。晋商信奉"和气生财",重视与社会各方的和谐关系,尤其在同业往来中既保持平等竞争,又相互支持和关照。在晋商中,相互指友好的同行为"相与",凡是"相与",必须善始善终,同舟共济。他们不乱交友,需经过了解,认为可以共事,才与之银钱来往,否则婉言谢绝。既然"相与",必竭力维护,即使无利可图,也不中途绝交。

五、求同存异的经营策略。清朝同治、光绪年间,一方面,各国列强利用不平等条约,开始倾销洋货,国内洋货充斥;另一方面,国人大呼变法革新,民族工业步履艰难。尤其在晋南,因商行经营思想守旧,商品滞销,抵挡不住洋货的渗入。如何振兴固有商业,利用商业积累资金,发展新型民族工业,制约洋货(洋务)泛滥,求民族工业之存在和发展,就成为商界有识之士的爱国行为。

六、自强不息的经营精神。清末民初,国事日非,外受列强侵略,内遭军阀割据。既要解民生于倒悬,更要抵制洋货的泛滥,成为当务之急。二三十年代,晋南各地洋布、洋面、洋烟、洋煤油、洋火柴以至洋画、洋书等洋货,充斥市面,洋商、洋号随处可见。太平杨家在此时刻,以振兴民族工商业,抵制洋货为己任,挺身而出,以自强不息,艰苦创业的精神,经两代人十年奋斗,由以货易货的小商,一跃成为拥有数十座商业资本店号和两个现代工厂的巨富。

七、以人为本的文化意识。晋商以人为本的意识文化包含着几个层次:其一,以人为本表现为晋商认为要想经商盈利必须首先要善待他人。晋商的经商之道在于不钻"钱眼",经商首先是做人,做一个善良之人,以诚信对待他人,这样才能取得他人的尊重与信任,才能把生意做大做强。其二,以人为本表现为晋商认为要想经商成功必须要注重选拔培育人才,视人才为立基创业之本,主张"事在人为,得人者兴,失人者衰"。在用人原则上,主张"不拘一格选人才";在管理方法上,采取了一系列的激励与监督机制,如人身顶股制、经理负责制等。晋商把人力资源视为晋商的第一商业资源。

这些都很符合现代管理学的特点,为我们提供了精神指引和前进动力。

实践要求

1. 亲临祁县乔家大院,身临其境体味乔家大院晋商文化的精髓。
2. 利用影像资料,感知乔家大院晋商文化的魅力。
3. 结合专业撰写实践报告。

任务六　运城普救寺《西厢记》文学实践

　　普救寺位于山西省西南部永济县境内的峨嵋塬头。南向紧邻古蒲州城址,东连西厢村。寺址高耸,松柏满垣,西临黄河湾,水势汹涌澎湃;东近中条山,犹如屏障峙立,视线广阔而开朗。塬头之下一条宽阔的坡底长街,是当年通向长安的古驿道。这里是我国历史名剧《西厢记》故事的发生地。寺内有座方形砖塔，原名舍利塔，俗称莺莺塔。这座塔同北京天坛的回音壁、河南宝轮寺塔、四川潼南县大佛寺内的石琴，并称为我国现存的四大回音建筑；和缅甸掸邦的摇头塔、匈牙利索尔诺克的音乐塔、摩洛哥马拉克斯的香塔、法国巴黎的钟塔、意大利的比萨斜塔，并称为世界六大奇塔。

从 1986 年以来，新修复的普救寺，寺院建筑布局为上中下三层台，东中西三轴线（西轴为唐代，中轴为宋金两代，东轴为明清形制），规模恢宏，别具一格。从塬上到塬下，殿宇楼阁，廊榭佛塔，依塬托势，逐级升高，给人以雄浑庄严，挺拔俊逸之感。加之和《西厢记》故事密切关联的建筑：张生借宿的"西轩"，崔莺莺一家寄居的"梨花深院"，白马解围之后张生移居的"书斋院"穿插其间。寺后是一个地势高低起伏，形成活泼的园林花园。园内叠石假山悬险如削，莺语双亭飞檐翘角。荷花池塘上横架曲径鹊桥，亭桥相接、湖山相衔。莺莺的"拜月台"掩映在青松翠柏、千竿修竹之中。屹立在寺中的莺莺塔，不仅形制古朴、蔚为壮观，而且以奇特的结构，明显的回音效应著称于世。游人在塔侧以石扣击，塔上会发出清脆悦耳的"咯哇——""咯哇——"的蛤蟆叫声，令游人连连称奇。据方志中称之"普救蟾声"，为古时永济八景之一。

【大钟楼】

跨进山门，沿石阶而上，即至飞檐翘角、气势雄伟的大钟楼。

此楼全高 17 米，是一座重檐歇山式的仿唐建筑。楼上悬匾"大钟楼"，是中国著名书画大师董寿平先生所书。楼前楹联系现代著名书法家卫俊秀先生撰写，联曰："高标跨穹窿，百尺危楼独雄秀；钟声震寰宇，万念俱空悟世人。"联语既带有浓郁的佛家韵味，又写景贴切，加之字体古朴苍劲，眼前这座大钟楼，在《西厢记》"白马解围"一折中竟成了"观阵台"。话说守卫蒲津桥的将领孙飞虎听说暂住在普救寺内的相国之女崔莺莺长得如花似玉，貌似天仙，想占其为妻，遂带领5000人马将普救寺团团围住。

当时，满寺僧侣惶恐不安，老夫人迫于无奈，许诺有退得贼兵者即将莺莺许配为妻，并倒陪嫁妆。此赏正中张生之意，即献策书报蒲关，请同窗好友白马将军破贼解围。为了显示白马将军的威力，张生邀请老夫人、法本长老等僧众，登上大钟楼观看两军对阵厮杀，白马将军如何生擒孙飞虎之战况。如今，游人登楼俯视，想象当年"半万贼兵，卷浮云片时扫净"的鏖战情景，体会"白马将军义薄云，书生笔阵扫千军"的个中滋味，必会有万千感概。

【梨花深院】

梨花院，又称"崔居别院""莺莺院"。它是崔莺莺一家人路经河中府借居普救寺的临时寓所。古朴玲珑的垂花门上"梨花深院"的匾额引人注目，两旁"梨花院落溶溶月，柳絮池塘淡淡风"的诗联，道出这里的典雅幽静。匾额、诗联都是我国著名西学专家王季思先生的真迹。《西厢记》中"请宴""赖婚""逾垣""拷红"等戏，皆发生于此院之中。

这是一座具有中国北方民俗特点的三合小院。坐北朝南，南设院门，院内北房三楹专为老夫人的居室，室内右卧室、中堂屋、左佛堂，"拷问红娘"即发生在此。西厢房三间，为莺莺和红娘的居室。东厢房三间为欢郎的居室。此院之中，最引人入胜的有两处：一处是东厢南侧一段墙，墙下翠竹环抱着一块太湖石。墙外有一株杏树，枝繁叶茂，这里就是当年张生受莺莺之约，半夜跳粉墙巧相会的地方。如今，对对青年恋人来到这里，吟诵那"待月西厢下，迎风户半开，隔墙花影动，疑是玉人来"的千古绝唱，争相在此留影，表达了人们对崔张爱情的向往和羡慕。另一处是西厢南侧一方石碣，上刻"普救寺莺莺故居"七言律诗一首。跋文载，此诗是金大定年间河中府同知王仲通游寺时所撰写的，因此称作"金代诗碣"。诗曰："东风门巷日悠哉，翠袂云裾挽不回。无据塞鸿沉信息，为谁红燕自归来。花飞小院愁红雨，春老西厢锁绿苔。我恐返魂窥宋玉，墙头乱眼窃怜才。"这方诗碣，是这次修复清基时出土的，它是迄今寺内保留年代最久，直接记述崔张故事的实物佐证。

如今游人来到这里，观赏当年张生与莺莺绝妙幽会的梨花深院，再抬头看看那越墙的杏枝，"待月西厢下，迎风户半开。隔墙花影动，疑是玉人来"这一千古绝唱的寄情诗，便会脱口而出，更能把游人引入"意似痴，心如醉"的遐想之中。

实践要求

1. 亲临运城普救寺，身临其境体味运城普救寺《西厢记》的文学魅力。
2. 利用影像资料，感知运城普救寺《西厢记》的文学魅力。
3. 以《我的爱情观》为题撰写实践报告。

任务七　盂县藏山《赵氏孤儿》文学实践

藏山，地处太行山西麓，山西盂县城北十八公里处，因春秋时藏匿赵氏孤儿得名。境内峰峦叠嶂，古刹栉比；山间神祠祀赵家遗孤之位；中华忠义苑弘扬忠孝爱国之情，志士仁人视为圣洁忠义之地，千百年来留下名篇佳作无数。山以史传，史以文传，汇中华儒家文化于此藏孤胜境，被誉为晋东第一名山。

【独特风景】

藏山，千峰叠嶂，万壑含烟，危岩若削，洞穴幽奇，松柏参天，涧水潺湲，山光水色瑰丽，风景四季宜人。古刹建筑，格局绝妙，疏密得体。所有楼、台、殿、堂、亭均依山傍壁而筑，同自然景观珠联璧合，相映成趣，使人如在画中，似入仙境，故有晋东第一名山之美誉，古有"藏山十景"之称。

【藏山的由来】

盂县南社村"小藏山"、王村沟北"荒安岭"、藏山口西"宝剑沟"，是程婴携带孤儿逃难，一天三遇险的地方。

话说程婴假冒草泽医生，半夜用药篓将孤儿赵武从宫中悄悄偷出后，跑回家中，急忙拉马备鞍，连夜离开国都绛城。程婴担心屠岸贾醒悟追寻，便决定向北而行。因为往南地势逐渐平坦开阔，又有滚滚黄河阻隔；而向北方却山高沟深，且北方民风淳厚，多有慷慨悲壮之士。此番思虑之下，他避开大道，沿着荒僻小路，不知走了多少白天黑夜，来到晋国东北边陲古仇犹地面，躲藏在南社村南一座小山的山洞中。

当地老百姓知道屠岸贾奸佞当权，赵氏一门忠而受冤，无不义愤填膺，愿为保孤出力。东家送衣被，西家赠米面，几位大娘大嫂见孤儿面黄肌瘦，每天轮流给孤儿喂奶。程婴十分感激，称谢不迭，打算就此住下抚养孤儿成长。才躲了十多天，就有一个农夫慌慌张张跑到山里道："程大夫，不好了！屠岸贾那贼发觉你带孤儿逃跑，亲自带领一队亲兵追来，已到西烟村了，快快跑吧！如果出事，我们怎对得起赵氏满门忠烈呢？"程婴所居之地离西烟村不过十来里路，他不敢怠慢，跪下向北磕了一个头，感谢南社百姓救孤恩德，抱起孤儿上马向东又逃。翻过大梁山，蹚进王村沟，走出沟底刚爬上一座山岭，只听后面人喊马嘶，程婴扭头一看，沟内烟尘滚滚，屠岸贾带亲兵尾随追来。程婴心里一慌，稍不留神，同怀抱的孤儿一齐从马鞍上摔下来，身不由己向山沟滚去。这无异于拿肉往虎口里送，亏得几枝老荆条挡住身体，两人未跌进沟底。程婴顾不得谢荆条救命之恩，好不容易站起来，又抱孤儿爬上马背，往东向龙华河方向逃去。当时，龙华河水急浪高，程婴来到岸边，想强渡过去。俗话说："人忙出错，马慌失蹄。"偏偏马蹄陷进河滩里，程婴和孤儿又从马背上摔下来，程婴左拉右拖，总算把马牵出沙坑。待两人重又上马，见追兵已经赶到。前有大河，后有追兵，程婴暗暗叫苦，忽然坐骑一声长鸣，四蹄腾空而起，掠过龙华河水面，到达对岸。等马蹄站稳，程婴回头看对面，见方才陷马的沙坑边留着一支宝剑，伸手一摸，才明白自己刚才只顾拉马，把宝剑掉在那里了。屠岸贾带亲兵追到岸边，河水阻隔，难以通过，只得拾起宝剑，望着远去的程婴和孤儿，徒唤奈何。

后来，人们把南社村南的小山，叫"小藏山"，并修建"藏山行祠"，岁岁祭祀；把程婴、孤儿落马的地方叫"慌鞍岭"，意思是"慌张落鞍"的地方，今所称"荒安岭"，实是"慌鞍"的谐音；把程婴失落宝剑的地方，叫"宝剑沟"。

【历史价值】

藏山是中华沧桑变迁的一幅重彩画卷：有藏山藏孤之历史，然后才留有赵氏一脉，而后才有赵简子、赵襄子，才有韩赵魏三家分晋，方有立国二百多年的七雄之一赵国。倘若没有赵氏孤儿一说，就不会在战国时代列国纷争的波澜壮阔的历史画卷中有赵国的位置了。

实践要求

1. 亲临盂县藏山，身临其境体味《赵氏孤儿》的文学魅力。
2. 利用影像资料，感知《赵氏孤儿》的文学魅力。
3. 撰写实践报告。

第四篇 写作实训

第一单元　记叙散文的写作实训

第二单元　抒情散文的写作实训

第三单元　议论散文的写作实训

散文是与人们的现实生活联系最为密切，应用最为广泛的一种文体，也是最常见且最基本的写作形式。由于它的形式自由、写法灵活、表现多样、易于入手，因而散文常常被初学写作者作为写作训练的首选文体，许多作家在介绍创作经验时，也往往强调从散文写作开始练习文学创作。无论从实用写作还是从文学创作的角度来说，写好散文对于培养和提高写作能力都是非常重要的。

一、散文的主要类型

散文的概念在我国古代与韵文相对，泛指除诗歌以外的几乎所有其他各类文体形式，涵盖范围极广。到了现代，散文才作为纯文学的概念，成为与诗歌、小说、戏剧并列的一种文学形式。具体地说，它是以生动自然的语言、灵活自由的形式叙写作者的真实见闻、经历与思想感受的文学性较强的文体形式。其特点在本书阅读欣赏第二部分概述部分"散文的特点与欣赏"中已有介绍，此处从略。

现代意义上的散文概念经严格的界定，其范围不再像古代那样宽泛，但散文内部仍可划分出众多领域，呈现出多样化的形式，有着多种不同的类型。按照表达方式的不同，散文可分为记叙散文、抒情散文和议论散文；按文体或用途不同，散文可分为杂文、随笔、时评、小品文、游记、回忆录、演讲、书信等；按篇幅长短的不同，散文可分为短篇散文和长篇散文；按时代的不同，散文可分为古代散文和当代散文；按创作群体与风格的不同，散文可分为学者散文、作家散文、女性散文、儿童散文等；按传播媒介和表现形式的不同，散文又可分为报刊散文、广播散文、电视散文、网络散文等。

二、散文的基本要求

散文因其形式自由、题材广泛、写法灵活，而较其他文体更容易写作，但要真正写好散文却也并非易事。正如近代学者王国维所说："散文易学而难工。"要想写出真正好的作品，应该有严格的标准来要求，精益求精。散文的基本要求包括以下几点：一是立意要深。任何散文都要表现一定的思想或主旨，而思想的深刻与否往往体现着作者认识水平和写作水平的高低，甚至可以显示出作者人格修养与思想境界的高下。好的散文，其立意必有深刻独到之处。如李斯在《谏逐客书》中避开个人得失不谈而从秦王与国家利益的角度论述逐客危害，立意高远，是最终能够说服秦王的重要因素。二是选材要严。思想是文章的主脑或灵魂，材料的选用不能随意取舍，应根据文章中思想或主旨表现的需要做具体安排。班固在《苏武传》中主要围绕最能表现苏武忠贞爱国的英雄个性选取自杀、拒降、啮雪吞毡、北海牧羊等情节详加描写，而对其被困匈奴 19 年的其他经历却略写或不写，堪称严于选材方面的典范。三是构思要巧。散文在形式上看似随意，实际上却往往暗含作者独具匠心的构思。《豁然堂记》从谈山说水起笔，写"湖山环会"的豁然堂，看似写豁然堂，实则托物言志，借"斯堂"设计的不合理揭示人只有不被私欲所障才能视野开阔、心胸旷达的道理，篇末点题，卒章显志，耐人寻味。可见，散文要写得形散神聚、不落俗套，必须注重在构思上下工夫。四是感情要真。与其他文体相比，散文以真实见长，来不得半点虚假。尤其是感情的抒发，只有真实才最感人。《怀念萧珊》正是因为感情的真挚强烈，才格外具有打动人心的艺术感染力。五是语言要美。散文的语言美往往结合不同文体的特点、不同作者的个性以及不同内容的表达需要等表现出多样化的风格。如胡适散文的平易生动，老舍散文的风趣幽默，朱光潜散文的准确严密，巴金散文的朴实自然，余光中散文的优美清丽，都具有异常鲜明的个性特征。古人论散文语言风格也有"韩海苏潮"的说法，意谓唐朝韩愈和宋朝苏轼的散文气势磅礴、如海如潮。散文写作的初学者可多向名家创作学习，在此基础上结合自身特点通过不断练笔来逐步提高驾驭语言的能力。

三、散文的基本写法

散文的形式多种多样，写法上也较其他文体更加灵活自由，无固定模式。但总的来说，可以按照表达方式和表现手法的不同，将散文写作概括为记叙散文、抒情散文、议论散文三种最具有代表性的写法。下面我们将分章介绍三类散文的不同写法，并进行相应的写作实训。

第一单元　记叙散文的写作实训

一、记叙散文的写法

记叙散文也叫作记叙性散文，是主要运用叙述和描写方法来表现作者生活经历中所遇到过的事件、人物或景物的散文形式。记叙散文所写的内容应是作者亲身经历的人、事、景、物，这是散文真实性所要求的，同时也体现出散文与小说、戏剧在叙事性上的根本区别。记叙散文因侧重内容的不同在写法上也有明显的区别。记事散文主要侧重于对事件的叙述，往往以事件发展为线索，如鲁迅的《从百草园到三味书屋》、冰心的《往事》等。叙述常用的方法有：①顺叙，就是按照事情发生、发展的先后顺序进行叙述的方法；②倒叙，就是把事件的结局或其中的某个精彩片段提到开头先说，然后再按事件发展的顺序进行叙述的方法；③插叙，就是为了某种表达的需要在叙述过程中暂时中断原来的叙述而插入相关片段叙述的方法；④分叙，也叫平叙，就是叙述两件或两件以上在同一时间内不同地点发生的事情的方法。这些叙述方法各有其特点和作用，应根据需要灵活运用。顺叙可使文章脉络清晰，次序井然；倒叙易于使文章增加悬念，跌宕起伏；插叙利于在文章中丰富情节，扩展内容；分叙则长于多头并进，叙写复杂事件。写人散文主要侧重于对人物的描写，多以人物为中心，如朱自清的《背影》、巴金的《怀念萧珊》等。人物描写的方法主要有：①肖像描写，是指具体描绘人物的容貌、姿态、神情、服饰等外部特征的方法；②语言描写，是指具体描写人物的独白、对话的方法；③行动描写，是指具体描绘人物的行为和动作的方法；④心理描写，是指具体描写人物的感觉、联想、想象、看法等心理活动的方法；⑤细节描写，是指抓住生活中的细微而具体的典型情节对人物加以生动描绘的方法。这些方法常常结合起来使用，可以更加完整和生动地刻画人物形象。写景散文主要侧重于对自然山水、人文景观等方面的描写，多以景或物为中心，如碧野的《天山景物记》、方纪的《桂林山水》等。景物描写的方法主要有自然环境描写、社会环境描写。最后需要强调的是，记叙散文无论是写人、写景，都是为了表现作者的特定的思想感情。

二、新材料作文审题立意训练题

（一）生活中，我们总希望别人是最忠实的听众。成功时，希望别人分享我们的幸福；忧郁时，希望别人分担我们的痛苦。但我们却难得有耐心倾听完别人的谈话。老师随意打断学生的谈话；有身份的人不屑于倾听下属的谈话；更多的时候，我们也会嫌弃父母的唠叨，武断地对他们说："知道了，烦不烦？"要知道倾听是一种美德，倾听是一种涵养，倾听是一种气度，倾听是一种胸怀。请以"学会倾听"为话题，写一篇600字以上的文章，文体不限，题目自拟。

提示： 这个话题几乎没有审题障碍，成功的关键在于如何调动自己的生活积累和情感体验，找准切入口。

1. 你可以写课堂上，老师是怎样面带微笑、耐心细致地倾听学生的发言；生活中，老师是怎样和蔼地倾听你的声音，又给了你怎样的感受。

2. 在家里，当我们偶尔静下心来，耐心地听听爸妈的唠叨，听听爸妈讲小时候的故事，你就会发现爸妈脸上洋溢的是何等的幸福，何等的满足。请你抓住这动人的瞬间，写出你内心的感受和你心灵的震撼，就是美文一篇。

3. 你当然也可以从反面切入，列举生活中的种种反面事例，并由此引申，阐释"学会倾听"的重要性和必要性。

4. 你也可以进行画面剪辑。从不同的角度，抓拍生活中两三个镜头，融景于情。

（二）我今天会走上写作这条路，经常感念我高中时代的王老师。

高中二年级时，我的学业与操行都是劣等，几乎到所有老师都放弃我的地步，多次受处分，被留校察看，赶出学生宿舍，幸好当时我的导师王老师一直没放弃我，他请我到教师宿舍，吃师母炒的菜，他请假时让我给同学上国文课，还时常对我说："我教了50年的书，一眼就看出你是一个会成器的学生。"

老师对我好，我不敢再坏下去，不敢辜负他，让他失望。毕业那天我跑去问他："为什么所有的老师都放弃我，你却对我特别好？"他说："这个世界关怀是最有力量的。我当学生时正像你一样，是被一位真正关心我的老师救起来的。"（摘自台湾．林清玄《关怀的人生》）

以"身边的老师"为题，写一篇文章，文体不限，字数在600字以上。

提示： 要仔细琢磨"身边的老师"的含义。"老师"可以是人，但写人时要跳出"学校里传道授业"这一旧案，只要在学习上、生活中给予教育、鼓励、启迪的人，不论年少还是年老都可以称为"老师"。

"老师"可以是物。经常无声无息帮助你的书籍，如各类工具书；提醒你及时起床、不贪睡，提醒你及时睡觉，帮助你养成好习惯的小闹钟；从瓦砾间顽强地探出头，蓬勃生长，生命力旺盛的小草；锲而不舍、不达目的不罢休地一次又一次织网的蜘蛛；团结协作、搬动比自己身体重几十倍物品的小蚂蚁；虽遭重创，仍热爱生命的蝴蝶……

"老师"可以是事。前进中的挫折，生活中的教训，震撼你的心灵的场面，引人深思的事……比如因为你没有了解事情的前因后果，就胡乱猜疑人，真相大白后，结果是你误会了别人，伤害了别人，这使你深深地后悔，经过这件事后，你吸取了教训。正所谓，不经一事，不长一智，正因为有了痛苦经历，警戒你今后少走弯路，这难道不是你"身边的老师"吗？

第二单元 抒情散文的写作实训

一、抒情散文的写法

抒情散文是主要运用抒情方法来表现作者在现实生活的突出感受、具有强烈感情色彩的散文形式。与其他散文形式相比较，它不仅抒情性突出，而且往往具有更强的艺术性，可称之为"诗化的散文"。抒情散文所采用的抒情方式主要有两种：一是直接抒情；二是间接抒情。直接抒情是以直白的方式，不借助其他手段，直截了当地将感情抒发表现出来。这种方式看似简单，但如果运用得当，会收到感情强烈、打动人心的特殊艺术效果。如巴金的《怀念萧珊》在写到萧珊为其丈夫忧虑和身患重病时一再用"我多么愿意让她的泪痕消失，笑容在她那憔悴的脸上重现"，"我多么想让这对眼睛永远亮下去！我多么害怕她离开我！"等语言来抒发作者对萧珊的挚爱之情，感人至深。间接抒情是以含蓄的方式，将感情融入描写、叙述、议论等过程中委婉地表现出来。其常见方法有借景抒情、叙事抒情、议论抒情等。余光中在《听听那冷雨》中便综合使用了多种方法，文中最突出的是借冷雨景物的描写抒发作者思乡难归的愁情，此外，鬓染"白霜"的咏物抒发作者青春不再、故乡难回的慨叹；"仓颉的灵感不灭，美丽的中文不老"等议论抒发作者对古老汉字、中国传统文化的情有独钟的热爱；"厦门街的雨巷走了二十年与记忆等长"等叙事则进一步流露作者思乡徒劳、岁月无奈的感伤。该文可以说是当代抒情散文中的典范之作。

二、新材料作文审题立意训练题

（一）每天，我们都在感受着爱与被爱。爱在我们身边，爱在我们的心里。爱与世界、与时间同在。请你以"爱"为话题，写一篇文章，题目自拟，字数不少于600字。

提示：面对一个大的话题，在一系列的追问中，好的选材和构思就会在激活思维的指引下凸现。对于"爱"，在一件事中，谁是施爱者，谁是爱的承受者？用什么方式、什么样的言行施爱？"爱"不仅是物质上的援助与支持，更是精神上的关心。同学遇到困难时，你想方设法去帮助他解难，给他出主意、想点子，竭尽全力帮助他走出困境；朋友受挫时，你给他送去安慰，鼓励他战胜挫折，帮助他分析失败的原因，引导他走向成功；好友失意时，你送上浅浅的一笑，多开导开导他，让他知道"风雨中这点痛算什么，擦干泪"，引导他走出情绪的低潮，走出阴影，走向光明；朋友身体小恙，你送上一杯热茶、一束鲜花，陪他一会，扶他一把。还可以发问，怎样回报爱，是物质上的还是精神上的？在一系列的追问中，你的思路会逐渐明朗。

（二）请以"别忘了，给生活加点糖"为题，写一篇文章，文体不限，字数在 600 字左右。

提示：这是一道挺有意思的作文题。你可千万不要因为题目俏皮就放松警惕，要认真审题，努力发散思维，尤其提醒你要仔细琢磨"糖"的含义。

1. 你可以把"糖"理解为和谐、融洽的人际关系。朋友失意时，你送上几句真诚的安慰，帮助他走出心理阴影；同学有困难时，你伸手帮他一把，给了他战胜困难的勇气和信心；走在路上，送给路人一张明媚的笑脸，使他一天都拥有好心情；节假日里，送给朋友一张贺卡、一份温馨的祝福，让远方的朋友能感受到友谊的芬芳；在家里，你给下班的妈妈送上拖鞋，给疲劳的妈妈梳梳头；你给拖地的父亲泡上一杯香茗，给劳累的父亲捶捶背……有了这些，生活便多一份温馨，多一份甜蜜，多一份情调。

2. 你也可以把"糖"理解为一种生活情趣。节假日，一家人开开心心去郊游，爬爬山，或到小溪捉鱼抓虾逮螃蟹。当然，能有垂钓的去处更不错。中午，一家人就在郊外野炊，爸爸拾柴你洗菜，妈妈下厨，一家人在阳光下吃饭，那情调肯定温馨；如果是双休日，可以美美地睡上一觉，或泡上一杯香茗，悠闲自在地躺在草坪上晒晒太阳，悠闲地看看杂志；假日里，你或在阳台种上花草，或在玻璃瓶里养几尾小鱼，放松一下紧绷的弦，那感觉一定惬意。

3. 用"别忘了，给生活加点糖"作为中心语，构成排比段，每段侧重一个面。当然，语言要有文采，有诗意，抒情味浓一点。

第三单元　议论散文的写作实训

一、议论散文的写法

议论散文是主要运用议论方法来论事说理、表达作者的见解、观点或态度的散文形式。叶圣陶在《文章例话》中曾经说："说明文以'说明白了'为成功，而议论文却以'说服他人'为成功。""说服他人"既是议论散文的突出特点，也是其写作的最终目的。它要求议论散文的写作要论点明确，论据充分，特别是要善于运用多种方法进行严密而有说服力的论证。议论散文的论证方式有两大类型：一是立论；二是驳论。立论是作者从正面确立自己的观点并以充足的论据证明其正确的一种论证方式。常见的论证方式有:(1)归纳论证,是一种由个别到一般的论证方法,也就是由许多个别性的事例归纳出它们所共有的特性,从而得出一般性的结论;演绎论证,是一种由一般到个别的论证方法,也就是由一般原理推导出关于个别情况的结论;(3)类比论证,是一种由个别到个别的论证方法,通过对两个或两个以上性质或相近的事物的比较得出结论;(4)对比论证,是一种由个别到个别的论证方法,通过对两个或两个以上性质特点不同或截然相反的事物的比较得出结论。驳论是作者摆出他人的错误观点并以有力的论据进行反驳,从而反面说明自己见解正确的一种论证方式。根据反驳的着眼点不同,驳论的方法主要有反驳论点、反驳论据和反驳论证三种。掌握这些具体方法并能够灵活运用,是写好议论散文的关键。

二、新材料作文审题立意训练题

(一)阅读下面的文字,根据要求写一篇不少于800字的文章。自选角度,自拟题目,联系自己在观察现实社会生活中的所见、所闻、所思、所想,特别是山西正处于经济转型发展的关键时期,谈谈你对山西经济发展的建议。

澳大利亚的科伦巴尔是一个有十万居民的城市,该市的自然资源贫乏。1986年前后,该市一座主要煤矿和一个炼油厂难于经营而被迫关闭后,近2800名工人失业,许多家庭生活艰难,正当人们一筹莫展时,不知谁提出了个建议,利用蚯蚓振兴经济,原来科伦巴尔附近的一种大蚯蚓,体长2米,蛋白质含量很高,是制作口香糖和保健食品的极好原料。于是,几天以后,该市商店橱窗、街头摊贩出现了以蚯蚓为原料的各种食品,该市又决定每年举行一次蚯蚓节,组织游行,评选"蚯蚓皇后",浓郁的地方色彩吸引了许多外国游客,该市每年的旅游收入激增到5亿美元。(1992年第二期《读者文摘》熊庆林译、刘昌发摘《蚯蚓救活一座城》)

(二)阅读下面的文字,根据要求写一篇不少于800字的文章。以"梦想·坚持·超越"为题,联系自己在观察现实社会生活中的所见、所闻、所思、所想。可讲述故事,可发表见解,可说明问题,也可抒发情感。

提示:①选择适合你表达的一种文体;②文中不出现真实的人名、地名。

20世纪70年代的一场拳击赛中,拳王阿里和拳坛猛将菲雷泽展开激烈对决。当比赛进行到第14回合时,阿里已筋疲力竭,濒临崩溃的边缘,用解说员的话说,"这个时候一片羽毛落在他身上也能让他轰然倒地。"然而,此时的阿里竭力保持着坚毅的表情和血战到底的气势,使菲雷泽认为阿里仍保持着常有的体力,于是在最后一刻,菲雷泽放弃了。裁判当即高举阿里的臂膀,宣布阿里获胜。这时,保住了拳王称号的阿里还未走到台中央,眼前一黑,双腿无力地跪倒在地上,菲雷泽见此情景后悔莫及。

参考文献

[1] 李文锦．高职语文．上海：华东师范大学出版社，2009．
[2] 徐中玉．大学语文．北京：高等教育出版社，2001．
[3] 黎瑛，陈建锋．大学语文．北京：中国人民大学出版社，2010．
[4] 海啸．朦胧诗精选．哈尔滨：黑龙江科学技术出版社，2010．
[5] 温儒敏，赵祖谟．中国现当代文学专题研究．北京：北京大学出版社，2002．
[6] 陈洪，陶型传．大学语文（理工版）．上海：华东师范大学出版社，2009．
[7] 唐诗鉴赏辞典．上海：上海辞书出版社，2002．
[8] 袁行霈．中国文学史．北京：高等教育出版社，2005．
[9] 江虹．梁实秋散文精编．杭州：浙江文艺出版社，1992．
[10] 曹雪芹．红楼梦．长沙：岳麓书社，1998．
[11] 孙昕光．大学语文（第二版）．北京：高等教育出版社，2008．
[12] 李山．大学语文．北京：中央民族大学出版社，2008．
[13] 董小玉．实用语文．上海：华东师范大学出版社，2007．
[14] 卢矜．大学语文．武汉：武汉大学出版社，2010．
[15] 吴小如．古典散文名作欣赏．太原：山西人民出版社，1985．
[16] 崔宝衡，王立新．拥抱自然．石家庄：花山文艺出版社，1993．
[17] 倪列怀．大学语文．广州：中山大学出版社，2007．
[18] 林文和．文学鉴赏导读．北京：人民文学出版社，2004．